■2025年度高等学校受験用

叡明高等学校

収録内容一覧

★この問題集は以下の収録内容となっています。また、編集の都合上、解説、解答用紙を省略させていただいている場合もございますのでご了承ください。

（○印は収録、－印は未収録）

入試問題の収録内容			解説	解答	解答用紙
2024年度	推薦1回目（全コース共通問題）	英語・数学・国語	○	○	○
	推薦2回目（全コース共通問題）	英語・数学・国語	○	○	○
2023年度	推薦1回目（全コース共通問題）	英語・数学・国語	○	○	○
	推薦2回目（全コース共通問題）	英語・数学・国語	○	○	○
	推薦3回目（全コース共通問題）	英語・数学・国語	－	○	○
2022年度	推薦1回目（全コース共通問題）	英語・数学・国語	○	○	○
	推薦2回目（全コース共通問題）	英語・数学・国語	○	○	○
	推薦3回目（全コース共通問題）	英語・数学・国語	－	○	○

★当問題集のバックナンバーは在庫がございません。あらかじめご了承ください。

JN004670

●凡例●

【英語】

≪解答≫

〔　〕　①別解

②置き換え可能な語句（なお下線は置き換える箇所が2語以上の場合）

(例) I am〔I'm〕glad〔happy〕to ~

（　）　省略可能な言葉

≪解説≫

1，2…　本文の段落（ただし本文が会話文の場合は話者の1つの発言）

〔　〕　置き換え可能な語句（なお〔　〕の前の下線は置き換える箇所が2語以上の場合）

（　）　①省略が可能な言葉

(例)「(数が) いくつかの」

②単語・代名詞の意味

(例)「彼（＝警察官）が叫んだ」

③言い換え可能な言葉

(例)「いやなにおいがするなべにはふたをするべきだ（＝くさいものにはふたをしろ）」

//　訳文と解説の区切り

cf.　比較・参照

≒　ほぼ同じ意味

【数学】

≪解答≫

〔　〕　別解

≪解説≫

（　）　補足的指示

(例)（右図1参照）など

〔　〕　①公式の文字部分

(例)〔長方形の面積〕＝〔縦〕×〔横〕

②面積・体積を表す場合

(例)〔立方体ABCDEFGH〕

∴　ゆえに

≒　約、およそ

【社会】

≪解答≫

〔　〕　別解

（　）　省略可能な語

＿＿　使用を指示された語句

≪解説≫

〔　〕　別称・略称

(例) 政府開発援助〔ODA〕

（　）　①年号

(例) 壬申の乱が起きた（672年）。

②意味・補足的説明

(例) 資本収支（海外への投資など）

【理科】

≪解答≫

〔　〕　別解

（　）　省略可能な語

＿＿　使用を指示された語句

≪解説≫

〔　〕　公式の文字部分

（　）　①単位

②補足的説明

③同義・言い換え可能な言葉

(例) カエルの子（オタマジャクシ）

≒　約、およそ

【国語】

≪解答≫

〔　〕　別解

（　）　省略してもよい言葉

＿＿　使用を指示された語句

≪解説≫

〈　〉　課題文中の空所部分（現代語訳・通釈・書き下し文）

（　）　①引用文の指示語の内容

(例)「それ（＝過去の経験）が ～」

②選択肢の正誤を示す場合

(例)（ア，ウ…×）

③現代語訳で主語などを補った部分

(例)（女は）出てきた。

／　漢詩の書き下し文・現代語訳の改行部分

叡明高等学校

所在地	〒343-0828 埼玉県越谷市レイクタウン7-2-1
電　話	048-990-2211
ホームページ	https://www.eimei-urawareimei.ac.jp/eimei
交通案内	JR武蔵野線 越谷レイクタウン駅より徒歩7分

普通科
男女共学
くわしい情報は
ホームページへ

応募状況

年度	募集数		受験数	合格数
2024	特選Ⅰ	80名	158名	148名
	特選Ⅱ		134名	128名
	特進	180名	726名	704名
	進学	260名	1032名	958名
2023	特選Ⅰ	80名	183名	182名
	特選Ⅱ		91名	90名
	特進Ⅰ	180名	654名	647名
	特進Ⅱ		384名	379名
	進学Ⅰ	260名	707名	693名
	進学Ⅱ		588名	501名
2022	特選Ⅰ	40名	192名	191名
	特選Ⅱ		90名	90名
	特進Ⅰ	160名	479名	475名
	特進Ⅱ		345名	343名
	進学Ⅰ	320名	625名	621名
	進学Ⅱ		576名	512名

※合格者はスライド合格を含む

試験科目 （参考用：2024年度入試）

［推薦］
単願／併願
英・数・国(各50分，マークシート)
書類(調査書・推薦書)
＊推薦基準に縛られず受験できるコース変更受験制度あり。

教育理念

叡智・高志・協調

編集部注一本書の内容は2024年6月現在のものであり，変更されている場合があります。正確な情報は，学校のホームページ等で必ずご確認ください。

特色

対話型授業や課題解決型学習などを取り入れた独自の教育プログラムを展開。総合的な探究の時間では，SDGsや企業との協働などに取り組む。また，土曜講習・長期休暇講習・映像講座などで学習をサポート。オンライン英会話や各種語学研修なども行っている。東洋大学生命科学部・食環境科学部，文教大学経営学部と連携協定を締結。

○特進選抜コース(Ⅰ類・Ⅱ類)

難関国公立大学，早稲田・慶應義塾などの最難関私立大学を目標とする。共通テストに完全対応し，文系・理系科目をバランスよく学習する。1年次より講習や映像講座も活用し，学力を伸ばす。

○特別進学コース

GMARCHなどの難関私立大学を目指す。2年次から3教科に特化したカリキュラムで，必要科目を重点的に学ぶ。演習の時間も確保している。

○進学コース

有名私立大学を目指す。1日6時間授業で，無理なく学習と部活動を両立できる。総合型・学校推薦型の入試にも対応するべく，国語演習や小論文の授業も行う。

主な大学合格実績 （2024年3月27日現在）

東京外国語大，千葉大，埼玉大，宇都宮大，茨城大，福島大，埼玉県立大，高崎経済大，早稲田大，慶應義塾大，上智大，東京理科大，学習院大，明治大，青山学院大，立教大，中央大，法政大ほか

イベント日程（予定・要予約）

オープンスクール：7/27，8/24
個別相談会：9/28，10/19，11/23，12/14
叡明祭(文化祭)：9/14，9/15

出題傾向と今後への対策　英語

出題内容

	2024		2023		2022	
	推1回目	推2回目	推1回目	推2回目	推1回目	推2回目
大問数	6	6	6	6	6	6
小問数	37	37	37	37	37	37
リスニング	×	×	×	×	×	×

◎大問数は６題，小問数は40問程度である。長文読解が１～２題出題されている。この他は，適語(句)選択，整序結合，対話文完成などで構成されている。

2024年度の出題状況

《推薦１回目》
1 適語選択・語形変化
2 対話文完成―適文・適語句選択
3 整序結合
4 読解総合―掲示を見て答える問題
5 長文読解総合―伝記
6 長文読解総合―説明文

《推薦２回目》
1 適語選択・語形変化
2 対話文完成―適文・適語句選択
3 整序結合
4 英問英答―掲示を見て答える問題
5 長文読解総合―説明文
6 長文読解総合―エッセー

解答形式

《推薦１回目》	記　述／マーク／併　用
《推薦２回目》	記　述／マーク／併　用

出題傾向

中学で学習した範囲からまんべんなく出題されている。長文読解は主に２題で，設問は適語(句)選択のほか，内容真偽や要旨把握など，内容の理解を問うものも多い。また，表などを見て答える英問英答も出題されている。その他は適語(句)選択，対話文完成，整序結合が頻出である。整序結合は日本語つきで６～７語(句)程度。

今後への対策

ケアレスミスは決してしないようにするのが肝心である。入試問題対策としては，３年間の教科書にある単語や熟語を全て覚えてしまうくらい音読と手書きを徹底して復習しよう。定期テストなどでは間違えた問題を見直し，類似題を解こう。最後に過去問を解き，解くスピードなど時間配分を確認し，出題形式に慣れておこう。

◆◆◆◆ 英語出題分野一覧表 ◆◆◆◆

分野			2022 推1	2022 推2	2023 推1	2023 推2	2024 推1	2024 推2	2025予想※ 推1	2025予想※ 推2
音声	放送問題									
	単語の発音・アクセント									
	文の区切り・強勢・抑揚									
語彙・文法	単語の意味・綴り・関連知識			●		●		●		◎
	適語(句)選択・補充		■	■	■	■	■	■	◎	◎
	書き換え・同意文完成									
	語形変化				●	●	●	●	◎	◎
	用法選択									
	正誤問題・誤文訂正									
	その他									
作文	整序結合		●	●	●	●	●	●	◎	◎
	日本語英訳	適語(句)・適文選択								
		部分・完全記述								
	条件作文									
	テーマ作文									
会話文	適文選択		●	●	●	●	●	●	◎	◎
	適語(句)選択・補充						●	●	△	△
	その他									
長文読解	内容把握	主題・表題		●				●		◎
		内容真偽	●	●	●	●	●		◎	◎
		内容一致・要約文完成	●	●	●	●	●		◎	◎
		文脈・要旨把握	●	●	●	●	■	■	◎	◎
		英問英答	●	●	●	●	●	●	◎	◎
	適語(句)選択・補充		●	●	●	●	●	●	◎	◎
	適文選択・補充		●		●		●	●	◎	△
	文(章)整序					●				△
	英文・語句解釈(指示語など)		●	●	●	●	●	●	◎	◎
	その他(適所選択など)		●	●		●	●		◎	◎

●印：１～５問出題，■印：６～10問出題，★印：11問以上出題。
※予想欄　◎印：出題されると思われるもの。　△印：出題されるかもしれないもの。

出題傾向と今後への対策　数学

出題内容

2024年度

《推薦１回目》

[1]は計算問題５問。[2]は小問集合で，データの活用，数の性質，図形など計５問。[3]は平面図形で，円を利用した問題。[4]は関数で，放物線と直線に関するもの。[5]は空間図形で，ドーナツ状の立体の体積を求める問題。

《推薦２回目》

[1]は計算問題５問。[2]は小問集合で，データの活用，数の性質など計５問。[3]は平面図形で，円と正八角形を利用した問題。[4]は関数で，放物線と直線に関するもの。[5]は数と式で，自然数の２乗を４でわったときの余りについて考えるもの。

2023年度

《推薦１回目》

[1]は計算問題５問。[2]は数と式，確率，方程式など計５問。[3]は平面図形で，直角三角形について問うもの。回転体についても問われている。[4]は関数で，放物線と直線に関するもの。[5]は文字式を利用して，黄金比などを求める問題。

《推薦２回目》

[1]は計算問題５問。[2]は方程式や数の性質など計５問。[3]は平面図形で，長方形を対角線で折り返した図について問うもの。[4]は関数で，放物線と直線に関するもの。回転体についても問われている。[5]は二次方程式の応用問題。

作…作図問題　証…証明問題　グ…グラフ作成問題

解答形式

《推薦１回目》　記　述／マーク／併　用

《推薦２回目》　記　述／マーク／併　用

出題傾向

近年は大問５題，総設問数が15～20問の出題。[1]，[2]は小問集合で，基本的な計算力や各分野の知識を見るものが，計10問。[3]以降は，関数，図形が必出。平易な問題となることが多いが，年度により，難度の高い問題が含まれることもある。その他の分野では，数と式や確率などから出題されている。

今後への対策

教科書の完全理解に努めること，これが第一である。教科書の確認問題，練習問題，章末問題などは全て解けるようにしよう。教科書の問題が全部できたら，基本問題集で演習を積み，基礎・基本を定着させること。基礎・基本が定着したら，標準レベルの問題集でレベルアップを。併せて，計算練習も忘れずにすること。

◆◆◆◆ 数学出題分野一覧表 ◆◆◆◆

分野	年度	2022 推1	2022 推2	2023 推1	2023 推2	2024 推1	2024 推2	2025予想※ 推1	2025予想※ 推2
数と式	計算，因数分解	★	★	★	★	★	★	◎	◎
	数の性質，数の表し方		●		●	●	●	△	◎
	文字式の利用，等式変形			●			●	△	△
	方程式の解法，解の利用	●	●	●	■	●	●	◎	◎
	方程式の応用	●	●	●	★		●	◎	◎
関　数	比例・反比例，一次関数								
	関数 $y=ax^2$ とその他の関数	★	●	●	●	★	★	◎	◎
	関数の利用，図形の移動と関数								
図　形	(平面) 計　量	★	★	★	★	★	★	◎	◎
	(平面) 証明，作図								
	(平面) その他								
	(空間) 計　量					●		△	
	(空間) 頂点・辺・面，展開図								
	(空間) その他								
データの活用	場合の数，確率	■	●	●		●	●	◎	◎
	データの分析・活用，標本調査					●	●	△	△
その他	不 等 式								
	特殊・新傾向問題など								
	融合問題								

●印：１問出題，■印：２問出題，★印：３問以上出題。
※予想欄　◎印：出題されると思われるもの。　△印：出題されるかもしれないもの。

出題傾向と今後への対策　国語

出題内容

2024年度

《推薦１回目》

説明文　論説文　国語の知識

課題文　㊀中根千枝『タテ社会と現代日本』
㊁吉見俊哉『知的創造の条件』

《推薦２回目》

説明文　論説文　国語の知識

課題文　㊀小林武彦
『なぜヒトだけが老いるのか』
㊁鷲田清一『〈ひと〉の現象学』

2023年度

《推薦１回目》

説明文　論説文　国語の知識

課題文　㊀大石善隆『コケはなぜに美しい』
㊁池田晶子『14歳からの哲学』

《推薦２回目》

論説文　論説文　国語の知識

課題文　㊀徳田賢二『値段がわかれば社会がわかる』
㊁柴田昌治『日本的「勤勉」のワナ』

解答形式

《推薦１回目》　記　述／マーク／併　用（マーク）

《推薦２回目》　記　述／マーク／併　用（マーク）

出題傾向

設問は，近年，現代文の読解問題にそれぞれ10問，国語の知識の問題に12問付されている。読解問題は，内容理解の設問が中心で，課題文は読みやすく，論理的文章が選ばれることが多い。国語の知識については，幅広く出題され，古文や漢文が知識の問題として出されることが多い。

今後への対策

読解問題については，基礎学力養成用の問題集をやればよい。とりわけ，論旨の流れが把握できるように注意すること。国語の知識の問題については，各分野ごとに自分で知識の整理をし，最後に確認の意味で問題集をやるとよい。古文・漢文については，教科書を使って復習をしておくこと。

◆◆◆◆ 国語出題分野一覧表 ◆◆◆◆

分野			2022 推1	2022 推2	2023 推1	2023 推2	2024 推1	2024 推2	2025予想※ 推1	2025予想※ 推2
現代文	論説文 説明文	主題・要旨	●	●	●	●	●	●	◎	◎
		文脈・接続語・指示語・段落関係	●	●	●	●	●	●	◎	◎
		文章内容	●	●	●	●	●	●	◎	◎
		表現			●		●		◎	
	随筆 日記 手紙	主題・要旨								
		文脈・接続語・指示語・段落関係								
		文章内容								
		表現								
		心情								
	小説	主題・要旨								
		文脈・接続語・指示語・段落関係								
		文章内容								
		表現								
		心情								
		状況・情景								
韻文	詩	内容理解								
		形式・技法								
	俳句 和歌 短歌	内容理解								
		技法	●	●	●	●	●	●	◎	◎
古典	古文	古語・内容理解・現代語訳								
		古典の知識・古典文法	●	●					△	△
	漢文	（漢詩を含む）	●	●	●	●	●	●	◎	◎
国語の知識	漢字 語句	漢字	●	●	●	●	●	●	◎	◎
		語句・四字熟語	●	●	●		●	●	◎	◎
		慣用句・ことわざ・故事成語	●	●	●	●	●	●	◎	◎
		熟語の構成・漢字の知識	●	●	●	●	●	●	◎	◎
	文法	品詞	●	●	●	●	●	●	◎	◎
		ことばの単位・文の組み立て								
		敬語・表現技法	●	●	●	●	●	●	◎	◎
	文学史				●	●	●	●	◎	◎
作文・文章の構成・資料										
その他										

※予想欄　◎印：出題されると思われるもの。　△印：出題されるかもしれないもの。

合格を勝ち取るための

本書の使い方

本書に掲載されている過去問をご覧になって，「難しそう」と感じたかもしれません。でも，大丈夫。ほとんどの受験生が同じように感じるのです。高校入試の出題範囲は中学校の定期テストに比べて広いですし，残りの中学校生活で学ぶはずの，まだ習っていない内容からも出題されているかもしれません。

ですから，初めて本書に取り組む際には，点数を気にする必要はありません。点数は本番で取れればいいのです。

過去問で重要なのは「間違えること」です。自分の弱点を知るために，過去問に取り組むのです。当然，間違った問題をそのままにしておいては意味がありません。

本書には，長年にわたって高校受験に関わってきたベテランスタッフによる詳細な解説がついています。間違えた問題は重点的に解説を読み，何度も解きなおしてください。時にはもう一度，教科書で復習するのもよいでしょう。

別冊として，抜き取って使える解答用紙を収録しました。表示してあるように拡大コピーをとれば，実際の入試と同じ条件で，何度でも過去問に取り組むことができます。特に記述問題では解答欄の大きさがヒントになる場合があります。そうした，本番で使える受験テクニックの練習ができるのも，本書の強みです。

前のページにある「出題傾向と今後への対策」もよく読んで，本校の出題傾向に慣れておきましょう。

2025年度 高校受験用

叡明高等学校　3年間スーパー過去問

をご購入の皆様へ

お詫び

本書、叡明高等学校の入試問題につきまして、誠に申し訳ございませんが、以下の問題文は著作権上の問題により掲載することができません。設問と解説、解答は掲載してございますので、ご必要とされる方は原典をご参照くださいますよう、お願い申し上げます。

記

2023年度　推薦1回目　国語　二　の問題文

以上

株式会社　声の教育社　編集部

2024年度 叡明高等学校（推薦１回目）

【英　語】（50分）〈満点：100点〉

1　次の問い（問１～10）の（　　　　）に入れるのに最も適切なものを、それぞれ下の①～④のうちから１つずつ選びなさい。

問１　A：Excuse me. Couldn't you tell me (　　　　) I can buy a world map?
B：Sure. There's a bookstore on the fifth floor.

①　what　　②　where　　③　which　　④　why

問２　A：What's (　　　　), George? You look sad.
B：I have lost my favorite pen.

①　easy　　②　high　　③　safe　　④　wrong

問３　Thirty years ago, (　　　　) people had computers, but now many people have them.

①　any　　②　few　　③　small　　④　weak

問４　The rock group was very popular, so the concert hall was (　　　　) of people.

①　deep　　②　full　　③　high　　④　thick

問５　Simon needs a new bike. His old bike was (　　　　).

①　steal　　②　stealing　　③　stole　　④　stolen

問６　A：Can I help you with dinner, Dad?
B：Sure. Please (　　　　) these potatoes and carrots.

①　build　　②　follow　　③　miss　　④　peel

問７　Mr. Hill visited China last summer. He (　　　　) a speech at a university there.

①　chose　　②　made　　③　opened　　④　worked

問８　A：Dad, will you (　　　　) me the sugar, please?
B：Sure. Here you are.

①　ask　　②　feel　　③　pass　　④　try

問９　Jim bought a new house, so he had to move his things. All his friends were on vacation, so they couldn't give him a (　　　　).

①　color　　②　front　　③　hand　　④　part

問10　I woke up in the (　　　　) of the night because it was too hot.

①　matter　　②　melody　　③　middle　　④　mind

2　次の問い(問11～15)の会話文が成り立つように(　　　　)に入る最も適切なものを、それぞれ下の①～④のうちから1つずつ選びなさい。

問11　A：Hi, Ben. I'm really looking forward to eating at Jackson's Café again tonight.

B：Jackson's Café? (　　　　)

A：No, don't you remember? We changed plans.

B：Oh, that's right! I completely forgot.

①　Aren't we going to Brad's Grill?

②　Has it gotten popular yet?

③　Have you tried their food?

④　Isn't that on the other side of town?

問12　A：Stephanie, do you see that red dress in the store window? I want to try it on.

B：But this is a secondhand shop, Carrie. (　　　　)

A：That's OK. The store has all their clothes cleaned.

B：Well, it does look really nice.

①　All of the clothes will be too colorful.

②　Somebody else has worn that dress before.

③　The store doesn't sell women's clothing.

④　You already have enough dresses.

問13　A：Brad, wake up. Our tour bus is at the museum. You missed some beautiful scenery on the way here from the hotel.

B：Sorry, honey. I'm still tired from yesterday's plane flight.

A：I'm tired, too. But it's our first trip to Greece! We may never come back again.

B：That's true. We should (　　　　)

①　go back to the hotel and sleep.

②　go home as soon as possible.

③　see lots of things on this trip.

④　travel together sometime.

問14　A：Welcome to the Laketown Park Visitor Center. How can I help you?

B：Hi. Where's the best place to see the autumn leaves?

A：Unfortunately, (　　　　) Most of the trees lost their leaves last week.

B：That's too bad. Well, at least it's nice day for a hike in the park.

①　autumn won't begin for several weeks.

②　it's too far to walk all the way there.

③　the park is closed today.

④　you're a little bit late.

問15　A：Excuse me. My plane is taking off in 15 minutes. How do I get to Gate 5?

B：Gate 5? That's over in Terminal C.（　　　　）

A：Really? What if I run?

B：Well, you might be OK if your flight is delayed.

① I don't know if there is another flight.　　② I don't know where that is.

③ I don't think you'll have enough time.　　④ I don't think you have the right ticket.

3 次の問い(問16～20)において、それぞれ日本文の意味を表すように㋐～㋕までを並べ替えて［　　　］を補い、最も適切な文を完成させなさい。解答は２番目と４番目にくるものとして最も適切な組み合わせを、それぞれ下の①～④のうちから１つずつ選びなさい。(ただし、文頭に来るものも小文字になっている。)

問16　私が借りてもいいコップはありますか。

（ ㋐ can　㋑ borrow　㋒ have　㋓ a cup　㋔ I　㋕ which ）

Do you［　　　］［２番目］［　　　］［４番目］［　　　］［　　　］?

① ㋓－㋔　② ㋕－㋑　③ ㋓－㋐　④ ㋕－㋔

問17　たつやは何回北海道へ行ったことがありますか。

（ ㋐ times　㋑ been　㋒ Tatsuya　㋓ how　㋔ has　㋕ many ）

［　　　］［２番目］［　　　］［４番目］［　　　］［　　　］to Hokkaido?

① ㋓－㋐　② ㋒－㋑　③ ㋕－㋔　④ ㋒－㋔

問18　日本語と中国語の両方を話せるのはいいことです。

（ ㋐ both　㋑ able　㋒ to　㋓ and Chinese　㋔ speak　㋕ Japanese ）

It is nice to be［　　　］［２番目］［　　　］［４番目］［　　　］［　　　］.

① ㋔－㋐　② ㋔－㋕　③ ㋒－㋐　④ ㋒－㋔

問19　買い物に行く前に起こしてね、お父さん。

（ ㋐ before　㋑ me　㋒ up　㋓ go　㋔ wake　㋕ you ）

［　　　］［２番目］［　　　］［４番目］［　　　］［　　　］shopping, Dad.

① ㋑－㋐　② ㋒－㋕　③ ㋔－㋒　④ ㋕－㋒

問20　水曜日の午前中にバスケットボールの試合があります。

（ ㋐ Wednesday　㋑ a basketball　㋒ be　㋓ game　㋔ on　㋕ will ）

There［　　　］［２番目］［　　　］［４番目］［　　　］［　　　］morning.

① ㋒－㋑　② ㋒－㋓　③ ㋕－㋑　④ ㋕－㋔

4 次の問い(A・B)に答えなさい。

A　次のポスターを読み、**問21**と**問22**の質問に対する答えとして最も適切なものを、それぞれ下の①～④のうちから１つずつ選びなさい。

We Need Volunteers

Do you have free time after school?

The City Hospital wants people for:

The Information Desk

- Spanish speakers are needed

The Gift Shop

- clean the shop

The Cafeteria

- wash dishes

The Main Office

- send information to staff by e-mail

Free uniform.
The hospital will pay for your bus or train.
Volunteers must work three hours every week.

☆To volunteer, call Rebecca Seydoux at 048-990-2211,

between Monday and Friday after 5 p.m.

問21　Which is true about this information?

① People who want to volunteer must buy their own uniform.

② People who want to volunteer must pay for their bus or train.

③ People who want to volunteer must speak English and Spanish.

④ People who want to volunteer must work three hours a week.

問22　What will volunteers in the main office do?

① Clean the office.

② Order meals for doctors.

③ Send e-mails.

④ Teach Spanish to visitors.

B　次のポスターを読み、問23の質問に対する答えとして最も適切なものを、下の①～④のうちから1つ選びなさい。

Take Photos on the Art Club Trip!

On May 10, the Eimei High School Art Club will go on a trip to Laketown River.

Any student can come!

You can borrow a camera from the club on that day and take beautiful photos of the area.

If you want to come, you must talk to Ms. Craig, the art teacher, by May 3.

Please wear long pants.　Also, you must bring your own lunch.

On May 17, the club will have a party after school.　You can see the pictures that the club took.

Please come if you can!

問23　What will the art club lend to students on the day of the trip?

①　A camera.

②　A lunch box.

③　A picture.

④　Some long pants.

5　次の文章を読み、後の問い(**問24〜30**)に答えなさい。

"The next day was Sunday again. He ate through one nice green leaf. After that, he felt much better." These are lines from *The Very Hungry Caterpillar* by Eric Carle. Today, many parents read this story to their children. Since *The Very Hungry Caterpillar* was published, he has written more than seventy books, and more than 132 million copies* of his books have sold around the world.

Eric Carle was born in Syracuse, New York, in 1929. When he was 6, he moved to Germany with his parents. He graduated from an art school there. However, his dream was to return to America because he had his happiest childhood memories there. In 1952, with 40 dollars in his pocket, he arrived in New York.

One day, Bill Martin Jr., a respected writer, called to ask Carle to draw pictures for his story. As a result, *Brown Bear, Brown Bear, What Do You See?* was published. It is still a favorite children's book everywhere around the world. This was the beginning of Eric Carle's career. Soon Carle was writing his own stories, too. His first original book was *1. 2. 3. To The Zoo*. After that, he wrote *The Very Hungry Caterpillar*.

Eric Carle uses his own colorful pictures to make his books bright and colorful. Also, his books are not only to read, but also to play with. In *The Very Lonely Firefly*, children can see lights on some pages. In *The Very Quiet Cricket*, they can hear the sound of a cricket's song. His books are sometimes called "toys that can be read" or "books that can be touched." Children also enjoy drawing pictures and send him their pictures. He receives hundreds of letters each week from his young readers.

Carle says, "With many of my books I try to bridge the gap* between the home and school. To me home is warm, safe, full of toys, and a happy place to be. School is a strange and new place for a child. There are new people, teachers and classmates. I believe the trip from home to school is the second biggest problem of childhood; the first is, of course, being born. In both cases we leave a warm and safe place. When we don't know about something, we feel fear. In my books I try to change this fear into a positive feeling. I want to show them that learning is really both enjoyable and fun."

注　copies＜copy：冊　　bridge thc gap：架け橋になる

問24　Eric Carleについて述べたものとして最も適切なものを、下の①〜④のうちから１つ選びなさい。

① He graduated from a German art school.

② He has sold 132 titles of picture books.

③ He read his stories to children around the world.

④ He was born in Syracuse, Germany.

問25　Carleがニューヨークに行った理由として最も適切なものを、下の①〜④のうちから１つ選びなさい。

① He didn't have enough money to live in Germany.

② He had a lot of good memories there in his childhood.

③ He had a lot of money to enjoy his trip.

④ He wanted to study at an art school in New York.

問26　Carle の本の特徴として最も適切なものを、下の①～④のうちから１つ選びなさい。

① They are bright with colorful lights.

② They are called "toys that can be read."

③ They have less words than other children's books do.

④ They have more words than other children's books do.

問27　本文の内容について、下記の英文の空欄に当てはまるものとして最も適切なものを、下の①～④のうちから１つ選びなさい。

The reader of Carle's books (　　　　　)

① are young, but not children.

② enjoy drawing pictures on their books.

③ enjoy drawing pictures themselves.

④ receive hundreds of letters from Carle.

問28　Carle は学校をどのような場所と捉えているか。最も適切なものを、下の①～④のうちから１つ選びなさい。

① School has a lot of warm teachers and friends.

② School has a place for children to draw pictures.

③ School is a bridge between home and the world outside.

④ School is a strange place with new people.

問29　Carle によれば、"生まれること"と"家庭の中から学校への旅"とは２つの大きな問題である。その理由として最も適切なものを、下の①～④のうちから１つ選びなさい。

① どちらもとても楽しいことなのに人々がそれを知らないから

② どちらの場合においても人々は快適な場所を去り、新しい場所へと旅立たなければならないから

③ どちらも幸せな出来事なのに人々はそのことに気づかないから

④ どちらの場合においても人々は恐怖を前向きな感情に変えなければならないから

問30　Carle が自身の本を通して伝えたいことは何か。最も適切なものを、下の①～④のうちから１つ選びなさい。

① 知らないことがあることを怖れ、学校で学ぶことは大切だと伝えたい。

② 知らないことがあることを前向きにとらえ、学ぶことは楽しいことだと伝えたい。

③ 子供たちに夢を持つことは素晴らしいことだと伝え、学校に行くことは簡単だと感じてほしい。

④ 子供たちに学ぶことは楽しいことだと伝え、彼らに悲しんでほしい。

6 次の文章を読み、後の問い(問31～37)に答えなさい。

Do you listen to music when you are sad? Does your favorite song make you feel good? Maybe you listen to music when you feel sick. Does the music help you feel better?

【 ① 】 Around 400 BCE*, Hippocrates*, the Greek "Father of Medicine," played music for his patients. In ancient times, people in China, Egypt, India, and Rome also used music to help sick people get better. In World War I and World War II, doctors played music for (　　　　) who had emotional problems because of fighting in the war.

【 ② 】 For example, some doctors play music for patients in the hospital after surgery*. It helps their bodies heal*. If patients listen to Mozart*, maybe they will need less medicine.

What happens when we listen to music? And why does it make us feel so many different emotions? As humans, we need food, water, and love from other people to live. But do we *need* music?

【 ③ 】 In (1)one scientific study, different people listened to different kinds of music while scientists looked at what happened to the listener's body. When a person liked a song, the heartbeat* was faster and the body became warmer. Also, the brain made more dopamine*. Dopamine is a chemical* that gives us a good feeling.

With this study, scientists learned that music can make us feel good.

【 ④ 】 What happens when our lives are difficult? Can music still be a part of life?

(2)Clive Wearing is a British conductor* and pianist. In 1985, he became very sick and lost his memory. Now he can't remember anything of his past life. To make things worse*, he can only remember a few seconds of time. After about 10 seconds, he forgets what happened before. For example, if his wife leaves the room and comes back 20 seconds later, he doesn't know who she is.

This makes his life very difficult. He needs a lot of help to live. However, there is one thing that Wearing can remember. He can still play the piano and conduct a choir*. He just can't remember how or when he learned to do these things!

(3)Deaf people can enjoy music, too. Ludwig van Beethoven*, for example, began to lose his hearing around age 30 and was completely deaf by his late 40s. But he continued writing and playing music. He went on to become one of the world's greatest composers*.

When Beethoven's Ninth Symphony* was played for the first time, he was so deaf that he could not hear the audience's loud applause*. Someone turned Beethoven around so that he could see the audience. When he saw the people applauding*, (4)he cried.

How can deaf people enjoy music if they can't hear it? They can feel the vibrations* in their brains when music is played. These vibrations happen in the same part of thc brain other people use for hearing. In this way, a deaf person can enjoy music, too.

注 BCE：紀元前　Hippocrates：ヒポクラテス（古代ギリシャの医者）　surgery：手術
heal：回復する　Mozart：モーツァルト（オーストリアの音楽家）　heartbeat：心拍数
dopamine：ドーパミン（神経伝達物質）　chemical：化学物質　conductor：指揮者
to make things worse：さらに悪いことに　choir：聖歌隊、合唱団
Ludwig van Beethoven：ルートヴィヒ・ヴァン・ベートーヴェン（ドイツの音楽家）
composer(s)：作曲家　Beethoven's Ninth Symphony：交響曲第９番　applause：拍手
applaud(ing)：拍手かっさいする　vibration(s)：振動

問31　以下の英文を入れるのに最も適切な箇所を、本文中の【　①　】～【　④　】のうちから１つ選びなさい。

And today, many doctors still use music to help people.

問32　本文中の(　　　　)に入るものとして最も適切なものを、下の①～④のうちから１つ選びなさい。

① patients　② soldiers　③ teachers　④ tourists

問33　下線部(1)を説明したものとして最も適切なものを、下の①～④のうちから１つ選びなさい。

① A story of a famous conductor and pianist.
② A collection of musical compositions from various cultures.
③ A historical account of the uses of music in ancient cultural societies.
④ An experiment using different types of music and their effects on listeners' bodies.

問34　下線部(2)を説明したものとして最も適切なものを、下の①～④のうちから１つ選びなさい。

① A composer from the Romantic era known for his deafness.
② A great British pianist and conductor known for his memory loss.
③ An ancient Greek philosopher who wrote widely about the power of music.
④ A scientist who conducted groundbreaking research on the effects of music.

問35　下線部(3)とあるが、どのように楽しむのか。最も適切なものを、下の①～④のうちから１つ選びなさい。

① They enjoy attending live music performances and observing the musicians' expressions.
② They enjoy feeling the vibrations produced by the music.
③ They enjoy reading musical scores and analyzing the composition's structure.
④ They enjoy relying solely on visual art forms like painting and sculpture.

問36　下線部(4)の理由として最も適切なものを、下の①～④のうちから１つ選びなさい。

① 自身が作曲した音楽の美しい旋律が彼の魂の奥深くに響き渡り、聴力を失っても音楽が楽しめるということに驚きと感動を覚えたから。
② オーケストラと合唱団が示した非凡な才能と献身に感銘を受け、自身の作品を実現するために費やされた膨大な努力に気付いたことで感動したから。
③ 観客のスタンディングオベーションと、自身の音楽に対する真摯な評価を目撃し、誇りと謙遜の感情が交錯したから。
④ 自身の聴力を失っているにもかかわらず、観客が彼の傑作を評価しているという事実が彼に達したことで、達成感と感謝の気持ちに圧倒されたから。

問37　本文の内容に一致するものとして最も適切なものを、下の①～④のうちから１つ選びなさい。

① Music is used for patients during surgery.
② Music induces emotions and helps lower patients' heart rates.
③ Music is beneficial in medical situations, and helps patients recover.
④ Music is effective for helping patients with memory loss recall past events.

【数　学】（50分）〈満点：100点〉

1　次の $\boxed{\text{ア}}$ ～ $\boxed{\text{ニ}}$ に当てはまる最も適切な数を答えなさい。

（1）　$-6^2 \div \dfrac{8}{3} = \dfrac{\boxed{\text{アイウ}}}{\boxed{\text{エ}}}$

（2）　$1.41 \times 15^2 - 5^2 \times 1.41 = \boxed{\text{オカキ}}$

（3）　$\dfrac{x-2y}{12} - \dfrac{-5x+y}{4} = \dfrac{\boxed{\text{クケ}}\,x - \boxed{\text{コ}}\,y}{\boxed{\text{サシ}}}$

（4）　$\dfrac{(3+\sqrt{13})^2}{5} - \dfrac{3+\sqrt{13}}{2} - \dfrac{7\sqrt{13}}{10} = \dfrac{\boxed{\text{スセ}}}{\boxed{\text{ソタ}}}$

（5）　$(2+\sqrt{10})(\sqrt{5}-\sqrt{2}) - \sqrt{\dfrac{5}{8}} = \dfrac{\boxed{\text{チツ}}\sqrt{\boxed{\text{テ}}} - \sqrt{\boxed{\text{トナ}}}}{\boxed{\text{ニ}}}$

2 次の ア ～ セ に当てはまる最も適切な数を答えなさい。

（1） A，B，C，D，E，Fの6人が体育の授業で上体起こしを行った。下の表は，6人の記録が25回より何回多いかを表したものである。このとき，6人の記録の中央値は アイ 回である。

	A	B	C	D	E	F
差(回)	−2	＋3	0	−6	＋10	−5

（2） 大小2つのさいころを同時に投げる。出た目の積が4の倍数となる確率は $\dfrac{\text{ウ}}{\text{エオ}}$ である。ただし，さいころの目はどの目が出ることも同様に確からしいとする。

（3） $\sqrt{810n}$ が自然数となるような最小の自然数 n の値は カキ である。

（4） 連立方程式 $\begin{cases} x+3y=-4 \\ 6x-(5y-4)=3 \end{cases}$ を解くと，$x=$ クケ ，$y=$ コサ である。

（5） 半径10cmの円Oにおいて，中心Oからの距離が5cmである弦の長さは シス $\sqrt{\text{セ}}$ cm である。

3

次の図のように，半径 $\sqrt{2}$ の円Oと円周上に△ABCがある。AB $=\sqrt{2}$，∠BAC $=135^\circ$，∠ACB $=30^\circ$ である。次の [ア] ～ [ケ] に当てはまる最も適切な数を答えなさい。

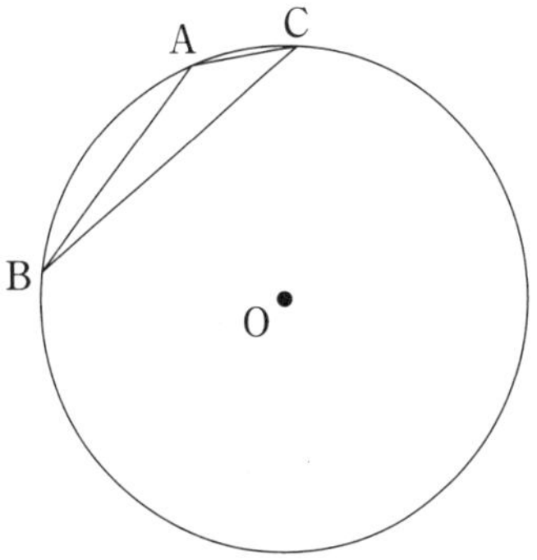

(1) 線分AOの延長線と円Oとの交点をDとする。
このとき，∠BDC = [アイ]° である。

(2) 線分BC，BDの長さは
BC = [ウ]，BD = $\sqrt{\text{[エ]}}$ である。

(3) 四角形ABOCの面積をSとすると，

$$S = \frac{\text{[オ]} + \sqrt{\text{[カ]}}}{\text{[キ]}}$$ である。

(4) 四角形ABDCの面積をTとすると，
S：T = [ク] ： [ケ] である。

4

次の図のように，２次関数 $y=ax^2$ がある。ただし，a は定数とする。また，図のように直線 ℓ が点A，Bで交わっており，点Aの座標は$(-1,\ 2)$である。また，点Bの x 座標は２である。また，点Bから x 軸に垂線をひき，x 軸に平行で$(0,\ 2)$を通る直線との交点をCとする。このとき，次の $\boxed{\text{ア}}$ ～ $\boxed{\text{コ}}$ に当てはまる最も適切な数を答えなさい。ただし，円周率は π とする。

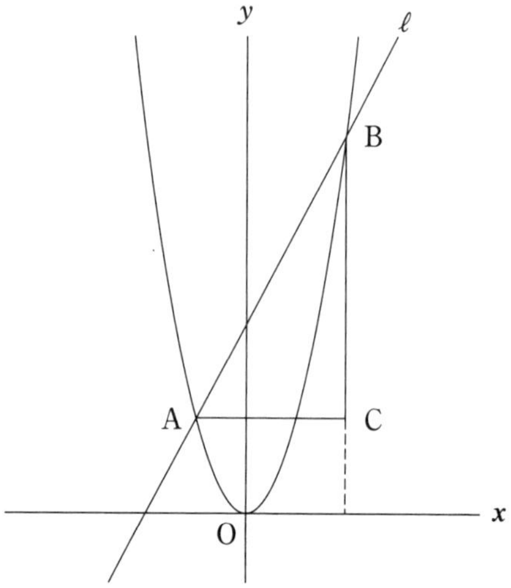

（1） a の値は $\boxed{\text{ア}}$ である。

（2） 点Bの y 座標は $\boxed{\text{イ}}$ である。

（3） 直線 ℓ の方程式は $y=\boxed{\text{ウ}}\,x+\boxed{\text{エ}}$ である。

（4） 線分ABの長さは $\boxed{\text{オ}}\sqrt{\boxed{\text{カ}}}$ である。

（5） △ABCを，直線 ℓ のまわりに１回転させてできる立体の体積は $\dfrac{\boxed{\text{キク}}}{\boxed{\text{ケ}}}\sqrt{\boxed{\text{コ}}}\,\pi$ である。

5 次の会話文を読み，$\boxed{\text{ア}}$ ～ $\boxed{\text{ク}}$ に当てはまる最も適切な数を答えなさい。ただし，円周率は π とする。

【会話文】

めいこさん：このドーナツおいしいね。

えいたさん：そうだね。これならどんなに大きくても食べられそう！

めいこさん：このドーナツの大きさってどれくらいなんだろう。

えいたさん：このドーナツの体積を求めるなら，真ん中の空洞の部分をくり抜けばいいんじゃないかな。

めいこさん：そうだね。でも，くり抜く形がよくわからないね。どうやって求めたらいいんだろう。

えいたさん：ドーナツの断面は円形だけど，例えば断面が正方形だとしよう。
そうしたら，外側の円柱形から内側の円柱形をくり抜けば体積が求められるんじゃないかな。

めいこさん：そうしたら，図のような円柱形ができるね。正方形の１辺の長さを a，空洞部分の底面の半径を r として考えてみよう。

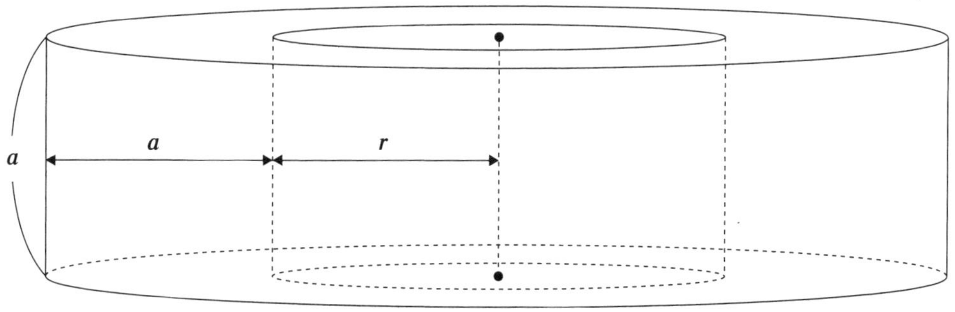

えいたさん：立体の体積は，外側の円柱形の体積から内側の円柱形の体積を引けばよいから，
$\left(a^{\boxed{\text{ア}}} + \boxed{\text{イ}}\,a^{\boxed{\text{ウ}}}\,r\right)\pi$ となるね。

めいこさん：もしかして正方形をぐるっと一周させた図形として考えれば，正方形の面積に円周をかけて考えられるんじゃないかな。

えいたさん：その円周は，外側の円柱形の円周と同じかな。

めいこさん：そうかな。私は，正方形の対角線の交点が１周したときにできる円周になると思うよ。

えいたさん：そうすると，円周は $(\boxed{\text{エ}}\,r+a)\pi$ となるから，
$a^2(\boxed{\text{エ}}\,r+a)\pi = \left(a^{\boxed{\text{ア}}} + \boxed{\text{イ}}\,a^{\boxed{\text{ウ}}}\,r\right)\pi$ となり同じ結果となるね。

めいこさん：このやり方で，ドーナツの体積を求められないかな。

えいたさん：そうだね。ドーナツの断面を直径が a である円だとすると，
円周はさっきと同じ $(\boxed{\text{エ}}\,r+a)\pi$ なら体積は $\dfrac{\boxed{\text{オ}}\,a^{\boxed{\text{カ}}}\,r+a^{\boxed{\text{キ}}}}{\boxed{\text{ク}}}\pi^2$ になるね。

解答上の注意事項

1　解答は，解答用紙の問題番号に対応した解答欄にマークしなさい。

2　問題の文中の $\boxed{\text{ア}}$ ， $\boxed{\text{イウ}}$ などには，特に指示がない限り，符号（－）または数字（０～９）が入ります。ア，イ，ウ，…の一つ一つは，これらのいずれか一つに対応します。それらを解答用紙のア，イ，ウ，…で示された解答欄にマークして答えなさい。

例　$\boxed{\text{アイウ}}$ に－47と答えたいとき

ア	●	⓪	①	②	③	④	⑤	⑥	⑦	⑧	⑨
イ	⊖	⓪	①	②	③	●	⑤	⑥	⑦	⑧	⑨
ウ	⊖	⓪	①	②	③	④	⑤	⑥	●	⑧	⑨

なお，同一の問題文中に $\boxed{\text{ア}}$ ， $\boxed{\text{イウ}}$ などが２度以上現れる場合，原則として，２度目以降は，$\boxed{\text{ア}}$ ， $\boxed{\text{イウ}}$ のように細字で表記します。

3　分数で解答する場合，分数の符号は分子につけ，分母につけてはいけません。

例えば，$\dfrac{\boxed{\text{エオ}}}{\boxed{\text{カ}}}$ に $-\dfrac{2}{3}$ と答えたいときには，$\dfrac{-2}{3}$ として答えなさい。

また，それ以上約分できない形で答えなさい。例えば，$\dfrac{3}{2}$ と答えるところを $\dfrac{6}{4}$ のように答えてはいけません。

4　根号を含む形で解答する場合，根号の中の自然数が最小となるように答えなさい。

例えば，$\boxed{\text{キ}}\sqrt{\boxed{\text{ク}}}$ に $6\sqrt{2}$ と答えるところを，$3\sqrt{8}$ のように答えてはいけません。

5　根号を含む分数で解答する場合，例えば $\dfrac{\boxed{\text{ケ}}+\boxed{\text{コ}}\sqrt{\boxed{\text{サ}}}}{\boxed{\text{シ}}}$ に $\dfrac{3+2\sqrt{2}}{3}$ と答えるところを，$\dfrac{6+4\sqrt{2}}{6}$ や $\dfrac{6+2\sqrt{8}}{6}$ のように答えてはいけません。

問28 敬語の使い方として**適切でないもの**を、次の①～④のうちから一つ選びなさい。

① お客様がいらっしゃる。
② 先生は私の母にお目にかかったことはありますか。
③ 私が教室まで先生をご案内します。
④ 私は通勤に毎日電車を利用します。

問29 次の和歌中の空欄に入る語句として最も適切なものを、後の①～④のうちから一つ選びなさい。

・［　　］山鳥の尾のしだり尾の長々し夜をひとりかも寝む

① たらちねの
② ぬばたまの
③ あかねさす
④ あしびきの

問30 紫式部の作品を、次の①～④のうちから一つ選びなさい。

① 枕草子
② 蜻蛉日記
③ 更級日記
④ 源氏物語

問31 次の漢詩の形式として適切なものを、後の①～④のうちから一つ選びなさい。

誰家玉笛暗飛声
散入春風満洛城
此夜曲中聞折柳
何人不起故園情

① 五言絶句　② 五言律詩　③ 七言絶句　④ 七言律詩

問32 次の書き下し文のように読むために返り点をつけた場合、どのようにつけるのが最も適切ですか。後の①～④のうちから一つ選びなさい。

・言は慎まざるべからず。

① 言不㆓可不㆒㆑慎。
② 言不㆔可㆓不㆒慎。
③ 言不㆑可㆑不㆑慎。
④ 言㆑不㆑可㆑不㆑慎。

問23 次の文の傍線部と同じ意味内容になる四字熟語として最も適切なものを、後の①～④のうちから一つ選びなさい。

・いつも彼は些細なことを大げさに話す癖がある。

① 空前絶後　② 右往左往　③ 意気揚々　④ 針小棒大

問24 次の熟語と同じ構造のものを、後の①～④のうちから一つ選びなさい。

・注意

① 前後　② 人造　③ 膨張　④ 兼職

問25 次の文の傍線部と文法的性質が同じものを、後の①～④のうちから一つ選びなさい。

・ハチドリは飛びながら花の蜜を吸う。

① 友だちと夕日を見ながら話した。
② 昔ながらの中華屋さん。
③ お金がありながら購入しない。
④ 彼は身長が低いながらも高く飛べる。

問26 次の文の傍線部と文法的性質が同じものを、後の①～④のうちから一つ選びなさい。

・明日はクラス全員でサッカーをしよう。

① 日曜日はおそらく雨だろう。
② 文化祭はみんなで楽しもう。
③ もう一度寝て夢の続きを見よう。
④ この時間に家を出れば間に合うだろう。

問27 次の文における傍線部に用いられている敬語の種類として適切なものを、後の①～③のうちから一つ選びなさい。

・書類は机の上にございます。

① 尊敬語　② 謙譲語　③ 丁寧語

問20 本文の内容として**適切でないもの**を、次の①～④のうちから一つ選びなさい。

① 読書において重要なことは、読み取った情報そのものではなく、著者独自の論理展開を読み取ることである。

② 情報は、様々な事柄と結合され、統一的な状態となるときに初めて知識と呼べるようになる。

③ 読書で得た知識を発展させるためには、習得した情報のみに注目すべきであり、自らの考えと結びつけることはすべきではない。

④ ネット検索は、情報を即時に収集できるが、表層的な知識しか得ることができない。

三 次の各問いに答えなさい。

問21 次のA～Cの［　］に当てはまる漢字の組み合わせとして最も適切なものを、後の①～④のうちから一つ選びなさい。

A ［　］の歩み　意味…進み具合が遅いこと。

B ［　］の額　意味…とてもせまい場所のたとえ。

C ［　］の一声　意味…有力者の発言ですべてが決まること。

① A 亀　B 犬　C 虎

② A 牛　B 猫　C 鶴

③ A 亀　B 猫　C 虎

④ A 牛　B 犬　C 鶴

問22 次にあげることわざの意味として最も適切なものを、後の①～④のうちから一つ選びなさい。

・情けは人のためならず

① 情けは人だけでなくすべての生き物にかけるべきだということ。

② 情けを人にかけすぎてもその人のためにはならないこと。

③ 人に情けをかけたところで何も見返りがないこと。

④ 人に情けをかければいつか自分にその報いが戻ってくること。

問17　傍線部(1)「インターネットの検索システムの、さらにはＡＩの最大のリスク」とは、どのようなことですか。その説明として最も適切なものを、次の①～④のうちから一つ選びなさい。

①　インターネットの普及により情報が容易に手に入る環境に慣れてしまうため、知識を身につける意義を見出せなくなること。

②　ネット検索により、短時間で目的の情報を得ることができるため、誰もが本を用いて情報を探し出すことをしなくなること。

③　ＡＩが様々な情報を統合することにより知識を形づくるため、自身で情報を手に入れ知識を得ようとする意欲を失うこと。

④　目的の情報だけを容易に得る習慣がついてしまうため、知識の体系的な仕組みや他の情報との関係性を捉えられなくなること。

問18　傍線部(2)「よい読書」とはどのようなことですか。その説明として最も適切なものを、次の①～④のうちから一つ選びなさい。

①　本から入手した記述のみにとらわれず、文章全体の論理展開を理解することで、知識を得ること。

②　本に書かれている著者の記述を踏まえ、自分自身の論理展開を導き出しながら、読み進めること。

③　本に記された著者の個性には着目せず、書かれた情報を手に入れ、その情報を基に自らの意見を展開すること。

④　本から読み取った情報に注目するのではなく、著者が記す独創的な表現方法のみに注目しながら、読み込んでいくこと。

問19　傍線部(3)「ネット検索では、このような知識の構造には至らない」とありますが、その理由として最も適切なものを、次の①～④のうちから一つ選びなさい。

①　ネット検索は、多数の利用者が作成するため、ある程度の正しい情報を習得することができるが、本のように、絶対に正確な情報が得られ、そこから豊富な知識を蓄積し、有効的な知識を習得することができないから。

②　ネット検索は、知識を細分化し、大量の情報を要素として扱うことで、知りたい情報を短時間で得ることができるが、本のように、想像していなかった面白い出来事や、求めていたものと関連する事柄を発見して、知識を広げられないから。

③　ネット検索は、大量の情報を迅速に処理することで、見当違いの情報にたどり着くため、本のように、正確な情報が得られることに加え、自分の目的とする情報以外にも関連する情報を習得することや、非常に有益な情報を入手することができないから。

④　ネット検索は、熟達した研究者よりもかなり高い確率で、問題点を抽出することができるが、本のように、表面的な記述の異同や、論理展開の背景にどのようなこだわりがあるのかを細かく見ることができないから。

問11 二重傍線部ｉ「匿名」の読みとして適切なものを、次の①〜④のうちから一つ選びなさい。

① じゃくめい
② とくめい
③ しょめい
④ かくめい

問12 二重傍線部ⅱ「ジショウ」の「ショウ」と同じ漢字を含むものを、次の①〜④のうちから一つ選びなさい。

① データをショウキョする。
② ショウゲキを受ける。
③ チュウショウ的な文章。
④ 他人にカンショウしない。

問13 二重傍線部ⅲ「ソクザ」の「ソク」と同じ漢字を含むものを、次の①〜④のうちから一つ選びなさい。

① 彼らのケッソクは固い。
② ソクドを落とす。
③ 身長をソクテイする。
④ 問題にソクトウする。

問14 空欄 A 〜 C に入る言葉の組み合わせとして最も適切なものを、次の①〜④のうちから一つ選びなさい。

① A すなわち　B もし　C それゆえに
② A それとも　B たとえば　C また
③ A あるいは　B さらに　C したがって
④ A けれども　B ただし　C なぜなら

問15 空欄 X ・ Y に入る言葉の組み合わせとして最も適切なものを、次の①〜④のうちから一つ選びなさい。

① X 合理的　Y 相対的
② X 相対的　Y 対照的
③ X 合理的　Y 例外的
④ X 相対的　Y 例外的

問16 次の一文は、Ⅰ 〜 Ⅳ のどこに入りますか。最も適切なものを、後の①〜④のうちから一つ選びなさい。

・しかしそのこと自体は、まだ知識ではありません。

① Ⅰ　② Ⅱ　③ Ⅲ　④ Ⅳ

今のところ、必要な情報をソクザ[iii]に得るためならば、ネット検索よりも優れた仕組みはありません。この点で紙の本の読書は、ネットに敵わない。わざわざ図書館まで行って、関係のありそうな本を何冊も借りて一生懸命読んでみても、知りたかった情報に行き当らないというのはよくある経験です。見当違いの本を選んでしまったのかもしれません。借りてきた本を隅から隅まで読んでも、肝心なことは書かれていなかったということも起こり得ます。しかしネット検索ならば、はるかに短時間で、関係のありそうな本を読むよりもかなり高い確率で求めていた情報には行き当ります。［C］、ある単一の情報を得るには、ネット検索のほうが読書よりも優れているとも言えるのです。

同じ理由で、論文の剽窃チェックなども、コンピュータの検索システムのほうが熟達した研究者よりも高い確率で問題点を抽出します。人間は、論文で展開されている論理を読み解こうとしますから、表面的な記述の異同は気づきにくくなります。その論文が、誰の先行する理論に影響を受けているのか、論理展開の背景にどんなこだわりがあるのかは読み取るのですが、個々の表現の表面的な変化や異同は、なかなか細かくは見きれません。そこのところは、人間よりもコンピュータのほうがよほど精密にチェックできるのです。

それでも、本の読者は一般的な検索システムよりもはるかに深くそこにある知識の構造を読み取ることができます。これが、ポイントです。調べものをしていて、なかなか最初に求めていた情報に行きつかなくても、自分が考えを進めるにはもっと興味深い事例があるのを読書を通じて発見するかもしれません。それに図書館まで行って本を探していたならば、その目当ての本の近くには、関連するいろいろな本が並んでいて、そのなかの一冊に手を伸ばすことから研究を大発展させるきっかけが見つかるかもしれません。このように様々な要素が構造的に結びつき、さらに外に対して体系が開かれているのが知識の特徴です。(3)ネット検索では、このような知識の構造には至らない。なぜなら検索システムは、そもそも知識を断片化し、情報として扱うことによって大量の迅速処理を可能にしているからです。

（吉見俊哉『知的創造の条件』より）

（注）

※1　アクセシビリティ……情報の利用しやすさ。

※2　剽窃……………他人の文章・言葉などを自分のものとして使うこと。

※3　Wikipedia…………オンライン上の百科事典。誰でも自由に執筆・編集・閲覧が可能。

※4　メタファー…………「隠喩・暗喩」の外来語。

かの仮説に基づいてこれらの情報を選別し、比較し、数式と結びつけて仮説を検証していくことで、やがて地動説に至る考えにまとめ上げていったとき、単なる要素としての情報は体系としての知識に転化したのです。

　このように、知識というのはバラバラな情報やデータの集まりではなく、中世からの「知恵の樹」のメタファー※4が示すように、様々な概念やⅱジショウの記述が相互に結びつき、全体として体系をなす状態を指します。[Ⅳ]いくら葉や実や枝を大量に集めても、それらは情報の山にすぎず、知識ではありません。情報だけでは、そこから新しい樹木が育ってくることはできないのです。そして(1)インターネットの検索システムの、さらにはAIの最大のリスクは、この情報と知識の質的な違いを曖昧にしてしまうことにあると私は考えています。

　というのもインターネット検索の場合、社会的に蓄積されてきた知識の構造やその中での個々の要素の位置関係など知らなくても、つまり樹木の幹と枝の関係など何もわからなくても、知りたい情報を瞬時に得ることができるわけです。つまり、ネットのユーザーは、その森のどのあたりがリンゴの樹の群生地で、その中のどんな樹においしいリンゴの実がなっていることが多いかを知らなくても、瞬時にちょうどいい具合のリンゴの実が手に入る魔法を手に入れているようなものです。それで、その魔法の使用に慣れてしまうと、いつもリンゴの実ばかりを集めていて、そのリンゴが実っている樹の幹を見定めたり、そこから出ているいくつもの枝の関係を見極めたりすることができなくなってしまうのです。

[B] AIに至っては、ユーザーは自分がリンゴを探しているのか、オレンジを探しているのかがわからなくても、目的を達成するにはリンゴが適切であることをAIが教えてくれて、しかもまだ検索もしていない間に、適当なリンゴをいくつも探し出してきてくれるかもしれません。結局、私たちは検索システムやAIが発達すればするほど、自力で自分がどんな森を歩いているのかを知る能力を失っていく可能性があります。

　本を読んだり書いたりすることが可能にするのは、これらとは[Y]な経験です。文学については言明を差し控えますが、少なくとも哲学や社会学、人類学、政治学、歴史学などの本に関する限り、それらの読書で最も重要なのは、そこに書かれている情報を手に入れることではありません。その本の中には様々な事実についての記述が含まれていると思いますが、重要なのはそれらの記述自体ではなく、著者がそれらの記述をどのように結びつけ、いかなる論理に基づいて全体の論述に展開しているのかを読みながら見つけ出していくことなのです。この要素を体系化していく方法に、それぞれの著者の理論的な個性が現れます。

　古典とされるあらゆる本は、そうした論理の創造的展開を含んでおり、(2)よい読書と悪い読書の差は、その論理的展開を読み込んでいけるか、それとも表面上の記述に囚われて、そのレベルで自分の議論の権威づけに引用したり、自分との意見の違いを強調したりしてしまうかにあります。最近では、おそらくはインターネットの影響で、出版された本の表面だけをつまみ食いし、それらの部分部分を自分勝手な論理でつないで読んだ気分になって書かれるコメントが蔓延《まんえん》しています。著者が本の中でしている論理の展開を読み取れなければ、いくら表面の情報を拾い集めてみても本を読んだことにはなりません。

二　次の文章を読み、後の問いに答えなさい。

グーグル検索等によるネット上の莫大《ばくだい》な情報へのアクセシビリティ[※1]の拡大と、それらの情報の編集可能性の拡大は、私たちの知的生産のスタイルを大きく変えました。この変化の中で、今日、ネット情報をコピーしてレポートを作成する学生や、報道機関の記者が十分な取材をしないままネット情報を利用して記事を書いてしまい、後でその情報が間違っていたことがわかって問題となるケースなどが生じています。

こうした状況を受け、レポートや記事を書く際、ネット情報の利用はあくまで補助的で、図書館に行って直接文献を調べ、現場へ足を運んで取材をすべきだと主張する人もいます。他方、そんなことをしていては変化に追いつけないので、ネット検索で得た情報をもとに書くことも認めるべき、さらに踏み込んで、書物や事典を参照して書くことと、ネット検索で得た情報をもとに書くことの間に本質的な差はないと主張する人もいます。ネット情報と図書館に収蔵されている本の間には、そもそもどんな違いがあるのでしょう。私の考えでは、両者には作者性と構造性という二つの面で質的な違いがあります。まず本の場合、誰が書いたのか作者がはっきりしていることが基本です。著作権の概念そのものが、ある著作物には特定の作者がいることを前提に発展してきたわけで、だからこそオーファン（孤児）著作物の処理が問題になるわけです。つまり、本というのは、基本的にはその分野で定評のある書き手、【A】定評を得ようとする書き手が、社会的評価をかけて出版するものです。ですから、書かれた内容に誤りがあったり、誰か他人の著作の剽窃《ひょうせつ》[※2]があったりした場合、責任の所在は明確です。その本の作者が責任を負うのです。

これに対してネット上のコンテンツでは、Wikipedia[※3]に象徴されるように、特定の個人だけが書くというよりも、みんなで集合的に作り上げるという発想が強まる傾向にあります。作者性が匿名化[i]され、誰にでも開かれていることが、ネットのコンテンツの強みでもあります。そこでは複数の人がチェックしているから【X】に正しいという前提があって、この仮説は実際、相当程度正しいのです。つまり、本の場合は、その内容について著者が責任を取るのに対し、ネットの場合は、みんなが共有して責任を取る点に違いがあるわけです。

二つ目の、構造性における違いですが、これを説明するためには、「情報」と「知識」の決定的な違いを確認しておく必要があります。一言でいうならば、「情報」とは要素であり、「知識」とはそれらの要素が集まって形作られる体系です。【Ⅰ】たとえば、私たちが何か知らない出来事についてのニュースを得たとき、それは少なくとも情報ですが、知識と言えるかどうかはまだわかりません。その情報が、既存の情報や知識と結びついてある状況を解釈するための体系的な仕組みとなったとき、そのニュースは初めて知識の一部となるのです。【Ⅱ】

よく知られた古典的な例として、コペルニクスの地動説があります。一五世紀半ば以降の印刷革命によって、コペルニクスは身の周りに多数の印刷された天文学上のデータを集めておくことができるようになっていました。つまり、彼は活版印刷以前の時代とは比べものにならないほどの情報にアクセスできたのです。【Ⅲ】コペルニクス自身が彼のいくつ

問8 傍線部(1)「図3」とありますが、この図中の空欄 Y に当てはまるものとして最も適切なものを、次の①～④のうちから一つ選びなさい。

①
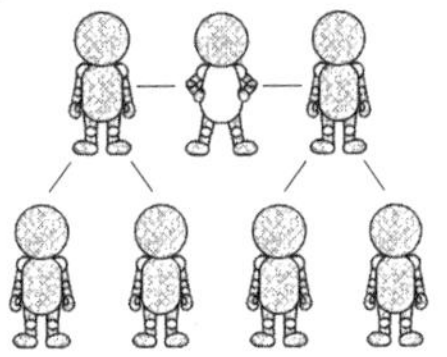

②
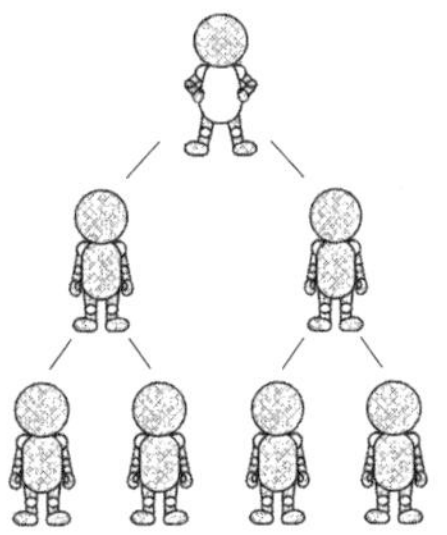

③
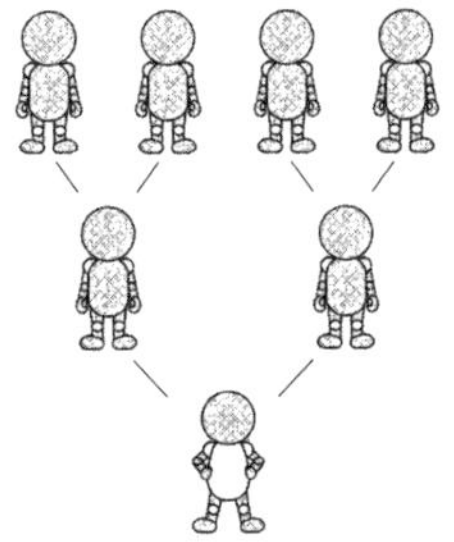

④

問9 空欄 Z に入る言葉として最も適切なものを、次の①～④のうちから一つ選びなさい。

① したがって　② しかし　③ また　④ そして

問10 この文章について四人の生徒が感想を言い合いました。この会話の中で本文の趣旨と**異なる内容**を話している生徒を、次の①～④のうちから一つ選びなさい。

① 生徒A――社会構造には、「資格」による社会集団と「場」による社会集団が存在して、どちらの機能を重視するかは、その社会集団によって異なるみたいだね。これはイギリス軍捕虜と日本軍将校の話のように国単位にまで影響を与える力があるかもね。

② 生徒B――さすがにそこまでの影響力はないんじゃないかな。でも、「場」による社会集団は、カースト集団を作る力があるからその集団内の影響力はかなり強いだろうね。そういえば、こういう社会構造のことを「タテ社会」とも言っていたね。

③ 生徒C――「タテ社会」って聞くと、どうしても権力ある人が下の人に強く命令している弱肉強食みたいな関係を想像するけど、ここで言う「タテ社会」では、場合によっては部下が上司に強く意見を言っても許されるってことだよね。

④ 生徒D――そういうことになるね。最初「ヨコ社会」では許されて、「タテ社会」で部下が強く言うことは失礼だから駄目かと思ったけど、上下の関係がうまく組み合っていれば構わないんだ。そして日本でタテの関係の中核を担っているのが「小集団」だってことだね。

問4　次にあげる波線部a～dの文のいずれかは、否定と肯定の表現を入れ替え、変更してあるため、本来の内容とは異なるものになっています。表現を変更した文として最も適切なものを、次の①～④のうちから一つ選びなさい。

①　a　資格が同じであるかどうかは問われません
②　b　日本特有のものではありません
③　c　資格の違いにこだわります
④　d　大集団に属することになります

問5　〈　＊　〉には、次の四つの文（ア～エ）で構成された段落が入ります。前後の文脈に合うようにア～エの四つの文を並べ替えたとき、どのような順序で組み合わせるべきですか。その組み合わせとして最も適切なものを、後の①～④のうちから一つ選びなさい。

ア　言うまでもありませんが、日本に階層がまったくないわけではありません。
イ　いわば、ヨコの層に組織結合の論理を見出しているのに対し、日本は、親分・子分関係のように、タテの関係に組織結合の論理を見出しています。
ウ　ただ、日本の組織集団に共通する特色として、タテの重視が挙げられます。
エ　イギリスやインドにおいては、階級やカーストが組織結合をするうえで重要な役割を果たしています。

①　ア→ウ→イ→エ
②　ウ→イ→エ→ア
③　エ→イ→ア→ウ
④　イ→ア→ウ→エ

問6　空欄 A ～ D に入る言葉の組み合わせとして最も適切なものを、次の①～④のうちから一つ選びなさい。

①　A　資格　B　資格　C　場　D　資格
②　A　場　B　資格　C　場　D　場
③　A　資格　B　場　C　資格　D　資格
④　A　場　B　場　C　資格　D　場

問7　空欄 X に入る言葉として最も適切なものを、次の①～④のうちから一つ選びなさい。

①　フェイス・トゥ・フェイス
②　スマイル・フェイス
③　「厚顔無恥」
④　「何食わぬ顔」

d大集団に属することになります。一般論でいえば、小集団なしの個人は成り立ちにくく、小集団のなかでタテのしっぽにしがみついていかないといけません。

もちろん、職場などにおいて、小集団とは関係のない別の人間に助けられて、といったことはあるでしょう。これまで縁もゆかりもなく、違う部署に所属していたにもかかわらず、手を差し伸べて自分を助けてくれた、だからあの人には頭があがらない、といった話も耳にします。

[Z]、基本としては、大集団は小集団によって形成されています。派閥、系列など日本の組織を特徴づけていたものの機能が薄らいだといわれますが、派閥などがなくなったわけではありません。

このように、小集団の機能がきわめて強く、逆に大集団としての機能は強くないのが、日本の組織の特色です。

（中根千枝　『タテ社会と現代日本』より）

（注）

※1　トルストイ……一九世紀ロシア文学を代表する小説家。

問1　二重傍線部ⅰ「タイショウ」の「ショウ」と同じ漢字を含むものを、次の①～④のうちから一つ選びなさい。

①　監督に怒られてイキショウチンする。

②　左右の長さがタイショウ的な形。

③　他人の話をシンショウボウダイに伝える。

④　明と暗のタイショウが際立つ作品。

問2　二重傍線部ⅱ「カイテキ」の「テキ」と同じ漢字を含むものを、次の①～④のうちから一つ選びなさい。

①　犯人をテキハツする。

②　教員のテキセイ検査を行う。

③　この台風は過去最大規模にヒッテキする。

④　最後のイッテキまでしぼり取る。

問3　二重傍線部ⅲ「数珠」の読みとして適切なものを、次の①～④のうちから一つ選びなさい。

①　すず

②　すじゅ

③　じゅず

④　じゅしゅ

このタテを理解するうえで、とても重要な点があります。
同じ「 D 」を共有するタテの関係で核心といえるのが、小集団です。「タテ社会」という言葉が独り歩きしてしまったために、隠れてしまいがちなのですが、『タテ社会の人間関係』で伝えたかったことは、第一に、日本の社会構造は小集団が[iii]数珠つなぎになっているということ、第二に、しかもその小集団が封鎖的になっているということです。タテのシステムは小集団でないと効果的にならないからでもあるのですが、まさにこの二つが、日本社会の特性をあらわしているのです。そのことを説明してみましょう。

小集団とは、集団の成員が毎日顔を合わせる、いわゆる X の集団をいいます。派閥などが古くからの典型的な例ですが、個人が緊張を感じずにコミュニケーションを密に取れる五～七人程度のグループです。いつでも集まって相談事ができ、自分の家族や恋愛など、取るに足らない日常の出来事にも共感をもって反応できるグループと考えてもらえばいいと思います。いろいろなケースがあるので、一概にはいえませんが、会社の例でいえば、ある課における、課長と職員の関係は少し近いといえるかもしれません。ただ、必ずしも行政、人事上の機構と重なるものではなく、会社組織のひとつの課などが小集団となるのは、二次的なことです。

日本では、二人が力を合わせれば、二でなく三の力が出るとか、一丸となって事に当たるという言い方をよくします。日本社会においては、個々人が合流して、一体となって不可分の単位を形成しているのです。集団といっても、無限定ではありません。いま述べたように、毎日顔を合わせるくらいの集団が、ひとつの単位となっています。

派閥などを想像してもらえればわかるかと思いますが、この小集団を基盤として、上位のレベルでいくつかにグルーピングされ、その単位がさらにより上位のレベルでいくつかにグルーピングされます。(1)図3をみればわかるように、大集団は小集団の連続によって構成されている、いわば数珠つなぎになっているのです。それぞれ個々に枠をもつ集団が上から下まで連なって集合して、大集団ができます。

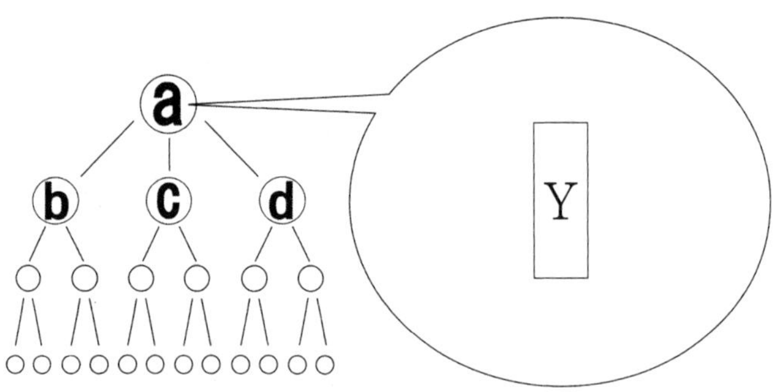

図3

小集団を形成するのは、その組織のトップも例外ではありません。トップの周辺にも小集団があります。トップと、それに直属する幹部数人で小集団が形成される。トップと聞くと、いかにも権力があるように見えます。しかし、タテのシステムにおいて下位の組織に命令が伝わるためには、トップから、まず直属の幹部へ、そこから、下の者へ、と数珠つなぎに下に降りていかなくてはなりません。システム上、トップが独裁的な強さを発揮しにくい仕組みができあがっているのです。

日本の場合、例外はありますが、基本的には、個人は小集団を通して、う命令系統は軍隊にせよ、何にせよ、世界中にありますから、[b]日本特有のものではありません。

　また、リーダーのなかには、いわゆるガキ大将のような強いリーダーもいれば、一見強そうには見えない、やわらかくて強いリーダーもいます。日本の歴史をみても、上に服従したかたちをとっておきながら、実際には下のほうが強かったというのはよくあることですし、強権をふるえないケースは多くあります。

図２：ヨコの層。同質のものが同じ枠のなかにおさまっている。

　「タテ」というのは、上から下への権力関係を表したものではなく、上と下が組み合っている関係を表現したものです。うまく組み合っていれば、下位の者が上位の者に遠慮なく発言できるし、上位の者も下位の者から自分の弱点を指摘されても甘受できる。上下ともに強い依存が見られる関係があり、それを可能にしているのが、「 A 」なのです。逆にいえば、うまく組み合っていなければ、勝手なことをしているととられてしまう。

　どの社会においても、資格による社会集団、場による社会集団があります。資格と場のいずれの機能を優先するかは社会によって異なります。その意味で、日本とインドはきわめて[i]タイショウ的です。日本人は極端なほど B を優先し、インド人は C を優先します。その結果、日本人は先輩・後輩の関係を重んじるために、チームワークを重んじる人が大事にされ、インド人は、素質を重んじるために、頭のいい人を認める傾向が強いのです。集団認識のあり方は、人びとの価値観と関わっています。

　終戦直後に、イギリス軍の捕虜になった日本軍将校の話を、『タテ社会の人間関係』でも紹介したことがあります。イギリス軍は国際法にもとづいて、将校と兵士に分けて収容しました。将校はたいへん[ii]カイテキな環境で過ごし、兵士は過酷な収容生活を送った。それを見ながら日本人の将校は自分たちだけがこのような待遇を受けることはできないと苦しんだそうです。こうした将校と兵士間の断絶は、[※1]トルストイ『戦争と平和』にも出てきますが、日本においては、将校と兵という資格の異なる関係でも、タテの関係にもとづく、ひとつの場をつくっていて、[c]資格の違いにこだわります。

二〇二四年度 叡明高等学校（推薦1回目）

【国　語】〈五〇分〉〈満点：一〇〇点〉

一　次の文章を読み、後の問いに答えなさい。

人間関係を分析するカギとなっているのが、「資格」と「場」です。一定の個人からなる社会集団が構成される要因を、抽象的にとらえると、資格と場という二つの原理を設定できます。集団を構成する第一条件が、個人の「資格」の共通性によるものか、「場」の共有によるものかということです。

資格とは、社会的個人の属性、つまり、その人が持っている特性と考えてもらうといいでしょう。氏《うじ》、素性など、生まれながらに個人にそなわっている属性もあれば、学歴・地位・職業などのように、生後個人が獲得したものもあります。資本家と労働者、あるいは地主と小作人などというのも資格です。特定の職業集団、一定の父系血縁集団、カースト集団など、そういった属性によって集団が構成されている場合、資格による社会集団といえます。

一方、資格の違いなどを問わず、一定の枠によって、一定の個人が集団を構成している場合、「場」による設定ということになります。会社などの所属機関もそうですし、〇〇村というのもそうです。大学でいえば、教授・事務・学生は資格で、「〇〇大学の者」というのは場になります。

【中略】

図1：タテの関係。個人と個人がタテに組み合っている。

こうした場においては、場に来た順番というのが重要になります。「プロローグ」で述べた先輩・後輩システムで、彼らが「場」において組み合っている。これを、『タテ社会の人間関係』などで、私はタテの関係と呼んだのです（図1）。場においては、[a]資格が同じであるかどうかは問われません（なお、このタテの関係は動物の世界においても見られる、いわばユニバーサルな構造の一つです。動物の世界では種が同じものがまとまっている光景を思い浮かべるかもしれませんが、場による集団がないわけではありません）。

こうした個人と個人を結ぶ関係をタテだとすれば、ヨコというのは、大きなベルトのように層をなしているものです（図2）。タテの場合、個が重要になってきますが、ヨコの場合は、個人ひとりひとりがヨコに結ばれているわけではありません。同質のもの全体が大きな階層という同じ枠のなかにおさまっている状態をヨコと呼んだのです。

〈　＊　〉

「タテ社会」と聞いて、上の人が権力を持って下の人に命令する、強者と弱者の関係をイメージされることがよくあります。しかし、そうい

2024年度／叡明高等学校（推薦１回目）

英語解答

1 問１ ② 問２ ④ 問３ ②
問４ ② 問５ ④ 問６ ④
問７ ② 問８ ③ 問９ ③
問10 ③

2 問11 ① 問12 ② 問13 ③
問14 ④ 問15 ③

3 問16 ① 問17 ③ 問18 ③
問19 ① 問20 ②

4 A 問21…④ 問22…③
B 問23…①

5 問24 ① 問25 ② 問26 ②
問27 ③ 問28 ④ 問29 ②
問30 ②

6 問31 ② 問32 ② 問33 ④
問34 ② 問35 ② 問36 ④
問37 ③

1〔適語選択・語形変化〕

問１．Ａ：すみません。世界地図をどこで買えるか教えていただけませんか？／Ｂ：もちろんです。５階に書店がございます。∥この質問に対し，Ｂは世界地図を買える‘場所’を答えている。

問２．Ａ：どうしたの，ジョージ？　悲しそうだね。／Ｂ：お気に入りのペンをなくしたんだ。∥What’s wrong?「どうしたの？」(≒ What’s the matter?)は，相手の体調などをうかがうときの定型表現。

問３．‘逆接’を表すbutに着目し，many「多くの」と対になる語を選ぶ。fewは‘数えられる名詞’の前に置いて「ほとんど～ない」という意味を表す。　「30年前，ほとんどの人がコンピュータを持っていなかったが，今は多くの人が持っている」

問４．be full of ～「～でいっぱいだ」(≒ be filled with ～)　thick「厚い」　「そのロックグループはとても人気だったので，コンサート会場は人でいっぱいだった」

問５．主語がHis old bikeであることから，‘be動詞＋過去分詞’の受け身の文にする。　steal－stole－stolen　「サイモンは新しい自転車が必要だ。彼の古い自転車は盗まれた」

問６．Ａ：夕食のお手伝いをしようか，お父さん？／Ｂ：もちろん。このジャガイモとニンジンの皮をむいておくれ。∥peel「(野菜など)の皮をむく」

問７．make a speech「スピーチをする」　「ヒルさんは去年の夏に中国を訪れた。彼はそこの大学でスピーチをした」

問８．Ａ：お父さん，砂糖を私に渡してくれる？／Ｂ：もちろん。はい，どうぞ。∥‘pass＋人＋物’「〈人〉に〈物〉を手渡す」

問９．‘give＋人＋a hand’で「〈人〉に手を貸す」という意味。　「ジムは新しい家を買ったので，物を移動させなければならなかった。友人は全員休暇中だったので，彼に手を貸せなかった」

問10．in the middle of the night「真夜中に」　「暑すぎたので，私は真夜中に目が覚めた」

2〔対話文完成─適文・適語句選択〕

問11．Ａ：やあ，ベン。今夜もまた，ジャクソンズ・カフェで食事するのを本当に楽しみにしているよ。／Ｂ：ジャクソンズ・カフェ？　ブラッズ・グリルに行く予定じゃなかった？／Ａ：いや，覚えていないの？　予定を変更したんだよ。／Ｂ：あっ，そうだった！　完全に忘れていたよ。∥

これを聞いたAはNoと答え，changed plans「予定を変更した」と述べている。

問12. A：ステファニー，店のウィンドウのあの赤いドレスが見える？　あれを試着してみたいわ。／B：でも，ここは古着屋よ，キャリー。他の誰かが前にそのドレスを着ていたのよ。／A：大丈夫よ。この店は全ての服をクリーニングしているもの。／B：それでとても見た目がいいのね。／／ドレスを試着したいというAに対するBの返答。直前の「ここは古着屋よ」という発言や，この後Aが商品の衣服の清潔さに言及していることから判断する。　try ～ on「～を試着する」

問13. A：ブラッド，起きて。ツアーバスは博物館に止まっているわ。あなたはホテルからここに来る途中の美しい景色を見逃したのよ。／B：ごめん，ハニー。昨日の飛行機のフライトでまだ疲れてるんだ。／A：私も疲れているわ。でも私たちの初めてのギリシャ旅行よ！　もう二度と来ないかもしれないのよ。／B：そうだね。この旅でたくさんのものを見るべきだね。／／Aに旅を楽しむことを促されたBの発言としてふさわしいものを選ぶ。

問14. A：レイクタウン公園ビジターセンターへようこそ。何かご用ですか？／B：こんにちは。紅葉を見るのに一番いい場所はどこですか？／A：残念ですが，少し遅かったですね。木の大半は先週，葉を落としてしまいました。／B：それは残念です。まあ，少なくとも公園をハイキングするにはいい日ですね。／／この後，先週ほとんどの木の葉が落ちたと伝えているので，紅葉の見頃は過ぎてしまったとわかる。

問15. A：すみません。私の乗る飛行機は15分後に離陸予定なんです。5番ゲートへはどう行けばいいですか？／B：5番ゲートですか？　それはターミナルCの先にございますが。お時間が足りないかと思います。／A：本当に？　もし走ったらどうなりますか？／B：そうですね，もし飛行機が遅れていたら，大丈夫かもしれません。／／客(A)と空港職員(B)の会話。この後に続く内容から，このままでは時間に間に合わないことが読み取れる。　enough「十分な」　What if ～?「～したらどうなるだろうか」

3〔整序結合〕

問16.「～はありますか」はDo you have ～?で表せる。「私が借りてもいいコップ」はwhichを目的格の関係代名詞として使ってa cup which I can borrowとする。　Do you have a cup which I can borrow?

問17.「何回～したことがありますか」は‘How many times＋have/has＋主語＋過去分詞…?’で表せる(現在完了形の‘経験’用法)。　How many times has Tatsuya been to Hokkaido?

問18.「～するのは…です」は形式主語を使って‘It is … to ～’の形で表せる。「話せる」は「話すことができる」ということなので，be able to speakとする。「*A*と*B*の両方」は‘both *A* and *B*’で表せる。　It is nice to be able to speak both Japanese and Chinese.

問19.「起こしてね」は命令文で表せる。「～を起こす」はwake ～ upとwake up ～があるが，‘～’が代名詞のときは必ずwake ～ upの語順になる。「買い物に行く前に」は‘before＋主語＋動詞’の形でまとめる。　Wake me up before you go shopping, Dad.

問20.「～がある」はthere is/are ～の形で表せるが，ここでは「水曜日の午前中」は未来のことなので，There will beとする。‘特定の時’につく前置詞はonである。　There will be a basketball game on Wednesday morning.

4 〔読解総合―掲示を見て答える問題〕

Ａ≪全訳≫ボランティアを募集します／放課後，自由時間はありますか？／市立病院が求めている人：／インフォメーションデスク　スペイン語を話せる方が必要です／ギフトショップ　店を清掃します／カフェテリア　皿を洗います／本部　スタッフにメールで情報を送ります／制服無料。病院がバス代や電車代を支払います。／ボランティアは毎週３時間働く必要があります。／☆ボランティアするには，レベッカ・セイドゥに月曜～金曜の午後５時以降，048-990-2211までお電話ください。

問21＜内容真偽＞「この情報について正しいのはどれか」　①「ボランティアをしたい人は自分の制服を買わなければならない」…×　制服は無料で支給される。　②「ボランティアをしたい人はバス代や電車代を支払わなければならない」…×　交通費は病院負担。　③「ボランティアをしたい人は英語とスペイン語を話さなければならない」…×　④「ボランティアをしたい人は，１週につき３時間働かなければならない」…○　a week で「１週につき」という意味。

問22＜英問英答＞「本部のボランティアは何をするのか」―③「メールを送る」

Ｂ≪全訳≫美術部の旅行で写真を撮ろう！／５月10日，叡明高校美術部はレイクタウンリバーへ遠足に行きます。／生徒なら誰でも参加可能です！／当日はカメラを美術部から借りて，同地で美しい写真を撮ることができます。／来たい人は，５月３日までに美術のクレイグ先生に相談してください。／長ズボンを履いてきてください。また，昼食を持参してください。／５月17日，美術部は放課後にパーティーを開きます。美術部が撮った写真を見ることができます。／ご都合がよろしければ，ぜひお越しください！

問23＜英問英答＞「旅行の日，美術部は何を生徒に貸すのか」―①「カメラ」　borrow「～を借りる」⇔ lend「～を貸す」

5 〔長文読解総合―伝記〕

≪全訳≫❶「次の日はまた日曜日だった。彼は１枚のきれいな緑の葉っぱを食べた。その後，彼は気分がずっとよくなった」　これはエリック・カールの『はらぺこあおむし』の一節である。今日，多くの親がこの物語を子どもに読んで聞かせる。『はらぺこあおむし』が出版されて以来，エリック・カールは70冊以上の本を書き，１億3200万冊以上の本が世界中で売れている。❷エリック・カールは，1929年，ニューヨーク州シラキュースで生まれた。彼は６歳のとき，両親とともにドイツに移住した。そして，ドイツの美術学校を卒業した。しかし，アメリカでの最も幸せな子ども時代の思い出があったので，彼の夢はアメリカに戻ることだった。1952年，40ドルをポケットに入れて，彼はニューヨークに到着した。❸ある日，有名な作家のビル・マーチン・Jr が電話をしてきて，カールに彼の物語用の絵を描いてほしいと頼んだ。こうして，『くまさん くまさん なにみてるの？』が出版された。これは今でも，世界中の至る所で子どもたちに愛されている本だ。これがエリック・カールのキャリアの始まりだった。まもなく，カールは自分でも物語を書き始めた。彼の最初のオリジナルの本は『１，２，３どうぶつえんへ』だった。その後，彼は『はらぺこあおむし』を書いた。❹エリック・カールは独自のカラフルな絵を使って，本を明るくカラフルに仕上げている。また，彼の本は読むためのものだけでなく，遊ぶためのものでもある。『さびしがりやのほたる』では，子どもたちはいくつかのページで光を見ることができる。『だんまりこおろぎ』では，子どもたちはこおろぎの鳴き声を聞くことができる。彼の本はときとして「読めるおもちゃ」や「触れる本」と呼ばれている。また，子どもたちは絵を描くことを楽しみ，彼に自分の描いた絵を送ってくる。彼には毎週，数百通の手紙が幼い読者から届く。❺カールはこう言う。「私の本の多くに関して，私は家庭と学校のかけ橋になろうとしています。私にとって，家庭は，暖かく，安全で，おもちゃがたくさんあり，幸せな居場所です。学校は，子どもにとって未知の新しい場所です。新しい人たち，先生たちやクラスメートたちがいます。家庭から学校への旅は，子ども時代の２番目に大きな問題だと私は考えています。一番は，もちろん，生まれることです。どちらの場合も，私たちは暖かく安全な場所を離れます。私たちは何かを知らないとき，恐怖を感じます。私は自分の本の中で，この恐怖を前向きな気持ちに変えようとしているのです。私は子どもたちに，学ぶことは本当に楽しくて，おもしろいのだということを示したいのです」

問24＜要旨把握＞①「ドイツの美術学校を卒業した」は第２段落第３文の内容に一致する。

問25＜文脈把握＞第２段落最後の２文参照。②「彼は子ども時代にそこで良い思い出がたくさんあった」ため，生まれ故郷であるニューヨークに行ったのである。

問26＜要旨把握＞エリック・カールの本の特徴については第４段落に書かれている。②「『読めるおもちゃ』と呼ばれている」は第５文の内容に一致する。

問27＜内容一致＞「カールの本の読者は(　　)」―③「自分自身で絵を描くことを楽しんでいる」第４段落第６文参照。

問28＜要旨把握＞カール自身の考えについては，第５段落に書かれている。④「学校は新しい人たちがいる見知らぬ場所である」は第３，４文の内容に一致する。

問29＜文脈把握＞第５段落第６文参照。warm and safe「暖かく安全な」を，「快適な」と言い換えている。

問30＜要旨把握＞第５段落最後の２文参照。　try to ～「～しようとする」　positive「前向きな，積極的な」

6 〔長文読解総合―説明文〕

≪全訳≫❶あなたは悲しいとき，音楽を聴くだろうか。あなたの大好きな曲はあなたの気分を良くするだろうか。ひょっとしたら，具合が悪いときに，音楽を聴くかもしれない。音楽はあなたの気分が良くなるのに役立っているだろうか。❷紀元前400年頃，ギリシャの「医学の父」ヒポクラテスは，患者のために音楽を流した。古代には，中国やエジプトやインドやローマの人々もまた，音楽を使って，病人が回復するのを助けていた。第一次世界大戦や第二次世界大戦では，戦争での戦闘のせいで感情上の問題を抱えた兵士たちのために，医者は音楽を流した。❸②そして今日でも，多くの医者が音楽を使って人々を助けている。例えば，一部の医者は，手術後の入院患者に向けて音楽を流している。それは患者の体が回復するのに役立つ。もし患者がモーツァルトを聴けば，ひょっとしたら必要な薬が減るかもしれない。❹私たちが音楽を聴くとき，何が起こっているのだろうか。そして，なぜ音楽は私たちにとても多くのさまざまな感情を感じさせるのだろうか。人間として，私たちは生きるために，食べ物や水や他の人たちからの愛を必要とする。しかし，音楽は必要だろうか。❺ある科学的研究では，さまざまな人たちがさまざまな種類の音楽を聴き，その間，科学者が聴いている人の体に何が起こるかを調べた。ある人がある曲を好きな場合，心拍が速くなり，体が温かくなった。また，脳がつくるドーパミンの量が増えた。ドーパミンは，私たちに快感を与える化学物質である。❻この研究で，科学者は音楽が私たちを良い気分にさせることがあるとわかった。❼生活が困難なときは，どうなるのか。音楽はそれでも生活の一部であるのだろうか。❽クライヴ・ウェアリングは，イギリスの指揮者でありピアニストである。1985年，彼は重い病気になり，記憶を失った。今，彼は過去の人生を何一つ思い出せない。さらに悪いことに，彼は数秒間しか記憶できない。約10秒後には，彼は前に起きたことを忘れているのだ。例えば，妻が部屋を出て，20秒後に戻ってきても，彼は妻が誰なのかわからない。❾これは彼の生活をとても困難にしている。彼は生きていくために多くの助けを必要としている。しかし，ウェアリングには１つ覚えていられることがある。彼はまだピアノを弾いて，聖歌隊の指揮ができるのだ。彼はこれらのことをいつどうやって覚えたのか，全く思い出せない。❿耳の聞こえない人も音楽を楽しめる。例えば，ルートヴィヒ・ヴァン・ベートーヴェンは，30歳頃から聴力を失い始め，40代後半には完全に聞こえなくなった。しかし，彼は作曲と演奏を続けた。彼はその後，世界で最も偉大な作曲家の１人となった。⓫ベートーヴェンの交響曲第９番が初めて演奏されたとき，彼は耳が聞こえなかったので，観客の大きな拍手が聞こえなかった。誰かがベートーヴェンの向きを変え，彼に観客が見えるようにした。彼は観客が拍手かっさいしているのを見て，泣いた。⓬もし音楽が聞こえないのだとしたら，耳が聞こえない人はどうやってそれを楽しむのだろう。音楽が演奏されると，耳の聞こえない人はその振動を脳の中に感じることができる。この振動は，他の人が聴覚に使っているのと同じ脳の部分で起こる。こうして，耳の聞こえない人も音楽を楽しめるのだ。

問31＜適所選択＞脱落文は，今日においても医者が人々を助けるために音楽を使っている，という意味。And で始まることから，今までの状況をふまえて現在のことを述べた文として，音楽が医療に使われてきた歴史を述べた部分に続く②に入れる。②の直後の For example, some doctors play music … は，脱落文の具体例となっている。

問32＜適語選択＞直後の who 以下が空所を説明する関係詞節となっている。fighting in the war「戦争で戦うこと」をするのは「兵士たち」である。　patient「患者」

問33＜要旨把握＞下線部「ある科学的研究」の内容は，下線部に続く部分で説明されている。この内容を表すのは，④「さまざまな種類の音楽を使った実験と，それが聴いている人の体に与える影響」。　effect on ～「～への影響」

問34＜要旨把握＞第８段落第１，２文参照。②「記憶喪失で知られるイギリスの偉大なピアニスト・指揮者」はこの内容に一致する。lose「～を失う」の名詞形が loss「喪失」である。

問35＜要旨把握＞耳が聞こえない人の音楽の楽しみ方については第12段落に書かれている。②「音楽が生み出す振動を感じるのを楽しんでいる」はこの内容に一致する。

問36＜文脈把握＞直前の「観客が拍手かっさいしているのが見えた」という部分が根拠となる。なお，観客がスタンディングオベーションしたとは書かれていないので③は不適。

問37＜内容真偽＞①「音楽は手術中の患者に使われている」…×　第３段落第２文参照。手術中ではなく，手術の後。　②「音楽は感情を誘発し，患者の心拍数を下げるのに役立つ」…×　第５段落第２文参照。好きな音楽は患者の心拍数を上げる。　③「音楽は医療現場において有益であり，患者が回復するのに役立っている」…○　第３段落の内容に一致する。　beneficial「有益な」　‘help＋目的語＋動詞の原形’「～が…するのに役立つ」　④「音楽は記憶喪失の患者が過去の出来事を思い出すのを助けるのに効果的だ」…×　そのような記述はない。

2024年度／叡明高等学校（推薦１回目）

数学解答

1
- (1) ア…－　イ…2　ウ…7　エ…2
- (2) オ…2　カ…8　キ…2
- (3) ク…1　ケ…6　コ…5　サ…1　シ…2
- (4) ス…2　セ…9　ソ…1　タ…0
- (5) チ…1　ツ…2　テ…2　ト…1　ナ…0　ニ…4

2
- (1) ア…2　イ…4
- (2) ウ…5　エ…1　オ…2
- (3) カ…1　キ…0
- (4) ク…－　ケ…1　コ…－　サ…1
- (5) シ…1　ス…0　セ…3

3
- (1) ア…4　イ…5
- (2) ウ…2　エ…6
- (3) オ…1　カ…3　キ…2
- (4) ク…1　ケ…2

4
- (1) 2　(2) 8
- (3) ウ…2　エ…4
- (4) オ…3　カ…5
- (5) キ…3　ク…6　ケ…5　コ…5

5
ア…3　イ…2　ウ…2　エ…2　オ…2　カ…2　キ…3　ク…4

1〔独立小問集合題〕

(1)＜数の計算＞与式 $= -36\times\frac{3}{8} = -\frac{27}{2}\left(\frac{-27}{2}\text{と解答する}\right)$

(2)＜数の計算＞与式 $=1.41\times(15^2-5^2)=1.41\times(225-25)=1.41\times200=282$

(3)＜式の計算＞与式 $=\frac{x-2y-3(-5x+y)}{12}=\frac{x-2y+15x-3y}{12}=\frac{16x-5y}{12}$

(4)＜数の計算＞与式 $=\frac{9+6\sqrt{13}+13}{5}-\frac{3+\sqrt{13}}{2}-\frac{7\sqrt{13}}{10}=\frac{22+6\sqrt{13}}{5}-\frac{3+\sqrt{13}}{2}-\frac{7\sqrt{13}}{10}=$ $\frac{2(22+6\sqrt{13})-5(3+\sqrt{13})-7\sqrt{13}}{10}=\frac{44+12\sqrt{13}-15-5\sqrt{13}-7\sqrt{13}}{10}=\frac{29}{10}$

(5)＜数の計算＞与式 $=(2\sqrt{5}-2\sqrt{2}+\sqrt{10\times5}-\sqrt{10\times2})-\frac{\sqrt{5}}{\sqrt{8}}=(2\sqrt{5}-2\sqrt{2}+\sqrt{5^2\times2}-\sqrt{2^2\times5})$ $-\frac{\sqrt{5}}{\sqrt{2^2\times2}}=(2\sqrt{5}-2\sqrt{2}+5\sqrt{2}-2\sqrt{5})-\frac{\sqrt{5}}{2\sqrt{2}}=3\sqrt{2}-\frac{\sqrt{5}\times\sqrt{2}}{2\sqrt{2}\times\sqrt{2}}=3\sqrt{2}-\frac{\sqrt{10}}{2\times2}=$ $\frac{12\sqrt{2}-\sqrt{10}}{4}$

2〔独立小問集合題〕

(1)＜データの活用―中央値＞6人の25回との差は，小さい順に，-6，-5，-2，0，$+3$，$+10$となる。中央値は，小さい方から3番目と4番目の平均値だから，3番目が-2，4番目が0より，$(-2+0)\div2=-1$(回)となる。よって，6人の記録の中央値は$25+(-1)=24$(回)である。

(2)＜確率―さいころ＞大小2つのさいころを同時に投げるとき，目の出方はそれぞれ6通りあるから，全部で$6\times6=36$(通り)ある。このうち，出た目の積が4の倍数となるのは，大きいさいころの目が1のとき，小さいさいころの目は4の1通りあり，大きいさいころの目が3，5のときも同様に，それぞれ1通りある。大きいさいころの目が2のとき，小さいさいころの目は2，4，6の3通りあり，大きいさいころの目が6のときも同様に，3通りある。大きいさいころの目が4のとき，小さいさいころの目は1，2，3，4，5，6の6通りある。よって，出た目の積が4の倍数となる場合は$1\times3+3\times2+6=15$(通り)あるから，求める確率は$\frac{15}{36}=\frac{5}{12}$である。

(3)＜数の性質＞$\sqrt{810n}=\sqrt{2\times3^4\times5\times n}$だから，$\sqrt{810n}$が自然数となる最小の自然数$n$は，$2\times3^4\times5\times n=2^2\times3^4\times5^2$となる自然数$n$である。よって，$n=2\times5$より，$n=10$である。

(4)＜連立方程式＞$x+3y=-4$……①，$6x-(5y-4)=3$……②とする。②より，$6x-5y+4=3$，$6x-5y=-1$……②′　①×6－②′より，$18y-(-5y)=-24-(-1)$，$23y=-23$　∴ $y=-1$　これを①に代入して，$x+3\times(-1)=-4$，$x-3=-4$　∴ $x=-1$

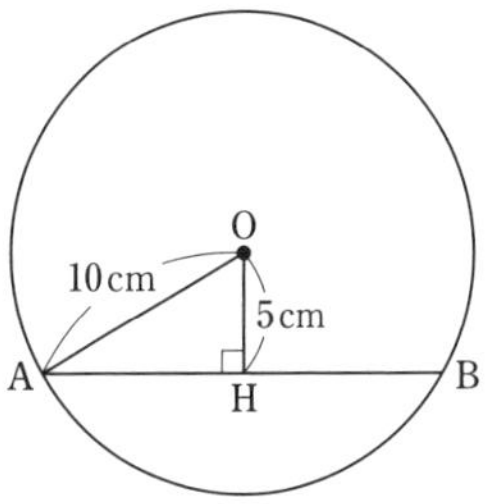

(5)＜平面図形―長さ＞右図のように，半径10cmの円の中心Oから5cmの距離にある弦をABとする。このとき，点Oから弦ABに垂線OHを引くと，OH＝5となり，点Hは線分ABの中点である。2点O，Aを結ぶと，△OAHで三平方の定理より，$\mathrm{AH}=\sqrt{\mathrm{OA}^2-\mathrm{OH}^2}=\sqrt{10^2-5^2}=\sqrt{75}=5\sqrt{3}$となるから，$\mathrm{AB}=2\mathrm{AH}=2\times5\sqrt{3}=10\sqrt{3}$(cm)である。

3〔平面図形―円と三角形〕

≪基本方針の決定≫(1)　∠BDC＝∠ADB＋∠ADCである。　(2)　△OBC，△ABDに着目する。
(3)　〔四角形ABOC〕＝△OAB＋△OACと考えるとよい。

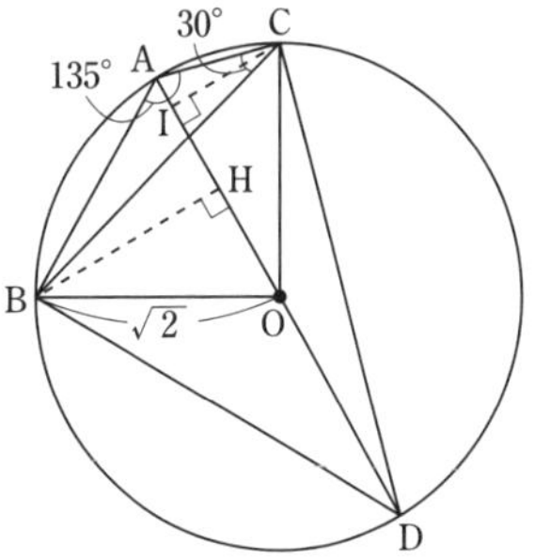

(1)＜角度＞右図で，$\overset{\frown}{\mathrm{AB}}$に対する円周角より，∠ADB＝∠ACB＝30°である。また，△ABCの内角の和より，∠ABC＝180°－∠BAC－∠ACB＝180°－135°－30°＝15°だから，$\overset{\frown}{\mathrm{AC}}$に対する円周角より，∠ADC＝∠ABC＝15°である。よって，∠BDC＝∠ADB＋∠ADC＝30°＋15°＝45°となる。

(2)＜長さ＞右図で，点Oと点B，点Cをそれぞれ結ぶと，$\overset{\frown}{\mathrm{BC}}$に対する円周角と中心角の関係より，∠BOC＝2∠BDC＝2×45°＝90°となる。$\mathrm{OB}=\mathrm{OC}=\sqrt{2}$だから，△OBCは直角二等辺三角形であり，$\mathrm{BC}=\sqrt{2}\mathrm{OB}=\sqrt{2}\times\sqrt{2}=2$となる。また，線分ADは円Oの直径だから，∠ABD＝90°であり，∠ADB＝30°より，△ABDは3辺の比が$1:2:\sqrt{3}$の直角三角形となる。よって，$\mathrm{AB}:\mathrm{BD}=1:\sqrt{3}$より，$\mathrm{BD}=\sqrt{3}\mathrm{AB}=\sqrt{3}\times\sqrt{2}=\sqrt{6}$となる。

(3)＜面積＞右上図で，S＝〔四角形ABOC〕＝△OAB＋△OACである。2点B，CからOAにそれぞれ垂線BH，CIを引く。∠ADB＝30°より，△BDHは3辺の比が$1:2:\sqrt{3}$の直角三角形だから，$\mathrm{BH}=\frac{1}{2}\mathrm{BD}=\frac{1}{2}\times\sqrt{6}=\frac{\sqrt{6}}{2}$である。また，$\overset{\frown}{\mathrm{AC}}$に対する円周角と中心角の関係より，∠AOC＝2∠ADC＝2×15°＝30°だから，△OCIも3辺の比が$1:2:\sqrt{3}$の直角三角形であり，$\mathrm{CI}=\frac{1}{2}\mathrm{OC}=\frac{1}{2}\times\sqrt{2}=\frac{\sqrt{2}}{2}$である。よって，$\mathrm{OA}=\sqrt{2}$より，$\triangle\mathrm{OAB}=\frac{1}{2}\times\mathrm{OA}\times\mathrm{BH}=\frac{1}{2}\times\sqrt{2}\times\frac{\sqrt{6}}{2}=\frac{\sqrt{3}}{2}$，$\triangle\mathrm{OAC}=\frac{1}{2}\times\mathrm{OA}\times\mathrm{CI}=\frac{1}{2}\times\sqrt{2}\times\frac{\sqrt{2}}{2}=\frac{1}{2}$となり，$S=\frac{\sqrt{3}}{2}+\frac{1}{2}=\frac{1+\sqrt{3}}{2}$となる。

(4)＜面積比＞右上図で，△OAB：△ABD＝OA：AD＝1：2，△OAC：△ACD＝OA：AD＝1：2だから，△ABD＝2△OAB，△ACD＝2△OACである。よって，T＝〔四角形ABDC〕＝△ABD＋△ACD＝2△OAB＋2△OAC＝2(△OAB＋△OAC)＝2〔四角形ABOC〕＝$2S$となるから，$S:T=S:2S=1:2$である。

4〔関数―関数$y=ax^2$と一次関数のグラフ〕

≪基本方針の決定≫(5)　点Cから辺ABに垂線を引いてできる2つの直角三角形を考える。

(1)＜比例定数＞次ページの図で，関数$y=ax^2$のグラフはA$(-1,\ 2)$を通るから，$2=a\times(-1)^2$より，$a=2$である。

(2)＜y座標＞次ページの図で，(1)より，点Bは関数$y=2x^2$のグラフ上の点となる。x座標は2だから，y座標は$y=2\times2^2=8$である。

(3)＜直線の式＞右図で，A$(-1,\ 2)$であり，(2)より，B$(2,\ 8)$である。直線lは2点A, Bを通るから，傾きは$\dfrac{8-2}{2-(-1)}=2$であり，その式は$y=2x+b$とおける。点Bを通るから，$8=2\times2+b$, $b=4$となり，直線lの式は$y=2x+4$である。

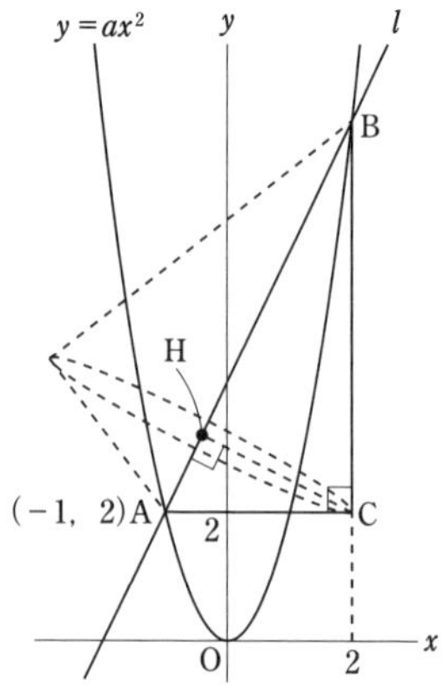

(4)＜長さ＞右図で，点Cは，点$(0,\ 2)$を通りx軸に平行な直線上にあるから，y座標は2である。A$(-1,\ 2)$だから，ACはx軸に平行である。BCはy軸に平行だから，2点A, Bの座標より，$\mathrm{AC}=2-(-1)=3$, $\mathrm{BC}=8-2=6$となる。$\angle\mathrm{ACB}=90^\circ$だから，△ABCで三平方の定理より，$\mathrm{AB}=\sqrt{\mathrm{AC}^2+\mathrm{BC}^2}=\sqrt{3^2+6^2}=\sqrt{45}=3\sqrt{5}$となる。

(5)＜体積＞右図で，点Cから辺ABに垂線CHを引くと，△ABCを直線lの周りに1回転させてできる立体は，△ACHを1回転させてできる円錐と△BCHを1回転させてできる円錐を合わせた立体となる。△ACHを1回転させてできる円錐は，底面の半径がCH, 高さがAHであり，△BCHを1回転させてできる円錐は，底面の半径がCH, 高さがBHである。$\angle\mathrm{ACB}=\angle\mathrm{AHC}=90^\circ$，$\angle\mathrm{BAC}=\angle\mathrm{CAH}$より，$\triangle\mathrm{ABC}\backsim\triangle\mathrm{ACH}$だから，$\mathrm{BC}:\mathrm{CH}=\mathrm{AB}:\mathrm{AC}$より，$6:\mathrm{CH}=3\sqrt{5}:3$が成り立つ。これより，$\mathrm{CH}\times3\sqrt{5}=6\times3$, $\mathrm{CH}=\dfrac{6}{\sqrt{5}}$である。

よって，△ABCを直線lの周りに1回転させてできる立体の体積は，$\dfrac{1}{3}\times\pi\times\mathrm{CH}^2\times\mathrm{AH}+\dfrac{1}{3}\times\pi\times\mathrm{CH}^2\times\mathrm{BH}=\dfrac{1}{3}\times\pi\times\mathrm{CH}^2\times(\mathrm{AH}+\mathrm{BH})=\dfrac{1}{3}\times\pi\times\mathrm{CH}^2\times\mathrm{AB}=\dfrac{1}{3}\times\pi\times\left(\dfrac{6}{\sqrt{5}}\right)^2\times3\sqrt{5}=\dfrac{36}{5}\sqrt{5}\pi$である。

5 〔空間図形―円柱〕

右図のように，5点O, P, Q, R, Sを定める。断面を正方形とすると，底面の半径をOP, 高さをPQとする円柱から，底面の半径をOS, 高さをSRとする円柱をくりぬいた立体となる。$\mathrm{PQ}=\mathrm{PS}=\mathrm{SR}=a$, $\mathrm{OS}=r$であり，$\mathrm{OP}=\mathrm{PS}+\mathrm{OS}=a+r$だから，体積は，$\pi(a+r)^2\times a-\pi r^2\times a=\{a(a+r)^2-ar^2\}\pi=(a^3+2a^2r+ar^2-ar^2)\pi=(a^3+2a^2r)\pi$である。また，正方形PQRSの対角線PR, QSの交点をTとし，点TからSRに垂線TUを引くと，$\mathrm{TU}=\dfrac{1}{2}\mathrm{PS}=\dfrac{1}{2}a$となるから，$\mathrm{OS}+\mathrm{TU}=r+\dfrac{1}{2}a$である。これより，正方形PQRSを1周させたとき，対角線の交点Tは，半径が$r+\dfrac{1}{2}a$の円をえがくので，その円の周の長さは$2\pi\times\left(r+\dfrac{1}{2}a\right)=(2r+a)\pi$となる。正方形PQRSの面積は$a^2$なので，$a^2\times(2r+a)\pi=(a^3+2a^2r)\pi$となり，同じ結果となる。ドーナツの断面を直径が$a$の円とすると，半径は$\mathrm{TU}=\dfrac{1}{2}a$だから，その面積は$\pi\times\left(\dfrac{1}{2}a\right)^2=\dfrac{1}{4}\pi a^2$となる。中心Tがえがく円の周の長さは$(2r+a)\pi$だから，ドーナツの体積は，$\dfrac{1}{4}\pi a^2\times(2r+a)\pi=\dfrac{2a^2r+a^3}{4}\pi^2$となる。

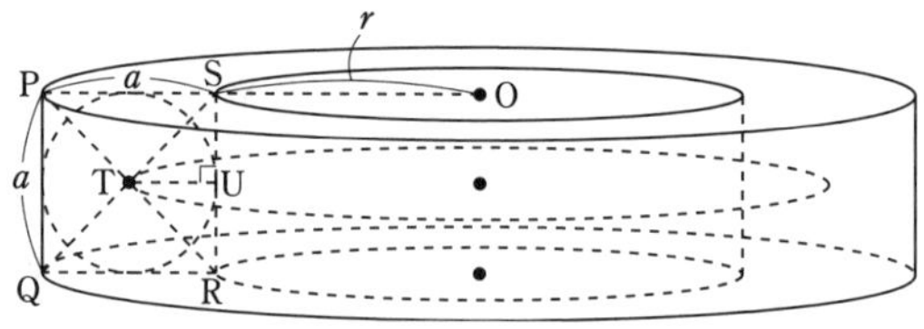

―読者へのメッセージ―

5で，正方形や円を1周させてできた立体の体積を，その図形の面積と，その図形の中心がえがいた円の周の長さの積で求めました。この求め方を公式化したものを，「パップス・ギュルダンの定理」といいます。

2024年度／叡明高等学校（推薦１回目）

国語解答

一　問１　④　問２　②　問３　③
問４　③　問５　③　問６　④
問７　①　問８　②　問９　②
問10　②

二　問11　②　問12　③　問13　④
問14　③　問15　②　問16　③
問17　④　問18　①　問19　②
問20　③

三　問21　②　問22　④　問23　④
問24　④　問25　①　問26　②
問27　③　問28　②　問29　④
問30　④　問31　③　問32　③

一〔説明文の読解―社会学的分野―現代社会〕出典：中根千枝『タテ社会と現代日本』。

問１＜漢字＞「対照」と書く。①は「意気消沈」，②は「対称」，③は「針小棒大」，④は「対照」。

問２＜漢字＞「快適」と書く。①は「摘発」，②は「適性」，③は「匹敵」，④は「一滴」。

問３＜漢字＞「数珠つなぎ」は，多くの人や物を一つなぎにすること。

問４＜文脈＞「資格の違いなどを問わず，一定の枠によって，一定の個人が集団を構成している場合」が「『場』による設定」である。日本では「将校と兵という資格の異なる関係」でも「タテの関係」に基づいて「ひとつの場をつくって」いるので，資格の違いにこだわらない（c…×）。

問５＜文脈＞「同質のもの全体が大きな階層という同じ枠のなかにおさまっている状態をヨコ」と呼び，イギリスやインドでは「階級やカースト」という階層が「組織結合をするうえで重要な役割を果たして」いる（…エ）。このように，イギリスやインドでは「ヨコの層に組織結合の論理を見出している」のに対し，日本は「タテの関係に組織結合の論理を見出して」いるが（…イ），もちろん，日本にヨコの層の「階層がまったくない」わけではない（…ア）。ただ，「日本の組織集団に共通する特色として，タテの重視」が挙げられるのである（…ウ）。

問６＜文章内容＞A．「タテ」というのは，「上と下が組み合っている関係を表現した」言葉であり，「上下ともに強い依存が見られる関係」を可能にしているのが，「タテの関係」を成り立たせている「場」である。　B．「タテの関係に組織結合の論理を見出して」いる日本では，「場」を優先する。C．「カースト」という階層によって「ヨコの層に組織結合の論理を見出して」いるインドでは，「資格」を優先する。　D．「将校と兵という資格の異なる関係でも，タテの関係にもとづく，ひとつの場をつくって」おり，この同じ「場」を共有するという「タテの関係」の「核心」が「小集団」である。

問７＜文章内容＞「フェイス・トゥ・フェイス」は，向かい合っているさまを表す。小集団とは，「集団の成員が毎日顔を合わせ」ている，いわば向かい合っている集団をいう。

問８＜文章内容＞大集団は，「小集団を基盤として，上位のレベルでいくつかにグルーピング」されるという形を繰り返した「小集団の連続によって構成」される。小集団を形成するのは，ⓐの「組織のトップも例外では」なく，「トップと，それに直属する幹部数人」で集団が形成される。

問９＜接続語＞個人は「小集団を通して，大集団に属する」のであり，「職場などにおいて，小集団とは関係のない別の人間に助けられ」ることもあるけれども，あくまでも「基本としては，大集団は小集団によって形成されて」いる。

問10＜要旨＞社会集団には，「個人の『資格』の共通性によるもの」と「『場』の共有によるもの」とがあり，どちらを重視するかは「社会によって」異なり，「終戦直後に，イギリス軍の捕虜になった日本軍将校の話」にあるように，国単位にまで影響を与える力を持つ（①…○，②…×）。「タテ社会」の「タテ」とは，「上と下が組み合っている関係」のことであり，共有する「場」の中で上と下がうまく組み合っていれば，「下位の者が上位の者に遠慮なく発言できるし，上位の者も下位の者から自分の弱点を指摘されても甘受」できる(③…○)。このように「『場』を共有するタテの関係で核心といえるのが，小集団」である(④…○)。

二 〔論説文の読解―芸術・文学・言語学的分野―読書〕出典：吉見俊哉『知的創造の条件』。

≪本文の概要≫ネット情報と本には，作者性と構造性の二面において質的な違いがある。著作物である本は，特定の作者が社会的評価をかけて出版したものだから，責任の所在が明確である。一方，ネット上のコンテンツは，皆で集合的につくり上げる傾向にあるため，皆が共有して内容の責任を負う形になる。また，情報は要素で，情報という要素が集まって形づくられる体系が，知識であるが，この情報と知識の質的な違いを曖昧にしてしまうことが，インターネットの検索システムやAIの最大のリスクである。インターネットの検索の場合，社会的に蓄積されてきた知識の構造や，その中での個々の情報の位置関係を知らなくても，知りたい情報を瞬時に得ることができる。そのため，私たちは，検索システムやAIの発達によって，自力で知識の体系に至る能力を失っていく可能性がある。それに対して，読書で重要なのは，著者がいかなる論理に基づいて全体の論述を展開しているかを見出していくことである。ある単一の情報を得るには，ネット検索が優れているが，本の読者は，検索システムよりもはるかに深く知識の構造を読み取ることができる。図書館に行って本を探す過程でも，さらに知識の構造を深められるのである。

問11＜漢字＞名前を隠して知らせないこと。

問12＜漢字＞「事象」と書く。①は「消去」，②は「衝撃」，③は「抽象」，④は「干渉」。

問13＜漢字＞「即座」と書く。①は「結束」，②は「速度」，③は「測定」，④は「即答」。

問14＜接続語＞A．本は，その分野ですでに「定評のある書き手」，または，これから「定評を得ようとする書き手」が出版する。　B．インターネット検索の場合，ネットのユーザーは，「いつもリンゴの実ばかりを集めていて，そのリンゴが実っている樹の幹を見定めたり，そこから出ているいくつもの枝の関係を見極めたりすることができなくなって」しまい，そのうえ「AI」の場合だと，ユーザーは，自分が何を探しているのかもわからなくても，「目的を達成するにはリンゴが適切である」と，AIが教えてくれることになる。　C．ネット検索なら，「関係のありそうな本を読むよりもかなり高い確率で求めていた情報には」行き当たるので，「ある単一の情報を得るには，ネット検索のほうが読書よりも優れている」ともいえる。

問15＜表現＞X．ネットのコンテンツは，「複数の人がチェックしている」ので，他の情報源と比べると「正しいという前提」がある。　Y．「本を読んだり書いたりすることが可能にする」ことは，「検索システムやAI」が可能にすることとは反対の経験である。

問16＜文脈＞コペルニクスは，「活版印刷以前の時代とは比べものにならないほどの情報にアクセスできた」けれども，アクセスできたことによって得た大量の情報自体は，「まだ知識では」ない。

問17＜文章内容＞インターネットの検索システム，さらにはAIの最大のリスクは，「情報と知識の質的な違いを曖昧に」することである。検索システムによって「社会的に蓄積されてきた知識の構造やその中での個々の要素の位置関係など」を知らなくても，「知りたい情報を瞬時に得ることができる」ため，私たちは，「検索システムやAIが発達すればする」ほど，自力で自分がどんな知識の「森を歩いているのかを知る能力を失っていく」可能性がある。

問18＜文章内容＞読書で最も重要なことは，「記述自体ではなく，著者がそれらの記述をどのように結びつけ，いかなる論理に基づいて全体の論述に展開しているのかを読みながら見つけ出していくこと」である。

問19＜文章内容＞本の場合，最初に求めていた情報にたどり着けなくても，「興味深い事例」を発見したり，本を探す過程で関連する本の中から「研究を大発展させるきっかけ」を見つけたりして，「知識の構造」に至って知識を広められる。しかし，検索システムは，「そもそも知識を断片化し，情報として扱うことによって大量の迅速処理を可能にしている」ものだから，本のように知識の構造に至ることができない。

問20＜要旨＞知識とは，「バラバラな情報やデータの集まりではなく」て，「様々な概念や事象の記述が相互に結びつき，全体として体系をなす状態」を指す(②…○)。読書において重要なのは，「記述自体ではなく，著者がそれらの記述をどのように結びつけ，いかなる論理に基づいて全体の論述に展開しているのかを読みながら見つけ出していくこと」である(①…○，③…×)。ネット検索では「短時間」で「求めていた情報には」行き当たるが，それは「単一の情報を得る」だけであって，体系的な知識を獲得することではない(④…○)。

三〔国語の知識〕

問21＜慣用句＞A.「牛の歩み」は，進み方が遅いこと。「牛歩」ともいう。　B.「猫の額」は，非常に狭いこと。　C.「鶴の一声」は，多くの人の意見を抑えつける権力者や有力者の一言のこと。

問22＜ことわざ＞「情けは人のためならず」は，人に情けをかければ，相手のためになるだけでなく，巡り巡って，よい報いとなって自分に戻ってくる，という意味。

問23＜四字熟語＞「針小棒大」は，針のように小さいことを，棒のように大げさに言うこと。

問24＜熟語の構成＞「注意」と「兼職」は，下の漢字が上の漢字の目的語になっている熟語。「前後」は，反対の意味の漢字を重ねた熟語。「人造」は，上の漢字と下の漢字が主語と述語の関係になっている熟語。「膨張」は，似た意味の漢字を重ねた熟語。

問25＜品詞＞「飛びながら」の「ながら」と「見ながら」の「ながら」は，動作の同時進行を表す接続助詞。「昔ながら」の「ながら」は，継続を表し，～のまま，という意味。「ありながら」と「低いながらも」の「ながら」は，逆接を表し，～けれども，という意味。

問26＜品詞＞「クラス全員でサッカーをしよう」の「う」は，勧誘の助動詞「よう」の一部で，「みんなで楽しもう」の「う」も，勧誘の助動詞。「おそらく雨だろう」の「う」と「間に合うだろう」の「う」は，推量の助動詞。「夢の続きを見よう」の「う」は，意志の助動詞「よう」の一部。

問27＜敬語＞「ございます」は，「ある」の丁寧語。

問28＜敬語＞「お目にかかる」は，「会う」の謙譲語。「私の母」に「会う」のは，「先生」の動作なので，尊敬語の「お会いになる」などを用いる。

問29＜和歌の技法＞「あしびきの」は，山，峰などにかかる枕詞。「たらちねの」は，母，親にかかる枕詞。「ぬばたまの」は，夜，黒髪，月などにかかる枕詞。「あかねさす」は，日，昼，紫などにかかる枕詞。

問30＜文学史＞『源氏物語』は，平安時代中期に成立した物語で，作者は紫式部。『枕草子』は，平安時代中期に成立した随筆で，作者は清少納言。『蜻蛉日記』は，平安時代中期に成立した日記で，作者は藤原道綱母。『更級日記』は，平安時代後期に成立した日記で，作者は菅原孝標女。

問31＜漢詩の形式＞一句の文字数が五文字の詩を五言詩，七文字の詩を七言詩という。句数が四句の詩を絶句，八句の詩を律詩という。

問32＜漢文の訓読＞「言」→「慎」→「不」→「可」→「不」の順に読む。「慎」から「不」，「不」から「可」，「可」から「不」へそれぞれ一字返って読むので，レ点を用いる。

2024年度　叡明高等学校(推薦２回目)

【英　語】 (50分) 〈満点：100点〉

1 次の問い(問１～10)の(　　　)に入れるのに最も適切なものを、それぞれ下の①～④のうちから1つずつ選びなさい。

問１ A：Do you know (　　　) Jack was absent from school yesterday?
B：Yes. He had to go to the dentist.
① where　② which　③ who　④ why

問２ A：Did you like the movie, James?
B：Yes. I thought it was (　　　). The actors were great, and the story was very exciting.
① excellent　② kind　③ thin　④ tired

問３ Don't be (　　　) of the dog. He's very friendly.
① afraid　② dangerous　③ strong　④ surprised

問４ A：I heard that you're going to Rome next week.
B：That's not (　　　). I'm going to Paris.
① common　② main　③ special　④ true

問５ I was (　　　) to Charles by my brother.
① introduce　② introduced　③ introduces　④ introducing

問６ A：Your coat is on the floor again, David. (　　　) it in your closet.
B：All right, Mom.
① Build　② Call　③ Hang　④ Invite

問７ When Jane was walking along a road, she saw a snake. She was surprised and (　　　) away.
① changed　② listened　③ ran　④ told

問８ A：I don't (　　　) my English homework.
B：I can help you.
① believe　② drive　③ think　④ understand

問9　I got this T-shirt for my birthday. At (　　　　), I didn't like the color very much, but now it's my favorite. I wear it all the time.

① first　　② front　　③ once　　④ then

問10　It was raining yesterday, so my mother gave me a (　　　　) to the station.

① chance　　② plan　　③ ride　　④ speech

2

次の問い(問11～15)の会話文が成り立つように(　　　　)に入る最も適切なものを、それぞれ下の①～④のうちから1つずつ選びなさい。

問11　A：Excuse me. I want to buy an Outdoor King backpack, but I can't find any here.

B：Oh, I'm sorry. We don't have any left.

A：I see. Do you know (　　　　)

B：Our store on 5th Avenue should have some.

① how much they cost?　　② when they'll arrive?

③ where I can get one?　　④ why they're so popular?

問12　A：Todd, I heard some thieves broke into your house. Are you OK?

B：Yeah. Luckily, nobody was home at the time.

A：That's good. But how scary! (　　　　)

B：Not really. Just some old stereo equipment.

① Did they take many things?　　② Does that happen often in this area?

③ Have the police caught them?　　④ Were you home then?

問13　A：Thanks for making dinner for me, John. Everything is really good.

B：No problem. I enjoy cooking.

A：What kind of beans are these in the soup?

B：(　　　　) They come from Asia.

① It's chicken-and-bean soup.　　② These are Indian-style dishes.

③ This soup is pretty expensive.　　④ Those are called chickpeas.

問14　A：Mr. Smith, I think I lost my math book.

B：That's too bad, Henry. If you can't find it, (　　　　)

A：Oh. That would be expensive.

B：Well, look again at home. I hope you find it.

① I'll have to talk to your parents.　　② I can lend one to you.

③ you'll have to buy a new one.　　④ you won't be able to study.

問15　A：Dan, did you have a nice picnic with Debra?

B：Not really, Mom. The weather was OK, but the roast chicken I bought at the supermarket wasn't very good.

A：I'm sorry to hear that.（　　　　）next time?

B：Yes, that might taste better.

① Are you going to a different park　　② How about making your own food

③ Shall I drive you there　　④ Will you go with Stephanie

3　次の問い(問16～20)において、それぞれ日本文の意味を表すように㋐～㋕までを並べ替えて［　　］を補い、最も適切な文を完成させなさい。解答は２番目と４番目にくるものとして最も適切な組み合わせを、それぞれ下の①～④のうちから１つずつ選びなさい。(ただし、文頭に来るものも小文字になっている。)

問16　トムは先週忙しすぎて雑誌を読むことができませんでした。

（ ㋐ read　㋑ was　㋒ too　㋓ to　㋔ the magazine　㋕ busy ）

Tom［　　］［2番目］［　　］［4番目］［　　］［　　］last week.

① ㋒－㋓　② ㋕－㋐　③ ㋓－㋔　④ ㋐－㋑

問17　この機械の使い方を教えてくれませんか。

（ ㋐ this　㋑ to　㋒ use　㋓ how　㋔ show　㋕ me ）

Can you［　　］［2番目］［　　］［4番目］［　　］［　　］machine?

① ㋕－㋑　② ㋕－㋒　③ ㋔－㋓　④ ㋔－㋕

問18　音楽を聴いている女の子はたかしの妹です。

（ ㋐ listening　㋑ sister　㋒ girl　㋓ to music　㋔ is　㋕ Takashi's ）

The［　　］［2番目］［　　］［4番目］［　　］［　　］.

① ㋐－㋔　② ㋔－㋓　③ ㋕－㋒　④ ㋓－㋔

問19　チケットを買った人はカードを無料でもらいました。

（ ㋐ people　㋑ a free card　㋒ bought　㋓ got　㋔ who　㋕ a ticket ）

［　　］［2番目］［　　］［4番目］［　　］［　　］.

① ㋐－㋓　② ㋕－㋓　③ ㋑－㋔　④ ㋔－㋕

問20　ダニエル、どこでそんなに良い腕時計を買ったのですか。

（ ㋐ a　㋑ such　㋒ did　㋓ good　㋔ buy　㋕ you ）

Daniel, where［　　］［2番目］［　　］［4番目］［　　］［　　］watch?

① ㋑－㋐　② ㋔－㋓　③ ㋕－㋐　④ ㋕－㋑

4 次の問い(A・B)に答えなさい。

A 次のポスターを読み、**問21**と**問22**の質問に対する答えとして最も適切なものを、それぞれ下の①～④のうちから1つずつ選びなさい。

Welcome to Laketown Ice-Skating Rink

On **Saturday** and **Sunday**, family skating time is

from **10 a.m.** to **1 p.m.** and from **2:30 p.m.** to **5:30 p.m.**

☆Free skating lessons for children are held in the rink from 11:30 a.m. to 12:30 p.m.

☆The ice is cleaned every day from 1 p.m. to 2 p.m.

Every Saturday, come and watch the Laketown Juniors in a hockey game from 7 p.m.

Rules

- Leave all shoes in the lockers
- No eating in the locker rooms
- No food or drink on the ice

People can buy snacks and eat them in the rest area next to the entrance.

Thank you for visiting Laketown Ice-Skating Rink.

問21 What time can children take skating lessons?

① From 1 p.m. to 2 p.m.

② From 2:30 p.m. to 5:30 p.m.

③ From 10 a.m. to 1 p.m.

④ From 11:30 a.m. to 12:30 p.m.

問22 Where can people have food?

① At the entrance.

② In the locker room.

③ In the rest area.

④ On the ice.

B　次のポスターを読み、問23の質問に対する答えとして最も適切なものを、下の①～④のうちから1つ選びなさい。

December Schedule for
Eimei Junior High School Students

December 21

Last day of classes.

All students must take everything out of their lockers before they go home.　(The school will paint the lockers on December 22.)

December 23

Christmas concert at Laketown Church at 7 p.m.

Listen to the brass band and enjoy singing by the second-grade students.

December 27

Ski trip.

If you want to join the ski trip, please see Mr. Cruise by December 19.

December 30

New Year's party for third-grade students

from 5:30 p.m. to 8 p.m. at Hunt's shop.

問23　Why do students need to take everything out of their lockers?

① Parents will use the lockers during the Christmas concert.

② Students will change their lockers in January.

③ The lockers will be moved on December 27.

④ The lockers will be painted on December 22.

5　次の文章を読み、後の問い（問24〜30）に答えなさい。

If you are planning to be in snowy mountains, (1)you need to bring water or have ways to get it. You should drink more than one liter of water every day. If you are on a day hike, skiing, or snowboarding, you should bring a two-liter bottle of water with you. If you are planning a longer stay, you should still only bring two liters. More water will make your pack too heavy.

When you need water, you can get it from lakes and rivers or by melting* snow. You should boil the water before you drink it, so don't forget to bring a lighter or matches to start a fire. You can also bring tablets* that you put in water to make it safe, or you can bring a water filter.

You may be asking, "Why is water unsafe? Water in the mountains is cleaner than water in the city, right?" (2)This isn't always true. For example, in the lower part of the Alps, there are many animals, and they can contaminate* the water.

(3)Drinking unsafe water can give you stomach problems. It can make you sick for a day or two or even for a few weeks. Water can be clean, especially high in the mountains. But even if the risk is low, you don't want to be sick when you are hiking or doing sports in the mountains. And you *really* don't want to get sick if you are lost in the mountains, so it is always best to purify* water before drinking it.

How do you purify water in the mountains? First, get some water from lakes or rivers, or use snow if there is no water nearby. Next, (4)make a fire and heat the water until it boils. (　　　　) But it's not so easy to make a fire in the mountains. Here's how to do it:

1 Find a place that is dry and out of the wind.

2 Put down some dry tree branches*.

3 Put tinder* (twigs*, dead leaves, dry grass) on the branches.

4 Light the tinder with a lighter or matches, and then add kindling* (small, dry branches).

5 When the kindling is burning well, add some more dry wood.

If you don't have matches or a lighter, you can start a fire with a dry branch and a flat piece of wood. Turn the branch around and around really fast on the wood until it gets hot and starts to smoke. Then hold your tinder close to the branch until it catches fire. It's not easy, but keep trying, and it will work in the end.

If you're lost in the mountains with no water and you can't make a fire, then you should use your body heat to melt snow. Put some snow in a water bottle and leave it under your jacket while you walk or sleep at night. The snow will melt, but the water won't be purified.

If, however, you have no other water to drink you should take the risk and drink it. If you don't drink enough water, your body becomes (5)dehydrated, which is a serious problem and can even cause people to die.

注　melt(ing)：溶ける　tablet(s)：錠剤　contaminate：～を汚染する　purify：浄化する
branch(es)：小枝　tinder：燃えやすいもの　twig(s)：小枝
kindling：（乾いた木片・わらなどの）たきつけ

問24　下線部(1)とする理由として最も適切なものを、下の①～④のうちから１つ選びなさい。

① Drinking little water can make you dehydrated.

② Drinking water from lakes and rivers can make you sick.

③ Melting snow in the mountains is a quick way to purify water.

④ Water is too heavy to carry, so it's better to find natural sources.

問25　下線部(2)となる理由として最も適切なものを、下の①～④のうちから１つ選びなさい。

① 山に住む動物が水を汚染する可能性があるから。

② 山の雪や氷には有害な化学物質が含まれているから。

③ 山の水は都市の水よりもきれいだから。

④ 山は標高が高すぎて水が汚染されている可能性があるから。

問26　下線部(3)をした場合、どんなことが起こるのか、最も適切なものを、下の①～④のうちから１つ選びなさい。

① It could lead to stomach problems and make you sick.

② It might cause dehydration due to excessive water consumption.

③ You could become more resistant to stomach problems.

④ You might experience a mild headache.

問27　下線部(4)を説明したものとして適切でないものを、下の①～④のうちから１つ選びなさい。

① Adding dry wood to burning kindling.

② Creating sparks by rubbing stones together.

③ Lighting tinder with matches or a lighter.

④ Using dry tree branches as kindling.

問28　本文中の(　　　　)に入るものとして最も適切なものを、下の①～④のうちから１つ選びなさい。

① It sounds complicated, doesn't it?

② It sounds easy, doesn't it?

③ It sounds hard, doesn't it?

④ It sounds interesting, doesn't it?

問29　下線部(5)の意味に最も近いものを、下の①～④のうちから１つ選びなさい。

① 食中毒　② 高山病　③ 熱中症　④ 脱水症

問30　本文のテーマとして最も適切なものを、下の①～④のうちから１つ選びなさい。

① Methods to get clean and purified water in mountainous regions.

② Techniques to create fire for warmth in cold mountain environments.

③ The importance of carrying lightweight packs in snowy mountains.

④ Various activities to enjoy during snowy mountain stays.

6 次の文章を読み、後の問い(問31～37)に答えなさい。

I began to cry from the pain* in my foot. Miss Bell told me to take off my shoe. But I didn't do so. "If I take it off, she and the other people will see the hole in my old sock," I thought.

"Come on, then. Let's go inside to the office."

After us, there was a long line of my friends. Miss Bell said to them, "Stay there on the ground." I did my best to hold back my tears*. But each time the thing stung* me, I said, "Oh, oh, oh!" I wanted to cry.

Mr. Stewart, the head of my school, came into his office.

"What happened?" he asked.

"Something is stinging her right foot, but she doesn't want to take off her shoe," said Miss Bell.

I was sitting on his desk. "Let me take a look." He was just trying to take the shoe off. Then I saw the hole. (1)I pulled the shoe and held it hard. Each time I felt the pain in my foot.

"Why don't you want to take off your shoe?" Mr. Stewart asked. Then he looked from me to Miss Bell and back me. [A]

Miss Womble, another teacher, came into the office. "Can I help? I know her, she lives next door to me."

"I think ants* are in her shoes and stinging her, but she doesn't want to take off her shoes," said Miss Bell.

Miss Womble was a very nice person. She sometimes played together with us. She put both hands softly on my shoulders and looked into my red eyes.

"Oh yes," she said, as if* she remembered a fact. "I had a bite* from one of those ants. Do you know sock eaters? Before I got my shoe off, that ant ate almost all the bottom* of my sock." (2)She moved her head up and down and she looked at the other two teachers. "Must be sock-eater ants."

They moved their heads up and down, too, as if they also had (3)the same experience.

"Let me see here." She took my shoe off and looked at my foot. "I was right! Those sock ants have eaten some of her sock."

Then two red ants fell on the floor. They ran for the wall, but Mr. Stewart's shoe stopped them.

Miss Bell took a cotton* ball with alcohol* out of the medicine* box. And she put it on my foot. "I think she's going to be okay now," she said.

The bell rang. "It's class time," Mr. Stewart said. He and Miss Bell went back to their jobs.

"You were a very brave* girl. I think you should put this shoe here and take the sock off for some time," she said. "Wait for me after school, and we'll walk home together."

(4)Pride* can be a wonderful, but sometimes bad thing. I knew that Miss Womble saved my pride with (5)her sock-eating ant story.

She knew how I was feeling. I just didn't want to show that I was poor.

This kind understanding teacher taught me a lesson of [B]. And I have tried to use it in my thirty-seven years of teaching.

注　pain：痛み　hold back my tears：涙をこらえる　stung＜sting：～を刺す　ant(s)：アリ
as if：まるで～かのように　bite：(虫などに)刺されること　bottom：底　cotton：綿
alcohol：アルコール　medicine：薬　brave：勇敢な　pride：自尊心

問31　下線部(1)から読み取れることとして適切なものを、下の①～④のうちから１つ選びなさい。

① The writer didn't want to show her shoe to anybody.
② The writer felt the pain when she took off the shoe.
③ The writer's shoe was too small to take off by herself.
④ The writer wanted to keep the hole in her sock a secret.

問32　本文中の［　A　］に当てはまるものとして最も適切なものを、下の①～④のうちから１つ選びなさい。

① He didn't know what to do next.
② He wanted to go back to his class.
③ He wanted to know why the writer was on his desk.
④ He was looking for Miss Womble.

問33　下線部(2)から読み取れることとして最も適切なものを、下の①～④のうちから１つ選びなさい。

① Miss Womble asked the other teachers to move outside the office.
② Miss Womble didn't like ants and wanted to keep away from them.
③ Miss Womble felt that some ants were walking up and down on her head.
④ Miss Womble hoped that the other teachers would agree with her.

問34　下線部(3)とは具体的にどのような経験か。最も適切なものを、下の①～④のうちから１つ選びなさい。

① 靴下を食べるアリを見たという経験。
② アリが靴の中に入ってしまったという経験。
③ 靴の中に入り込んだアリに噛まれたという経験。
④ アリに靴下を食べられてしまったという経験。

問35　下線部(4)はどういう意味か。最も適切なものを、下の①～④のうちから１つ選びなさい。

① ある人にとっては自尊心は素晴らしいものであるが、別の人にとってはひどいものになる可能性があるということ。
② Miss Wombleの自尊心はいつも素晴らしかったが、筆者の自尊心は時々ひどく傷つけられたということ。
③ 人が自尊心を持つことは素晴らしいが、そのために事態が好転しないこともあるということ。
④ 筆者の自尊心は素晴らしかったが、それによってMiss Wombleに辛い思いをさせてしまったということ。

問36　下線部(5)とは何か。最も適切なものを、下の①～④のうちから１つ選びなさい。

① 筆者のためにMiss Wombleがその場で作り上げた話。
② Miss Wombleの近所の子供たちが実際に体験した話。
③ 一緒に遊んでいるときにMiss Wombleが筆者に聞かせた話。
④ Miss Wombleも他の先生たちも子供の頃に経験した話。

問37　［　B　］に当てはまるものを日本語にしたものとして最も適切なものを、下の①～④のうちから１つ選びなさい。

① 好奇心　② 勇気　③ 恥ずかしさ　④ 思いやり

【数　学】（50分）〈満点：100点〉

1　次の $\boxed{\text{ア}}$ ～ $\boxed{\text{ヌ}}$ に当てはまる最も適切な数を答えなさい。

（1）　$(-2)^2 + (-3)^3 \div 3 = \boxed{\text{アイ}}$

（2）　$1017^2 - 1007^2 = \boxed{\text{ウエオカキ}}$

（3）　$\dfrac{2x+y}{4} - \dfrac{x-3y}{5} = \dfrac{\boxed{\text{ク}}\,x + \boxed{\text{ケコ}}\,y}{\boxed{\text{サシ}}}$

（4）　$\left(3 - \dfrac{2\sqrt{3}}{7}\right)^2 = \dfrac{\boxed{\text{スセソ}} - \boxed{\text{タチ}}\sqrt{\boxed{\text{ツ}}}}{\boxed{\text{テト}}}$

（5）　$(1+\sqrt{2})(1+\sqrt{3}) - (1-\sqrt{2})(1-\sqrt{3}) - \sqrt{3} = \boxed{\text{ナ}}\sqrt{\boxed{\text{ニ}}} + \sqrt{\boxed{\text{ヌ}}}$

2　次の $\boxed{\text{ア}}$ ～ $\boxed{\text{ソ}}$ に当てはまる最も適切な数を答えなさい。

(1)　下のデータの四分位範囲は $\boxed{\text{アイ}}$ である。

5， 9， 14， 19， 22， 26， 27， 23， 18， 12， 7

(2)　A，B，Cの３人が１回じゃんけんをするとき，あいことなる確率は $\dfrac{\boxed{\text{ウ}}}{\boxed{\text{エ}}}$ である。

(3)　$\sqrt{\dfrac{50n}{3}}$ が自然数となるような最小の自然数 n の値は $\boxed{\text{オ}}$ である。

(4)　連立方程式 $\begin{cases} 5x-7(y-2)=10 \\ 2x-5y=5 \end{cases}$ を解くと，$x=$ $\boxed{\text{カキ}}$ ，$y=$ $\boxed{\text{クケ}}$ である。

(5)　濃度２％の食塩水と濃度９％の食塩水を混ぜて，濃度６％の食塩水を700gつくるためには，濃度２％の食塩水を $\boxed{\text{コサシ}}$ g，濃度９％の食塩水を $\boxed{\text{スセソ}}$ g混ぜればよい。

3 次の図のような円Oに内接する正八角形ABCDEFGHがある。
線分FG＝1のとき，次の ア ～ コ に当てはまる最も適切な数を答えなさい。

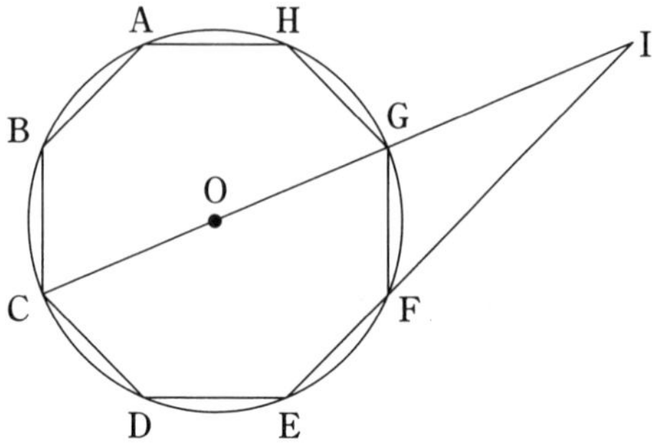

（1） 直線CGと直線EFの交点をIとする。
このとき，∠CIF＝ $\boxed{\text{アイ}}.\boxed{\text{ウ}}$ °
である。

（2） $\mathrm{FI} = \boxed{\text{エ}} + \sqrt{\boxed{\text{オ}}}$ である。

（3） △BCGの面積をSとすると，

$$S = \frac{\boxed{\text{カ}} + \sqrt{\boxed{\text{キ}}}}{\boxed{\text{ク}}}$$ である。

（4） △OBCの面積をTとすると，
$\mathrm{S} : \mathrm{T} = \boxed{\text{ケ}} : \boxed{\text{コ}}$ である。

4　次の図のように，２次関数 $T_1：y=ax^2$，$T_2：y=bx^2$ がある。ただし，a，b は定数とする。
また，点A，点Bの座標は A(２，２)，B(−２，−８) である。
このとき，次の $\boxed{ア}$ 〜 $\boxed{ソ}$ に当てはまる最も適切な数を答えなさい。

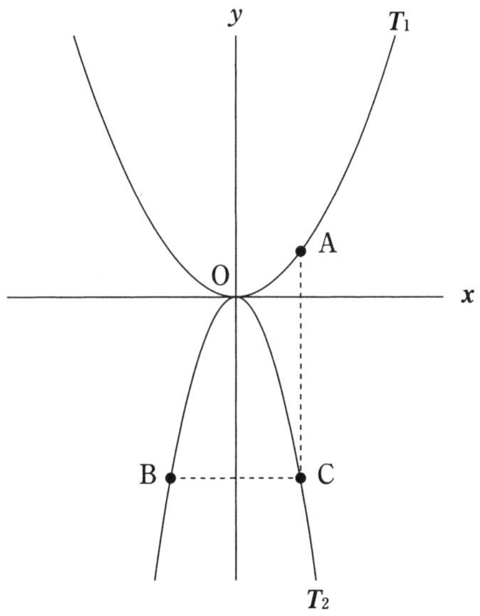

（１）　a の値は $\dfrac{\boxed{ア}}{\boxed{イ}}$ である。

（２）　b の値は $\boxed{ウエ}$ である。

（３）　直線ABの方程式は

$y=\dfrac{\boxed{オ}}{\boxed{カ}}x-\boxed{キ}$ である。

（４）　直線ABに平行で点Cを通る直線の方程式は

$y=\dfrac{\boxed{ク}}{\boxed{ケ}}x-\boxed{コサ}$ である。

（５）　（４）で求めた直線と T_2 との交点のうち，点Cでない方の点をDとする。このとき，四角形ABDCの面積は $\dfrac{\boxed{シスセ}}{\boxed{ソ}}$ である。

5　次の会話文を読み，$\boxed{\text{ア}}$ ～ $\boxed{\text{コ}}$ に当てはまる最も適切な数を答えなさい。

【会話文】

えいこさん：値が正である整数のことを自然数といったね。

めいたさん：どうやらある自然数を２乗して，４で割ると余りが２通りしかないそうだよ。

えいこさん：そうなんだ。実際に確かめてみよう。

めいたさん：では，ある自然数を n として，n が偶数のときと奇数のときに分けて考えてみよう。

えいこさん：n が偶数だとすると，自然数 k を用いて $n = 2k$ と表せるね。
２乗すると，$n^2 = \boxed{\text{ア}}\,k^2$ となるね。

めいたさん：これは $\boxed{\text{ア}}$ で割り切れるから，余りは $\boxed{\text{イ}}$ になるね。

えいこさん：n が奇数のときはどうなるだろう。

めいたさん：同様に自然数 k を用いて，$n = \boxed{\text{ウ}}\,k - \boxed{\text{エ}}$ と表せるから，
$n^2 = \boxed{\text{オ}}\left(k^{\boxed{\text{カ}}} - k\right) + \boxed{\text{キ}}$ となるね。

えいこさん：これは $\boxed{\text{ア}}$ で割ると余りが $\boxed{\text{ク}}$ になるね。

めいたさん：これで，自然数の２乗を４で割ると，余りは小さい順に $\boxed{\text{ケ}}$ か $\boxed{\text{コ}}$ の２通りだとわかったね。

解答上の注意事項

1　解答は，解答用紙の問題番号に対応した解答欄にマークしなさい。

2　問題の文中の $\boxed{ア}$，$\boxed{イウ}$ などには，特に指示がない限り，符号(－)または数字(0～9)が入ります。ア，イ，ウ，…の一つ一つは，これらのいずれか一つに対応します。それらを解答用紙のア，イ，ウ，…で示された解答欄にマークして答えなさい。

例　$\boxed{アイウ}$ に－47と答えたいとき

ア	●	⓪	①	②	③	④	⑤	⑥	⑦	⑧	⑨
イ	⊖	⓪	①	②	③	●	⑤	⑥	⑦	⑧	⑨
ウ	⊖	⓪	①	②	③	④	⑤	⑥	●	⑧	⑨

なお，同一の問題文中に $\boxed{ア}$，$\boxed{イウ}$ などが２度以上現れる場合，原則として，２度目以降は，$\boxed{ア}$，$\boxed{イウ}$ のように細字で表記します。

3　分数で解答する場合，分数の符号は分子につけ，分母につけてはいけません。

例えば，$\dfrac{\boxed{エオ}}{\boxed{カ}}$ に $-\dfrac{2}{3}$ と答えたいときには，$\dfrac{-2}{3}$ として答えなさい。

また，それ以上約分できない形で答えなさい。例えば，$\dfrac{3}{2}$ と答えるところを $\dfrac{6}{4}$ のように答えてはいけません。

4　根号を含む形で解答する場合，根号の中の自然数が最小となるように答えなさい。

例えば，$\boxed{キ}\sqrt{\boxed{ク}}$ に $6\sqrt{2}$ と答えるところを，$3\sqrt{8}$ のように答えてはいけません。

5　根号を含む分数で解答する場合，例えば $\dfrac{\boxed{ケ}+\boxed{コ}\sqrt{\boxed{サ}}}{\boxed{シ}}$ に $\dfrac{3+2\sqrt{2}}{3}$ と答えるところを，$\dfrac{6+4\sqrt{2}}{6}$ や $\dfrac{6+2\sqrt{8}}{6}$ のように答えてはいけません。

問29　次の和歌中の空欄に入る語句として最も適切なものを、後の①～④のうちから一つ選びなさい。

・［　　］着つつなれにしつましあればはるばる来ぬる旅をしぞ思ふ

①　からころも
②　ちはやぶる
③　くさまくら
④　しきしまの

問30　清少納言の作品を、次の①～④のうちから一つ選びなさい。

①　徒然草
②　方丈記
③　枕草子
④　玉勝間

問31　次の漢詩の形式として適切なものを、後の①～④のうちから一つ選びなさい。

千山鳥飛絶
万径人蹤滅
孤舟蓑笠翁
独釣寒江雪

①　五言絶句　②　五言律詩　③　七言絶句　④　七言律詩

問32　次の書き下し文のように読むために返り点をつけた場合、どのようにつけるのが最も適切ですか。後の①～④のうちから一つ選びなさい。

・秦王の後に悔いて之を追はんことを恐る。

①　恐二秦王後悔追一レ之。
②　恐三秦王後悔追二之一。
③　恐二秦王後悔追一之。
④　恐レ秦王後悔追レ之レ。

問23 次の文の傍線部と同じ意味内容になる四字熟語として最も適切なものを、後の①〜④のうちから一つ選びなさい。

・逆転できる機会をじっとうかがう。

① 悠々自適　② 勇猛果敢　③ 明鏡止水　④ 虎視眈々

問24 次の熟語と同じ構造のものを、後の①〜④のうちから一つ選びなさい。

・表現

① 遷都　② 救助　③ 抑揚　④ 公私

問25 次の文の傍線部と文法的性質が同じものを、後の①〜④のうちから一つ選びなさい。

・喫茶店でコーヒーでも飲もうか。

① 踏んでも元に戻る素材。
② 有名な俳優の顔を一目だけでも見たい。
③ 夏には海にでも行こう。
④ 誰でも入場料が無料です。

問26 次の文の傍線部と文法的性質が同じものを、後の①〜④のうちから一つ選びなさい。

・私の兄はとても元気だ。

① 湖に落ちた木の葉が沈んだ。
② 今年の白組団長は友だちの弟だ。
③ 彼は都内の学校に転校するそうだ。
④ 嵐の前はいつも静かだ。

問27 次の文における傍線部に用いられている敬語の種類として適切なものを、後の①〜③のうちから一つ選びなさい。

・校長先生がご覧になる。

① 尊敬語　② 謙譲語　③ 丁寧語

問28 敬語の使い方として**適切でないもの**を、次の①〜④のうちから一つ選びなさい。

① 先生にご指導いただく。
② あなたは今ご自宅にいらっしゃいますか。
③ 部長が私のプレゼンを拝聴する。
④ 私がお客様をご案内します。

問20　この文章について四人の生徒が感想を言い合いました。この会話の中で本文の趣旨と**異なる内容**を話している生徒を、次の①～④のうちから一つ選びなさい。

①　生徒A――「しつけ」って悪いことを強く否定して怒るものだと思っていたけれど、「しつけ」の前提は自分という存在を無条件に肯定してくれたという経験なんだね。この経験があって初めて他者を信頼できるようになるってことか。

②　生徒B――その「しつけ」は基本的に家族内で行われるようですね。そしてその家族の中で〈いのち〉のベーシックスに他者とともに深くふれることを筆者は人間が社会的な存在であるためにとても大切なことだと言っていますね。

③　生徒C――あと家族は社会生活を送る上での基盤にもなっていると書かれていたわね。私は宝塚歌劇団が大好きなんだけど、女性しかいない劇団であえて男性役を作っているのは、家族関係を擬似的に作り出すためだったのね。

④　生徒D――家族が子どもを育てることはもちろんだけれど、以前は近所の知り合いや地域の人たちも「見ぬふりをして見る」ことで手助けしてくれていたんだね。でも、今はそのような関係がかなり希薄になってしまっているね。

三　次の各問いに答えなさい。

問21　次のA～Cの［　］に当てはまる漢字の組み合わせとして最も適切なものを、後の①～④のうちから一つ選びなさい。

A　［　］を明かす　意味…人を出し抜いて驚かせること。

B　［　］がない　意味…とても好きな様子。

C　食［　］が動く　意味…物事に対して興味が生じること。

①　A　目　B　爪　C　指

②　A　鼻　B　目　C　爪

③　A　目　B　口　C　爪

④　A　鼻　B　目　C　指

問22　次にあげる四字熟語の意味として最も適切なものを、後の①～④のうちから一つ選びなさい。

・岡目八目

①　第三者には当事者よりかえって物事の真相や得失がわかること。

②　他人の言動をわき目でこっそりとのぞき見ること。

③　四方八方に目を光らせて他人を非常に警戒すること。

④　物事の本質をよく理解しているのは当事者であるということ。

問17 次の一文は、[Ⅰ]～[Ⅳ]のどこに入りますか。最も適切なものを、後の①～④のうちから一つ選びなさい。

・脳外科の集中治療室における、もの言わぬ患者を取り囲むスタッフたちの異様なまでに熱気を帯びた連帯感にも、同様の力学がはたらいている。

① [Ⅰ]　② [Ⅱ]　③ [Ⅲ]　④ [Ⅳ]

問18 傍線部(2)「その空間はいまもってｎＬＤＫ」とありますが、なぜ「いまもってｎＬＤＫ」なのですか。その理由として最も適切なものを、次の①～④のうちから一つ選びなさい。

① 一夫一婦制や核家族など家族で親密な関係をつくるための政策が数々とられているが、家族の一員である主婦に個室を与えないという考えがその政策のなかに含まれてしまっているから。

② 家族で親密な関係を構築するために現代では色々なかたちを探しているように見えるが、主婦に個室を与えないという住宅構造は過去も現在も同じであり、色々な家族のあり方に住宅構造が追いついていないから。

③ 現代の住宅構造はすべて家族の成員数マイナス１というかたちになっているが、主婦の居場所をあえて夫婦の寝室か台所にすることによって、家にいる時間の比較的長い主婦を家族と親密に交流させるようにしているから。

④ 現代では共同家族、週末同居、ルームシェアなど様々な生活様式が存在しているが、この都市社会で生活する家族は住宅を可処分資産と考えているため、住宅を家族の成員数マイナス１にすることで処分を簡単にしようとしているから。

問19 空欄[Ａ]～[Ｃ]に入る言葉の組み合わせとして最も適切なものを、次の①～④のうちから一つ選びなさい。

① Ａ　あるいは　Ｂ　そして　Ｃ　つまりは
② Ａ　しかも　Ｂ　つまりは　Ｃ　または
③ Ａ　さらには　Ｂ　また　Ｃ　しかし
④ Ａ　だから　Ｂ　そして　Ｃ　よって

問12　二重傍線部ⅱ「ショウゾク」の「ゾク」と同じ漢字を含むものを、次の①～④のうちから一つ選びなさい。

① 狩猟採集をするミンゾク。
② 兄のショウソクがつかめない。
③ 友だちとのヤクソクを守る。
④ 日照り続きで水がフソクする。

問13　二重傍線部ⅲ「出自」の読みとして適切なものを、次の①～④のうちから一つ選びなさい。

① しゅし
② すいじ
③ しゅっし
④ しゅつじ

問14　空欄 X に入る言葉として最も適切なものを、次の①～④のうちから一つ選びなさい。

① 共存関係を露骨に強要するチェーン
② 人間関係のクッション
③ 他人を入り込ませないフェンス
④ 自分の顔を見せないマスク

問15　次にあげる波線部a～dの文のいずれかは、否定と肯定の表現を入れ替え、変更してあるため、本来の内容とは異なるものになっています。表現を変更した文として最も適切なものを、次の①～④のうちから一つ選びなさい。

① a　とくに親密ではない人びと
② b　社会のルールを仕込む場所としてあるのではない
③ c　そんな近所づきあいが、ありえなかった
④ d　地域から消えていった

問16　傍線部(1)「それ」とありますが、具体的には本文のどの部分を指し示していますか。最も適切なものを、次の①～④のうちから一つ選びなさい。

① 〈いのち〉のベーシックスにふれる経験
② ひとが生まれるところ、死ぬところに立ち会ったひと
③ 生き物を殺し調理する過程
④ 他人の便を見たことがないという子ども

こうした周囲のまなざしはやがて子どもたちには不快なものになってゆく。この粘りつくようなまなざしがとにかく鬱陶《うっとう》しくて、子どもはそこから出てゆくことばかり夢みるようになる。が、何層もある集合住宅に一度暮らしてみて、あるときはたと気づいた。見るでもなく、見ないでもない、「見ぬふりをして見る」というグレイゾーンがここではなりたたない、と。人びとの集住のかたちが、町なかという地べたのものではなくて、ビルという立体のものになると、個々の家は鉄の扉で閉ざされ、内の気配はうかがえない。たがいに顔を合わせるのはたまたま乗り合わせたエレベーターの中でだけ、ということになる。たがいに見るか見ないかのいずれかになり、「見ぬふりをして見る」というグレイな関係が困難になる。

たがいに<u>出自</u>（iii）を大きく異にする人びとがたまたま同一地域に住まうことになり、マンションや公団住宅に住まうことで、各家族が内へと閉じてしまい、都市の商店街や路地のようにたがいに勝手に出入りできるような開放性が<u>地域から消えていった</u>（d）。食材も全国チェーンのマーケットで購入し、気候や災害との闘いも、建物の機能改善や自治体の公的対策に依存するようになり、住民が協同で事に当たるということが少なくなった。ソーシャル・サーヴィスの恩恵を受ける（［ A ］、それを買う）ことで、身近なひとの生老病死に協同して当たることが少なくなった。それにともない、子どもたちもまた地域社会で十分にもまれることもないままに、それぞれの家庭から、［ B ］学校から、いきなり公的空間へ、［ C ］社会に出る……。いきなり本番、というわけだ。

（鷲田清一『〈ひと〉の現象学』より）

（注）

※1　むずかる……………子どもの機嫌が悪く、泣いたりすねたりすること。

※2　窘められる…………よくない点を軽く注意されたり叱られたりすること。

※3　ベーシックス………「基礎の・基本的な」。英語の「ベーシック」の複数形。ここでは「基本的なものたち」程度の意味。

※4　メタファー…………隠喩・暗喩。

※5　ルート・メタファー……表面上は分かりやすく常識的で、日常的な事物や観念に基づき、分析者が世界を理解するときに用いるもの。

問11　二重傍線部ⅰ「カクシツ」の「シツ」と同じ漢字を含むものを、次の①～④のうちから一つ選びなさい。

①　人の揚げ足をトる。

②　小説家として二十年間筆をトる。

③　ジャングルで野生動物をトる。

④　東に船の舵《かじ》をトる。

そして子ども役がおのずと生まれる。〈家族〉のメタファーはどんな集団にも容易に浸透してゆき、集団の構成原理としてはたらく。[Ⅲ]

家族にひとり「厄介者」がいると、かえって家族は一つにまとまりやすいということも、人類の社会関係には根深い事実としてある。ぐうたら親父でもいいし、できの悪い子でもいいし、病人でもいい。最後の例はまことに残酷な事実であるし、世話や看病にあたる者にはたまらない現実であろうが、そのひとを中心に置き、そのひとに視線を結集することで「われわれ」という結束が固まるということはある。[Ⅳ]

もっとも、こうした親密な関係をどのように設置するかについては、それぞれの集団にそれぞれの工夫があった。一夫一婦制も核家族もその一つにすぎない。じっさい、現代の家族も、共同家族、週末同居、ルームシェアというふうに、多様なかたちを模索している。が、(2)その空間はいまもってnLDK——nは家族の成員数マイナス1である。つまり主婦は個室ではなく、夫婦の寝室もしくは台所にしか居場所をあてがわれてこなかった——というふうにあまりにも画一的である。多様化した家族の実態に住宅の構造は対応していない。これは現代のような都市社会では、住宅が可処分資産になっているためと考えられる。処分を容易にするには、現代の家族モデルに標準的な造りになっている必要があるからだ。

家族は、生き物としての子どものいのちを育むとともに、社会の成員として育てる、そういう養育の場所である。が、それはb社会のルールを仕込む場所としてあるのではない。すでに見たように、しつけに先立って、親しくない他のひとたちとの契約という社会的関係が成立する前提となるべき、他者への信頼というものを育む場所として、それはある。そのなかでひとが身につけるべき共存の習慣を、子どもは、大人がわざわざ教えなくても大人を見て勝手に学ぶ。だから、大人を見て、そして大人に見守られて、子どもが「自然に育つ」ような場を、家庭のうちに、あるいは社会のうちにきちんと用意できているということ、これが「養育」のあるべきかたちである。そして、信頼の関係から契約の関係へと子どもが移行してゆく、その媒介となるのが、家族での、地域での生活である。

「見て見ぬふりをする」と「見ぬふりをして見る」というのは、おなじことのように聞こえるが、そのあいだにはじつは並々ならぬ温度差がある。乗客が他の乗客に「迷惑」をかけられているのに、「理不尽」だとおもいながらも、注意した後の展開が怖くて身動きできない。しかたなく「見て見ぬふりをする」。これは前者の、傍観を決めこむ例である。

家庭の事情で子どもが泣きじゃくりながら通りを駆け抜けるのを見、すぐにでも声をかけてやりたいところだが、その場しのぎの解決にしかならないことを知っていて、だからだれかれとなく、無茶をしないかと黙って遠目に見ている光景。見ぬふりをしてちゃんと見ているという、これは後者の例である。よほどのことがなければ口を出さない。裏を返せば、よほどのことがあればちゃんと口を出す。路地、商店街といった職住一致の生活空間にはcそんな近所づきあいが、ありえなかった。「育てる」などといわずとも、そこにいれば子どもが「見ぬふりして見る」大人たちに囲まれて「勝手に育つ」、そのような場が。じっさい、子どもたちは、近所の大人たちを、「おじさん」「おばさん」と擬似家族用語で呼んでいた。

安心の基礎、それが築かれるのは、じぶんがどういう存在であろうとじぶんがここにいるということだけで大事にされた、無条件に肯定されたという経験があってのことである。まわりの人間にことごとくこまやかに応対してもらった、手厚く世話してもらったという体験が、「しつけ」などの前提となる他者への信頼感を根づかせる。そして「存在の世話」とでもいうべきそのような経験が、自尊心の基礎となるものを育む。ここで自尊心とは、プライド（自負心）のことではなく、じぶんを粗末にしない心、かけがえのない自己というものの経験のことである。これがあってはじめて、ひとは他者の思いへの濃《こま》やかな想像力を抱きうるようになる。

「社会的動物」としての人間は、このように、その原型となるものをまずは家族のなかで経験する。そしてやがて[a]とくに親密ではない人びととの関係のなかに出てゆく。いくつかの壁を超えながら。

こうした経験が原型的であるのは、家族という場所において、ひとが〈いのち〉のベーシックス[※3]といったものに他者とともに深くふれるからである。それを欠いてはそもそも生きるということが成り立たないようなことがらに深くふれているからである。食べること、排泄すること、身を洗うこと、そして生まれること、病むこと、介護すること、死ぬことなどに、である。

もっともそうした〈いのち〉のベーシックスにふれる経験は、じっさいにはどんどん削除されてきている。たとえば、ひとが生まれるところ、死ぬところに立ち会ったひとはごく僅かになっている。ほとんどの妊産婦は、分娩《ぶんべん》室で出産し、ほとんどの逝去者は、病院のなかで看護スタッフの手で清められる。新生児も遺体もわたしたちが面会するのは、そのあと、からだを整えられ、産着《うぶぎ》もしくは死に[ii]ショウゾクを着せられたあとだ。病の治療ということもそのほとんどが病院のなかでなされ、介護の施設にお願いすることが多くなった。生老病死だけではない。調理する、排泄するという、ひとのもっとも根本的ないとなみも、食べる瞬間、排便する瞬間以外は、なんらかのシステムに依っている。生き物を殺し調理する過程はすでにある程度なされ、排便後は下水道のシステムがすべてを処理してくれる。多くのひとは食肉がどのような過程を経てこういうかたちで提供されているかについてほとんど想像力をなくしているし、他人の便を見たことがないという子どもも少なくない。そして、(1)それを欠いては生きるということが成り立たないようなことがらが、家族生活のなかにあたりまえのように登場しはしないということになると、わたしたちの社会的な存在それじたいが危うくなる。

[Ⅰ]

人類の多くがその社会生活のうちに、〈家族〉というものをもっとも根源的なメタファー[※4]（ルート・メタファー[※5]）として設定してきたのも、そうした理由によるとおもわれる。父と母と子とそのきょうだい（ときには祖父と祖母も入る）からなる家族のイメージは、じっさいの家族のみならず、たとえば「親分」「兄貴」「姉さん」というふうにやくざの組織にも転用されるし、スポーツのチームにおける「監督」「コーチ」「主将」「マネージャー」もそれぞれ、父、叔父、兄、母ないしは姉のイメージにも重ね合わされる。[Ⅱ]男子校、女子校においても、あるいは相撲部屋や宝塚歌劇団のような単一の性からなる集団においても、父親役、母親役、

問10 傍線部(4)「ヒトも、他の大形哺乳類に比べると例外的に寿命が長いです」とありますが、その理由として最も適切なものを、次の①〜④のうちから一つ選びなさい。

① 栄養のおかげで強力な免疫細胞が細菌や異物、さらには古い細胞やがん細胞までも排除することに加えて、ハダカデバネズミと同様に、分業制で集団生活をおこなっているから。

② 栄養のおかげで強力な免疫細胞が細菌や異物、さらには古い細胞やがん細胞までも排除してくれるだけでなく、ハダカデバネズミと同様に、大きくなることへの優位性がないから。

③ 強力な免疫細胞が細菌や異物だけでなく古い細胞やがん細胞までも排除してくれるだけでなく、栄養状態が心臓や他の臓器の機能にも良い働きをしてくれているから。

④ 栄養状態が心臓や他の臓器の機能にも良い働きをしてくれているだけでなく、ハダカデバネズミと同様に、大きくなることへの優位性がないから。

二 次の文章を読み、後の問いに答えなさい。

いうまでもなく、子どもは生まれてすぐに親を中心とする家族のなかで育つ。このなかで、食べること、排泄《はいせつ》すること、眠ることをはじめ、生きものとして生きることの基本を身につけるだけでなく、他人との話し方、つきあい方、そこでの身ぶり、身ごなしなどの基本も身につけていく。が、その過程でかならず対立が起こる。何に関しても抑制ということが求められるからだ。食べたいときに食べられない、好き放題にやれない……。他者の望んでいることとの調整が図られるからだ。そこで子どもは※1むずかる。むずかれば※2窘《たしな》められる。叱られる。そして泣く泣く辛抱する……。

母と子のあいだのみならず、介護者と被介護者、子どもの集団のような、閉じられた場所で異なる人間がむきだしで接するとき、そこにはかならずといっていいほどカクシツ(i)や悲劇が起こる。だからそういう閉じられた場所では、むきだしでない関係、つまり［X］といったものが必要になる。家族のなかで、相手を思いやる気持ちとか、礼儀やマナーやルールといったつきあいの作法とかが仕込まれるのも、そういう理由からである。ひとは生まれ落ちてしばらくして、こうした共存の習慣の基礎となるものをしつけられる。

が、そうした「しつけ」の基礎には、まずは家族への信頼と安心というものに浸れていることが前提となる。「手塩にかける」という仕方で、たっぷりと世話を受けた、ことあるごとにじぶんのことをかまってくれたという感覚がなければ、ひとは他者の命令に従おうとしない。信頼と問7 【＊】には、次のア～オの五つの文のうち、四つの文を組み合わせた文章が当てはまります（※五つのうち一つの文は不要です）。その組み合わせとして最も適切なものを次の①～④のうちから一つ選びなさい。

ア　さらにハダカデバネズミもゾウと同様に老化しません。
イ　また寿命が長くなることで世代交代の時間も長くなり、その分、子の教育などに時間がかけられます。
ウ　そのため、老齢個体と若い個体の世代交代が頻繁に行われます。
エ　するとさらに分業の効率化が進み、これがまた長寿につながるという「寿命延長の正のスパイラル」に見事にハマったのだと思います。
オ　老齢個体も若い個体と同じように仕事をこなします。

①　ア→ウ→エ→オ　　②　ア→オ→イ→エ
③　イ→エ→ア→ウ　　④　イ→エ→ア→オ

問8 傍線部(3)「同じネズミの仲間でも、生活環境や社会構造によってかなり寿命に差が生まれる」とは、どのようなことですか。その説明として最も適切なものを、次の①～④のうちから一つ選びなさい。

①　地中で分業制による集団生活をしているハダカデバネズミは、ハツカネズミよりも10倍近く寿命が長いということ。
②　天敵を避けるために地中で集団生活をしているハダカデバネズミとハツカネズミとでは、寿命が3倍弱違うということ。
③　分業制の利点を生かして寿命を維持しているハダカデバネズミは、ハツカネズミよりも寿命が10倍近く長いということ。
④　生涯一切がんになることがないハダカデバネズミとハツカネズミとでは、寿命が3倍近く違うということ。

問9 次の一文は、［Ⅰ］～［Ⅳ］のどこに入りますか。最も適切なものを、後の①～④のうちから一つ選びなさい。

・共に社会性の生き物なので、大きくならなくても、別の手段で他の生物より集団としての優位性を保てたのでしょう。

①　［Ⅰ］　②　［Ⅱ］　③　［Ⅲ］　④　［Ⅳ］

問5 傍線部(1)「遺伝子の変異率と体の大きさの関係も調べています（図2）」とありますが、「図2」とは、左の図を指しています。「ハダカデバネズミ」はどの位置に入りますか。図中の①〜④のうちから一つ選びなさい。

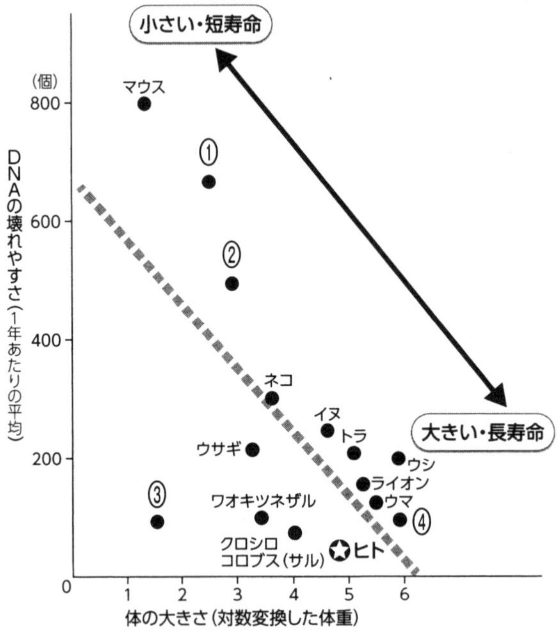

図2　遺伝子の変異率と体重の関係

ＤＮＡが壊れやすい動物は体が小さくて寿命が短く、壊れにくい動物は体が大きくて寿命が長い傾向にある。

問6 傍線部(2)「身体が大きい動物のほうが一般的に長生きです」とありますが、あくまでも「一般的」な考えであり、これと筆者の考えは異なっています。「一般的」な考えと筆者の考えの説明として最も適切なものを、次の①〜④のうちから一つ選びなさい。

① 一般的には、養育期間が長くなった分、長生きになったとされているが、筆者は長生きになった分、成長に時間がかかるようになったと考えている。

② 一般的には、ＤＮＡのシュウフク能力の向上により、老化が抑えられたとされているが、筆者は成長するのに時間がかかるため、その分長生きになったと考えている。

③ 一般的には、長生きになった分成長に時間がかかり、体が大きくなったとされているが、筆者は体が大きくなったからこそ、長生きになったと考えている。

④ 一般的には、体が大きいことにより、その分長生きになったとされているが、筆者はＤＮＡのシュウフク能力の向上により老化が抑えられ、その結果体が大きくなったと考えている。

また、遺伝子の変異率が低い、つまりＤＮＡが壊れにくい割に例外的に体が小さいハダカデバネズミとヒトでは、大きくなることによる優位性があまりなかったのだと推察されます。

Ⅳ

（小林武彦『なぜヒトだけが老いるのか』より）

（注）

※１　擁する………抱えている・所有するの意。

※２　p53遺伝子……細胞がストレスやＤＮＡ損傷などの危険信号を察知すると活性化するがん抑制遺伝子のこと。

問１　二重傍線部ⅰ「シュウフク」の「シュウ」と同じ漢字を含むものを、次の①～④のうちから一つ選びなさい。

①　彼のプレゼンはシュウイツだった。

②　センシュウは夏期講習があった。

③　今年のシュウガクリョコウは沖縄に行く。

④　今日はシュウジツオンライン授業だ。

問２　二重傍線部ⅱ「老若」の読みとして適切なものを、後の①～④のうちから一つ選びなさい。

①　ろうじゃく

②　おいじゃく

③　ろうにゃく

④　ろうわか

問３　二重傍線部ⅲ「ゾウショク」の「ショク」と同じ漢字を含むものを、次の①～④のうちから一つ選びなさい。

①　臓器のイショク手術を行う。

②　父のショクギョウは外科医だ。

③　ショクゴに軽い運動をする。

④　人間のセイショクについて学ぶ。

問４　空欄 Ａ ～ Ｄ に入る言葉の組み合わせとして最も適切なものを、次の①～④のうちから一つ選びなさい。

①	Ａ　高い	Ｂ　壊れにくい	Ｃ　長い	Ｄ　壊れやすい
②	Ａ　低い	Ｂ　壊れやすい	Ｃ　短い	Ｄ　壊れにくい
③	Ａ　低い	Ｂ　壊れにくい	Ｃ　短い	Ｄ　壊れやすい
④	Ａ　高い	Ｂ　壊れやすい	Ｃ　長い	Ｄ　壊れにくい

ハダカデバネズミは、この「体の大きさが寿命を決める仮説」からかなり外れています。小さい体の割に、例外的に寿命が長いです。おそらくハダカデバネズミの特殊な生活環境が関係しているのだと思います。

　前にも紹介しましたが、ハダカデバネズミはアフリカの砂漠の地中にたくさんの部屋を擁[※1]する穴を掘って、アリのように集団で暮らしています。まずこの「地中」という生活空間では、いくら寿命が長くても体が大きくなるのは無理ですね。大きくなるメリットなしです。進化的には大きいことが選択されなかったということです。かといって外の暮らしは、天敵の存在など別の理由で困難だったのでしょう。先に寿命が延び、その後、体が大きくなるはずだったのが、そうはならなかったのです。

　アリと似ているのは巣だけではなく、社会構造も似ています。女王ネズミがいて、その1匹だけが出産し、他の個体（ワーカー、日本語では「働きネズミ」）は分業して子育て、巣作り、防衛、食料の調達などの役割をこなします。ただ天敵は少なく、まれにヘビが侵入を試みるくらいです。またアリとの大きな違いは、ハダカデバネズミは基本的には草木の根などを食べるので、巣から出てくることはありません。このような「安全な安定した環境」では、一般的な小型のネズミのように、捕食されるまでにできるだけ早く成熟して子供を作るという生存戦略は必要ないのです。

　加えて集団生活による分業制は、ワンオペで全てこなすよりもストレスや労働時間を減らします。生理的には、穴蔵生活で体温の低下や酸素消費量の減少、代謝の低下が起こり、DNAにできる傷の数は減りました。【　＊　】と言っても、老若問わず[ii]昼寝していることが多いのですが。まとめると、(3)同じネズミの仲間でも、生活環境や社会構造によってかなり寿命に差が生まれるということです。

Ⅰ

(4)ヒトも、他の大形哺乳類に比べると例外的に寿命が長いです（図1）。こちらも「体の大きさが寿命を決める仮説」からかなりかけ離れています（図2）。体の大きさの割にDNAのシュウフク能力がずば抜けて高いのです。寿命約30年のハダカデバネズミは、生涯がんになることはありません。先にお話ししたように、ヒトの場合も55歳くらいまではほとんどがんにはなりません。以降、急激にがんで亡くなる人が増えます。がんは変異で起こることを考えると、おそらく高齢者の中にはがんが見つかっていなくても、小さいがんやゾウショク[iii]が遅いがんとある程度共存しながら生きている場合も少なからずあると思います。

Ⅱ

　ヒトはなぜ、がん化のリスクを背負いながら、55歳以降の約30年間も生きられるのでしょうか。ゾウのようにp53[※2]遺伝子がたくさんあるわけでもありません。一つの理由は、強力な免疫機構のおかげだと思います。免疫細胞は細菌や異物のみならず、古くなった自身の細胞やがん化した細胞もやっつけます。この免疫機構を強固にした要因の一つは、十分な栄養のおかげだと言われています。栄養状態は心臓や他の臓器の機能にもプラスに働くので、やはり寿命延長に重要な要因となっているはずです。

Ⅲ

二〇二四年度 叡明高等学校（推薦２回目）

【国語】（五〇分）〈満点：一〇〇点〉

一　次の文章を読み、後の問いに答えなさい。

2022年4月『ネイチャー』というイギリスの科学雑誌に興味深い論文が掲載されました。それはいろいろな動物の遺伝子の変異率を調べたものです（図1）。変異率とはゲノム（DNA）の代わりやすさを示したもので、「DNAの壊れやすさ」と考えてもいいと思います。

その論文によると、寿命が2年のマウス（ハツカネズミ）と30年のハダカデバネズミを比べると、マウスの遺伝子の変異率が10倍程度［A］、つまり［B］ことがわかりました。寿命もハダカデバネズミはハツカネズミの10倍程度長いです。ヒトのゲノムは、ハダカデバネズミよりもさらに変化しにくく壊れにくいです。ヒトの寿命はハダカデバネズミよりも3倍弱［C］です。遺伝子の変異率が低い、つまりゲノムが［D］と、細胞の機能は落ちないですし、がんにもなりません。この論文の結論は、ゲノムの壊れにくさが、寿命を決める一因だということです。

この論文では、寿命だけでなく、(1)遺伝子の変異率と体の大きさの関係も調べています（図2）。こちらは変異率ほどきれいな相関は見られませんが、傾向はあります。

先にもお話したように、(2)身体が大きい動物のほうが一般的に長生きです。これは成長するのに時間がかかるので、その分長生きになったのでしょう。養育期間も長くなるので、親も長生きでないといけません。しかし結果的にそうなったというだけで、順序としては長生きになったから体が大きくなったというほうが自然です。

つまり最もシンプルなストーリーは、まず遺伝子の変異が起こり、DNAのⅰシュウフク能力が上がりました。すると老化が抑えられ、がんにもなりにくくなり長生きになります。その間いっぱい食べて体が大きくなったということなのかもしれません。

体が大きいことが有利な環境に生きている生き物だとすると、大きいほうが選択されて、ますます大きくなったと推察されます。キリンの首が長くなったのと同じ理屈です。こちらは変異によってたまたま首の長いのが現れて、その環境、たとえばキリンだけが食べられる高さに餌が豊富で、たまたま有利だったのでしょう。進化のプログラム「変化と選択」の結果です。

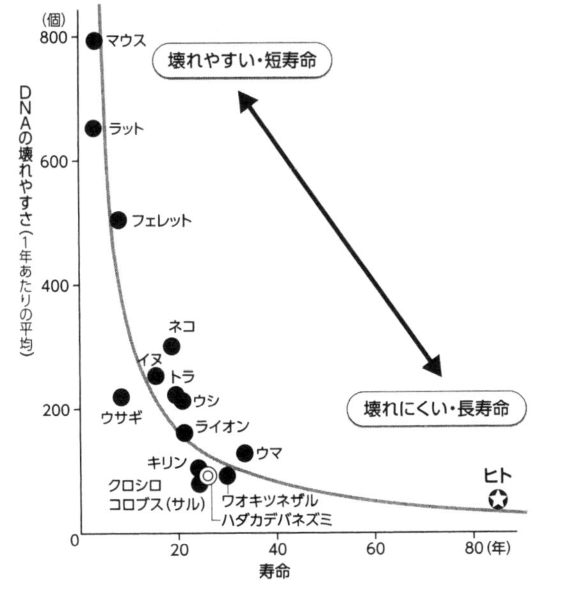

図1　遺伝子の変異率と寿命の関係

ＤＮＡが壊れやすい動物は寿命が短く、壊れにくい動物は寿命が長い傾向にある。

2024年度／叡明高等学校（推薦２回目）

英語解答

1 問１ ④　問２ ①　問３ ①
問４ ④　問５ ②　問６ ③
問７ ③　問８ ④　問９ ①
問10 ③

2 問11 ③　問12 ①　問13 ④
問14 ③　問15 ②

3 問16 ①　問17 ①　問18 ①
問19 ④　問20 ④

4 A　問21…④　問22…③
B　問23…④

5 問24 ②　問25 ①　問26 ①
問27 ②　問28 ②　問29 ④
問30 ①

6 問31 ④　問32 ①　問33 ④
問34 ④　問35 ③　問36 ①
問37 ④

1〔適語選択・語形変化〕

問１．Ａ：ジャックが昨日どうして学校を休んだか知っている？／Ｂ：うん。彼は歯医者に行かなくてはいけなかったんだ。//「歯医者に行かなくてはいけなかった」は学校を休んだ理由と考えられる。　be absent from ～「～を休む」

問２．Ａ：あの映画は気に入ったかい，ジェームズ？／Ｂ：うん。それはとても良かったと思ったよ。俳優たちはすばらしかったし，ストーリーはとてもわくわくしたよ。//Ｂは映画を気に入り，その内容を褒めている。　excellent「非常に優れた」　thin「薄い」

問３．be afraid of ～「～を恐れる」　「その犬を怖がらないで。彼はとても人なつこいから」

問４．Ａ：君が来週ローマに行くと聞いたよ。／Ｂ：それは違うわ。私はパリに行くの。//パリに行くのだから，ローマという情報は「正しく」ない。

問５．‘introduce＋*A*＋to＋*B*’「*A*を*B*に紹介する」の受け身形と考え，過去分詞を選ぶ。　「私は兄〔弟〕によってチャールズに紹介された」

問６．Ａ：あなたのコートがまた床に落ちているわよ，デビッド。それはあなたのクローゼットの中に掛けておきなさい。／Ｂ：わかったよ，ママ。//closet「クローゼット」は衣類などを収納するための物だから hang「～をつるす，掛ける」が適切。

問７．run away「逃げる」　「ジェーンが道を歩いていたとき，ヘビを見た。彼女は驚いて逃げた」

問８．Ａ：英語の宿題がわからない。／Ｂ：手伝ってもいいよ。//Ｂが手伝うことを申し出ているので，Ａは宿題が「わから」ないのである。

問９．at first「初めは」　「私は誕生日にこのＴシャツをもらった。最初は，私はその色があまり好きではなかったが，今ではそれは私のお気に入りになった。私はそれをいつも着ている」

問10．‘give＋人＋a ride to ～’で「〈人〉を～まで車で送る」。ここでの ride は車などに「乗ること」の意味の名詞。　「昨日は雨が降っていたから，私の母が私を駅まで車で送ってくれた」

2〔対話文完成─適文・適語句選択〕

問11．Ａ：すみません。アウトドアキングのリュックを買いたいのですが，ここでは見つからないんです。／Ｂ：ああ，申し訳ありません。もう残っていないのです。／Ａ：わかりました。どこでそれが手に入るかわかりますか？／Ｂ：私たちの５番街の店にいくつかあるはずです。//適切な間接疑問を選ぶ問題。「５番街の店」という‘場所’を答えていることに着目する。

問12.　A：トッド，君の家に泥棒が入ったと聞いたよ。大丈夫かい？／B：うん。運よくそのときは誰も家にいなかったんだ。／A：それはよかった。でもなんて恐ろしいんだ！　彼らはたくさんの物を持っていったのかい？／B：いや，そうでもないよ。古いステレオの装置だけだよ。∥この後Bが話題にしている古いステレオは，泥棒が盗んでいった物だと考えられる。

問13.　A：ジョン，僕のために夕飯をつくってくれてありがとう。どれも本当においしいよ。／B：どういたしまして。料理をするのは楽しいよ。／A：スープに入っているこれは何の豆なの？／B：それはヒヨコ豆っていうのさ。アジア原産なんだ。∥What kind of beans「どんな種類の豆か」ときかれているので，豆の名前を答えたものを選ぶ。

問14.　A：スミス先生，僕は数学の本をなくしてしまったようです。／B：それは気の毒に，ヘンリー。もし見つからなかったら，新しいものを買わなくてはいけません。／A：えっ。それは高くつくでしょう。／B：じゃあ，家でもう一度捜してください。見つかるといいですね。∥expensive「高価な」とあるので，見つからない場合は，お金を支払うことになると考えられる。

問15.　A：ダン，デブラとのピクニックは楽しかった？／B：そうでもなかったよ，ママ。天気はまあまあだったけれど，僕がスーパーで買ったローストチキンはあまりおいしくなかった。／A：そう聞くと残念だわ。次回は自分で食べ物をつくったら？／B：うん，その方がおいしいかもね。∥この問いに対しBは「その方がおいしいかも」と答えている。How about ～ing？は「～するのはどうですか」という‘勧誘・提案’を表す表現。

3〔整序結合〕

問16.　‘too ～ to …’「…するには～すぎる，～すぎて…できない」の構文にする。　Tom was too busy to read the magazine last week.

問17.「(私に)～を教えてくれませんか」は‘show＋人＋物事’「〈人〉に〈物事〉を示す」の形が使える。ここで‘物事’に当たる「この機械の使い方」はhow to ～「～する方法」で表せる。　Can you show me how to use this machine？

問18.「女の子はたかしの妹です」→The girl is Takashi’s sister. が文の骨組み。「音楽を聴いている女の子」はThe girlをlisteningから始まる語句が後ろから修飾する形にまとめる(現在分詞の形容詞的用法)。　The girl listening to music is Takashi’s sister.

問19.　主語の「チケットを買った人」は名詞peopleを関係詞節のwho bought a ticketが修飾する形にまとめ(whoは主格の関係代名詞)，この後に「カードを無料でもらった＝無料カードを手に入れた」の部分を続ければよい。　People who bought a ticket got a free card.

問20.「どこで」を尋ねる疑問詞whereの後に，一般動詞の疑問文の形(‘do/does/did＋主語＋動詞の原形…？’)を続ける。「そんなに良い腕時計」は‘such a/an＋形容詞＋名詞’の形で表せる。　Daniel, where did you buy such a good watch？

4〔英問英答―掲示を見て答える問題〕

A≪全訳≫レイクタウンアイススケート場へようこそ／土曜日と日曜日には，家族連れのスケートの時間は午前10時から午後１時，午後２時30分から午後５時30分です。／☆子ども向けの無料のスケート教室が午前11時30分から午後０時30分までリンク内で開催されます。／☆氷は毎日午後１時から午後２時まで清掃されます。／毎週土曜日，午後７時からのレイクタウン・ジュニアーズのホッケーの試合を見に来てください。／規則／●靴は全てロッカーの中に入れておいてください。／●ロッカー室で食事はできません。／●氷上に飲食物を持ち込んではいけません。／入口の隣の休憩室で軽食を買って食べることができます。／レイクタウンアイススケート場へお越しいただきありがとうございます。

＜解説＞問21.「子どもたちがスケートのレッスンを受けられるのは何時か」―④「午前11時30分から午後０時30分まで」　１つ目の☆の文参照。　問22.「人々はどこで食事ができるか」―③「休憩室内で」　ポスターの下から２行目参照。

Ｂ≪全訳≫叡明中学の生徒たちの12月の予定／12月21日／授業の最終日／全生徒が帰宅前にロッカーから全てを持ち出さなくてはなりません。(学校は12月22日にロッカーの塗装をします。)／12月23日／レイクタウン教会で午後７時からクリスマスコンサート／ブラスバンドに耳を傾け，２年生の歌を楽しんでください。／12月27日／スキー旅行／スキー旅行に参加したい場合は，12月19日までにクルーズ先生の所に行ってください。／12月30日／３年生の新年会／午後５時30分から午後８時までハントのお店で。

＜解説＞問23.「生徒たちがロッカーから全てを持ち出す必要があるのはなぜか」―④「ロッカーが12月22日に塗装されるから」　12月21日の説明参照。

5〔長文読解総合―説明文〕

≪全訳≫❶雪山に入ることを計画しているなら，水を持ってくるか，水を手に入れる手段を持っている必要がある。毎日１リットル以上の水を飲むべきだ。日帰りのハイキング，スキー，スノーボードをするなら，２リットルの水の入ったボトルを持ってくるべきだ。もっと長い滞在を計画している場合であっても，やはり２リットルだけを持ってきた方がよい。それ以上の水は荷物が重くなりすぎる。❷水が必要なときは，湖や川から，あるいは雪を溶かすことでそれを得られる。水を飲む前に沸騰させるのがよいので，火を起こすためのライターやマッチを持ってくるのを忘れてはならない。また，水を安全なものにするために水に入れる錠剤を持ってきたり，浄水器を持ってきたりしてもよい。❸「なぜ水は安全ではないのですか？　山の水は都会の水よりきれいでしょう？」とあなたは尋ねるかもしれない。これはいつも正しいとはかぎらない。例えば，アルプス山脈の低い部分には多くの動物がいて，それらが水を汚している可能性がある。❹安全でない水を飲むことで，胃腸に問題が起こることがある。そのために１日か２日，あるいは数週間にもわたって体調を崩すこともある。水は，特に山の上ではきれいな場合もある。しかし，たとえ危険性が低くても，山でハイキングやスポーツをしているときに体調を崩さない方がよい。山で迷子になったときに体調を崩すのは本当に避けるべきなので，水を飲む前には浄化するのが常にベストだ。❺どうやって山で水を浄化するのか。まず，湖や川から水をくむか，近くに水がなければ雪を利用する。次に，火を起こし，沸騰するまで水を熱する。これはとても簡単なように聞こえるだろう。しかし，山で火を起こすのはそう簡単ではない。これがその方法だ。❻１乾燥していて風の当たらない場所を見つける。❼２乾いた木の枝を置く。❽３燃えやすいもの(小枝，枯れ葉，枯れ草)をその枝の上に置く。❾４ライターやマッチで燃えやすいものに火をつけ，その後でたきつけ(小さい乾いた枝)を加える。❿５たきつけがよく燃えている間，さらに乾燥した木を加える。⓫マッチやライターを持っていない場合は，乾いた枝と平らな木片で火を起こせる。枝が熱くなり煙を出し始めるまで，木片の上でその枝をとてもすばやく何度も回転させる。そして火がつくまで，燃えやすいものをその枝の近くで持つ。それは簡単なことではないが，やり続ければ，最後にはうまくいくだろう。⓬山の中で水もないまま迷ってしまい，火も起こせなければ，体温を利用して雪を溶かすべきだ。水筒に雪を入れて，歩いている間や夜寝ている間，上着の中に入れておく。雪は溶けるが水は浄化されない。⓭だが，もし他に飲む水がなければ，危険を冒してそれを飲むべきだ。十分な量の水を飲まないと体が脱水状態になるが，それは深刻な問題で，人を死に至らしめることもある。

問24＜文脈把握＞第２～４段落で湖や川でくんだ水を消毒する必要性とその理由が述べられていることに着目する。②「湖や川の水を飲むと体調を崩すことがある」ので水を持参すべきなのである。

問25＜文脈把握＞主語のThisは，前文の，山の水が都会の水よりきれいであるという内容を指す。これが当てはまらない場合については，次の文で示されている。　not always ～「常に～とはかぎらない」

問26＜文脈把握＞下線部⑶を含む文および次の文の内容から，①「それは胃腸の問題につながり，あなたの体調を悪くさせるかもしれない」が適切。unsafe「安全でない」はsafe「安全な」の反意語。

問27＜要旨把握＞make a fire「火を起こす」方法については，第６～10段落で５段階に分けて述べられている。ここでふれられていないのは，②「石をこすり合わせて火花を発する」。

問28＜適文選択＞次の文にある‘逆接’のBut「しかし」に注目し，Butに続くit's not so easyと反対の内容を選ぶ。

問29＜単語の意味＞dehydratedは「脱水状態になった」という意味の形容詞。「十分な水分をとらないと」という条件に続く部分であることや，空所直後の「深刻な問題を引き起こし，人々を死に至らしめることもある」という説明から推測できる。なお，ここでのwhichは，先行詞に説明をつけ加える非制限用法。

問30＜主題＞山に行く際に水を持っていくべきというアドバイスに始まり，その理由の説明を経て，第５段落以降で安全な水を得る方法を具体的に述べている。この内容に一致するのは，①「山岳地帯で清潔で浄化された水を得る方法」。

6〔長文読解総合―エッセー〕

≪全訳≫❶私は足の痛みで泣き出した。ベル先生は私に靴を脱ぐように言った。でも私はそうしなかった。「靴を脱いだら，彼女や他の人たちに古い靴下の穴を見られてしまう」と思った。❷「じゃあ，行きましょう。中に入って職員室に行きましょう」❸私たちの後には，友人たちの長い列があった。ベル先生が彼らに言った。「そこにいなさい」　私は精いっぱい涙をこらえようとした。でもそれが私を刺すたびに，「ああ，ああ，ああ！」と私は言った。私は泣きたかった。❹校長のスチュワート先生が職員室に入ってきた。❺「どうしましたか？」と彼は尋ねた。❻「何かが彼女の右足を刺しているのに，靴を脱ぎたがらないのです」とベル先生が言った。❼私は彼の机の上に座っていた。「ちょっと見せなさい」　彼は私の靴を脱がせようとしていた。そのとき私には穴が見えた。私は靴を引っ張り，強く押さえつけた。そのたびに私は足に痛みを感じた。❽「どうして靴を脱ぎたくないんだい？」とスチュワート先生が尋ねた。それから彼は視線を私からベル先生へ移し，それから私に戻した。A次に何をすべきか彼にはわからなかった。❾ウォンブル先生という別の先生が職員室に入ってきた。「手伝いましょうか？　彼女のことは知っています。彼女は私の隣に住んでいますから」❿「アリが彼女の靴の中に入って，刺しているのだと思うのですが，彼女は靴を脱ぎたがらないのです」とベル先生が言った。⓫ウォンブル先生はとてもいい人だった。彼女はときどき私たちと一緒に遊んでくれた。彼女は私の肩にそっと両手を置き，私の赤い目をのぞき込んだ。⓬「そうそう」と，彼女はある出来事を思い出したかのように言った。「私はよくいるアリにかまれたことがあるの。あなたは靴下を食べるアリを知ってる？

私が靴を脱ぐ前に，そのアリは私の靴下の底をほとんど全部食べてしまったのよ」　彼女は頭を上下に動かし，他の２人の先生を見た。「靴下を食べるアリに違いないわ」⓭彼らも同じ経験を持っているかのように，頭を上下に動かした。⓮「ここで見せて」　彼女は私の靴を脱がせ，足を見た。「私の思ったとおり！　靴下アリが彼女の靴下をちょっと食べたのよ」⓯すると２匹の赤いアリが床に落ちた。それらは壁に向かって走ったが，スチュワート先生の靴がそれらを止めた。⓰ベル先生は薬箱からアルコールのついた綿球を取り出した。そして彼女はそれを私の足に当てた。「もう大丈夫だと思います」と彼女は言った。⓱ベルが鳴った。「授業の時間だ」とスチュワート先生が言った。彼とベル先生はそれぞれの仕事に戻った。⓲「あなたはとても勇敢な女の子だったわ。この靴をここに置いて，しばらく靴下を脱いでいた方がいいと思うわ」と彼女は言った。「放課後に私を待っていてね。そうしたら一緒に歩いて帰りましょう」⓳自尊心は立派なものかもしれないが，ときには悪いものになる。私は，ウォンブル先生が靴下を食べるアリの話で私の自尊心を守ってくれたことを知っていた。⓴彼女は私がどう感じているかわかっていた。私はただ，自分が貧乏であることを見せたくなかったのだ。㉑この親切で理解力のある先生は，私に思いやりという教訓を教えてくれた。そして私はそれを37年間の教職で生かそうとしてきた。

問31＜文脈把握＞下線部(1)は，自分の靴下の穴が見えた直後の筆者の行動である。第１段落より，筆者は「古い靴下の穴を見られてしまう」のが嫌で，みんなの前で靴を脱がなかったことから，ここでも，④「筆者は自分の靴下の穴を秘密にしておきたかった」のである。

問32＜適文選択＞次の段落以降で，筆者をよく知るウォンブル先生が新しく登場し，問題を解決していることから，この時点でスチュアート先生は，かたくなに靴を脱ぎたがらない筆者を前に何もできず，途方に暮れていたことが読み取れる。

問33＜文脈把握＞ウォンブル先生は，「頭を上下に動かす(＝大きくうなずく)」という大げさな身振りを交えることで，靴下を食べるアリの話に真実味を持たせようとしたと考えられる。この後，他の先生たちも同様の行動を取っていることから，大きくうなずきながら他の先生たちに目配せすることで，④「ウォンブル先生は，他の先生たちが彼女に同意することを望んだ」ことが読み取れる。

問34＜語句解釈＞下線部(3)を含む部分は，「まるで彼らも同じ経験があるかのように」という意味。they「彼ら」とはウォンブル先生を除く２人の先生のこと。「同じ経験」とはこの前でウォンブル先生が話したのと同じ，アリに靴下を食べられたという経験である。

問35＜英文解釈＞ここでのPride「自尊心」とは，次の段落より，貧しさを知られたくないという筆者の気持ちのことだとわかる。筆者はその自尊心ゆえに穴の開いた靴下を人に見せられず，靴の中のアリによる痛みを我慢し続けることになったのである。

問36＜要旨把握＞下線部(5)「彼女の靴下を食べるアリの話」とは，第12段落で，ウォンブル先生が筆者に語った話のこと。アリが靴下を食べるのは常識的にはありえないが，その話によって筆者の靴下の穴はアリのせいとなり，筆者は靴を脱ぐことができた。つまりそれは筆者の自尊心を守るためのウォンブル先生のつくり話だったのである。

問37＜適語選択＞直前のlessonは「教訓」の意味。貧しさを知られたくないという筆者の自尊心を守ったウォンブル先生の行動を表す語として適切なものを選ぶ。

数学解答

1 (1) ア…－　イ…５
(2) ウ…２　エ…０　オ…２　カ…４
キ…０
(3) ク…６　ケ…１　コ…７　サ…２
シ…０
(4) ス…４　セ…５　ソ…３　タ…８
チ…４　ツ…３　テ…４　ト…９
(5) ナ…２　ニ…２　ヌ…３

2 (1) ア…１　イ…４
(2) ウ…１　エ…３　(3) ６
(4) カ…－　キ…５　ク…－　ケ…３
(5) コ…３　サ…０　シ…０　ス…４
セ…０　ソ…０

3 (1) ア…２　イ…２　ウ…５
(2) エ…１　オ…２
(3) カ…１　キ…２　ク…２
(4) ケ…２　コ…１

4 (1) ア…１　イ…２
(2) ウ…－　エ…２
(3) オ…５　カ…２　キ…３
(4) ク…５　ケ…２　コ…１　サ…３
(5) シ…１　ス…８　セ…５　ソ…４

5 ア…４　イ…０　ウ…２　エ…１
オ…４　カ…２　キ…１　ク…１
ケ…０　コ…１

1〔独立小問集合題〕

(1)＜数の計算＞与式$=4+(-27)\div3=4+(-9)=4-9=-5$

(2)＜数の計算＞与式$=(1017+1007)(1017-1007)=2024\times10=20240$

(3)＜式の計算＞与式$=\dfrac{5(2x+y)-4(x-3y)}{20}=\dfrac{10x+5y-4x+12y}{20}=\dfrac{6x+17y}{20}$

(4)＜数の計算＞与式$=3^3-2\times3\times\dfrac{2\sqrt{3}}{7}+\left(\dfrac{2\sqrt{3}}{7}\right)^2=9-\dfrac{12\sqrt{3}}{7}+\dfrac{4\times3}{49}=\dfrac{441-84\sqrt{3}+12}{49}=$ $\dfrac{453-84\sqrt{3}}{49}$

(5)＜数の計算＞与式$=1+\sqrt{3}+\sqrt{2}+\sqrt{6}-(1-\sqrt{3}-\sqrt{2}+\sqrt{6})-\sqrt{3}=1+\sqrt{3}+\sqrt{2}+\sqrt{6}-1+\sqrt{3}+\sqrt{2}-\sqrt{6}-\sqrt{3}=2\sqrt{2}+\sqrt{3}$

2〔独立小問集合題〕

(1)＜データの活用―四分位範囲＞四分位範囲は第３四分位数と第１四分位数の差である。11個のデータを小さい順に並べると，5，7，9，12，14，18，19，22，23，26，27となる。$11=5+1+5$より，第１四分位数は，小さい方５個のデータ5，7，9，12，14の中央値だから，9である。第３四分位数は，大きい方５個のデータ19，22，23，26，27の中央値だから，23である。よって，四分位範囲は$23-9=14$となる。

(2)＜確率―じゃんけん＞じゃんけんをするとき，出し方はグー，チョキ，パーの３通りあるから，３人でじゃんけんを１回するときの出し方は，全部で$3\times3\times3=27$（通り）ある。このうち，あいことなるのは，３人が同じものを出すときか，３人が異なるものを出すときだから，(A，B，C)＝(グー，グー，グー)，(グー，チョキ，パー)，(グー，パー，チョキ)，(チョキ，グー，パー)，(チョキ，チョキ，チョキ)，(チョキ，パー，グー)，(パー，グー，チョキ)，(パー，チョキ，グー)，(パー，パー，パー)の９通りある。よって，求める確率は$\dfrac{9}{27}=\dfrac{1}{3}$である。

(3)＜数の性質＞$\sqrt{\dfrac{50n}{3}}=\sqrt{\dfrac{2\times5^2\times n}{3}}$だから，$\sqrt{\dfrac{50n}{3}}$が自然数となる最小の自然数$n$は，$\dfrac{2\times5^2\times n}{3}=2^2\times5^2$となる自然数$n$である。よって，最小の自然数$n$は，$n=2\times3$より，$n=6$である。

(4)＜連立方程式＞$5x-7(y-2)=10$……①，$2x-5y=5$……②とする。①より，$5x-7y+14=10$，$5x-7y=-4$……①′　①′×2−②×5 より，$-14y-(-25y)=-8-25$，$11y=-33$　∴ $y=-3$　これを②に代入して，$2x-5\times(-3)=5$，$2x+15=5$，$2x=-10$　∴ $x=-5$

(5)＜連立方程式の応用＞2％の食塩水の量を xg，9％の食塩水の量を yg とする。この２つの食塩水を混ぜて６％の食塩水を 700g つくるので，食塩水の量について，$x+y=700$……①が成り立つ。また，2％の食塩水 xg に含まれる食塩の量は $x\times\frac{2}{100}=\frac{2}{100}x$(g)，9％の食塩水 yg に含まれる食塩の量は $y\times\frac{9}{100}=\frac{9}{100}y$(g) であり，できる６％の食塩水 700g に含まれる食塩の量は $700\times\frac{6}{100}=42$(g) だから，含まれる食塩の量について，$\frac{2}{100}x+\frac{9}{100}y=42$ が成り立ち，$2x+9y=4200$……②となる。①，②の連立方程式を解くと，①×2−②より，$2y-9y=1400-4200$，$-7y=-2800$　∴ $y=400$　これを①に代入して，$x+400=700$　∴ $x=300$　よって，2％の食塩水は 300g，9％の食塩水は 400g である。

3〔平面図形―円と正八角形〕

≪基本方針の決定≫(3)　辺 BG の長さを考えよう。

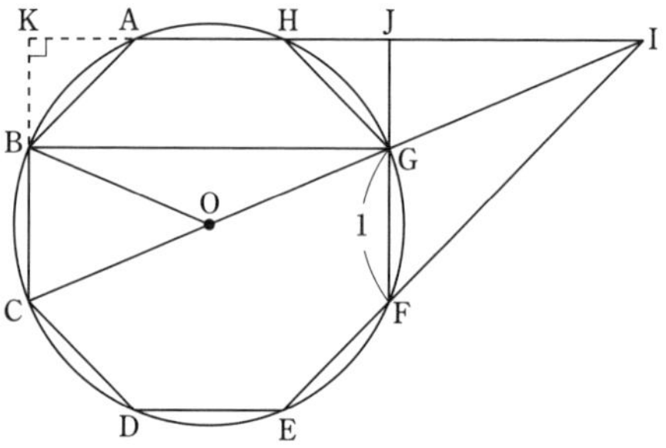

(1)＜角度＞右図で，多角形の外角の和は 360° だから，正八角形 ABCDEFGH の１つの外角の大きさは $360°\div8=45°$ であり，$\angle\mathrm{GFI}=45°$ である。また，正八角形 ABCDEFGH は直線 CG について対称であり，$\angle\mathrm{FGH}=\angle\mathrm{EFG}=180°-\angle\mathrm{GFI}=180°-45°=135°$ だから，$\angle\mathrm{FGO}=\frac{1}{2}\angle\mathrm{FGH}=\frac{1}{2}\times135°=67.5°$ となる。よって，△FGI で内角と外角の関係より，$\angle\mathrm{CIF}=\angle\mathrm{FGO}-\angle\mathrm{GFI}=67.5°-45°=22.5°$ である。

(2)＜長さ＞右上図で，正八角形 ABCDEFGH は直線 CI について対称だから，辺 AH を延長すると，点 I で交わる。辺 FG の延長と線分 HI の交点を J とする。(1)より，$\angle\mathrm{GFI}=45°$ であり，$\angle\mathrm{CIH}=\angle\mathrm{CIF}$ より，$\angle\mathrm{FIJ}=2\angle\mathrm{CIF}=2\times22.5°=45°$ だから，△JFI は直角二等辺三角形となる。これより，$\mathrm{FI}=\sqrt{2}\mathrm{FJ}$ である。$\angle\mathrm{GHI}=\angle\mathrm{HGJ}=45°$ より，△GJH も直角二等辺三角形だから，$\mathrm{GJ}=\frac{1}{\sqrt{2}}\mathrm{GH}=\frac{1}{\sqrt{2}}\times1=\frac{\sqrt{2}}{2}$ であり，$\mathrm{FJ}=\mathrm{GJ}+\mathrm{FG}=\frac{\sqrt{2}}{2}+1$ となる。よって，$\mathrm{FI}=\sqrt{2}\left(\frac{\sqrt{2}}{2}+1\right)=1+\sqrt{2}$ となる。

(3)＜面積＞右上図で，辺 HA の延長と辺 CB の延長の交点を K とすると，$\angle\mathrm{BAK}=\angle\mathrm{ABK}=45°$ より，△ABK は直角二等辺三角形となる。よって，$\angle\mathrm{BKJ}=\angle\mathrm{GJK}=90°$，KJ∥BG より，四角形 KBGJ は長方形となり，BG＝KJ である。(2)より，$\mathrm{HJ}=\mathrm{GJ}=\frac{\sqrt{2}}{2}$ となり，同様に，$\mathrm{AK}=\frac{\sqrt{2}}{2}$ である。したがって，$\mathrm{KJ}=\mathrm{AK}+\mathrm{AH}+\mathrm{HJ}=\frac{\sqrt{2}}{2}+1+\frac{\sqrt{2}}{2}=1+\sqrt{2}$ となり，$\mathrm{BG}=1+\sqrt{2}$ である。$\angle\mathrm{GBC}=90°$ なので，$S=\triangle\mathrm{BCG}=\frac{1}{2}\times\mathrm{BC}\times\mathrm{BG}=\frac{1}{2}\times1\times(1+\sqrt{2})=\frac{1+\sqrt{2}}{2}$ となる。

(4)＜面積比＞右上図で，△BCG と △OBC の底辺をそれぞれ辺 CG，辺 OC と見ると高さが等しいから，面積の比は底辺の比に等しくなる。よって，$S:T=\triangle\mathrm{BCG}:\triangle\mathrm{OBC}=\mathrm{CG}:\mathrm{OC}=2:1$ である。

4〔関数―関数 $y=ax^2$ と一次関数のグラフ〕

≪基本方針の決定≫(4)　平行な２直線の傾きは等しい。　(5)　△ABC と △BCD に分ける。

(1)＜比例定数＞次ページの図で，A(2，2) は関数 $y=ax^2$ のグラフ上にあるから，$2=a\times2^2$ より，$a=\frac{1}{2}$ となる。

(2)＜比例定数＞右図で，$B(-2,\ -8)$ は関数 $y=bx^2$ のグラフ上にあるから，$-8=b\times(-2)^2$ より，$b=-2$ となる。

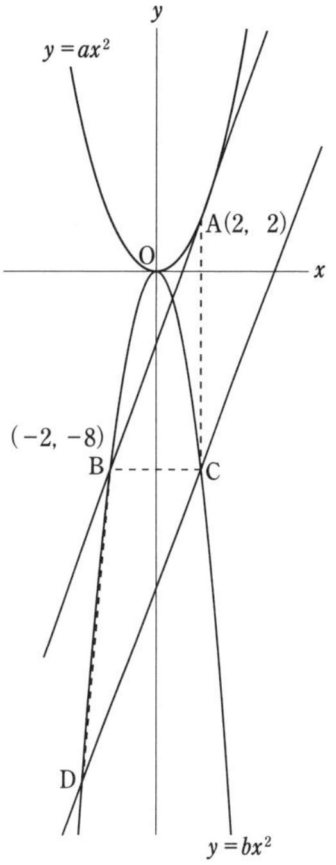

(3)＜直線の式＞右図で，$A(2,\ 2)$，$B(-2,\ -8)$ より，直線ABの傾きは $\dfrac{2-(-8)}{2-(-2)}=\dfrac{5}{2}$ だから，その式は $y=\dfrac{5}{2}x+c$ とおける。これが点Aを通るので，$2=\dfrac{5}{2}\times2+c$，$c=-3$ となり，直線ABの式は $y=\dfrac{5}{2}x-3$ である。

(4)＜直線の式＞右図で，$A(2,\ 2)$，$B(-2,\ -8)$ であり，$C(2,\ -8)$ である。(3)より，直線ABの傾きは $\dfrac{5}{2}$ だから，点Cを通り直線ABに平行な直線の式は $y=\dfrac{5}{2}x+d$ とおける。点Cを通るので，$-8=\dfrac{5}{2}\times2+d$，$d=-13$ となり，求める直線の式は $y=\dfrac{5}{2}x-13$ である。

(5)＜面積＞右図で，(2)，(4)より，点Dは，関数 $y=-2x^2$ のグラフと直線 $y=\dfrac{5}{2}x-13$ との交点となる。この２式より，$-2x^2=\dfrac{5}{2}x-13$，$4x^2+5x-26=0$ となり，$x=\dfrac{-5\pm\sqrt{5^2-4\times4\times(-26)}}{2\times4}=\dfrac{-5\pm\sqrt{441}}{8}=\dfrac{-5\pm21}{8}$ となるので，$x=\dfrac{-5+21}{8}=2$，$x=\dfrac{-5-21}{8}=-\dfrac{13}{4}$ である。よって，点Dの x 座標は $-\dfrac{13}{4}$ であり，$y=-2\times\left(-\dfrac{13}{4}\right)^2=-\dfrac{169}{8}$ より，$D\left(-\dfrac{13}{4},\ -\dfrac{169}{8}\right)$ である。△ABC と △BCD の底辺を辺BCと見ると，$BC=2-(-2)=4$ である。また，２点A，Bの y 座標より，△ABCの高さは $2-(-8)=10$ であり，２点B，Dの y 座標より，△BCDの高さは $-8-\left(-\dfrac{169}{8}\right)=\dfrac{105}{8}$ だから，〔四角形ABDC〕＝△ABC＋△BCD＝$\dfrac{1}{2}\times4\times10+\dfrac{1}{2}\times4\times\dfrac{105}{8}=\dfrac{185}{4}$ となる。

5〔数と式―文字式の利用〕

自然数 n が偶数のとき，自然数 k を用いて，$n=2k$ と表せるので，２乗すると，$n^2=(2k)^2=4k^2$ となる。$4k^2$ は４でわり切れるから，４でわったときの余りは０となる。n が奇数のとき，奇数は偶数より１小さい数だから，自然数 k を用いて，$n=2k-1$ と表せる。２乗すると，$n^2=(2k-1)^2=4k^2-4k+1=4(k^2-k)+1$ となり，$4(k^2-k)$ は４でわり切れるから，$4(k^2-k)+1$ を４でわったときの余りは１となる。よって，自然数の２乗を４でわると，余りは０か１の２通りである。

═読者へのメッセージ═

3は正八角形を利用した問題でした。上空から見た形が八角形の屋根になっているお堂は八角堂と呼ばれ，法隆寺夢殿や，興福寺北円堂などが有名です。八角形の屋根になっている理由は諸説ありますが，一説によると，古来より日本では，漢数字の八が末広がりの形から，８は幸運をよぶ数とされて親しまれていることが影響しているそうです。

2024年度／叡明高等学校（推薦２回目）

国語解答

一　問１　③　　問２　③　　問３　④
問４　④　　問５　③　　問６　④
問７　④　　問８　①　　問９　④
問10　②

二　問11　②　　問12　③　　問13　④
問14　②　　問15　③　　問16　①
問17　④　　問18　②　　問19　①
問20　③

三　問21　④　　問22　①　　問23　④
問24　②　　問25　③　　問26　④
問27　①　　問28　③　　問29　①
問30　③　　問31　①　　問32　①

一〔説明文の読解―自然科学的分野―人類〕出典：小林武彦『なぜヒトだけが老いるのか』。

問１＜漢字＞「修復」と書く。①は「秀逸」，②は「先週」，③は「修学旅行」，④は「終日」。

問２＜漢字＞「老若」は，老人と若者のこと。

問３＜漢字＞「増殖」と書く。①は「移植」，②は「職業」，③は「食後」，④は「生殖」。

問４＜文章内容＞A．図１より，マウスの遺伝子の変異率，つまり「DNAの壊れやすさ」は，１年あたり約800個であり，１年あたり100個以下の位置にあるハダカデバネズミよりも「10倍程度」高い。　B．遺伝子の変異率が高いということは，ゲノムが変化しやすく壊れやすいということである。　C．図１より，ヒトの寿命は，80年を超えたくらいであり，寿命が「30年のハダカデバネズミ」よりも「３倍弱」長い。　D．ヒトの遺伝子の変異率が低いということは，ゲノムが変化しにくく壊れにくいということである。

問５＜文章内容＞寿命が長いということは，ゲノムが変化しにくく壊れにくいということなので，「DNAの壊れやすさ」の数値が低いということである。ハダカデバネズミは，「小さい体の割に，例外的に寿命が長い」ので，図２のグラフでは，横軸の「体の大きさ」が左寄り，縦軸の「DNAの壊れやすさ」が下寄りになる。

問６＜文章内容＞「身体が大きい動物のほうが一般的に長生き」なのは，「成長するのに時間がかかるので，その分長生きになった」のだろうと考えられている。しかし，それは，「結果的にそうなったというだけで，順序としては長生きになったから体が大きくなったというほうが自然」である。まず遺伝子の変異によって「DNAの修復能力」が上がり，「老化が抑えられ」て「長生き」になった結果，「その間いっぱい食べて体が大きくなった」と考えられるのである。

問７＜文脈＞ハダカデバネズミは，集団生活による分業制と，穴蔵生活による体温低下や酸素消費量の減少，代謝低下によって，DNAにできる傷の数が減った。そのうえ，「寿命が長くなることで世代交代の時間も長くなり，その分，子の教育などに時間がかけられる」ようになると（…イ），さらに分業の効率化が進んでより長寿になるという「寿命延長の正のスパイラル」が起きたと思われる（…エ）。ハダカデバネズミは，寿命が長いうえに，「ゾウと同様に老化」しないので（…ア），「老齢個体も」仕事をこなすが（…オ），そうは言っても，「老若問わず昼寝している」ことが多い。

問８＜文章内容＞ハダカデバネズミは，アリのように「地中」で集団生活しており，社会構造も女王ネズミの１匹だけが出産し，他の個体は「分業」して，子育てや食料の調達などの役割をこなしているため，寿命が「ハツカネズミの10倍程度長い」のである。

問９＜文脈＞「ハダカデバネズミとヒト」は，「大きくなることによる優位性があまりなかった」と推察され，「共に社会性の生き物」なので，「別の手段で他の生物より集団としての優位性を保てた」のだと思われる。

問10＜文章内容＞ヒトは，「十分な栄養」によって強固になった「免疫機構のおかげ」で「細菌や異物のみならず，古くなった自身の細胞やがん化した細胞もやっつけ」ることができ，「がん化のリスクを背負いながら，55歳以降の約30年間も」生きることができるのである。また，「DNAが壊れにくい割に例外的に体が小さいハダカデバネズミ」と同様，ヒトも，「大きくなることによる優位性があまりなかった」と推察される。

二 〔論説文の読解―社会学的分野―現代社会〕出典：鷲田清一『〈ひと〉の現象学』。

≪本文の概要≫子どもは，家族の中で，家族への信頼を基盤としたしつけを受けて育つ。社会的動物としての人間は，その原型となるものをまず家族の中で経験して，社会の人間関係の中に出ていく。家族の中での経験が原型的であるのは，家族において，人が食事，排泄，入浴，生老病死，介護など，それを欠いては生きることが成り立たないような事柄に深くふれるからである。だが，こうした〈いのち〉のベーシックスにふれる経験は，削除されつつあり，私たちの社会的な存在自体が，危うくなってきている。人類は，社会生活のうちに，家族を最も根源的なメタファーとして設定し，集団の構成原理としてきた。かつての路地，商店街といった職住一致の生活空間には，地域の大人たちに見守られて，子どもが自然に育つ環境があったが，現在の都市の集合住宅には，互いに勝手に出入りできるような開放性が消え，住民が協同で事に当たるということが少なくなった。それに伴い，子どもたちも，地域社会で十分にもまれるという経験を持たないまま，社会に出るようになった。

問11＜漢字＞「確執」と書く。①は「取(る)」，②は「執(る)」，③は「捕(る)」，④は「取(る)」。

問12＜漢字＞「装束」と書く。①は「民族」，②は「消息」，③は「約束」，④は「不足」。

問13＜漢字＞「出自」は，出どころ，人の生まれのこと。

問14＜文章内容＞「閉じられた場所」では，異なる人間が「むきだし」で接すると確執や悲劇が起こるので，他者と「むき出しでない関係」を築くために，「相手を思いやる気持ちとか，礼儀やマナーやルールといったつきあいの作法」という人間関係の緩衝材が必要になる。

問15＜文脈＞「路地，商店街といった職住一致の生活空間」には，「見ぬふりをして見る」という近所づきあいがあり，そうした生活空間は，「そこにいれば子どもが『見ぬふりして見る』大人たちに囲まれて『勝手に育つ』」ことのできる場として機能していた(C…×)。

問16＜指示語＞「食べること，排泄すること」など「〈いのち〉のベーシックスにふれる経験」が「削除されて」きている。「〈いのち〉のベーシックスにふれる経験」を「欠いては生きるということが成り立たない」のに，そのような事柄が「家族生活のなかにあたりまえのように登場しはしない」ことになると，「わたしたちの社会的な存在それじたいが危うく」なる。

問17＜文脈＞「厄介者」のような存在の人を中心に置いて，その人に「視線を結集することで『われわれ』という結束が固まるということ」があり，「脳外科の集中治療室」での「患者を取り囲むスタッフたち」の「連帯感」にも「同様の力学がはたらいて」いる。

問18＜文章内容＞現在の家族は，「共同家族，週末同居，ルームシェア」など「多様なかたちを模索して」いる。それにもかかわらず，いまだに「主婦は個室ではなく，夫婦の寝室もしくは台所にしか居場所をあてがわれて」いない，「nLDK」の構造が標準なのは，「多様化した家族の実態に住宅の構造」が「対応していない」からである。

問19＜接続語＞A．人々は，「ソーシャル・サーヴィスの恩恵を受ける」または「それを買う」ことで，「身近なひとの生老病死に協同して当たることが少なく」なった。　B．子どもたちは「地域社会で十分にもまれることもない」まま，「それぞれの家庭から」さらに「学校から」社会に出ていく。　C．「公的空間」を言い換えると「社会」である。

問20＜要旨＞子どもは家庭の中で「共存の習慣の基礎となるものをしつけられる」が，「『しつけ』の基礎には，まずは家族への信頼と安心というものに浸れていることが前提」となっており，自分が家族に「無条件に肯定」され「手厚く世話してもらった」体験が，「『しつけ』などの前提となる他者への信頼感を根づかせる」のである（①…○）。人は，家族の中で「〈いのち〉のベーシックスといったものに他者とともに深くふれる」が，そうした経験が家族生活の中で当たり前にできないようになってくると，「わたしたちの社会的な存在それじたいが危うくなる」のである（②…○）。人類は，「その社会生活のうちに，〈家族〉というものをもっとも根源的なメタファーとして設定して」おり，「家族のイメージ」は，実際の家族だけでなく，「相撲部屋や宝塚歌劇団のような単一の性からなる集団」にも転用され，「集団の構成原理としてはたらく」のである（③…×）。かつての「路地，商店街といった職住一致の生活空間」には，「『見ぬふりして見る』大人たちに囲まれ」て，子どもたちが「勝手に育つ」場があったが，現在の都市の「マンションや公団住宅」では，「『見ぬふりをして見る』というグレイな関係」は「困難に」なった（④…○）。

三〔国語の知識〕

問21＜慣用句＞A．「鼻を明かす」は，出し抜いて，優位に立っていた相手を驚かせる，という意味。　B．「目がない」は，思慮分別をなくすほど好きである，という意味。　C．「食指が動く」は，食欲が起こるということから，物事に対し欲望や興味が生じる，という意味。

問22＜四字熟語＞「岡目八目」は，囲碁で，対局している者どうしよりも，かたわらで見ている人の方が，戦局をよく把握していることから，当事者よりも第三者の方が物事の局面がよくわかること。

問23＜四字熟語＞「虎視眈々」は，虎が獲物を狙って鋭く見つめる様子から，じっと機会を狙うこと。

問24＜熟語の構成＞「表現」と「救助」は，似た意味の漢字を重ねた熟語。「遷都」は，下の漢字が上の漢字の目的語となっている熟語。「抑揚」と「公私」は，反対の意味の漢字を重ねた熟語。

問25＜品詞＞「コーヒーでも」と「海にでも」の「でも」は，物事をはっきりと言わず一例を挙げる意味を表す副助詞。「踏んでも」の「でも」は，逆接の接続助詞「ても」が音便について濁った形。「一目だけでも」の「でも」は，断定の助動詞の連用形「で」に係助詞「も」がついた形で，～であっても，という意味。「誰でも」の「でも」は，不特定を表す語について，全てのものに当てはまる意味を表す副助詞。

問26＜品詞＞「元気だ」の「だ」と「静かだ」の「だ」は，形容動詞「元気だ」「静かだ」の一部。「沈んだ」の「だ」は，完了の助動詞「た」が音便について濁った形。「弟だ」の「だ」は，断定の助動詞。「転校するそうだ」の「だ」は，伝聞の助動詞「そうだ」の一部。

問27＜敬語＞「ご覧になる」は，「見る」の尊敬語。

問28＜敬語＞「拝聴する」は，「聞く」の謙譲語。「私のプレゼン」を聞く相手の動作なので，尊敬語の「お聞きになる」などを用いる。

問29＜和歌の技法＞「からころも」は，着る，裁つなど衣服に関する語やそれらと同音の語にかかる枕詞。「ちはやぶる」は，神や宇治などにかかる枕詞。「くさまくら」は，旅などにかかる枕詞。「しきしまの」は，大和にかかる枕詞。

問30＜文学史＞『枕草子』は，平安時代中期に成立した随筆で，作者は清少納言。『徒然草』は，鎌倉時代後期に成立した随筆で，作者は兼好法師。『方丈記』は，鎌倉時代前期に成立した随筆で，作者は鴨長明。『玉勝間』は，江戸時代後期に成立した随筆で，作者は本居宣長。

問31＜漢詩の形式＞一句の文字数が五文字の詩を五言詩，七文字の詩を七言詩という。句数が四句の詩を絶句，八句の詩を律詩という。

問32＜漢文の訓読＞「秦王後悔」→「之」→「追」→「恐」の順に読む。「之」から「追」に一字返るので，「追」にレ点を付し，「追」から「恐」に二字以上返るので，「追」に一点，「恐」に二点を付す。

2023年度 叡明高等学校（推薦１回目）

【英　語】（50分）〈満点：100点〉

1　次の問い（問１～10）の（　　　　）に入れるのに最も適切なものを、それぞれ下の①～④のうちから１つずつ選びなさい。

問１　Tom got up late, so he had to run to the station. He got there just in (　　　　) to catch the train.

①　date　　②　minute　　③　time　　④　season

問２　A：Do you like professional baseball?

B：Yes. I'm a (　　　　) of the Giants.

①　fan　　②　figure　　③　hill　　④　color

問３　I have a headache, so I'm going to the (　　　　) to buy some medicine.

①　barbershop　　②　drugstore　　③　gym　　④　planet

問４　A：Where do you (　　　　) off the bus, Dave?

B：At the next stop.

①　get　　②　take　　③　stand　　④　make

問５　My family has a little brown dog (　　　　) Milo.

①　call　　②　calls　　③　called　　④　calling

問６　Last Saturday, my bicycle was (　　　　). I have to buy a new onc.

①　steal　　②　stole　　③　stolen　　④　stealing

問７　A：What (　　　　) at the party?

B：Bill dropped some food on Leslie's pretty dress. She was very angry.

①　decided　　②　tasted　　③　stood　　④　happened

問８　My grandfather loves jogging. It rained today, but he got up early and went jogging (　　　　) usual.

①　as　　②　ever　　③　by　　④　on

問９　My cat is very (　　　　). He can open the kitchen door all by himself.

①　clever　　②　absent　　③　ethnic　　④　familiar

問10　A：I like this song very much. Do you know (　　　　) is singing it, Mark?

B：No, but maybe my sister knows. Let's ask her.

① how　　② where　　③ when　　④ who

2

次の問い（問11～15）の会話文が成り立つように(　　　　)に入る最も適切なものを、それぞれ下の①～④のうちから1つずつ選びなさい。

問11　A：Honey, let's go to Laketown Park today.

B：All right. (　　　　)

A：Well, I heard that the roses in the English garden there are beautiful. I'd like to see them.

B：That sounds lovely. Let's make some sandwiches.

① When is the best time of year to go?　　② What do you want to do there?

③ Will there be a lot of people there?　　④ Have you been there recently?

問12　A：This is "Sweet Dreams" by the Euro People, isn't it? I love this song.

B：Me, too. I like all of this band's songs, but I don't have their new CD yet.

A：I have one. (　　　　)

B：Would that be OK? Thanks a lot! I'll only keep it a few days.

① Do you want to return it?　　② Can we listen to it now?

③ Are you going to buy it?　　④ Shall I lend it to you?

問13　A：Ben, do you know Susan's home phone number?

B：Sure. I have it on my cell phone. It's 990-2211.

A：That's her old number. (　　　　)

B：Oh, really? I didn't know that. Well, I guess I don't have it, then.

① I couldn't remember it.　　② You can find it easily.

③ She just moved.　　④ It should work.

問14　A：Excuse me. What time will the next train reach the airport?

B：Let me check the schedule, sir. Hmm, it'll be there at 11:15.

A：Really? (　　　　)

B：You'd better take a taxi, then. It'll be much faster.

① I'd like one ticket to the airport, please.　　② I have to be there by 10:50.

③ My flight has been canceled.　　④ My schedule says 11:25.

問15　A：Jenny, the chocolate cookies you baked for the office were delicious!　Thanks for sharing them with everyone.

B：Oh, thank you, Kate.　I like to bring something in every now and then.

A：(　　　　)　I'd like to bake some for my kids.

B：No problem.　I'll e-mail it to you now.

①　I like the chocolate ones the best.　　②　You'll have to tell me the recipe.

③　Why don't you give some to the boss?　　④　Can you bake some more?

3　次の問い(問16～20)において、それぞれ日本文の意味を表すように㋐～㋕までを並べかえて［　　　］を補い、最も適切な文を完成させなさい。解答は２番目と４番目にくるものとして最も適切な組み合わせを、それぞれ下の①～④のうちから１つずつ選びなさい。

問16　土曜日の夕方に野球の試合があります。

There (㋐ Saturday　㋑ a baseball　㋒ be　㋓ game　㋔ on　㋕ will) evening.

There ［　　　］［２番目］［　　　］［４番目］［　　　］［　　　］ evening.

①　㋒－㋓　　②　㋒－㋑　　③　㋕－㋔　　④　㋓－㋐

問17　自転車を壊してしまって大変申し訳ありません。

I'm (㋐ bicycle　㋑ breaking　㋒ very　㋓ your　㋔ for　㋕ sorry).

I'm ［　　　］［２番目］［　　　］［４番目］［　　　］［　　　］.

①　㋕－㋓　　②　㋓－㋕　　③　㋕－㋑　　④　㋔－㋐

問18　ジュディは小さな動物の世話をするのが好きです。

Judy (㋐ care　㋑ small　㋒ to　㋓ likes　㋔ of　㋕ take) animals.

Judy ［　　　］［２番目］［　　　］［４番目］［　　　］［　　　］ animals.

①　㋒－㋐　　②　㋒－㋔　　③　㋕－㋐　　④　㋔－㋑

問19　ジョン、どこでそんな安いペンを見つけたのですか。

John, where (㋐ a　㋑ such　㋒ did　㋓ cheap　㋔ find　㋕ you) pen?

John, where ［　　　］［２番目］［　　　］［４番目］［　　　］［　　　］ pen?

①　㋐－㋒　　②　㋔－㋕　　③　㋑－㋕　　④　㋕－㋑

問20　母が私にくれた時計はすばらしい。

The watch (㋐ gave　㋑ me　㋒ wonderful　㋓ that　㋔ my mother　㋕ is).

The watch ［　　　］［２番目］［　　　］［４番目］［　　　］［　　　］.

①　㋕－㋐　　②　㋔－㋑　　③　㋒－㋐　　④　㋕－㋒

4　次の問い（A・B）に答えなさい。

A　次の掲示の内容に関して、**問21**と**問22**の質問に対する答えとして最も適切なもの、または（　　　　）に入れるものとして最も適切なものを、それぞれ下の①～④のうちから1つずつ選びなさい。

Top Style Hair Salon

Haircut (with shampoo)	$30
Hair color	$35~
Hair permanent	$40~
Shampoo only	$10
*Children under 12 years old	$10 off

Spring Special:

Come at least 3 times between April 1 and May 31 and receive a special gift.

Early-Bird Special:

Come in before 12:00 p.m. and get a haircut for $15.

Pay $5 more and we will go to your house and cut your hair there.

Business hours:

Monday-Friday	10:00-20:00
Saturday	9:00-21:00

[Closed on Sunday]

*To make a reservation, call 990-2211.
*Free parking [parking space for 15 cars].

513 North Canon Drive, Greenford

問21 If people want to get a haircut for $15, they should (　　　　　)

① go to the hair salon in the morning.

② bring their children to the hair salon.

③ call the hair salon between April 1st and May 31st.

④ go to the hair salon more than three times.

問22 What will people be able to do if they pay five more dollars?

① Receive a special gift.

② Park their car the salon.

③ Get a haircut at home.

④ Buy a new kind of shampoo.

B　次の掲示の内容に関して、問23に対する答えとして最も適切なものを、下の①～④のうちから１つ選びなさい。

To All People Using Lake Town Park

- The park is open from 9:00 a.m. to 9:00 p.m. every day.
- Do not ride your bicycles on the grass.
- Please clean up after your dogs.
- Do not play soccer, baseball, or football in the park.
- Do not pick the flowers.
- No fishing or swimming in the pond.
- Bread for the ducks is sold at the shop next to the pond.
- Please keep the park clean.　Be sure to take all your trash with you when you leave.

Keep the park beautiful so that everyone can enjoy it.

問23　What can people get at the shop?

①　Bicycles to ride.

②　Food for the ducks.

③　Flowers to take home.

④　Tickets to a soccer game.

5 次の文章を読み、後の問い(問24～30)に答えなさい。

Kennedy* also had problems at (1)home. The biggest problem in the US was equal rights*.

Some states in the US—many of them in the south—did not believe in equal rights for black Americans. They did not allow black Americans to eat in the same restaurants as white Americans, or travel on the same buses, or buy things in the same shops. The police sometimes helped the black Americans, but often they did nothing. In 1954, the Supreme Court said that (2)it was against the law to stop black children from going to the same schools as white children. But in the states in the south many schools did not agree with this, and they did not let black children in*.

Kennedy strongly believed in equal rights for black and white people. Before he became president*, he promised the black Americans that he would help (3)them. So in the presidential elections*, most black Americans voted* for Kennedy. But after he became president, he became busy with other problems, like Cuba* and the Cold War*. Many black Americans became angry with him.

'Kennedy wanted us to vote for him,' they said. 'But now he isn't interested in (4)our problems.'

But it was difficult for Kennedy to help the black Americans. He wanted a strong new law about equal rights. But he knew that the Democrats* from the states in the south would stop the law going through Congress.

In 1961 and 1962, the problems between black Americans and white Americans got worse. There was fighting; many people were hurt and some were killed.

In September 1962, a young black man, James Meredith, became a student at the University of Mississippi. All the other students were white. When Meredith first went to the university, nobody allowed him to enter. Kennedy's younger brother, Robert, was Attorney General, head of law in the US. He sent 400 men to the university to protect Meredith. There was a big fight; two people were killed, and many others were hurt. Then the president sent 3,000 soldiers* to protect Meredith. This was very important for the black Americans. It showed them that Kennedy was ready to help them.

In 1963, two young black students, Vivian Malone and James Hood, became students at the University of Alabama. On 11 June, they went to pay their money to the university. But the Governor of Alabama, (5)George Wallace, stood in the doorway with his soldiers, and did not allow them to enter. Again, Kennedy sent soldiers from Washington, and Wallace had to allow the students in.

That evening, Kennedy gave a famous speech on TV and radio about equal rights. He said that all Americans must be able to eat lunch in the (A) restaurants, send their children to the best schools, and vote. He said the US 'will not be fully* free until all its citizens* are free.' He also said he was planning an important new law about equal rights for different groups of Americans.

On 28 August 1963, about 250,000 people, mostly black Americans, came together in Washington for a big meeting. Kennedy was worried that there would be trouble, so he had soldiers ready. But there was no trouble, and the crowds walked through the streets of Washington in peace. One of the leaders was the churchman Martin Luther King Junior, who gave a famous speech. Kennedy watched the speech on TV. He admired* King very much. After the meeting, Kennedy asked King and the other leaders to come to the White House to meet him.

注　Kennedy：ジョン・F・ケネディ(1917-1963)アメリカ合衆国第35代大統領　equal rights：平等の権利　let ~ in：～を入れる　president：大統領　the presidential election(s)：大統領選挙　vote(d)：投票する　Cuba：キューバ共和国　the Cold War：冷戦(第二次世界大戦後にアメリカ合衆国とソビエト連邦との間で展開された敵対関係)　the Democrats：民主党員　soldier(s)：軍人　fully：完全に　citizen(s)：市民　admire(d)：賞賛する

問24　下線部(1)がこの文章において示すものは何か。最も適切なものを、下の①～④のうちから１つ選びなさい。

①　Americans　　②　the restaurants　　③　the south　　④　the US

問25　下線部(2)が指すものとして最も適切なものを、下の①～④のうちから１つ選びなさい。

①　to stop black children from going to the same schools as white children
②　to the same schools as white children
③　going to the same schools as white children
④　white children

問26　下線部(3)が指すものとして最も適切なものを、下の①～④のうちから１つ選びなさい。

①　the elections　　②　equal rights　　③　the black Americans　　④　white people

問27　下線部(4)とは何か。最も適切なものを、下の①～④のうちから１つ選びなさい。

①　the problems about children
②　the problems about Cuba
③　the problems about equal rights
④　the problems about the Cold War

問28　下線部(5)について述べたものとして最も適切なものを、下の①～④のうちから１つ選びなさい。

①　He did not want black students to enter the University of Alabama.
②　He gave a famous speech on TV and radio about equal rights.
③　He sent a lot of soldiers to protect the black students.
④　He was the Governor of Alabama and helped the black students to study at the University.

問29　空所（　A　）に入れるのに最も適切なものを、下の①～④のうちから１つ選びなさい。

①　black　　②　different　　③　same　　④　rich

問30　本文の内容に一致するものとして最も適切なものを、下の①～④のうちから１つ選びなさい。

①　Although the relationship between black Americans and white Americans got worse in 1961, there was no fighting among them.
②　In the states in the south many schools allowed black children to go to the same schools as white children.
③　Kennedy thought that the US would not be fully free if some of its citizens were not free.
④　There was a big trouble in Washington on 28 August 1963, and the soldiers had to protect Kennedy.

6 次の文章を読み、後の問い(問31～37)に答えなさい。

Once upon a time there was a woman named Pandora. The gods gave her many gifts, such as beauty and intelligence*. She was a special woman. She could make many things with her hands. She made beautiful clothes.

Pandora was given another gift, the gift of curiosity*. Since she was so curious*, Pandora wanted to know about everything.

Her husband was Epimetheus. They were very happy together.

One fine day Epimetheus and Pandora were walking along a road. When they sat down under an olive* tree to rest, they saw an old man walking slowly towards them. He was carrying a heavy box. Pandora stood and went up to the old man. "What are you carrying?" said Pandora. "It looks so heavy. May I help you?"

"(1)," said the old man. "You are very kind."

Together, Epimetheus and Pandora carried the box to the (2). They put it down.

Then the old man said to Epimetheus and Pandora, "Thank you very much. This box is very heavy. I'm so tired. Can I leave it here for a short time? I have to go to the next village soon. Can you (3)take care of it until I come back?"

"Yes," they said. "Of course."

Pandora looked at the box. It was made of gold and had beautiful designs* on it.

"But listen," said the old man. "You must not look inside the box. Do you promise?"

"(4)" said Epimetheus. Pandora also made the promise with a smile.

They took care of the box under the olive tree. A long time passed, but the old man did not come back. Epimetheus went for a short walk, leaving Pandora on her own for a few minutes.

"I wonder what is inside this beautiful box," Pandora said to herself. "It must be something very special. The old man told us (5) open the box."

Then she put her ear next to the box. She heard a very quiet sound: "Help us, Pandora. Please, please, open the box so we can come out."

Pandora looked around. She could not see Epimetheus. She was very curious about the box, and she could not wait. She raised the top of the box and was surprised because it opened easily.

Suddenly, a great wind came out of the box. The bad spirits of sickness, hunger, and anger came out and went everywhere in the world.

Epimetheus came back. The spirits of sickness attacked him and he fell to the ground.

"Pandora, what have you done?" he cried. "Why did you open the box?"

"I'm sorry, Epimetheus. Please forgive* me!" Tears went down her beautiful face.

Then a beautiful spirit with wings came out of the box. It flew to Epimetheus and healed him. He was completely well again. The spirit flew away.

"What was that spirit?" asked Epimetheus. "It wasn't a bad spirit."

It was a spirit called Hope.

When she opened the box, Pandora brought many bad things into the world. Since then, people everywhere in the world have suffered from disease, hunger, and anger. But Pandora also brought a good thing into the world. Hope is in the world.

注 intelligence：知性　curiosity：好奇心　curious：好奇心が強い　olive：オリーブ
design(s)：模様　forgive：～を許す

問31　空所(　1　)に入れるのに最も適切なものを、下の①～④のうちから1つ選びなさい。

① No, thank you　② No, you may not　③ Yes, thank you　④ Yes, it is

問32　空所(　2　)に入れるのに最も適切なものを、下の①～④のうちから1つ選びなさい。

① next village　② old man's house　③ olive tree　④ road

問33　下線部(3)を別の表現で言い換えたものとして最も適切なものを、下の①～④のうちから1つ選びなさい。

① discover　② find　③ see　④ keep

問34　空所(　4　)に入れるのに最も適切なものを、下の①～④のうちから1つ選びなさい。

① Don't worry,　② Do you think we do?　③ It's difficult for us,　④ Yes, you can,

問35　空所(　5　)に入れるのに最も適切なものを、下の①～④のうちから1つ選びなさい。

① do not　② never　③ not to　④ you must not

問36　本文の内容に合うように、次の英文の空所に入れるのに最も適切なものを、下の①～④のうちから1つ選びなさい。

Pandora opened the box because she thought (　　　　)

① she heard someone's voice asking her for help from inside the box.
② the old man ordered only Epimetheus not to look inside the box.
③ the old man would not get angry if she opened the box.
④ the old man would not know if she opened the box.

問37　物語によると『パンドラの箱を開けること』とは、どんなことを意味するか。最も適切なものを、下の①～④のうちから1つ選びなさい。

① 自分より力を持った誰かから無理やり結ばされた約束を破ること。
② 解決が困難な、多くの新しい問題を引き起こすこと。
③ 他の誰かのための贈り物が入った箱を開けること。
④ 誰か他の人の広められたくない秘密を明らかにすること。

【数　学】　(50分)　〈満点：100点〉

1　次の計算をしなさい。

(1)　$2^3+(-5)^2\div 5=\boxed{\text{アイ}}$

(2)　$\dfrac{2}{3}+\left(-\dfrac{1}{2}\right)^2\times\left(-\dfrac{2}{3}\right)=\dfrac{\boxed{\text{ウ}}}{\boxed{\text{エ}}}$

(3)　$\dfrac{x-3y}{3}-\dfrac{-3x+5y}{4}=\dfrac{\boxed{\text{オカ}}\,x-\boxed{\text{キク}}\,y}{\boxed{\text{ケコ}}}$

(4)　$\dfrac{(\sqrt{2}+\sqrt{3})^2}{5}-\dfrac{(\sqrt{2}+2)(\sqrt{2}-2)}{3}=\dfrac{\boxed{\text{サシ}}+\boxed{\text{ス}}\sqrt{\boxed{\text{セ}}}}{\boxed{\text{ソタ}}}$

(5)　$(5\sqrt{3}+\sqrt{2})(\sqrt{2}-\sqrt{3})+(5\sqrt{3}-\sqrt{2})^2=\boxed{\text{チツ}}-\boxed{\text{テ}}\sqrt{\boxed{\text{ト}}}$

2 次の各問に答えなさい。

（1） $x=2\sqrt{2}+2\sqrt{3}+\sqrt{5}$，$y=\sqrt{2}+\sqrt{3}+\sqrt{5}$ のとき，$x^2-2xy+y^2$ の値は

$\boxed{ア}+\boxed{イ}\sqrt{\boxed{ウ}}$ である。

（2） 大小 2 つのさいころを同時に投げる。出た目の和が偶数になる確率は $\dfrac{\boxed{エ}}{\boxed{オ}}$ である。

ただし，さいころの目はどの目が出ることも同様に確からしいとする。

（3） 2 桁の自然数 N がある。N は一の位の数が十の位の数よりも 3 小さく，一の位の数と十の位の数を逆にしてできる整数を 2 倍して 9 を引くと，もとの数 N と等しくなる。このとき，$N=\boxed{カキ}$ である。

（4） 連立方程式 $\begin{cases} x+5y=-3 \\ \dfrac{x}{2}-\dfrac{y}{4}=4 \end{cases}$ を解くと，$x=\boxed{ク}$，$y=\boxed{ケコ}$ である。

（5） $\sqrt{7}$ の整数部分を a，小数部分を b とするとき，a^2+b^2+4b の値は $\boxed{サ}$ である。

3　次の図の直角三角形 ABC について，各問に答えなさい。ただし，円周率は π とする。

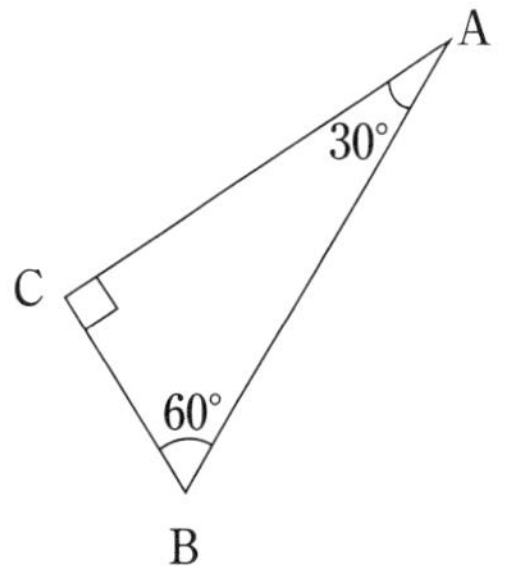

（1）　AB = 8 のとき，AC = $\boxed{\text{ア}}\sqrt{\boxed{\text{イ}}}$ である。

（2）　△ABC の面積 S_1 = $\boxed{\text{ウ}}\sqrt{\boxed{\text{エ}}}$ である。

（3）　線分 AC を軸として直角三角形 ABC を 1 回転させてできる立体の体積を V とすると，

$$V = \frac{\boxed{\text{オカ}}\sqrt{\boxed{\text{キ}}}}{\boxed{\text{ク}}}\pi$$ である。

（4）　（3）でできた立体の表面積を S_2 とすると，S_2 = $\boxed{\text{ケコ}}$ π である。

4　［ア］～［セ］に当てはまる最も適当な数字を答えなさい。

次の図のように，2 次関数 $T_1 : y = 2x^2$，$T_2 : y = -\dfrac{1}{2}x^2$ がある。T_1 上に y 座標が 8 である 2 点 A，B がある。点 A の x 座標が負，点 B の x 座標が正であるとき，点 A の座標は(［アイ］，［ウ］)である。T_2 上に点 C (−4，−8)をとり，2 点 A，C を通る直線を ℓ とする。直線 ℓ の方程式は，$y=$［エ］$x+$［オカ］である。直線 ℓ と y 軸との交点を E とし，2 点 B，E を通る直線と T_2 との交点のうち点 B に近い点を D とする。△OBD の面積は，［キク］である。また，四角形 ABDC の面積は，［ケコ］である。

ここで，四角形 ABDC を y 軸に関して 1 回転させてできる立体の体積は，$\dfrac{\text{［サシス］}}{\text{［セ］}}\pi$ である。ただし，円周率は π とし，座標軸の単位の長さは 1 とする。

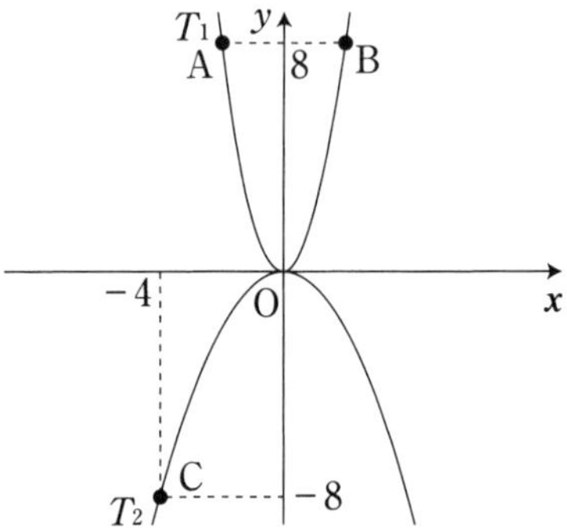

5　えいこさんとあきらさんは数学の授業で黄金比について学んだ。二人は黄金比の求め方の復習をした。次の会話文を読み，$\boxed{\text{ア}}$ ～ $\boxed{\text{ク}}$ に当てはまる最も適当な数字を答えなさい。

【会話文】

えいこさん：線分の長さが a と b のとき，$a:b$ が黄金比ならば $a:b=b:(a+b)$ が成り立つんだよね。

あきらさん：そうだね。この比例式から a，b の式を作ると
$b^{\boxed{\text{ア}}}-ab-a^{\boxed{\text{イ}}}=\boxed{\text{ウ}}$ ………①となるよね。

えいこさん：方程式①について，$a=1$ のとき b について解くと，$b=\dfrac{\boxed{\text{エ}}\pm\sqrt{\boxed{\text{オ}}}}{2}$ になるけど $b>0$ なので $b=\dfrac{\boxed{\text{エ}}+\sqrt{\boxed{\text{オ}}}}{2}$ だね。

あきらさん：これを利用して私たちが今作成している文化祭の看板の縦の長さと横の長さの比を黄金比にしてみよう。縦の長さを 3.5m として考えたとき，横の長さは $\dfrac{\boxed{\text{カ}}\left(\sqrt{\boxed{\text{キ}}}-\boxed{\text{ク}}\right)}{4}$ m になるね。(ただし，横の長さより縦の長さが大きい看板とする。)

解答上の注意事項

1　解答は，解答用紙の問題番号に対応した解答欄にマークしなさい。

2　問題の文中の [ア]，[イウ] などには，特に指示がない限り，符号(－)または数字(０～９)が入ります。ア，イ，ウ，…の一つ一つは，これらのいずれか一つに対応します。それらを解答用紙のア，イ，ウ，…で示された解答欄にマークして答えなさい。

例　[アイウ] に－47と答えたいとき

ア	●	⓪	①	②	③	④	⑤	⑥	⑦	⑧	⑨
イ	⊖	⓪	①	②	③	●	⑤	⑥	⑦	⑧	⑨
ウ	⊖	⓪	①	②	③	④	⑤	⑥	●	⑧	⑨

なお，同一の問題文中に [ア]，[イウ] などが２度以上現れる場合，原則として，２度目以降は，

[ア]，[イウ] のように細字で表記します。

3　分数系で解答する場合，分数の符号は分子につけ，分母につけてはいけません。

例えば，$\dfrac{\boxed{エオ}}{\boxed{カ}}$ に $-\dfrac{2}{3}$ と答えたいときには，$\dfrac{-2}{3}$ として答えなさい。

また，それ以上約分できない形で答えなさい。例えば，$\dfrac{3}{2}$ と答えるところを $\dfrac{6}{4}$ のように答えてはいけません。

4　根号を含む形で解答する場合，根号の中に現れる自然数が最小となる形で答えなさい。

例えば，$\boxed{キ}\sqrt{\boxed{ク}}$ に $6\sqrt{2}$ と答えるところを，$3\sqrt{8}$ のように答えてはいけません。

5　根号を含む分数形式で解答する場合，例えば $\dfrac{\boxed{ケ}+\boxed{コ}\sqrt{\boxed{サ}}}{\boxed{シ}}$ に $\dfrac{3+2\sqrt{2}}{3}$ と答えるところを，$\dfrac{6+4\sqrt{2}}{6}$ や $\dfrac{6+2\sqrt{8}}{6}$ のように答えてはいけません。

問29 次の和歌中の空欄に入る語句として最も適切なものを、後の①～④のうちから一つ選びなさい。

・［　　　］ひけどひかねど昔より心は君によりにしものを

① あづさゆみ　② くれたけの
③ たらちねの　④ とぶとりの

問30 兼好法師の作品を、次の①～④のうちから一つ選びなさい。

① 枕草子　② 方丈記　③ 徒然草　④ 奥の細道

問31 次の漢詩の形式として適切なものを、後の①～④のうちから一つ選びなさい。

日照香炉生紫煙
遥看瀑布挂長川
飛流直下三千尺
疑是銀河落九天

① 五言絶句　② 五言律詩　③ 七言絶句　④ 七言律詩

問32 次の書き下し文のように読むことができる文はどれですか。適切なものを後の①～④のうちから一つ選びなさい。

・寧《むし》ろ鶏口と為るとも牛後と為る無かれ。

① 寧 為レ 鶏 口 無レ 為 牛 後。
② 寧 為二 鶏 口一 無二 為一 牛 後。
③ 寧 為レ 鶏レ 口レ 無レ 為 牛 後。
④ 寧 為二 鶏 口一 無レ 為二 牛 後一。

問23 次の傍線部と同じ意味内容になる四字熟語として最も適切なものを、後の①～④のうちから一つ選びなさい。

・試験の結果発表日を待ち遠しく思う。

① 一望千里　② 一日千秋　③ 朝三暮四　④ 再三再四

問24 次の熟語と同じ構造のものを、後の①～④のうちから一つ選びなさい。

・幼稚

① 身体　② 落日　③ 彫像　④ 傍聴

問25 次の文の傍線部の部分と文法的性質が同じものを、後の①～④のうちから一つ選びなさい。

・島国といえば日本のような国のことだ。

① 真っ赤に燃える炎のような宝石。
② 雨雲の様子から明日は雨のような気がする。
③ 彼の走りは車のような速さだ。
④ カメラのような精密機械は慎重に扱うべきだ。

問26 次の文の傍線部の部分と文法的性質が同じものを、後の①～④のうちから一つ選びなさい。

・桜の咲くころに卒業する。

① 梅のつぼみが成長する。
② 私の飼っている犬は小型犬だ。
③ 妹は泳ぐのが得意だ。
④ 明日はくもりなので決行します。

問27 次の文における傍線部に用いられている敬語の種類として適切なものを、後の①～③のうちから一つ選びなさい。

・私がそちらに伺う。

① 尊敬語　② 謙譲語　③ 丁寧語

問28 次の文における傍線部に用いられている敬語の種類として適切なものを、後の①～③のうちから一つ選びなさい。

・何か質問がございますか。

① 尊敬語　② 謙譲語　③ 丁寧語

問20　この文章について四人の生徒が感想を言い合いました。この会話の中で**本文の趣旨と異なる内容**を話している生徒を次の①～④のうちから一つ選びなさい。

①　生徒A――今まで自分の体が自分なのか、自分のものなのかなんてこと考えたこともなかったよ。でも確かに風邪を引いて体が思うように動かなくなることを考えると、自分の体がすべて思い通りになるものというわけではないんだね。

②　生徒B――私も経験したことあるわ。化粧をするとき自分の手と腕を使っているはずなのに、理想の仕上がりにならないのよね。外見でさえ思い通りにいかないんだから内から感じる体が思い通りにいかないのも当然ね。

③　生徒C――それにしても、自分というのは「心」のことだと思っていたからこの内容は驚いたよ。心は目に見えない体のことであって、二つの側面のうちのひとつだったんだね。

④　生徒D――それも驚いたけど私は、「体が自然である」という内容に驚いたわ。自然と言われるとやっぱり、山や森なんかをイメージしちゃうもん。でも脳を作ったのは確かに私の意志ではないから、筆者の言うことも納得できるわね。

三　次の各問いに答えなさい。

問21　次のA～Cの［　］に当てはまる漢字の組み合わせとして最も適切なものを、後の①～④のうちから一つ選びなさい。

A　［　］頭狗肉　　意味…見かけは良いが、実際は劣っていること。

B　南船北［　］　　意味…忙しく、あちこちへ行くこと。

C　［　］頭蛇尾　　意味…初めの勢いはいいが、徐々に勢いがなくなること。

①　A　羊　B　馬　C　竜

②　A　羊　B　鯨　C　虎

③　A　猫　B　虎　C　竜

④　A　馬　B　猿　C　鯨

問22　次にあげる故事成語の意味として最も適切なものを、後の①～④のうちから一つ選びなさい。

・「漁夫の利」

①　三者が争って勝った者が利益を独り占めすること。

②　わずかな利益を得ようとして二者が争いをすること。

③　数多くの危険を切り抜けて巨額の利益を得ること。

④　二者の争いに乗じて第三者が利益を横取りすること。

問16 〔　〕内の段落は文章中においてどのような働きをしていますか。その説明として最も適切なものを、次の①〜④のうちから一つ選びなさい。

① ここまで難しい内容を述べているため、「うんと叱られることは請け合いだけどね」と本文とは関係ない話を冗談として入れて読者をリラックスさせる働きをしている。

② 前の文章の内容を受けて自分の体はすべて自分自身が作ったものではなく、「自然が作ったものだ」ということを身近な例を通して理解させる働きをしている。

③ 後ろの文章にある「体を自分の意志でどうこうできる」ということを話す前に具体例を挙げ、後半の内容を理解しやすくする働きをしている。

④ 「余談」と言っているが、「お母さんが産んだと思ってんのっ」という言葉が実は冒頭の「体とは何だろう」という答えを導き出すための重要な働きをしている。

問17 空欄 X に入る言葉として最も適切なものを、次の①〜④のうちから一つ選びなさい。

① 目に見える物が真実なのだろうかという懐疑的なあり方

② 目に見えないものが重要であるという感覚的なあり方

③ 見えるけれども見えないという不思議な二重のあり方

④ 見える部分と見えない部分が入れ替わる奇妙なあり方

問18 傍線部(1)「自分の思うようにならないのは当然じゃないだろうか」とありますが、なぜ「当然」なのですか。最も適切なものを、次の①〜④のうちから一つ選びなさい。

① 体は最も身近な自然であるが、そのことを人が忘れ去った結果、体の一部が自分の思い通りにならなくなってしまったから。

② われわれの体は、自然が作り出したものだと言われており、自然の巨大で偉大な力に人間の力が及ぶはずもないから。

③ われわれは体が自分の所有物であると思いがちだが、体は自然が作ったものであり、体そのものが自然であるから。

④ 自分の体は心と体の二つから成り立っており、体が思い通りになったとしても、心が同じようになるとは限らないから。

問19 次にあげる波線部a〜dの文のいずれかは、否定と肯定の表現を入れ替え、変更してあるため、本来の内容とは異なるものになっています。表現を変更した文として最も適切なものを、次の①〜④のうちから一つ選びなさい。

① a 自分であるところのその体を、外から見る体だ

② b 君が意志して君を生きているというわけじゃないんだ

③ c 野山に生きている草花や昆虫だけが自然なんだとね

④ d 自分の体が自分の思うようになる

二 次の文章を読み、後の問いに答えなさい。

〔編集部注…課題文は著作権上の問題により掲載しておりません。作品の該当箇所につきましては次の書籍を参考にしてください〕

・池田晶子著『14歳からの哲学　考えるための教科書』〈トランスビュー　二〇〇三年三月二〇日初版第一刷発行〉

五三頁六行目～五四頁六行目「～わかるだろう。」（中略）五四頁九行目「食べること～五七頁八行目

問11 二重傍線部ⅰ「ウツる」の「ウツ」と同じ漢字を含むものを、次の①～④のうちから一つ選びなさい。

① 都を京都にウツす。
② 障子に人影がウツる。
③ 勝利の女神が乗りウツる。
④ 写真に友だちが数人ウツっている。

問12 二重傍線部ⅱ「酵素」の読みとして適切なものを、次の①～④のうちから一つ選びなさい。

① しんそ　② こうそ
③ せいそ　④ さんそ

問13 二重傍線部ⅲ「キソク」の「ソク」と同じ漢字を含むものを、次の①～④のうちから一つ選びなさい。

① 危険を察知してソクザに行動する。
② 正月に神社でムビョウソクサイを願う。
③ 荷物の重量をソクテイする。
④ 生徒会の働きでコウソクを改正する。

問14 空欄 A ～ C に入る言葉の組み合わせとして最も適切なものを、次の①～④のうちから一つ選びなさい。

① A　また　B　だから　C　だって
② A　だから　B　そして　C　でも
③ A　そして　B　要するに　C　だけど
④ A　要するに　B　だけど　C　だって

問15 〈　＊　〉には、次の四つの文（ア～エ）で構成された段落が入ります。前後の文脈に合うようにア～エの四つの文を並べ替えたとき、どのような順序で組み合わせるべきですか。その組み合わせとして最も適切なものを、後の①～④のうちから一つ選びなさい。

ア　すると、「私が呼吸をする」と言うのは、正しい言い方なのだろうか。
イ　でも、呼吸は、しようと思ってするものではないし、したくなければしなくていいというものでもない。
ウ　君は、私が呼吸をする、と言う。
エ　つまり、呼吸は、君の意志にまったく関わらずに為されていることなんだ。

① ウ→イ→エ→ア
② ア→エ→ウ→イ
③ エ→ア→ウ→イ
④ イ→エ→ウ→ア

問8 傍線部(2)「コケにも敬意を払う必要があるだろう」とありますが、それはなぜですか。次の①～④のうちから一つ選びなさい。

① 植物の中で最初に陸上で生活を始める等、環境に適応するための進化をいち早く遂げてきたから。

② 種子植物のようにきれいな花を咲かせなくても、次の世代を残していくことができるから。

③ コケの下等植物のイメージが払拭され、教科書ではなく専門的な書物に載るようになったから。

④ 維管束を持つシダ類よりも、安定して生長できるように進化を遂げてきたから。

問9 傍線部(3)「コケをもう少し細かくみると、大きな三つのグループに分けられる」とありますが、次の図は「セン類」、「タイ類」（葉状体）、「タイ類」（茎葉体）、「ツノゴケ類」のいずれかです。この中から「セン類」として最も適切なものを、次の①～④のうちから一つ選びなさい。

①

②

③

④
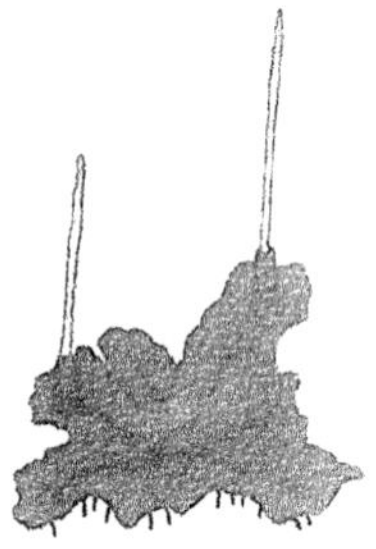

問10 本文の内容として**適切でないもの**を、次の①～④のうちから一つ選びなさい。

① 日本産のコケ類はセン類、タイ類、ツノゴケ類を合わせて約１７２０種類存在する。

② 植物が乾燥から守らなくてはいけないところの一つは、次世代を残す生殖器官である。

③ コケ類は徐々に維管束を発達させ、受精が円滑に行えるように進化した。

④ 一部のコケ類は水中から陸上へと生活の場を変えたが、水や栄養分の吸収の方法は変わらない。

問2 二重傍線部ⅱ「面影」の読みとして適切なものを、次の①〜④のうちから一つ選びなさい。

① めんえい　② つらえい
③ つらかげ　④ おもかげ

問3 二重傍線部ⅲ「ケンチョ」の「ケン」と同じ漢字を含むものを、次の①〜④のうちから一つ選びなさい。

① ケンビキョウを使う。
② 所持品をケンサする。
③ 合格ケンナイに入る。
④ ケンメイな判断をする。

問4 空欄[A]〜[C]に入る言葉の組み合わせとして最も適切なものを、次の①〜④のうちから一つ選びなさい。

① A　たしかに　B　したがって　C　さらに
② A　たとえば　B　つまり　C　すなわち
③ A　しかし　B　ところが　C　だが
④ A　つまり　B　しかし　C　あるいは

問5 空欄[X]に入る言葉として最も適切なものを、次の①〜④のうちから一つ選びなさい。

① 水魚の交わり
② メリット・デメリット
③ 犬猿の仲
④ ギブアンドテイク

問6 次の文は、[Ⅰ]〜[Ⅳ]のどこかに入ります。入る場所として最も適切なものを、後の①〜④のうちから一つ選びなさい。

・この二か所を乾燥から守るだけでも、陸上生活にかなり適応できるようになるはずだ。

① [Ⅰ]　② [Ⅱ]　③ [Ⅲ]　④ [Ⅳ]

問7 傍線部(1)「どんなに高い山でも一歩ずつ登ればいつかは踏破することができる」とありますが、これはどのようなことですか。その説明として最も適切なものを、次の①〜④のうちから一つ選びなさい。

① 水中生活をする植物が、陸上での乾燥に耐えうるための課題を数多く克服していくことで、水のない場所での、非常に大きな困難に打ち勝つことができるようになるということ。
② 水中で生きる植物が、生きるための困難に対して徐々に対応することで、水中だけでなく陸上でも、膨大な量の細胞を作り出す生殖器官を手に入れられるようになるということ。
③ 水中で生活する植物が、乾燥に耐える強い体を手に入れるとともに、より充実した陸上生活を送るため、水中で必要だったすべての方法をあらためるようになるということ。
④ 水中生活を送る植物が、困難に打ち勝つ方法を少しずつ手に入れるとともに、陸上生活を送るシダ植物をまねて、水や栄養分を吸収するための機能を手に入れるようになるということ。

（中略）

ここまで、維管束をもたない陸上植物をコケと一括《くく》りにしてきた。ただ、(3)コケをもう少し細かくみると、大きな三つのグループに分けられる。この3グループとは、セン類、タイ類、ツノゴケ類。教科書でお馴染みのスギゴケ類はセン類、ゼニゴケ類はタイ類に区分される。

ツノゴケ類については教科書で触れられることが少なく、聞いたことがない人も多いだろう。日本産のセン類約１１００種、タイ類約６００種に対し、ツノゴケ類はわずか20種ほど。身の回りにもツノゴケ類はあるが、コケ全体に占める種数の割合が低いため、あえて触れなくてもいいと判断されたのか。［C］、ツノゴケ類はタイ類の代表として紹介されるゼニゴケ類と姿形が似ているため、混乱を避けるためにあえてツノゴケ類を登場させていないのか。その真意はわからない。

ここで一つ重要なことを。教科書の影響か、はたまた、その特徴的な外見のためか、タイ類はいずれもゼニゴケのような形をしていると思われがちだが、これは大きな誤解である。タイ類の多くもセン類のように葉と茎の区別があり（茎葉体）、むしろ、ゼニゴケのような形をしたタイ類（葉状体）は少数派だ。そこで、ここでは「セン類」「タイ類」「ツノゴケ類」がどのように区分されているか、簡単に説明しておこう。

セン類、タイ類、ツノゴケ類にはそれぞれいろいろな差異はあるが、もっとも違いがiiiケンチョなのは胞子体のつくりである。セン類の胞子体は見た目はモヤシに似ている。しかし、この胞子体はかなり丈夫にできていて、1年以上も腐らずに残ることもある。先端には胞子が詰まった袋状の「蒴《さく》」があり、蒴には「蒴歯《さくし》」と呼ばれる糸のようなヒラヒラしたものがついている。この蒴歯を開閉することで、胞子の散布を調整している。一方、タイ類の胞子体は華奢《きゃしゃ》で、胞子を放出したらすぐに消えてしまう。蒴は球～長楕《だ》円形をしていて、成熟すると黒色になる。その姿はマッチ棒のよう。蒴歯はなく、蒴が4つに裂けることで胞子を散布する。蒴のなかには胞子の散布を助ける弾糸も入っている。

セン類・タイ類とは異なり、ツノゴケ類の胞子体は爪楊枝《つまようじ》に似ている。胞子はこの爪楊枝状の蒴のなかにあり、この蒴が縦に裂けることで胞子が散布される。モヤシとかマッチ棒とか爪楊枝とか、たとえられるものになぜか高級感はないが、そのつくりはまるで精密機械のように精巧で、輝くように美しい。

（大石善隆『コケはなぜに美しい』より）

（注）

※１　前維管束植物……枝分かれした茎（胞子体）をもつが、維管束が発達していない、絶滅した化石植物。陸上植物の共通の祖先とする仮説が提唱されている。

※２　リニア植物……デボン紀初期に生育した化石植物。維管束があり胞子によりハン殖した。

※３　レッテルを張る…一方的に、ある評価・判断を下すこと。

問１　二重傍線部ｉ「ハンモ」の「ハン」と同じ漢字を含むものを、次の①～④のうちから一つ選びなさい。

① 輸入雑貨をハンバイする。
② モハン解答を確認する。
③ 子孫がハンエイする。
④ サイバンショへ行く。

ある程度大きくなるまで母体の中で守り育てること、だった。これらの乾燥からの保護機構をもち、陸上で生活することができるようになったのが「コケ」である。Ⅲ

　では、コケと木や草など、その他の陸上植物との違いは何だろう？これは、さらなる植物への陸上生活への適応で説明される。陸上で生活できるようになったコケでも、体の至るところにまだ水中生活の名残《なごり》がある。例えば、水や栄養分の吸収の方法。前述のように、コケには維管束がなく、体の表面から水や栄養分を吸収している。その供給源は主に雨や霧だ。B、雨や霧はいつもあるわけではないので、生長が天候に左右されやすく、生きていく上で効率が悪い。そこで、一部のコケの仲間は土から水や栄養分を吸収する機能（維管束）を発達させ、天候にかかわらず、安定して生長できるように進化していった。この維管束を兼ね備えたのがシダ植物である。なお、コケからシダ植物に至る過程には、前維管束植物[※1]やリニア植物[※2]など、現在では見られない植物分類群もある。Ⅳ

　しかし、シダ植物もまだまだ陸上生活に適応したとは言いがたい。せっかくなので、シダからその先の進化も紹介しておくとしよう。

　コケよりも陸上生活に適した体をもつシダ植物ではあるが、依然として水中での生活の面影[ii]を色濃く残している。その一つが受精の方法だ。緑藻類やコケと同じく、シダは受精の際に水を必要とする。つまり、精子が卵細胞にたどり着くためには、水のなかを泳いでいかなければいけない。この受精方法は乾燥しがちな陸上では向いていない。そこで、水がなくても受精ができるようにと、精細胞を花粉のなかにいれて雌《め》しべ（卵細胞）まで運ぶ画期的な方法が編み出された。

　また、胞子を利用するシダのハン殖方法にも課題があった。小さな胞子が長く厳しい乾燥に晒《さら》されると生存率が急激に低下してしまうのだ。これは厚い殻に覆われた乾燥に強い種子をつくることによって回避することができた。この「花粉を利用して受精し」「種子でハン殖する」特徴をもつ植物こそが種子植物、つまり草や木になる。

　さらに、種子植物の一部（被子植物）では花粉をより遠くの雌しべに届ける工夫も新たに加わる。その工夫とは、蝶や蜂などの昆虫や鳥に花粉をくっつけて運んでもらうというものだ。しかし、ただ生えているだけでは都合よく蝶などが飛んできてもらえるはずがない。人と同じく、何か物事を動物に頼むときにも「X」の関係があったほうがうまくいく。そこで、被子植物は花粉を運んでもらうかわりに、蜜《みつ》のご褒美をあげることにした。さらに、美味しい蜜があることをアピールするための色とりどりの美しい花びらを進化させたのだ。このコケの進化のストーリーをたどると、「コケにはなぜ花がないのか」がわかるだろう。動物をつかって花粉を届けるわけではないコケに、きれいな花は必要ない。

　維管束をもつなどの複雑な体のつくりはいかにも高度にみえたせいか、草木やシダを「高等植物」、コケは「下等植物」と呼ばれていたこともあった。しかし、下等植物とはあまりにも失礼な呼び方である。本書を読んでいただけたらわかるが、コケは決して下等ではなく、小さな体を駆使して、驚くほど巧みに環境に適応している。花がないからといって、下等などのレッテル[※3]を張るべきではない。(2)コケにも敬意を払う必要があるだろう。こうしたコケ研究者たちの熱い思いが通じたのかどうかは定かではないが、現在は下等植物という呼び方はすっかり廃れ、教科書などではまず目にすることはない。一般的な書物ではコケはコケ植物やコケ類、やや専門的なものでは蘚苔《せんたい》類として紹介されている。

二〇二三年度 叡明高等学校（推薦１回目）

【国　語】（五〇分）〈満点：一〇〇点〉

一

次の文章を読み、後の問いに答えなさい。

中学や高校の理科の教科書を開けば、コケが登場するのはだいたい植物の進化や生活史のところだ。例えば「植物の祖先は水の中で生まれて少しずつ陸での生活に適応しはじめる。これを順にならべると、藻類、コケ植物、シダ植物、種子植物（裸子植物・被子植物）となり、コケは最初に陸での生活に適応した植物である」と、説明される。これはかなり端折《はしょ》った話なので、コケを中心にして植物の進化の歴史もひも解いてみよう。

地球は約46億年前にできたとされている。40億年ほど前になってやっと最初の生物が海のなかで誕生した。これは水のなかの方が化学反応が進みやすかったことや、陸上では紫外線が強すぎ、生物が生存できなかったことが関係する。さらに時間が過ぎて32億年ほど前になると、海のなかで光合成をする生物の祖先が生まれ、酸素が大気中に放出されるようになる。そして10億年前になって、植物に近いグループの藻類（緑藻類）が誕生した。これらの生物が[i]ハンモすることで大気に放出される酸素が増え、酸素を材料にしてオゾン層がつくられるようになった。このオゾン層は陸上に降り注ぐ有害な紫外線を和らげる効果があり、やっと生物が陸で暮らすための条件の一つが整った。

「条件の一つ」というのは、生物が陸で生存するためには、乗り越えるべき大きな壁がいくつもあったのだ。そのもっとも大きな壁が乾燥である。常に水に囲まれている海のなかでは乾燥への対策をする必要はなかった。しかし、そのままの体で陸地にあがったとしたら、瞬く間に干からびて命を落としてしまう。

そして長い時が過ぎ、約4億5千万年前になって、ついに陸上での生活が可能になった植物が現れる。この最初の陸上植物にもっとも近いのが、本書の主役コケである。

（中略）

では、どのようにして最初の陸上植物は乾燥を防ぐことに成功したのだろうか？

水中でハンモしていた植物の祖先が陸上の乾燥に耐えうる強い体をもつためには、あまりにも課題が多かった。しかし、(1)どんなに高い山でも一歩ずつ登ればいつかは踏破することができるはず。そこで、陸上植物の祖先は優先度の高いものから手を付けていくことにした。[A]「乾燥にとくに弱いところを集中的に守る」ことから進化が始まったのだ。

[Ⅰ]植物は一生のなかで乾燥から絶対に守らなければならないところが二つある。ひとつは精子や卵細胞をつくる生殖器官。ここが乾燥して干からびてしまっては、次世代を残せなくなってしまう。もう一つは生まれたての頃。生物は一つの卵細胞が体細胞分裂を繰り返して大きくなっていく。しかし、生まれて間もない頃は細胞の数も少なく、乾燥を防ぐ術がない。[Ⅱ]

いろいろな試行錯誤の結果、たどり着いた答えは（1）これまでむき出しだった生殖器官を細胞で覆い、まるで袋で生殖器官を包み込むようにして乾燥から守ること、（2）生まれたての個体を母体内にとどめ、

2023年度／叡明高等学校（推薦１回目）

英語解答

1 問１ ③　問２ ①　問３ ②
問４ ①　問５ ③　問６ ③
問７ ④　問８ ①　問９ ①
問10 ④

2 問11 ②　問12 ④　問13 ③
問14 ②　問15 ②

3 問16 ①　問17 ③　問18 ①
問19 ④　問20 ②

4 Ａ　問21…①　問22…③
Ｂ　問23…②

5 問24 ④　問25 ①　問26 ③
問27 ③　問28 ①　問29 ③
問30 ③

6 問31 ③　問32 ③　問33 ④
問34 ①　問35 ③　問36 ①
問37 ②

1〔適語選択・語形変化〕

問１．in time（to ～）「(～するのに)間に合って」　「トムは寝坊をしたので，駅まで走っていかなくてはならなかった。彼は電車に乗るのにちょうど間に合うように駅に着いた」

問２．Ａ：君はプロ野球が好きなの？／Ｂ：うん。私はジャイアンツのファンなの。//a fan of ～「～のファン」

問３．medicine「薬」から推測できる。　「頭が痛いから，薬を買いに薬局に行く」

問４．Ａ：あなたはどこでバスを降りるの，デーブ？／Ｂ：次の停留所だよ。//get off ～「(バスなど)から降りる」　*cf.* get on ～「(バスなど)に乗る」

問５．「ミロと呼ばれる犬」という意味になると考え，‘名詞＋過去分詞＋語句’の形にする(過去分詞の形容詞的用法)。　「私の家族はミロと呼ばれる小さな茶色の犬を飼っている」

問６．主語が my bicycle なので，過去分詞を入れ受け身の文にする。　steal－stole－stolen　「この前の土曜日に僕の自転車が盗まれた。新しいのを買わないといけない」

問７．Ａ：パーティーで何が起きたの？／Ｂ：ビルがレスリーのきれいなドレスに食べ物をこぼしたんだよ。彼女はとても怒っていた。//happen は「起こる，生じる」を意味する自動詞。

問８．as usual「いつものように」　「私のおじいちゃんはジョギングが大好きです。今日は雨でしたが，朝早く起きていつものようにジョギングに行きました」

問９．この後に続く内容から，clever「賢い」が入ると判断できる。　(all) by ～self「独力で」「うちのネコはとても賢いよ。自分で台所のドアを開けられるんだ」

問10．Ａ：私はこの歌がとても好きなの。誰が歌っているか知ってる，マーク？／Ｂ：いや，でももしかしたら僕の姉〔妹〕が知っているかもしれない。彼女にきいてみよう。//is singing「～を歌っている」の主語となる疑問詞を選ぶ。このように，疑問詞が主語になる間接疑問は‘疑問詞＋動詞...’という語順になる。

2〔対話文完成―適文選択〕

問11．Ａ：あなた，今日はレイクタウン公園に行きましょう。／Ｂ：いいよ。そこで何をしたいの？／Ａ：あのね，あそこのイングリッシュガーデンのバラがきれいだって聞いたの。それが見たいのよ。／Ｂ：それはいいね。サンドイッチをつくろうよ。//バラを見たいという答えを引き出す問いを選ぶ。

問12．Ａ：これは，ユーロピープルの「スウィート・ドリームズ」だよね？　この曲は大好きなんだ。／Ｂ：私も。このバンドの曲は全部好きだけど，新しいCDはまだ持っていないの。／Ａ：僕は持っているよ。君に貸してあげようか？／B：いいの？　どうもありがとう！　何日かだけ借りるわ。∥この後のBの反応から，AはCDを貸そうと申し出たと考えられる。Shall I ～？「(私が)～しましょうか」は相手に対する‘提案’を表す表現。

問13．A：ベン，あなたはスーザンの家の電話番号を知ってる？／B：もちろん，携帯電話に入れてある。990-2211だよ。／A：それは彼女の古い番号ね。彼女は引っ越したばかりなのよ。／B：へえ，本当に？　それは知らなかった。ああ，じゃあ僕にはわからないと思うよ。∥この後のBの返答から，スーザンの電話番号が変わった理由が入ると判断できる。

問14．A：すみません。次の電車は何時に空港に着きますか？／B：時刻表を確認させてください。うーん，現地には11時15分に着きますよ。／A：本当に？　私はそこに10時50分までには着かないといけないのです。／B：じゃあ，タクシーに乗らないと。その方がずっと早いですよ。∥直後でBがタクシーを勧めていることから，空港に11時15分に着くのでは間に合わないと言っているとわかる。

問15．A：ジェニー，あなたが職場の人たちに焼いてくれたチョコレートクッキーはとてもおいしかったわ！　みんなに分けてくれてありがとう。／B：あら，ありがとう，ケイト。ときどき何かを持っていきたいのよ。／A：私にレシピを教えてくれないと。子どもたちにつくってあげたいの。／B：いいわよ，今，Eメールで送るわ。∥直後の発言から，クッキーのレシピを尋ねたと考えられる。

3〔整序結合〕

問16．「～があります」は‘There＋be動詞＋主語…’「～がいる〔ある〕」の構文。‘未来の出来事’を表す文なので‘be動詞’の部分はwill beとする。「土曜日の夕方に」のように特定の日の夕方を表す場合，前置詞はinではなくonとすることに注意。　There will be a baseball game on Saturday evening.

問17．「～して申し訳ないと思う」はbe sorry for ～ingで表せる。「大変」は副詞veryを形容詞sorryの前に置く。　I'm very sorry for breaking your bicycle.

問18．「～するのが好きだ」はlike to ～の形で，「～の世話をする」はtake care of ～で表せる。Judy likes to take care of small animals.

問19．「どこで～したのか」という疑問文は‘疑問詞＋did＋主語＋動詞…？’の語順。「そんな安いペン」は‘such (a/an)＋形容詞＋名詞’「そのような～な…」の形でまとめる。　John, where did you find such a cheap pen?

問20．「母が私にくれた時計」はthatを目的格の関係代名詞として使ってThe watch that my mother gave meで表せる。これは‘give＋人＋物’「〈人〉に〈物〉を与える」の‘物’が先行詞として前に出た形。　The watch that my mother gave me is wonderful.

4〔読解総合―掲示を見て答える問題〕

A≪全訳≫トップスタイルヘアサロン／カット(シャンプーつき)／30ドル／髪染め／35ドルから／パーマ／40ドルから／シャンプーのみ／10ドル／*12歳未満の子ども／10ドル割引／春の特典／4月1日から5月31日の間に3回以上来店されると特別なギフトがもらえます。／早起き特典／昼の12時前に入店されると15ドルでカットができます。／5ドル追加でお支払いいただくと，あなたのご自宅に伺いそこで髪をお切りします。／営業時間／月曜日から金曜日／10時から20時／土曜日／9時から21時／[日曜定休]／*予約は990-2211までお電話ください。／駐車場無料[15台分の駐車スペースがあります]／513ノースキャノン通り，グリーンフォード問21＜内容一致＞「15ドルでカットしてもらいたければ，(　　)とよい」―①「このヘアサロンへ午前中に入店する」　Early-Bird Special「早起き特典」の項参照。before 12:00 p.m.「昼の12時前に」とある。

問22＜英問英答＞「もし5ドル余分に払えば，何ができるようになるか」―③「家で髪を切ってもらえる」

B≪全訳≫レイクタウン公園をご利用の皆様へ／開園時間は毎日午前9：00～午後9：00です。／芝生の上で自転車に乗らないでください。／飼い犬が汚した所はきれいにしてください。／公園でサッカー，野球，フットボールをしないでください。／花を摘まないでください。／池で釣りや水泳をしないでください。／アヒル用のパンは，池の横の売店で売っています。／公園をきれいに保つようお願いします。お帰りの際は，必ず全てのごみをお持ち帰りください。／みんなが楽しめるように，公園を美しく保ちましょう。

問23＜英問英答＞「売店で買えるものは何か」―②「アヒルのエサ」

5〔長文読解総合―説明文〕

≪全訳≫❶ケネディは国内でも問題を抱えていた。アメリカでの最大の問題は，平等の権利だった。❷アメリカの一部の州――その多くは南部にあった――は，黒人の平等な権利を信じていなかった。それらの州は黒人が白人と同じレストランで食事をしたり，同じバスに乗ったり，同じ店で物を買ったりすることを許さなかった。警察はときには黒人を助けることもあったが，何もしないこともしばしばあった。1954年に連邦最高裁判所は，黒人の子どもたちを白人の子どもたちと同じ学校に行かせないことは法律に反すると判断した。しかし，南部の州では多くの学校がこれに同意せず，黒人の子どもを入学させなかった。❸ケネディは，黒人と白人の平等の権利を強く信じていた。大統領になる前，彼はアメリカ黒人たちに彼らを助けることを約束した。そのため大統領選挙では，アメリカ黒人のほとんどがケネディに投票した。しかし，彼は大統領になった後，キューバや冷戦などの他の問題に忙殺された。多くのアメリカ黒人が，彼に怒っていた。❹「ケネディは彼に投票するよう私たちに求めていた」と彼らは言った。「だが今では，彼は私たちの問題に関心がない」❺しかし，ケネディがアメリカ黒人を助けることは難しかった。彼は平等の権利に関する強力な新法を望んでいた。しかし，彼は南部の州の民主党員がこの法律が議会を通過することを阻止するとわかっていた。❻1961年と1962年，アメリカ黒人とアメリカ白人の間の問題はさらに悪化した。争いが起きた。多くの人が負傷し，死者も出た。❼1962年9月，若い黒人のジェームズ・メレディスがミシシッピ大学の学生になった。他の学生は全員白人だった。メレディスが初めて大学に行ったとき，誰も彼を入構させなかった。ケネディの弟のロバートは，アメリカの法曹界の長である司法長官だった。彼は，メレディスを守るために400人を大学に送り込んだ。大きな争いが起きた。2人が死に，その他の多くの人々が負傷した。そして，大統領はメレディスを守るために3000人の兵士を送り込んだ。これは，アメリカ黒人にとって非常に重要なことだった。それはケネディには彼らを助ける覚悟があるということを示した。❽1963年，2人の若い黒人学生，ビビアン・マローンとジェームズ・フッドがアラバマ大学の学生になった。6月11日，彼らは大学にお金を払いに行った。しかしアラバマ州知事のジョージ・ウォレスは，兵士とともに入り口に立ち，彼らが入ることを許さなかった。再びケネディはワシントンから兵士を派遣したので，ウォレスはその学生たちが入るのを許可せざるをえなかった。❾その夜，ケネディはテレビとラジオで，平等の権利に関する有名な演説をした。彼は，全てのアメリカ人は同じレストランでランチを食べ，子どもたちを最高の学校に通わせ，投票することができなくてはならないと言った。その全ての市民が自由になるまで，アメリカは完全には自由ではないと彼は言った。彼はまた，アメリカ人のさまざまな集団の平等の権利に関する重要な新法を計画していると言った。❿1963年８月28日，アメリカ黒人がほとんどを占める約25万人が大規模な集会のためにワシントンに集まった。ケネディは騒乱が起きることを心配し，兵士に準備をさせた。しかし騒乱はなく，群衆は平穏にワシントンの通りを歩いた。その指導者の１人が，牧師のマーティン・ルーサー・キング・ジュニアで，彼は有名な演説をした。ケネディはその演説をテレビで見た。彼はキング牧師を非常に尊敬していた。集会の後でケネディはキングと他の指導者たちに，彼に会いにホワイトハウスに来るよう頼んだ。

問24＜語句解釈＞ここでのhomeは「母国，本国」の意味。次の文にアメリカにおける問題とあることから推測できる。

問25＜指示語＞‘It is ～ to …’「…することは～だ」の形式主語構文。‘to …’の内容に該当するのは①「黒人の子どもたちを白人の子どもたちと同じ学校に行かせないこと」。 ‘stop＋人＋from ～ing’「〈人〉が～するのを妨げる」

問26＜指示語＞themなので前に出ている複数名詞の中でここにあてはめて意味が通るものを探す。該当するのは同じ文のthe black Americansである。ケネディは黒人たちを助けると約束したので，選挙ではほとんどの黒人がケネディに投票したという流れ。

問27＜語句解釈＞下線部を含む文は「だが今では，彼は私たちの問題に関心がない」という意味。これはケネディに怒っている黒人たちの発言であるので，「私たちの問題」とは黒人を苦しめている問題である。これに該当するのは③「平等の権利に関する問題」。

問28＜要旨把握＞下線部の続きの部分から２人の黒人学生が大学に入るのを妨害した人物とわかる。この内容に一致するのは①「彼は黒人学生にアラバマ大学へ入ってほしくなかった」。

問29＜適語選択＞空所を含む文は，ケネディが行った平等の権利についての演説の内容を説明したものである。平等であるべきことの１例として，全てのアメリカ人が「同じ」レストランで食事ができなければならないと訴えた。第２段落第２文を参考に考える。

問30＜内容真偽＞①「1961年にアメリカ黒人とアメリカ白人の関係は悪化したにもかかわらず，彼らの間で争いは起こらなかった」…×　第６段落参照。争いが起き，死者や負傷者が出た。　②「南部の州では，多くの学校が黒人の子どもたちが白人の子どもたちと同じ学校に通うことを許していた」…×　第２段落最後の２文参照。違法であるにもかかわらず，黒人の子どもたちを入学させなかった。　③「ケネディは，もし自由でない市民がいるならアメリカは完全には自由ではないと考えていた」…○　第９段落最後から２文目の内容に一致する。　④「1963年８月28日にはワシントンで大きな騒乱があり，兵士たちはケネディを守らなければならなかった」…×　最終段落第１～３文参照。ケネディの心配に反して騒乱は起きなかった。

6〔長文読解総合―物語〕

≪全訳≫❶昔，パンドラという名の女性がいた。神々は彼女に，美しさや知性など多くの贈り物をした。彼女は特別な女性だった。彼女は自分の手で多くの物をつくることができた。彼女は美しい服をつくった。❷パンドラにはもう１つの贈り物，好奇心という贈り物が与えられた。好奇心にあふれていたので，パンドラは何でも知りたがった。❸彼女の夫はエピメテウスだった。彼らは一緒にいてとても幸せだった。❹ある晴れた日，エピメテウスとパンドラが道を歩いていた。オリーブの木の下で座って休んでいると，１人の老人が彼らの方にゆっくりと歩いてくるのが見えた。彼は重い箱を運んでいた。パンドラは立ち上がって老人に近づいた。「何を運んでいるのですか？」とパンドラは言った。「とても重そうですね。私がお手伝いしましょうか？」❺「$_1$ああ，ありがとう」と老人は言った。「あなたはとても親切だね」❻エピメテウスとパンドラは一緒に，オリーブの木まで箱を運んだ。２人はそれを置いた。**7**その後，老人はエピメテウスとパンドラにこう言った。「どうもありがとう。この箱はとても重い。私はとても疲れている。少しの間，ここに置いていってもいいだろうか？　私はすぐに隣の村に行かなければならない。帰ってくるまで見ておいてもらえるだろうか？」**8**「はい」と彼らは言った。「もちろんです」**9**パンドラはその箱に目を向けた。それは金でできていて，表面には美しい模様があった。**10**「だが，いいかな」と老人は言った。「箱の中を見てはいけない。約束してくれるかな？」**11**「4心配しないでください」とエピメテウスは言った。パンドラも笑顔を浮かべて約束した。**12** 2人はオリーブの木の下で箱を預かっていた。長い時間が過ぎたが，あの老人は戻ってこなかった。エピメテウスが短い散歩に出かけたので，パンドラは数分の間１人で残された。**13**「この美しい箱の中には何が入っているのかしら」とパンドラは考えた。「きっとすごく特別なものに違いないわ。あの老人が私たちに箱を開けてはいけないと言ったのだから」**14**そして，彼女は箱のすぐ横に耳を近づけた。すると，とても静かな声が聞こえた。「私たちを助けて，パンドラ。お願い，お願い，私たちが外に出られるように箱を開けて」**15**パンドラは辺りを見回した。エピメテウスの姿は見えなかった。彼女はその箱に強い好奇心を感じ，待ちきれなくなった。彼女が箱の蓋を持ち上げると，それは簡単に開いたので驚いた。**16**突然，箱の中から強い風が吹き出した。病気，飢え，怒りの悪い精霊が出てきて，世界の至る所に散らばった。**17**エピメテウスが帰ってきた。病気の精霊が彼を襲い，彼は地面に倒れた。**18**「パンドラ，君は何をしたんだ！」と彼は叫んだ。「なぜ箱を開けたんだ？」**19**「ごめんなさい，エピメテウス。どうか私を許して！」　涙が彼女の美しい顔を流れ落ちた。**20**すると，箱から翼を持った美しい精霊が出てきた。それはエピメテウスのもとに飛んでいき，彼を治した。彼は再び完全に元気になった。その精霊は飛び去った。**21**「あの精霊は何だったのだろう？」とエピメテウスは問うた。「あれは悪い精霊ではなかった」**22**それは希望と呼ばれる精霊だった。**23**パンドラは箱を開けたとき，たくさんの悪いものを世界に持ち込んだ。それ以来，世界中の人々が病気や飢え，怒りに苦しんでいる。だがパンドラは１つよいものもこの世に持ち込んだ。希望は世界に存在する。

問31＜適文選択＞次の段落でパンドラたちが老人の箱を運んでいることから，老人がパンドラたちの申し出を受け入れたとわかる。

問32＜適語(句)選択＞第12段落でパンドラたちがオリーブの木の下で箱を預かっていることから推測できる。

問33＜語句解釈＞take care of ～で「～の面倒をみる」。直後の it は this box を指しているので，老人は自分の留守の間，２人に箱を預かるように頼んでいるとわかる。これは kccp「～を預かる」で言い換えられる。

問34＜適文選択＞前文の，箱の中を見ないと約束するかという老人の問いかけに対するエピメテウスの返答部分。次の文にパンドラも老人と約束をしたとあることから，約束を承諾する言葉が入る。

問35＜適語(句)選択＞第10段落第２文の内容から，空所を含む文は「老人は私たちに箱を開けてはいけないと言った」という意味になる。'tell＋人＋not to ～'「〈人〉に～しないように言う」の形にする。なお，④は you を we に変える必要があるため不適。

問36＜内容一致＞「パンドラがその箱を開けたのは，(　　)と思ったからだ」―「箱の中から彼女に助けを求める誰かの声が聞こえた」　第14段落参照。

問37＜要旨把握＞パンドラは老人との約束を破って開けてはいけないと言われた箱を開け，病気や飢えや怒りといった悪いものを世界にもたらしたという本文の内容に合う選択肢を選ぶ。

数学解答

1
(1) ア…1　イ…3
(2) ウ…1　エ…2
(3) オ…1　カ…3　キ…2　ク…7
ケ…1　コ…2
(4) サ…2　シ…5　ス…6　セ…6
ソ…1　タ…5
(5) チ…6　ツ…4　テ…6　ト…6

2
(1) ア…5　イ…2　ウ…6
(2) エ…1　オ…2
(3) カ…6　キ…3
(4) ク…7　ケ…−　コ…2　(5) 7

3
(1) ア…4　イ…3
(2) ウ…8　エ…3
(3) オ…6　カ…4　キ…3　ク…3
(4) ケ…4　コ…8

4
ア…−　イ…2　ウ…8　エ…8
オ…2　カ…4　キ…2　ク…4
ケ…9　コ…6　サ…4　シ…4
ス…8　セ…3

5
ア…2　イ…2　ウ…0　エ…1
オ…5　カ…7　キ…5　ク…1

1 〔独立小問集合題〕

(1)＜数の計算＞与式 $=8+25\div5=8+5=13$

(2)＜数の計算＞与式 $=\frac{2}{3}+\frac{1}{4}\times\left(-\frac{2}{3}\right)=\frac{2}{3}+\left(-\frac{1}{6}\right)=\frac{4}{6}-\frac{1}{6}=\frac{3}{6}=\frac{1}{2}$

(3)＜式の計算＞与式 $=\frac{4(x-3y)-3(-3x+5y)}{12}=\frac{4x-12y+9x-15y}{12}=\frac{13x-27y}{12}$

(4)＜数の計算＞$(\sqrt{2}+\sqrt{3})^2=(\sqrt{2})^2+2\times\sqrt{2}\times\sqrt{3}+(\sqrt{3})^2=2+2\sqrt{6}+3=5+2\sqrt{6}$，$(\sqrt{2}+2)(\sqrt{2}-2)=(\sqrt{2})^2-2^2=2-4=-2$ だから，与式 $=\frac{5+2\sqrt{6}}{5}-\frac{-2}{3}=\frac{3(5+2\sqrt{6})-(-10)}{15}=\frac{15+6\sqrt{6}+10}{15}=\frac{25+6\sqrt{6}}{15}$ となる。

(5)＜数の計算＞与式 $=(5\sqrt{3}\times\sqrt{2}-5\sqrt{3}\times\sqrt{3}+\sqrt{2}\times\sqrt{2}-\sqrt{2}\times\sqrt{3})+\{(5\sqrt{3})^2-2\times5\sqrt{3}\times\sqrt{2}+(\sqrt{2})^2\}=(5\sqrt{6}-5\times3+2-\sqrt{6})+(25\times3-10\sqrt{6}+2)=(5\sqrt{6}-15+2-\sqrt{6})+(75-10\sqrt{6}+2)=-13+4\sqrt{6}+77-10\sqrt{6}=64-6\sqrt{6}$

2 〔独立小問集合題〕

(1)＜数の計算＞与式 $=(x-y)^2$ となる。$x-y=(2\sqrt{2}+2\sqrt{3}+\sqrt{5})-(\sqrt{2}+\sqrt{3}+\sqrt{5})=2\sqrt{2}+2\sqrt{3}+\sqrt{5}-\sqrt{2}-\sqrt{3}-\sqrt{5}=\sqrt{2}+\sqrt{3}$ であるから，与式 $=(\sqrt{2}+\sqrt{3})^2=2+2\sqrt{6}+3=5+2\sqrt{6}$ である。

(2)＜確率―さいころ＞大小２つのさいころを同時に投げるとき，それぞれ６通りの目の出方があるから，目の出方は全部で $6\times6=36$(通り)ある。このうち，出た目の数の和が偶数になるのは，２つとも奇数の目が出るときか，２つとも偶数の目が出るときである。奇数の目は１，３，５の３通りだから，２つとも奇数の目が出るときは $3\times3=9$(通り)ある。偶数の目は２，４，６の３通りだから，２つとも偶数の目が出るときは $3\times3=9$(通り)ある。よって，出た目の数の和が偶数になる場合は $9+9=18$(通り)あるから，求める確率は $\frac{18}{36}=\frac{1}{2}$ である。

(3)＜一次方程式の応用＞２けたの自然数 N の十の位の数を x とすると，一の位の数は，十の位の数より３小さいので，$x-3$ となる。よって，自然数 N は，$10x+(x-3)=11x-3$ と表せる。また，自然数 N の一の位の数と十の位の数を逆にすると，十の位の数は $x-3$，一の位の数は x となるから，一の位の数と十の位の数を逆にした数は，$10(x-3)+x=11x-30$ と表せる。これを２倍して９をひくと，自然数 N と等しくなるので，$(11x-30)\times2-9=11x-3$ が成り立つ。これを解くと，$22x-60-9=11x-3$，$11x=66$，$x=6$ となるので，自然数 N の十の位の数は６，一の位の数は $x-$

$3=6-3=3$ であり，$N=63$ となる。

(4)＜連立方程式＞$x+5y=-3$……①，$\dfrac{x}{2}-\dfrac{y}{4}=4$……②とする。②×4より，$2x-y=16$……②′　①×2－②′より，$10y-(-y)=-6-16$，$11y=-22$　$\therefore y=-2$　これを①に代入して，$x+5\times(-2)=-3$，$x-10=-3$　$\therefore x=7$

(5)＜数の計算＞$\sqrt{4}<\sqrt{7}<\sqrt{9}$ より，$2<\sqrt{7}<3$ だから，$\sqrt{7}$ の整数部分 a は $a=2$ であり，小数部分 b は $b=\sqrt{7}-2$ である。これより，与式$=a^2+b(b+4)=2^2+(\sqrt{7}-2)(\sqrt{7}-2+4)=4+(\sqrt{7}-2)(\sqrt{7}+2)=4+(7-4)=4+3=7$ となる。

3〔平面図形—直角三角形〕

≪基本方針の決定≫(1)　△ABC の3辺の比は $1:2:\sqrt{3}$ である。　(3)　できる立体は，円錐である。

図1

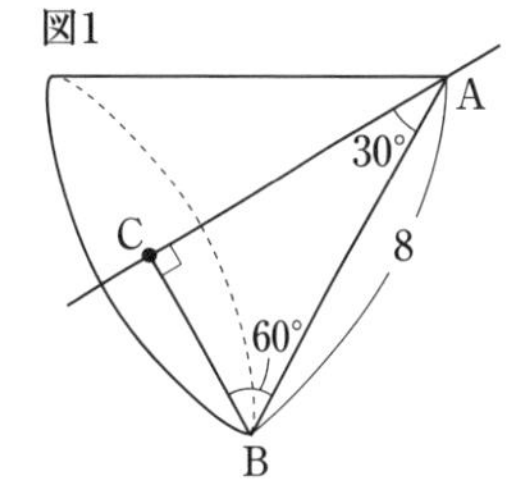

(1)＜長さ—特別な直角三角形＞右図1で，△ABC は3つの内角が30°，60°，90°の直角三角形だから，3辺の比は $1:2:\sqrt{3}$ である。よって，AB：AC$=2:\sqrt{3}$ だから，$\mathrm{AC}=\dfrac{\sqrt{3}}{2}\mathrm{AB}=\dfrac{\sqrt{3}}{2}\times8=4\sqrt{3}$ である。

(2)＜面積—特別な直角三角形＞右図1で，(1)より，△ABC の3辺の比は $1:2:\sqrt{3}$ だから，BC：AB$=1:2$ である。よって，$\mathrm{BC}=\dfrac{1}{2}\mathrm{AB}=\dfrac{1}{2}\times8=4$ となるから，$S_1=\triangle\mathrm{ABC}=\dfrac{1}{2}\times\mathrm{BC}\times\mathrm{AC}=\dfrac{1}{2}\times4\times4\sqrt{3}=8\sqrt{3}$ となる。

(3)＜体積—回転体＞右上図1で，$\angle\mathrm{ACB}=90°$ だから，△ABC を AC を軸として1回転させてできる立体は，底面の半径を BC，高さを AC とする円錐である。$\mathrm{BC}=4$，$\mathrm{AC}=4\sqrt{3}$ だから，求める立体の体積は，$V=\dfrac{1}{3}\times\pi\times\mathrm{BC}^2\times\mathrm{AC}=\dfrac{1}{3}\times\pi\times4^2\times4\sqrt{3}=\dfrac{64\sqrt{3}}{3}\pi$ となる。

図2

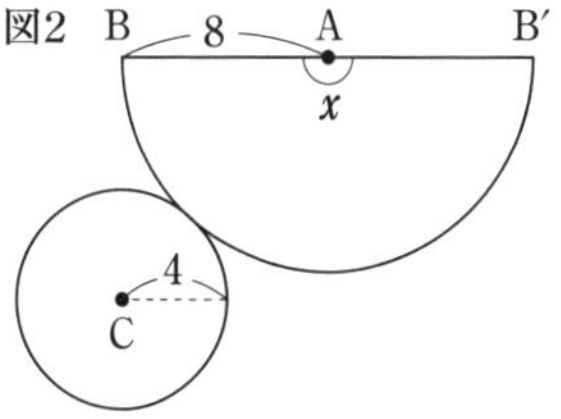

(4)＜面積＞右上図1で，(3)でできた円錐は，底面の円の半径が BC$=4$，母線の長さが AB$=8$ だから，展開すると右図2のようになる。おうぎ形 ABB′の中心角を x とすると，$\overset{\frown}{\mathrm{BB'}}$ の長さと底面の円 C の周の長さが等しいことから，$2\pi\times8\times\dfrac{x}{360°}=2\pi\times4$ が成り立ち，$\dfrac{x}{360°}=\dfrac{1}{2}$ となる。これより，側面積は，〔おうぎ形 ABB′〕$=\pi\times8^2\times\dfrac{x}{360°}=\pi\times8^2\times\dfrac{1}{2}=32\pi$ となる。また，底面積は，〔円 C〕$=\pi\times4^2=16\pi$ である。よって，求める表面積は，$S_2=$〔おうぎ形 ABB′〕+〔円 C〕$=32\pi+16\pi=48\pi$ となる。

4〔関数—関数 $y=ax^2$ と一次関数のグラフ〕

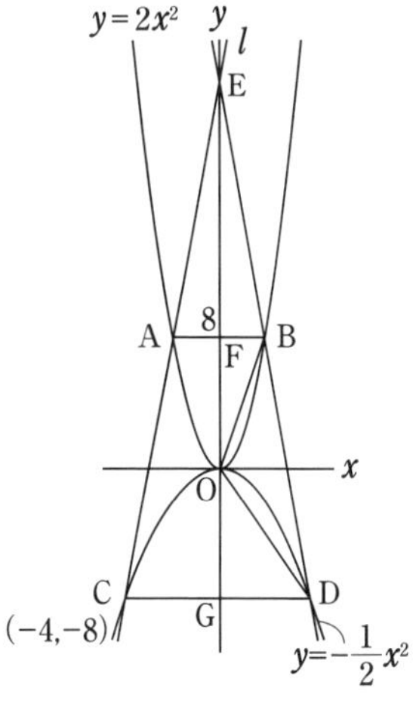

≪基本方針の決定≫四角形 ABDC は，y 軸について対称な図形となる。

＜解説＞右図で，点 A は関数 $y=2x^2$ のグラフ上にあり，y 座標が8だから，$8=2x^2$ より，$x^2=4$，$x=\pm2$ となる。点 A の x 座標は負より，$x=-2$ であり，A$(-2,\ 8)$ である。C$(-4,\ -8)$ だから，直線 l は2点 A，C を通ることより，傾きは $\dfrac{8-(-8)}{-2-(-4)}=8$ となり，その式は $y=8x+b$ とおける。点 A を通るので，$8=8\times(-2)+b$，$b=24$ となり，直線 l の式は $y=8x+24$ である。直線 l の切片が24より，E$(0,\ 24)$ である。また，点 B は，関数 $y=2x^2$ のグラフ上にあり，y 座標が8の点で，x 座標が正だから，$x=2$ であり，B$(2,\ 8)$ である。直線 BE の傾きは $\dfrac{8-24}{2-0}=-8$，切片は24

だから，直線BEの式は$y=-8x+24$となる。点Dは関数$y=-\frac{1}{2}x^2$のグラフと直線$y=-8x+24$の交点だから，$-\frac{1}{2}x^2=-8x+24$，$x^2-16x+48=0$，$(x-4)(x-12)=0$より，$x=4$，12となる。点Dは点Bに近い方だから，$x=4$より，点Dのx座標は4である。OE=24を底辺と見ると，2点B，Dのx座標より，△OBEの高さは2，△ODEの高さは4だから，△OBD=△ODE−△OBE$=\frac{1}{2}\times24\times4-\frac{1}{2}\times24\times2=24$となる。A$(-2,\ 8)$，B$(2,\ 8)$より，ABは$x$軸に平行であり，AB$=2-(-2)=4$である。C$(-4,\ -8)$であり，点Dの$y$座標が$y=-\frac{1}{2}\times4^2=-8$より，D$(4,\ -8)$だから，CDも$x$軸に平行であり，CD$=4-(-4)=8$となる。AB∥CDとなるから，四角形ABDCは台形であり，高さは，2点A，Cのy座標より，$8-(-8)=16$となる。よって，〔四角形ABDC〕$=\frac{1}{2}\times(4+8)\times16=96$となる。次に，点Aと点B，点Cと点Dはそれぞれ$y$軸について対称な点であるから，四角形ABDCは$y$軸について対称である。これより，AB，CDと$y$軸の交点をそれぞれF，Gとすると，四角形ABDCをy軸を軸として1回転させてできる立体は，四角形AFGCをy軸を軸として1回転させてできる立体と同じであり，底面の半径をCG，高さをEGとする円錐から，底面の半径をAF，高さをEFとする円錐を除いた立体となる。CG=4，EG$=24-(-8)=32$，AF=2，EF$=24-8=16$だから，求める立体の体積は，$\frac{1}{3}\times\pi\times4^2\times32-\frac{1}{3}\times\pi\times2^2\times16=\frac{448}{3}\pi$となる。

5〔数と式—文字式の利用〕

$a:b=b:(a+b)$より，$a\times(a+b)=b\times b$，$b^2-ab-a^2=0$となる。$a=1$のとき，$b^2-1\times b-1^2=0$，$b^2-b-1=0$となるので，解の公式より，$b=\frac{-(-1)\pm\sqrt{(-1)^2-4\times1\times(-1)}}{2\times1}=\frac{1\pm\sqrt{5}}{2}$となる。$b>0$なので，$b=\frac{1+\sqrt{5}}{2}$である。これより，黄金比は$a:b=1:\frac{1+\sqrt{5}}{2}$となる。看板は，縦の長さと横の長さの比が黄金比で，横の長さより縦の長さの方が大きいから，$1<\frac{1+\sqrt{5}}{2}$より，横の長さと縦の長さの比が$1:\frac{1+\sqrt{5}}{2}$となる。よって，縦の長さを3.5mとするときの横の長さをxmとすると，$x:3.5=1:\frac{1+\sqrt{5}}{2}$が成り立ち，$x\times\frac{1+\sqrt{5}}{2}=3.5\times1$，$x\times\frac{1+\sqrt{5}}{2}=\frac{7}{2}$，$x=\frac{7}{1+\sqrt{5}}$となる。$\frac{7}{1+\sqrt{5}}=\frac{7}{\sqrt{5}+1}=\frac{7\times(\sqrt{5}-1)}{(\sqrt{5}+1)\times(\sqrt{5}-1)}=\frac{7(\sqrt{5}-1)}{5-1}=\frac{7(\sqrt{5}-1)}{4}$であるから，$x=\frac{7(\sqrt{5}-1)}{4}$(m)である。

＝読者へのメッセージ＝

5では，「黄金比」が登場しました。黄金比は，およそ1：1.6で，最も美しい比率とされています。

2023年度／叡明高等学校（推薦１回目）

国語解答

一	問１　③	問２　④	問３　①		問17　③	問18　③	問19　④
	問４　④	問５　④	問６　②		問20　②		
	問７　①	問８　①	問９　①	三	問21　①	問22　④	問23　②
	問10　③				問24　①	問25　④	問26　②
二	問11　②	問12　②	問13　④		問27　②	問28　③	問29　①
	問14　④	問15　①	問16　②		問30　③	問31　③	問32　④

一〔説明文の読解―自然科学的分野―自然〕出典；大石善隆『コケはなぜに美しい』。

≪本文の概要≫コケは，陸上での乾燥から自らを守る保護機構を備え，陸上植物の祖先となった。しかし，コケには水や栄養分の吸収方法などの面で水中生活の名残があったため，より効率よく陸上で生長できるように維管束を備えたのがシダ植物である。そこからさらに種子という，より陸上に適した繁殖方法を持つようになったのが，草木などの種子植物である。こうした進化の歴史から，コケが他の植物よりも下等な扱いを受けていた時代もあった。しかしコケは，決して下等な植物ではなく，小さな体を生かして環境に適応している立派な植物である。コケには三つのグループがあり，それぞれセン類，タイ類，ツノゴケ類に区分される。いずれのグループにも特徴があり，特に胞子体に違いがあるが，どのコケ類のつくりも精密機械のような精巧さがあり，美しいものである。

問１＜漢字＞「繁茂」と書く。①は「販売」，②は「模範」，③は「繁栄」，④は「裁判所」。

問２＜漢字＞「面影」は，「おもかげ」と読む。あるものを思い起こさせる様子のこと。

問３＜漢字＞「顕著」と書く。①は「顕微鏡」，②は「検査」，③は「圏内」，④は「賢明」。

問４＜接続語＞Ａ．陸上植物の祖先は，乾燥に耐えうる体を持つために「優先度の高いものから手を付けていくこと」にしたのであり，すなわち，「乾燥にとくに弱いところを集中的に守る」ことから進化が始まった。　Ｂ．コケは，体の表面で雨や霧から水や栄養分を吸収するが，「雨や霧はいつもあるわけではない」ため，生長が天候に左右されやすい。　Ｃ．ツノゴケ類は教科書で触れられることが少ない。「コケ全体に占める種類の割合が低いため」なのか，または「ゼニゴケ類と姿形が似ているため」に混乱を避けようとしているのか，理由ははっきりとわかっていない。

問５＜語句＞「ギブアンドテイク」は，互いに利益を与え合う関係のこと。被子植物は，花粉を運んでもらうかわりに蜜を与えるという形に進化した。「水魚の交わり」は，親しく信頼し合う間柄のこと。「メリット」は，長所，「デメリット」は，短所。「犬猿の仲」は，いがみあい仲が悪いこと。

問６＜文脈＞植物が乾燥から絶対に守らなければならないところは，生殖器官と生まれたての頃の二つであり，この二つさえ守れれば，植物は陸上生活にかなり適応できるはずであった。

問７＜文章内容＞植物が乾燥に耐えて陸上生活をするためには，克服するべき課題が数多く存在した。しかし，乾燥に特に弱いところを集中的に守るという進化によって身を守る手段を徐々に手に入れていくことで，植物は，水のない陸上でも繁栄できるようになっていったのである。

問８＜文章内容＞コケは，複雑な構造を持つ他の植物に比べ，下等な植物であるかのように扱われた時代もあった。しかし，コケは陸上植物の祖先であり，進化により驚くほど巧みに環境に適応しているため，高く評価されるべきなのである。

問９＜文章内容＞①胞子体がモヤシに似ており，先端に袋状の蒴があるのが「セン類」である。　②マッチ棒に似ていて，胞子体の先端に球や長楕円形の蒴があり，葉と茎の区別がないのが葉状体の「タイ類」である。　③葉と茎の区別があるのが茎葉体の「タイ類」である。　④爪楊枝のような胞子体を持つのが「ツノゴケ類」である。

問10＜要旨＞土から水や栄養分を吸収する機能を持つ維管束を備え，天候に左右されずに生長できるように進化したのが，シダ植物である。しかし，シダ植物も，受精の際に水を必要とするという点で，緑藻類やコケと同じである（③…×）。

二〔論説文の読解―哲学的分野―哲学〕出典；池田晶子『14歳からの哲学　考えるための教科書』。

≪本文の概要≫野山や海だけが自然ではない。実は私たち人間の体そのものが，最も身近な自然である。私たちは，自分の意志で体を動かし，体が何でもいうことをきいてくれるものだと考えがちである。しかし実際のところ，呼吸や食物の消化といったさまざまな場面で，体は，私たちの意志に関係なく動いている。現代人は，体が自然によって生み出されたものだという事実を忘れ，外見だけを体と勘違いしてしまっているが，内臓がはたらいている感じ，調子がいい・悪いという感じなどの目に見えない部分も体なのである。この見えない部分の体とは，心のことでもあるかもしれない。体と心はもともと一つのものであり，どの側面から考えるのかという見方の違いでしかない。だから私たちは，自分という存在そのものが自分の思うようにはならないということを，もっと自覚するべきだろう。

問11＜漢字＞「映(る)」と書く。①は「移(す)」もしくは「遷(す)」，③は「(乗り)移(る)」，④は「写(っている)」。

問12＜漢字＞「酵素」は，「こうそ」と読む。体内で起こるさまざまな化学反応を促進するためのたんぱく質のこと。

問13＜漢字＞「規則」と書く。①は「即座」，②は「無病息災」，③は「測定」，④は「校則」。

問14＜接続語＞A．内から見る体とは，つまりは，ぶたれたら痛くなるような，内から「感じる」体のことである。　B．体は自分のものであり，脳から指令を出し，自分の意志によって体を動かすことができるという考え方もあるが，そもそも脳そのものをつくったのは自分ではないという問題が残る。　C．病気のときに，体と心のどちらの気分が悪いのか区別がつかないのは，体と心が二つに分けられない同じものだからである。

問15＜文脈＞呼吸を例に考えてみると，まず，「私が呼吸をする」という言い方があるが(…ウ)，そもそも呼吸は意識的にしているわけではなく，また，したくないならばしなくていいというものでもない(…イ)。そうなると，呼吸は，意志とは関係なくなされている行為であり(…エ)，「私が呼吸をする」という言い方が適切なのか疑問が残るのである(…ア)。

問16＜表現＞野山の草木だけではなく，人間の体そのものも自然である。そのため，人間の体は人間の意志によって生み出されたわけではなく，自然によってつくられたと考えてもよい。「お母さん」のたとえ話によって，この観点が身近なものになっている。

問17＜文章内容＞体は，外見として目に見える体と，目に見えず感じることしかできない内側の体という二重性を持っている。

問18＜文章内容＞人間は，外見の体を自分の所有物のように思い，意志により動かし，思いどおりにできる対象だと考えている。しかし実際のところ，体は，自然によって生み出されたものであり，体自体が自然であるため，自分の所有物が自分そのものでないのと同様，人間が思いどおりに支配できるものではないのである。

問19＜文章内容＞人は，病気になると，体は自分の思いどおりに動かせるものではなく(…④)，単純に自分の体がそのまま自分という存在であるとは言いきれないのではないかということに気づく。

問20＜要旨＞外見の体は化粧や手術などで手を加えることができるが，調子のいい・悪いや痛みを感じる内側の体は，自分の思いどおりにすることができない(②…×)。

三〔国語の知識〕

問21＜四字熟語＞A．「羊頭《ようとう》狗《く》肉《にく》」は，見かけを飾っているだけで内容は劣っていること。　B．「南船北馬」は，絶えず旅を続けていろいろな場所へ行くこと。　C．「竜頭蛇尾」は，最初は勢いがよいが，終わりの方は振るわなくなること。

問22＜故事成語＞「漁夫の利」は，二者が争っている間に，第三者が利益を横取りすること。

問23＜四字熟語＞「一日千秋」は，待ち遠しく，一日がとても長く感じられること。「一望千里」は，広々として見渡しがよいこと。「朝三暮四」は，目先の違いにとらわれ，結果が同じであることに気づかないこと。または言葉で巧みにだますこと。「再三再四」は，繰り返し何度も行う様子。

問24＜熟語の構成＞「幼稚」と「身体」は，意味が似た漢字を組み合わせた熟語。

問25＜品詞＞「ような」は助動詞「ようだ」の連体形で，「日本のような国」と「カメラのような精密機械」の「ような」は，例示の意味。「炎のような宝石」と「車のような速さ」の「ような」は，たとえの意味。「雨のような気がする」の「ような」は，推定の意味。

問26＜品詞＞「桜の咲くころ」と「私の飼っている犬」の「の」は，～が，という意味の格助詞「の」で，主格の用法。「梅のつぼみ」の「の」は，～の，という意味の格助詞「の」で，連体修飾格の用法。「泳ぐのが得意だ」の「の」は，～こと，という意味の格助詞「の」で，体言の代用の用法。「くもりなので」の「の」は，接続助詞「ので」の一部。

問27＜敬語＞「伺う」は，「行く」の謙譲語。

問28＜敬語＞「ございます」は，「ある」の丁寧語。

問29＜和歌の技法＞「あづさゆみ」は，「ひく」や「はる」を導く枕詞。「くれたけの」は，「ふし」や「世」を導く枕詞。「たらちねの」は，「母」を導く枕詞。「とぶとりの」は，地名「明日香」を導く枕詞。

問30＜文学史＞『徒然草』は，鎌倉時代に成立した兼好法師の随筆。『枕草子』は，平安時代に成立した清少納言の随筆。『方丈記』は，鎌倉時代に成立した鴨長明の随筆。『おくのほそ道』は，江戸時代に成立した松尾芭蕉の俳諧紀行文。

問31＜漢詩の形式＞四つの句からなるのが「絶句」，八つの句からなるのが「律詩」。一つの句が五字であるのが「五言」，一つの句が七字であるのが「七言」。

問32＜漢文の訓読＞「寧」→「鶏口」→「為」→「牛後」→「為」→「無」の順に読む。「寧為鶏口」は，「寧」から「鶏口」までを読み，「鶏口」の一点から二点の付された「為」に返って「寧ろ鶏口と為《な》るとも」と訓読する。「無為牛後」は，「牛後」の一点から二点の付された「為」に返り，さらにレ点で「無」に返って「牛後と為る無かれ」と訓読する。

2023年度 叡明高等学校（推薦２回目）

【英　語】（50分）〈満点：100点〉

1 次の問い（問１～10）の（　　　　）に入れるのに最も適切なものを、それぞれ下の①～④のうちから１つずつ選びなさい。

問１ A：We should go home soon. Mom told us to come home early, and I don't want to get in (　　　　).
B：OK. Let's go.

① trouble　② worry　③ problem　④ alarm

問２ A：Who do you like the best in this class, Jane?
B：Well, I like Josh. But don't tell anyone. It's a (　　　　).

① stamp　② system　③ section　④ secret

問３ My favorite actor will visit my school tomorrow. I hope I'll have a (　　　　) to talk with him.

① speech　② piece　③ chance　④ type

問４ Jack is (　　　　) forward to seeing a movie with his friends next weekend.

① going　② looking　③ getting　④ listening

問５ A：Who is that man (　　　　) on the bench over there?
B：That's my father.

① sit　② sat　③ sitting　④ sits

問６ I haven't (　　　　) my homework yet. I should start soon.

① begun　② begin　③ beginning　④ began

問７ A：Bonnie, I (　　　　) my wallet. Can you lend me some money for lunch?
B：All right, Lucy.

① put　② built　③ spent　④ lost

問８ John didn't get a good score on his math test. He was sick last week, so he couldn't study for it (　　　　) all.

① at　② for　③ on　④ by

問9　I don't want to go to the (　　　　) end of the pool because I can't swim.

① deep　② thirsty　③ heavy　④ natural

問10　A：Tim, could you show me (　　　　) to use this cell phone?

B：Sure. I have the same one.

① why　② who　③ how　④ what

2　次の問い(問11～15)の会話文が成り立つように(　　　　)に入る最も適切なものを、それぞれ下の①～④のうちから1つずつ選びなさい。

問11　A：Hi, Linda. How did your violin practice go this week?

B：Hi, Ms. Baker. It went pretty well. (　　　　)

A：That's good. Did you have any trouble with the new song I gave you?

B：Yes, the second part was a little difficult for me.

① I want to stop learning the violin.　② I was able to play the new song easily.

③ I have to miss my lesson next week.　④ I played for an hour every day.

問12　A：Hey, Mark, do you want to come to the gym with me?

B：I don't know, Steve. I haven't exercised in a long time.

A：Come on. It'll be fun! We could go swimming in the gym's pool, or we could play badminton.

B：Well, (　　　　) OK, I'll join you if we're going to do that.

① I do love playing badminton.　② I don't have my sports clothes.

③ I want to go running in the park.　④ I went to the gym yesterday.

問13　A：Welcome to Steven's Restaurant. May I take your order?

B：Yes, I'd like pancakes with scrambled eggs and sausage.

A：Would you like anything else? A cup of coffee?

B：No, (　　　　) I'll have a cup of tea instead, please.

① I already had some this morning.　② I don't want anything hot.

③ I'm ready to order now.　④ I have to go soon.

問14　A：Hi, Randy. What are you reading?

B：Oh, it's a book about the history of Brazil.

A：Really? That's an interesting subject. (　　　　)

B：I'm planning on studying there next year.

① Is it a long book?　② Is Brazil an old country?

③ Why are you reading it?　④ Why do you think so?

問15　A：Hi, Mike. I'm going to the beach today. Would you like to come?

B：Oh, I don't know, Suzie. I don't want to spend too much time in the strong sunshine.

A：(　　　　　) so you don't have to worry about that.

B：Oh, OK. I guess I'll go with you, then. I haven't been to the beach in a long time.

①　It will be very sunny,　　②　I have a beach umbrella,

③　There's a beach party today,　　④　The water will be warm,

3　次の問い(問16～20)において、それぞれ日本文の意味を表すように㋐～㋕までを並べかえて［　　　］を補い、最も適切な文を完成させなさい。解答は２番目と４番目にくるものとして最も適切な組み合わせを、それぞれ下の①～④のうちから１つずつ選びなさい。ただし、文頭に来るものも小文字になっています。

問16　私が作ったケーキをおひとついかがですか。

Would you like (㋐ the cakes　㋑ made　㋒ have　㋓ to　㋔ I　㋕ one of)?

Would you like ［　　　］［２番目］［　　　］［４番目］［　　　］［　　　］?

①　㋑－㋒　②　㋔－㋕　③　㋓－㋐　④　㋒－㋐

問17　それは今まで見た中で最高のドラマでした。

That was (㋐ drama　㋑ seen　㋒ the best　㋓ have　㋔ ever　㋕ I).

That was ［　　　］［２番目］［　　　］［４番目］［　　　］［　　　］.

①　㋔－㋐　②　㋐－㋓　③　㋕－㋑　④　㋒－㋓

問18　ペンを買った人はポスターを無料でもらいました。

(㋐ people　㋑ a free poster　㋒ bought　㋓ got　㋔ who　㋕ a pen).

［　　　］［２番目］［　　　］［４番目］［　　　］［　　　］.

①　㋔－㋕　②　㋕－㋒　③　㋐－㋔　④　㋒－㋑

問19　ユキが飛行機で旅行するのはこれが２回目です。

This (㋐ travel　㋑ second time　㋒ to　㋓ by　㋔ is　㋕ Yuki's) plane.

This ［　　　］［２番目］［　　　］［４番目］［　　　］［　　　］ plane.

①　㋓－㋕　②　㋐－㋑　③　㋕－㋒　④　㋒－㋓

問20　私はなぜ彼女が悲しんでいるのか分かりません。

I (㋐ sad　㋑ why　㋒ don't　㋓ she　㋔ understand　㋕ is).

I ［　　　］［２番目］［　　　］［４番目］［　　　］［　　　］.

①　㋕－㋐　②　㋔－㋓　③　㋒－㋐　④　㋑－㋔

4　次の問い(A・B)に答えなさい。

A　次の掲示の内容に関して、**問21**と**問22**の質問に対する答えとして最も適切なもの、または(　　　　)に入れるものとして最も適切なものを、それぞれ下の①～④のうちから１つずつ選びなさい。

Toy Contest

Fun Toy Company is holding

a contest for children.

Do you think you can make a new toy?

Send YOUR TOY to us by November 1!

RULES

- **You must be under 16 and live in California.**
- **The cost of making the toy must not be more than $15.**
- **Your toy must be original.　Do not copy other toys.**

PRIZES

- **Fun Toy Company will make the winner's toy and sell it from November 15.　A picture of the winner will be on the toy's box.**
- **First, second, and third prize winners will go to Fun Toy Company for a day.　They will see how toys are made.**

問21 To join the contest, you must (　　　　　)

① buy a toy from Fun Toy Company.

② make a toy for 15 dollars or less.

③ work at Fun Toy Company.

④ send a picture of your new toy.

問22 What is the prize for the person with the best idea?

① A free trip to California.

② A summer job at a toy factory.

③ Fun Toy Company will give the winner free toys.

④ Fun Toy Company will sell the winner's toy.

B　次の掲示の内容に関して、問23の(　　　　)に入れるものとして最も適切なものを、下の①～④のうちから１つ選びなさい。

SUNCITY LIBRARY
NOTICE

The drink vending machine on the 3rd floor is broken. You cannot use it this week.

We will put a new machine on the 3rd floor next Monday, November 17th.

<u>Where to buy drinks</u>

☆You can get cold drinks, coffee, and tea in the cafeteria on the 2nd floor.
It is open from 9 a.m. to 4:30 p.m. every day.

☆There is also a convenience store on Sunset Street. It is open from 6 a.m. to 11 p.m. every day. If you need a map to the convenience store, please ask the librarian at the front desk.

問23　This notice says that (　　　　)

① people can't buy drinks on the 3rd floor until next Monday.
② the library will be closed until next week.
③ people should go to the 2nd floor to borrow books.
④ the cafeteria is going to move to different floor.

5 次の文章を読み、後の問い(問24〜30)に答えなさい。

One part of the Japanese diet* is especially important, and that's fish. The Japanese eat a lot of fish. They may have only 2 percent of the world's population*, but they eat 10 percent of the world's fish!

What's more*, the Japanese eat the healthiest kinds of fish. Salmon*, tuna*, mackerel*, sardines*, and herring* all have a lot of omega-3 fatty acids*, but not many calories. Omega-3 fatty acids are very good for the health of your heart. Not only are these fish good for you, but they taste good, too!

Tuna are big—very big. The average* adult bluefin tuna* is two meters long and weighs* 250 kilograms. (A) Second, they are strong. Once a tuna bites* a fisherman's fishing line, it can be a four- or five-hour battle between man and fish. This part is dangerous for the fisherman. Tuna are strong enough to pull fishermen over the side of their boats and into the sea.

So, why do fishermen put their lives in danger to try to catch tuna? For money! Just one tuna is worth a lot of money. In fact, in the fish markets of Japan they are the most valuable* fish. In January 2012, in Japan's famous Tsukiji fish market, a bluefin tuna weighing 269 kilograms sold for $735,000*. That's $2,732 a kilo!

Bluefin tuna is valuable because of its delicious red meat. The best part of the tuna is the fatty part. The Japanese call this part *o-toro*. At a sushi restaurant, one small piece of *o-toro* can sell for $24. That's an expensive piece of fish!

The Japanese eat 80 percent of the world's catch* of bluefin tuna. They love tuna, but that (B) always true. In old times, the red flesh* of the tuna was not popular with the Japanese. This was because there were no refrigerators*. Fish with red flesh go bad more quickly than white fish. So only poor people ate tuna; the rich did not want it.

But about 170 years ago there was a very large catch of tuna in Edo—now Tokyo—and a sushi chef served it with soy sauce. It was delicious and eating tuna became popular.

After the Second World War, people in Japan were hungry. They had to eat any food they could find. Tuna became popular. It became more and more popular, and fishermen had to go farther* and farther out to sea to catch more tuna.

The traditional way to catch fish, even very big ones like tuna, is with a fishing line that the fisherman holds in his hands. In some places in Japan, fishermen still fish (1)this way. They catch one fish at a time.

Today, large fishing boats from many different countries use very, very large nets. Overfishing is a big problem. The large nets catch many fish at one time, young fish and old fish together. The young fish don't have time to (2)reproduce. Because of this, the tuna population is falling. Many people are worried that in the future there might not be any tuna in the sea.

Overfishing—catching too many fish—is a very serious problem all over the world. The bluefin tuna population has decreased* 70 percent in the last 30 years. But people in many countries love to eat bluefin tuna, and they want more and more.

Fishing boats from many countries have different ways to catch the tuna, such as longline fishing. Fishing boats put out about 95 kilometers of fishing lines in the Atlantic Ocean. These longlines catch many, many tuna at one time.

In the future, there might not be any more bluefin tuna. Or many other kinds of fish and sea creatures. What can we do? Stop fishing? What about the many people who make a living from fishing?

Maybe the (C) of tuna and other fish should be higher. But then only rich people will be able to eat fish. Is that OK?

Should we use different ways to fish in the oceans?

What do you think?

注 Japanese diet：日本食　population：人口、総数　what's more：さらに　salmon：サケ
tuna：マグロ　mackerel：サバ　sardine(s)：マイワシ類　herring：ニシン
omega-3 fatty acid(s)：オメガ３脂肪酸　average：平均　bluefin tuna：クロマグロ(ホンマグロ)
weigh(s)：重さが〜である　bite(s)：噛む　valuable：高価な
$735,000：(１ドル=130円換算で)9555万円　catch：捕らえたもの、漁獲高　flesh：(食用の生の)魚肉
refrigerator(s)：冷蔵庫　farther：さらに遠く　decrease(d)：減少する

問24 空所(　A　)には以下の(ア)〜(ウ)の３文が入ります。最も適切な順序を示しているものを、下の①〜④のうちから１つ選びなさい。

(ア) And they are hard to catch.
(イ) Some can swim 70 kilometers per hour.
(ウ) First, they can dive and swim very fast.

① (ア)→(イ)→(ウ)　② (ア)→(ウ)→(イ)　③ (ウ)→(イ)→(ア)　④ (ウ)→(ア)→(イ)

問25 空所(　B　)に入れるのに最も適切なものを、下の①〜④のうちから１つ選びなさい。

① can be　② should be　③ was　④ wasn't

問26 以下の英文は本文の内容を表したものです。空所に入れるのに最も適切なものを、下の①〜④のうちから１つ選びなさい。

In old times in Japan, only (　　　　)

① fishermen ate the red flesh of tuna.
② people in Tsukiji had refrigerators.
③ some people ate the red flesh of tuna.
④ rich people had refrigerators.

問27 下線部(1)が指すものとして最も適切なものを、下の①〜④のうちから１つ選びなさい。

① by going farther and farther out to sea
② by holding tuna in the hands
③ with a fishing line held in the hands
④ with very large nets

問28 下線部(2)の意味を本文から推測し、最も適切なものを、下の①〜④のうちから１つ選びなさい。

① become delicious　② catch a lot of fish　③ make babies　④ swim fast

問29 空所(　C　)に入れるのに最も適切なものを、下の①〜④のうちから１つ選びなさい。

① kind　② price　③ size　④ way

問30 本文の内容に一致するものとして最も適切なものを、下の①〜④のうちから１つ選びなさい。

① Eighty percent of the world's fish is eaten by Japanese people.
② Some fishermen are thrown into the sea because tuna are very strong.
③ After the Second World War, a sushi chef served tuna with soy sauce, and it became popular.
④ Since overfishing is a serious problem, people in many countries are trying to stop fishing.

6 次の文章を読み、後の問い(問31～37)に答えなさい。

In the Orphan Home* lived boys and girls who had no mothers or fathers to take care of them. Larry, a boy who had been raised in the Orphan Home, told me the story about Ted.

Larry was nine years old at that time. Like all orphans, he dreamed of finding parents. He wanted a real home.

The orphans played in a big yard with a fence around it. Often Larry and the others leaned against* the gate and watched children with their mothers go by outside. (1)At such time, the children in the yard felt very lonely and unhappy.

[A] when Larry saw a boy outside the gate staring in, he angrily showed his feelings. He ran to the gate and yelled, "Get away!"

The boy outside stepped back a little. Then he said, "My name is Ted. May I come and play?"

"No," said Larry, angrily. "You have a home. Only boys without fathers and mothers can play in here."

The boy outside looked (2). Larry felt quite pleased with himself. He ran back to his friends and their ball game. But Ted didn't leave. He kept calling to them. At last, one of the boys helped him climb the fence.

[B] Ted had a part in the game. Even Larry made friends with him.

While they were resting after the game, Larry said, "I'll bet* we have more fun than you do. We have pillow fights* when we go to bed. Do you have pillow fights?"

(3)"No," said Ted sadly.

Larry felt happier. He had something the other boy did not have. After a while he said, "You had better go home. It is getting late."

"Can't I stay with you?" said Ted. "I like it here."

Larry looked at him in surprise. "If I had folks*, I wouldn't want to stay here."

Ted had tears in his eyes. "It isn't so nice at home," he said. "Can you let me stay here?" Between sobs* he told how his parents went out almost every night and often spoke sharply to him. He thought they did not really care about him.

[C] the boys decided to get Ted secretly into the Orphan Home for the night. It was not hard to do. The building was large, with many closets and small rooms. Ted hid in a closet during supper*.

After lights were out, the boys brought him food from their own suppers. They also gave him blankets so he could sleep on the floor in a storeroom*.

The next day Ted said, "Maybe my mother and father will let me stay here."

"If I had a mother and father," said Larry, "I'd want to go back. I bet they would want me back."

An idea came to Ted. "Maybe they will take you instead of* me, and let me stay here," he said.

"They wouldn't," said Larry. But he so much wanted parents that he was always hopeful. So together they went to Ted's house.

When they got there, they saw a crowd in front of the house. The people were excited when they saw Ted. The two boys were rushed inside.

Ted's father shook his son and shouted, "Where have you been? We thought you had been stolen!"

Ted's mother, her face pale*, drew the boy into her arms.

"I just went to the Orphan Home," said Ted. "I know you don't really want me, so I'm going to live there." He pointed to Larry. "I'm changing places with him. I like the Orphan Home better than here."

Ted's father turned to Larry. "Did you put (4)this idea into his head?" he shouted with anger.

"I did not," said Larry, backing away. "And I've changed my mind. I don't want to trade with him. The Orphan Home is nicer than here."

The anger in the man's face faded*. Only pain was left. Then all at once Ted and his mother and father were hugging* one another and weeping. Larry slipped out of the house and went back to the Orphan Home. Ted's family moved away soon, and Larry never saw the boy again. But through the years as Larry grew up, he never forgot about Ted.

"Now," he said, after telling me the story, "(5)I am married and have children. And you can be sure my children know that they are loved and wanted. I know what it means not to have a loving family."

注　the Orphan Home：孤児院　lean(ed) against ～：～によりかかる　I'll bet ～：きっと～だろう
pillow fight(s)：枕投げ　folk(s)：両親　sob(s)：むせび泣き　supper：夕食
storeroom：物置　instead of ～：～のかわりに　pale：青白い　fade(d)：消える
hug(ging)：抱きしめる

問31　下線部(1)とはどんなときか。最も適切なものを、下の①～④のうちから１つ選びなさい。

①　フェンスに囲まれた庭で遊んでいるとき。
②　本当の家がほしくなって、孤児院の外の子どもをうらやましく思ったとき。
③　本当のお父さんとお母さんを探したくなったとき。
④　孤児院の外をお母さんと一緒の子どもが通り過ぎるのを見たとき。

問32　空所(　2　)に入れるのに最も適切なものを、下の①～④のうちから１つ選びなさい。

①　excited　②　fun　③　glad　④　unhappy

問33　下線部(3)でテッドが悲しそうに答えた理由として最も適切なものを、下の①～④のうちから１つ選びなさい。

①　ラリーが悲しんだから。
②　枕投げができないから。
③　枕投げを知らないから。
④　枕がないから。

問34　空所［　A　］―［　B　］―［　C　］に入る語句の順番として最も適切なものを、下の①～④のうちから１つ選びなさい。

①　Soon ― One day ― Next day
②　At last ― Soon ― Next day
③　One day ― Soon ― At last
④　Next day ― At last ― Soon

問35　下線部(4)が表す内容として最も適切なものを、下の①～④のうちから１つ選びなさい。

①　テッドがラリーと入れ替わって孤児院に入ること。
②　ラリーがテッドと入れ替わって孤児院に入ること。
③　ラリーがテッドの家に一緒に泊まること。
④　テッドとラリーが一緒にテッドの家に行くこと。

問36　下線部(5)が指すものとして最も適切なものを、下の①～④のうちから１つ選びなさい。

①　作者　②　ラリー　③　テッド　④　テッドの父

問37　本文の内容として<u>不適切</u>なものを、下の①～④のうちから１つ選びなさい。

①　Larry lived in the Orphan Home and he wanted a real family.
②　Larry wanted to change places with Ted and he never changed his mind.
③　When Ted wanted to stay with the boys, they helped him eat supper and stay at the Orphan Home.
④　Ted thought his parents didn't really want him but later he found that it was not true.

【数　学】（50分）〈満点：100点〉

1　次の計算をしなさい。

（1）　$(-5)^2 \div \dfrac{5}{3} = \boxed{アイ}$

（2）　$\left\{\left(-\dfrac{1}{3}\right)^2 \times \dfrac{3}{2} + 0.5\right\} \times (-3^2) = \boxed{ウエ}$

（3）　$\dfrac{3a+5b}{6} - \dfrac{a-3b}{4} = \dfrac{\boxed{オ}\,a + \boxed{カキ}\,b}{\boxed{クケ}}$

（4）　$\left(\dfrac{-1+\sqrt{5}}{2}\right)^2 + \dfrac{-1+\sqrt{5}}{2} + \dfrac{1}{2} = \dfrac{\boxed{コ}}{\boxed{サ}}$

（5）　$(\sqrt{6}-\sqrt{3})(\sqrt{2}+1) + \sqrt{\dfrac{3}{8}} = \dfrac{\boxed{シ}\sqrt{\boxed{ス}} + \sqrt{\boxed{セ}}}{\boxed{ソ}}$

2 次の各問に答えなさい。

(1) 1次方程式 $\dfrac{x-4}{3}-\dfrac{3x-2}{5}=2$ の解は $x=$ [アイウ] である。

(2) $x=2+\sqrt{3}$, $y=2-\sqrt{3}$ のとき $x^2-y^2=$ [エ] $\sqrt{[オ]}$ である。

(3) n を自然数とするとき $\sqrt{240n}$ が整数となる最も小さい n の値は [カキ] である。

(4) 連立方程式 $\begin{cases} 3x-5y=-5 \\ x+\dfrac{3}{4}y=-\dfrac{13}{2} \end{cases}$ を解くと，$x=$ [クケ]，$y=$ [コサ] である。

(5) 濃度 7 %の食塩水 200 g に濃度 3 %の食塩水を混ぜて，濃度 5 %の食塩水をつくるには，濃度 3 %の食塩水を [シスセ] g 混ぜればよい。

3 次の図のように，AB = 2，AD = 4 の長方形がある。各問に答えなさい。

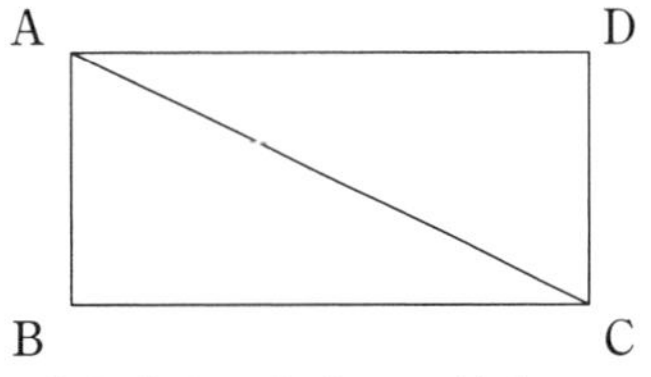

(1) AC = [ア] $\sqrt{[イ]}$ である。

(2) 長方形 ABCD を対角線 AC で折り返して，点 B が移る点を点 E とする。線分 EC と線分 AD の交点を点 F とする。このとき，AF：FD = [ウ] ： [エ] である。

(3) △ACF：△DEF = [オカ] ： [キ] である。

(4) 四角形 ACDE の面積は $\dfrac{[クケ]}{[コ]}$ である。

4

[ア] ～ [ク] に当てはまる最も適当な数字を答えなさい。

次の図のように，2 次関数 $y=ax^2$ がある。$y=ax^2$ 上に点 A(−2，4) があるので，$a=$ [ア] となる。ここで，点 O を通り x 軸とのなす角が 45° である直線と $y=ax^2$ との交点の座標は，点(0，0)と点([イウ]，[エ])である。点([イウ]，[エ])を点 B とする。△OAB の面積は [オ] である。点 A，B からそれぞれ y 軸に垂線をひき，交点を C，D とするとき，四角形 ACDB の面積は $\dfrac{\boxed{\text{カ}}}{\boxed{\text{キ}}}$ である。

また，四角形 ACDB を y 軸に関して 1 回転させてできる立体の体積は，[ク] π である。

ただし，$a>0$，円周率は π とし，座標軸の単位の長さは 1 とする。

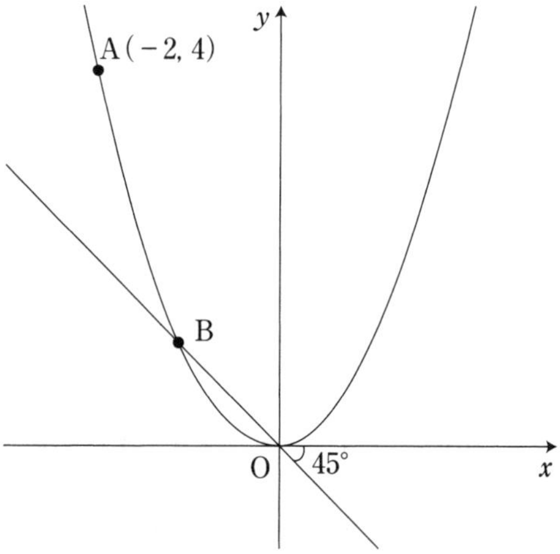

5

連続した 3 つの自然数がある。大きい方の 2 数の積は，この 3 つの数の和よりも 120 大きいという。次の各問に答えなさい。

(1) 最小の自然数を x とするとき，最大の自然数は x + [ア] と表すことができる。

(2) 最小の自然数は [イウ] である。

(3) この 3 つの自然数の積は [エオカキ] である。

解答上の注意事項

1　解答は，解答用紙の問題番号に対応した解答欄にマークしなさい。

2　問題の文中の $\boxed{\text{ア}}$ ，$\boxed{\text{イウ}}$ などには，特に指示がない限り，符号(－)または数字(０～９)が入ります。ア，イ，ウ，…の一つ一つは，これらのいずれか一つに対応します。それらを解答用紙のア，イ，ウ，…で示された解答欄にマークして答えなさい。

例　$\boxed{\text{アイウ}}$ に－47と答えたいとき

ア	●	⓪	①	②	③	④	⑤	⑥	⑦	⑧	⑨
イ	⊖	⓪	①	②	③	●	⑤	⑥	⑦	⑧	⑨
ウ	⊖	⓪	①	②	③	④	⑤	⑥	●	⑧	⑨

なお，同一の問題文中に $\boxed{\text{ア}}$ ，$\boxed{\text{イウ}}$ などが２度以上現れる場合，原則として，２度目以降は，

$\boxed{\text{ア}}$ ，$\boxed{\text{イウ}}$ のように細字で表記します。

3　分数系で解答する場合，分数の符号は分子につけ，分母につけてはいけません。

例えば，$\dfrac{\boxed{\text{エオ}}}{\boxed{\text{カ}}}$ に $-\dfrac{2}{3}$ と答えたいときには，$\dfrac{-2}{3}$ として答えなさい。

また，それ以上約分できない形で答えなさい。例えば，$\dfrac{3}{2}$ と答えるところを $\dfrac{6}{4}$ のように答えてはいけません。

4　根号を含む形で解答する場合，根号の中に現れる自然数が最小となる形で答えなさい。

例えば，$\boxed{\text{キ}}\sqrt{\boxed{\text{ク}}}$ に $6\sqrt{2}$ と答えるところを，$3\sqrt{8}$ のように答えてはいけません。

5　根号を含む分数形式で解答する場合，例えば $\dfrac{\boxed{\text{ケ}}+\boxed{\text{コ}}\sqrt{\boxed{\text{サ}}}}{\boxed{\text{シ}}}$ に $\dfrac{3+2\sqrt{2}}{3}$ と答える

ところを，$\dfrac{6+4\sqrt{2}}{6}$ や $\dfrac{6+2\sqrt{8}}{6}$ のように答えてはいけません。

問32 次の書き下し文のように読むことができる文はどれですか。適切なものを後の①～④のうちから一つ選びなさい。

・己に如《し》かざる者を友とすること無かれ。

① 無レ友二不レ如レ己者一。

② 無三友二不レ如レ己者一。

③ 無二友レ不レ如レ己者一。

④ 無五友四不三如二己者一。

問26　次の文の傍線部の部分と文法的性質が同じものを、後の①～④のうちから一つ選びなさい。

・初心者の人でさえ簡単にできます。

① 勉強すると言ったのにペンさえ持たない。
② 生きてさえいてくれればそれでいい。
③ 鴨だけでなく白鳥さえやって来た。
④ 枯れ木さえあればすぐに火を起こせるのだが。

問27　次の文における傍線部に用いられている敬語の種類として適切なものを、後の①～③のうちから一つ選びなさい。

・私が荷物をお持ちする。

①　尊敬語　　②　謙譲語　　③　丁寧語

問28　次の文における傍線部に用いられている敬語の種類として適切なものを、後の①～③のうちから一つ選びなさい。

・先生が召し上がる。

①　尊敬語　　②　謙譲語　　③　丁寧語

問29　次の和歌中の空欄に入る語句として最も適切なものを、後の①～④のうちから一つ選びなさい。

・［　　　　］世世の竹取野山にもさやは侘びしきふしをのみ見し

① あづさゆみ
② くれたけの
③ たらちねの
④ とぶとりの

問30　鴨長明の作品を、次の①～④のうちから一つ選びなさい。

① 枕草子
② 方丈記
③ 徒然草
④ 奥の細道

問31　次の漢詩の形式として適切なものを、後の①～④のうちから一つ選びなさい。

一片花飛減却春　　風飄万点正愁人
且看欲尽花経眼　　莫厭傷多酒入脣
江上小堂巣翡翠　　苑辺高塚臥麒麟
細推物理須行楽　　何用浮名絆此身

①　五言絶句　　②　五言律詩　　③　七言絶句　　④　七言律詩

三　次の各問いに答えなさい。

問21　次のA～Cの［　］に当てはまる漢字の組み合わせとして最も適切なものを、後の①～④のうちから一つ選びなさい。

A　飛ぶ［　］を落とす勢い　　意味…権力や勢いが盛んな様子。
B　［　］が西向きゃ尾は東　　意味…あたりまえのこと。
C　水を得た［　］　　意味…自分の長所を生かして、生き生きしている様子。

①　A　鳥　B　犬　C　魚
②　A　雲　B　犬　C　花
③　A　矢　B　猫　C　魚
④　A　鳥　B　猫　C　風

問22　次にあげる故事成語の意味として最も適切なものを、後の①～④のうちから一つ選びなさい。

・他山の石

①　人は人、自分は自分という割り切る気持ち。
②　他人の言うことに左右されない強い意志。
③　自己の向上の助けとなる他人のよくない言動。
④　自分にまったく関係のない他人の行い。

問23　次の傍線部と同じ意味内容になる故事成語として最も適切なものを、後の①～④のうちから一つ選びなさい。

・せっかくのありがたいお話も、君はまったく気にも留めないのだね。

①　馬耳東風
②　鶏鳴狗盗
③　朝三暮四
④　漱石枕流

問24　次の熟語と同じ構造のものを、後の①～④のうちから一つ選びなさい。

・未遂

①　両者　②　中心　③　撮影　④　不要

問25　次の文の傍線部の部分と文法的性質が同じものを、後の①～④のうちから一つ選びなさい。

・今年は台風が来ない。

①　泥が跳ねたせいで服がきたない。
②　上着を着てはいるがそこまで寒くない。
③　足を怪我したために歩けない。
④　彼女の予定は計画性がない。

問20 この文章を読んだAさんは、自分の考えを整理するため、次のような【論理展開メモ】を作成しました。［　＊　］に入る最も適切なものを、後の①～④のうちから一つ選びなさい。

【論理展開メモ】

日本の多くの企業…　「予定調和・前例踏襲」が当たり前

↓

枠内思考＝思考停止

⇓

日本低迷の発生源

筆者…　「企業改革が必要だ」と考え、企業改革のサポートをするようになる。

↓　その過程で

「日本人の生き方に〈大きな問題〉がある。」と感じた。

↓

「自分の人生に重要な意味をもつこと」…　自分の意向とは無関係に決まる。

↓

「仕方のないこと・受け入れざるを得ないこと」

↓　なぜ、そう考える?

［　　＊　　］から。

① さらに豊かで充実した人生を送るための、唯一無二の方法であると考えている

② 問題であるとは思っているが、それを指摘することでさらに大きな問題になる

③ 日本の社会では当然のことであり、企業に勤める多くの人が問題視していない

④ 日本という国の基本的な仕組みであり、これが最善のものであると信じている

問18 傍線部(3)「日本人の生き方には非常に大きな問題が潜んでいる、と感じている」とありますが、筆者がそのように「感じ」るようになったのはなぜですか。その説明として最も適切なものを、次の①～④のうちから一つ選びなさい。

① 個人の重大な決断が会社の意志でおこなわれることが多い日本の社会では、そのような決断のあり方が当然のこととなっており、自分のことを自分で決定できない以上、そこに生きる人々はあらゆることについてあきらめるようになってしまう、と考えているから。

② 人生を決定づけるような重大な決断を自分の意志でおこなってきた人には、答えがあるかどうかわからないような困難な問いに対峙《じ》した経験があり、そのようなことを経験してきていない人とは、思考のあり方に大きな差が生じてしまう、と考えているから。

③ 典型的な日本のサラリーマンの人生は、その人自身の考えではなく他の人の判断によって決定されるものであるが、そうでなければ成り立たない日本の会社の仕組みそのものが、個人だけでなく社会にも悪影響を与えている、と考えているから。

④ 自分の人生における重要な決断を自分の意志で決定してきた人は、リスクを背負いつつも、今の自分にとって本当に必要なものを見極める力を持ってはいるが、日本の社会はその力を活用することができない理不尽な社会である、と考えているから。

問19 傍線部(4)「順調に過ごしているサラリーマン」とは、どのような人のことですか。その説明として最も適切なものを、次の①～④のうちから一つ選びなさい。

① 自分の人生で重要な意味をもつはずの転機における判断が、他人の意志によって為されることに少なからず疑問を抱き、自分の意志によって自分の人生をつくり上げてきた人。

② 普通の会社員の多くが向き合うことのない、働くことの本質にかかわるような簡単には答えの出ない問いに対して、しっかりと向き合わざるを得ない貴重な経験をしてきた人。

③ 自分の人生を会社の意志で決めてきたために、自分の意志で自分の人生を作り上げてきた人とは決定的な「違い」をもち、それを強く自覚することで成功をおさめてきた人。

④ 自分の人生の重要な場面において、たとえ自分で選択・判断できなくとも、与えられたものを受容することで日本の企業で働く会社員として問題のない人生を送っている人。

問15 傍線部(1)「「予定調和」や「前例踏襲」で組織が運営されると、どういう状況で思考停止は生まれてしまうのでしょうか」とありますが、筆者はなぜ「予定調和」や「前例踏襲」によって「思考停止」が「生まれてしまう」と考えているのですか。その説明として最も適切なものを、次の①～④のうちから一つ選びなさい。

① 新しい発想など必要ないという前提のもとに、これまでどおりのやり方で、〝枠〟として確定している結論に向かい「予定調和」によって仕事をしているだけだから。

② 組織の目指すべき最終目標が最初から設定されていたり、過去の方法で目標達成を目指したりするだけなので、思考したうえで新たなものを生み出す必要がなくなるから。

③ 「前例踏襲」を最も重んじる日本の社会においては、新しい発想を生み出すことなど必要なくなり、深く思考することなどやめようと考えるようになってしまったから。

④ 到達すべき結論を前提としたうえで進めていく仕事をこなすために、同じことを繰り返していくだけで、効率的に物事の本質を捉えることができるようになったから。

問16 傍線部(2)「非常に多くの無自覚な「規範」が〝枠〟となっているのが現実です」とは、どういうことですか。その説明として最も適切なものを、次の①～④のうちから一つ選びなさい。

① 会社で業務を行うときに、意識せず従来どおりの決まりごとや慣習等にしたがうことで、人々が思考をしない環境ができ上がっているということ。

② 効率化のため、余計なことは考えず予定された結論のみを意識して働くことで、多くの日本の会社が経営的にかなり厳しくなったということ。

③ 社会に生きる人々は安定を実現するため、過去の規範を維持しようと努めるようになり、その規範にもとづいた人生を送るようになったということ。

④ 社会全体で面倒なことを考えるのはやめようと考えはじめた結果、予定調和を重視するようになり、思考など必要ない環境が完成したということ。

問17 空欄 X に入る言葉として最も適切なものを、次の①～④のうちから一つ選びなさい。

① 個々の持つ豊かな独自性を最重要視するという

② 日本人と外国人とを明確に区分けしようとする

③ 他者の領域を尊重して安易に踏み込まないという

④ お互いに自分に似た「何か」を共有しようとする

確かに、受け入れざるをえないというのが現実でしょう。そこに問題があるというのなら、日本での会社人生はそもそも成り立たないからです。

しかし、私がこうしたことにあらためて問題を感じるようになったのは、そこに生じている「違い」に非常に大きな意味があることがわかってきたからです。

その「違い」とは何か、といえば、自分の人生を会社の意志で決めてきた人と、自分の意志で決めてきた人の、思考の在り方の「違い」です。

多くの人の「ジブンガタリ」を聴いていると、少数ではあるのですが、自分の意志で自分の人生をつくり上げてきた、という人にも出会います。

それはどういう人なのかといえば、一つは自分の意志でリスクの伴う転職を決行してきた人です。自分の人生をリスクの伴う自らの決断で決めてきた、という経験は、(4)順調に過ごしているサラリーマンでは味わうことのない経験です。

それが上手くいったかどうか、本人が自覚しているかどうかは別にして、非常に重要な痕跡をその人の思考姿勢の中に残していることが見えてくるのです。

つまり、普通の会社員なら、多くの場合には向き合う機会のない、「働くとはそもそも自分の人生にとって何を意味することなのだろう」とか、「この会社で働くことが自分の人生にもたらす意味は何だろう」とか、簡単には答えの出ない問いと向き合わざるをえない経験をいつの間にかしている可能性がある、ということです。

（柴田昌治『日本的「勤勉」のワナ』より）

問11 二重傍線部ⅰ「踏襲」の読みとして適切なものを、次の①～④のうちから一つ選びなさい。

① ふしゅう　② ちょうしゅう
③ とうしゅう　④ ふみしゅう

問12 二重傍線部ⅱ「フカヒ」の「ヒ」と同じ漢字を含むものを、次の①～④のうちから一つ選びなさい。

① 現実からトウヒする。　② 台風のヒガイにあう。
③ 二つの商品をヒカクする。　④ 質問にモクヒする。

問13 二重傍線部ⅲ「セイコウ」の「コウ」と同じ漢字を含むものを、次の①～④のうちから一つ選びなさい。

① 公共料金の値上げにコウギする。
② 他国へのシンコウは許されない。
③ 雑誌に俳句をトウコウする。
④ 最近の消費者のケイコウ。

問14 次の文は、Ⅰ～Ⅳのどこかに入ります。入る場所として最も適切なものを、後の①～④のうちから一つ選びなさい。

・これを変えようと思うなら、経営陣一人ひとりが本気でチームとなり、組織風土改革も織り込んだ方針の大転換をすることが必須です。今のままだと、どうしても深く掘り下げる思考が働かないままになってしまう、ということです。

① Ⅰ　② Ⅱ　③ Ⅲ　④ Ⅳ

上位に置いた仕事を続けることでしょう。そのようなことでは、前例踏襲で動き続ける組織が減るわけがないのです。

Ⅲ　そのような問題意識もあり、私はこれまで、企業改革のサポートを自らの社会的な使命と定め、取り組んできました。

企業改革の推進力を強化するためには、改革をしたいという思いを持つ企業人同士の連携を高めることがどうしても必要になります。

そして、連携を高めるためには、互いの心理的な安心感をつくり上げるステップを重視しなくてはなりません。

Ⅳ　日本の場合、この心理的安心感をつくり上げるのは他の先進国と比べると、実のところそれほど難しくはないのです。

というのも、一定の環境さえ用意すれば、［X］感覚を多くの人が持っている、という人間関係における強靭《きょうじん》な強みが日本人にはあるからです。この感覚を私は「日本人が持つ共感力」と名付けています。

先輩後輩意識や互いが持つ甘えの関係がプラスに働くシチュエーションや環境を用意するのは、やり方さえ間違わなければ、それほど難しくはないのです。

企業改革の最初のステップでは、「ジブンガタリ」という、一人ひとりが自分のことを自らの言葉でじっくりと語る時間を大切にしています。単なる経歴ではなく、自分が経てきた人生の中で感じたことや考えたことなど、自身の生きざまを互いに語り合ってもらうのです。

この時間での唯一の譲ることのできないルールは、互いに相手の話に耳を傾けて、その人が本当に言いたいことをじっくりと聴く、ということだけです。

こうした時間を、話しやすい雰囲気を醸成してから持つことができれば、参加者はかなりオープンに自分のことを話します。

そんな機会を非常に多く体験してきた私ですが、実は、たくさんの人のこうした話を聴く中で、(3)日本人の生き方には非常に大きな問題が潜んでいる、と感じていることがあるのです。

それは、企業人の多く、特に中枢に位置する人ほど、自分の人生の中で非常に重要な意味を持つはずの自身の人生の転機を、自分の意志とはまったく関係なく、会社の意志、もしくはそのときの人事を担当した他人の意志で決めていることです。

日本の人事や採用の仕組みがそうなっているので、これは日本企業としてはごく当たり前のことです。ですから、多くの人は特に意識していないのですが、よく考えてみると人生の在り方にとっては非常に重要な意味を持っているのです。

「どの部署で仕事をするか、勤務地をどこにするか」は、場合によっては自分の人生を決定づけてしまうような重大な事項であるにもかかわらず、自分の意向とは無関係に他の人の判断で決まるのが、日本という国の基本的な仕組みだということです。

日本企業が成り立っている人事の仕組みそのものがそうなっているのだから、一人ひとりにとっては仕方がないことではあるのです。

ただし、企業では当たり前のこととはいえ、日本のサラリーマン人生はそういうことの連続なのだ、ということの持つ潜在的な意味の大きさを思わずにはいられません。

これは日本ではごく普通のことですから、会社勤めをしている人の多くがそうやっているわけで、取り立てて問題がそこにあるとは思っていません。問題自体は薄々感じてはいても、仕方のないこと、受け入れざるをえないことだと思っているわけです。

二　次の文章を読み、後の問いに答えなさい。

安定優先の経営姿勢を長年続けてきたことが、安定重視の社会規範を私たちの意識の中に蔓延《まんえん》させています。

その結果、「予定調和」であるとか「前例ⅰ踏襲」といった思考姿勢が多くの伝統ある会社では当たり前の規範となっているのが現状です。

Ⅰ

では具体的に、(1)「予定調和」や「前例踏襲」で組織が運営されると、どういう状況で思考停止は生まれてしまうのでしょうか。

「予定調和」というのは、そもそも最初から確定している結論に向かって、そこから逆算した道筋をただ辿《たど》っていく仕事の進め方です。そこにいる人間は無意識のうちに予定された結果を念頭に置き、つまり、予定された結果を前提に業務を処理します。

Ⅱ

そのような状態を、私は「結論が『動かせない前提』という〝枠〟となっている」と表現しています。この場合、業務は〝枠〟の範囲（頭の中にある想定）で処理すれば済むので、自分の頭で物事の本質を深く考え抜くといった必要は基本的にありません。

「前例踏襲」も同じです。前例という過去の経験を〝枠〟として、それをなぞってことを進めればいいのですから、そこでも新しい発想や頭を使って考えることは必要ないのです。

不動の前提を〝枠〟とし、その〝枠〟の範囲で業務を処理するのは効率的で、気持ちの上でも、頭を使わないという意味でも、楽なのです。

この楽で効率的な思考を「枠内思考」と呼んでいます。

意識して努力をしない限り、楽なほうを選んでしまうのが人間という生き物です。気がつけば、(2)非常に多くの無自覚な「規範」が〝枠〟となっているのが現実です。

無自覚な「規範」というのを具体的にあげてみると、先ほどから出てきている予定調和の考え方、前例、上司の意向、お客様の意向、社内の作法、法規、予算、部門の壁などいくらでもあります。

無理をして面倒なことを考えるより、それで済むなら何も考えずに動くことを選択してしまいやすいのが、私たち人間です。上司やまわりの空気から、考えないことを望まれていると感じるなら、なおさらそうしてしまう人が多くなるのは当然だということです。

この楽で無自覚な枠内思考という思考停止状態は、平成以降、多くの日本の会社がいつの間にかなじんでしまった本質的で致命的な問題点です。

つまり、変化をめざすことがⅱフカヒである状況になっているにもかかわらず、無自覚の中にこうした多くの規範が〝枠〟をつくり上げ、思考停止を呼び起こしてしまっているのです。こういう状況に気づけば、思考停止を排除できなくなっている事態がありとあらゆるところで起きている、ということがわかります。

そして、これこそが日本低迷の発生源と言ってもよいのです。

日本、そして、日本の会社の将来にとって問題なのは、結局のところ、思考停止という現象がまさに日常茶飯な現象となってしまっている、ということに集約されます。

規律や作法や思惑が〝枠〟となって社員の思考を縛り、制限された行動が強く出る環境の中で、考える力は育つはずがないのです。

枠内思考という思考停止は、身近で無自覚に根深く存在しているからこそ、最も大きなダメージを与えている、ということでもあるのです。

日本人が持つこの無自覚な思考停止というⅲセイコウを放置したままだと、経営の中枢（本社部門など）も今まで通りの発想で「混乱回避」を

問7 傍線部(2)「実はその答えはイエスではありません」とありますが、それはなぜですか。その説明として最も適切なものを、次の①～④のうちから一つ選びなさい。

① 買い物のように何度となく判断しなければならないことに対して、私たちはほとんど直感で済ますが直感には限界があるから。

② 買い物のように時間に追われていることに対して、私たちはじっくりと損か得かを計算する余裕がなく何も考えていないから。

③ 買い物のように毎日の経験のなかで学習することに対して、私たちは無意識のうちに感覚的な判断を避ける傾向があるから。

④ 買い物のように日常的に繰り返し行うことに対して、私たちは直感を研ぎ澄ます重要性に気づいていないから。

問8 空欄 E ～ G に入る言葉の組み合わせとして最も適切なものを、次の①～④のうちから一つ選びなさい。

① E―システム１　F―システム２　G―システム２

② E―システム１　F―システム１　G―システム２

③ E―システム２　F―システム１　G―システム２

④ E―システム２　F―システム２　G―システム１

問9 空欄 X に入る言葉として最も適切なものを、次の①～④のうちから一つ選びなさい。

① 意図せず本能的な判断

② 意識的に熟慮する判断

③ 直感による瞬時の判断

④ 経験から学習した判断

問10 本文の内容として最も適切なものを、次の①～④のうちから一つ選びなさい。

① 私たちがものを買うときには、まず見た目の印象を動機に、商品の品質、世間の評判、値段が適当なものかを判断して決める。

② 私たちが値段を確認する際には、購買経験で得た記憶にある「基準となる値段」と比較し、適切な値段かどうかを確認する。

③ 私たちの買い物はほとんど直感的に行われることが多いが、有名人などの外部からの情報に左右されることはない。

④ 直観的な判断には限界があることが判明しており、命に関わり、一分一秒を争う医療診断では危険を伴うため重視されていない。

問4 空欄［A］～［C］に入る言葉の組み合わせとして最も適切なものを、次の①～④のうちから一つ選びなさい。

① A 意識・B 欲求・C 行動
② A 行動・B 意識・C 刺激
③ A 刺激・B 意識・C 行動
④ A 欲求・B 行動・C 意識

問5 傍線部(1)「欲求はそう単純なものではありません」とありますが、買い物をするときの心理と行動の流れを表した次の図で、「目にとまる 知覚」はどの段階に位置しますか。次の図中の①～④のうちから一つ選びなさい。

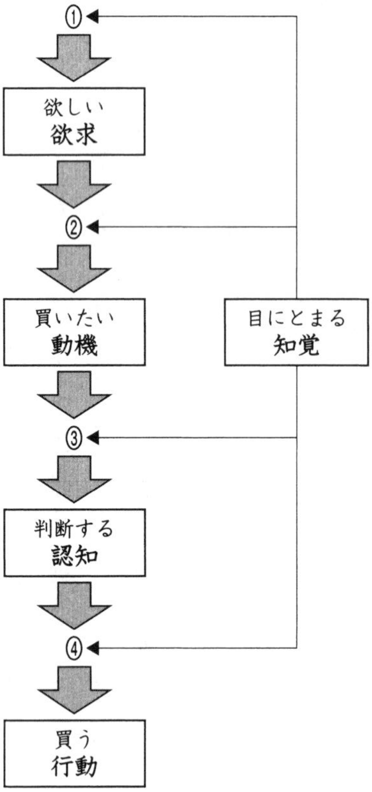

問6 〈 ＊ 〉には、次の三つの文（ア～ウ）が入ります。前後の文脈に合うようにア～ウの三つの文を並べ替えたとき、どのような順序で組み合わせるべきですか。その組み合わせとして最も適切なものを、後の①～④のうちから一つ選びなさい。

ア まず視覚によりその商品と値札が私たちの注意を引いてきます。さらに、意識としてこの商品が、自分が欲しいと思っていたトマトであることを理解します。これを「知覚」と呼びます。
イ 例えば、欲しいから買いたいと思っていた商品が目に止まる。色つやのいいトマトが一個１００円だ。
ウ 目に入っただけでは何も感じませんが、これはトマトであると知覚してはじめて、次に、欲しかったトマトかどうかを認知することになる。

① ア→イ→ウ
② イ→ア→ウ
③ ウ→イ→ア
④ ア→ウ→イ

バットはボールより1000円高いです
　ではボールはいくらでしょう？

筆者の経験では、直感で正しい答えを出せる人はいません。ほとんどの人が100円と答えます。しかし、正答は、50円です。

なぜほとんどの人が100円と考えるのでしょうか、それは直感で答えているからです。少し考えれば、（ G を使えば）、100円だとバットが1100円、合わせて1200円になって間違いにすぐ気がつきます。

直感はこの程度の計算問題も実は苦手なのです。私たちは、簡単な問題と思うと、わざわざ考えないで（システム2を使わないで）、感覚的に1100円引く1000円とやって間違えてしまうのです。

それ以外でも、例えば有名人がテレビで勧めている商品がいいように感じるのも、「ハロー効果」と言って、感覚的な印象でものごとの判断をしようとする直感の仕業です。

私たちはこのような直感の限界をわきまえた上で、直感を使うべきなのです。

私たちが、値段を見て、損か得か感じるのも、直感の仕事です。買い物ではいかに得をするか、損をしないようにするかが大事なポイントです。問題は、日常の買い物をほとんど直感で済ませていることにあります。

（徳田賢二『値段がわかれば社会がわかる』より）

問1　二重傍線部ⅰ「ミエ」の「エ」と同じ漢字を含むものを、次の①～④のうちから一つ選びなさい。

① 話題のエイガを観に行く。
② 有名人の発言にエイキョウされる。
③ 年末年始のエイギョウ時間を見直す。
④ 全国制覇のエイカンに輝く。

問2　二重傍線部ⅱ「ダトウ」の「ダ」と同じ漢字を含むものを、次の①～④のうちから一つ選びなさい。

① 解決のために仕方なくダキョウする。
② 君のダサン的な発言はよくない。
③ タイダな生活を改めなければならない。
④ この小説はダサクだと批判された。

問3　二重傍線部ⅲ「緻密」の読みとして適切なものを、次の①～④のうちから一つ選びなさい。

① ちみつ
② めんみつ
③ きみつ
④ ちょうみつ

こうした経験を積み、学習することで、当たり外れも含めて、商品と値段の関係、この程度の品質ならこの程度の値段が適当という判断力が鍛えられ、私たちの記憶に止まることになります。その経験値が、私たちの「参照価格」なのです。

もう一度新たな買い物をすると、さらに学習し、その結果が記憶されて、私たちの判断力が鍛えられていく。今度はさらに改善された「参照価格」を確認する。このステップの繰り返しです。

逆に考えれば、あまり買い物経験がないと、しっかりした経験値もなく、失敗することも出てきます。何事も経験なのです。

しかし何事も経験だと言われても、買い物は、よほど高額な買い物をするとき以外は、ほとんど瞬間的、直感的に決めています。

本当に、買い物は経験を積めば失敗しなくなるのでしょうか。直感を磨くことはそもそも可能なのでしょうか。(2)実はその答えはイエスではありません。失敗は少なくなるでしょうが、まったく失敗しなくなるとは言えません。

どうしても、理屈に合わない非合理的な判断、エラーはつきものなのです。そのことが、経済学の新しい分野、行動経済学で明らかにされつつあります。

なぜそうなのでしょうか、私たちが判断、意思決定する心のしくみをあきらかにすることから始めてみましょう。

目の前にケーキがあるとします。このケーキを認知して、買うかどうかを判断し、買うことを決めます。一方、乗用車を買いたいときも、同様に買うかどうか判断して決めます。

同じように見えますが、ケーキを買うときはほとんど「直感」を使って意思決定し、乗用車を買うときには、「熟慮」した上で決めています。

このように、私たちは、買い物のように何度となく判断しなければならないときは、「直感」を使い、乗用車のように高額な商品を購入するときは、直感ではなく、しっかりと「熟慮」して買うかどうかを決めます。

行動経済学では、無意識的に速い直感的な思考を「システム1」、意識的に遅く熟慮する思考を「システム2」と呼んでいます。私たちは重たい決定にはシステム2、それ以外はなるべくシステム1と、使い分けています。

日々大量に発生する些《さ》細《さい》なことにまで[E]を使ってしまうと、脳に大きな負担が掛かってしまうので、脳に負担が掛かりすぎないように、[F]を主に使うようにするのです。

私たちの生活や仕事では、想像以上に直感は大きな役割を果しています。自転車に乗って、突然道路に石を見つけて、転ぶ前にハンドルを切るのも、直感のなせる業《わざ》です。考えている間などはありません。[X]は私たち自身を助けてくれます。

私たちの買い物だけでなく、売り手側、例えばコンビニ、ファストフードでは、いかに時間を掛けずに注文を処理するか、ほとんど直感的に判断、処理することを前提にしています。

身近なところでは、専門性の高い医療診断でも医師の直感的な判断力が重視されていると言われています。医療診断は、場合によっては命に関わり、一刻一秒を争うほど緊急性の高いものですが、そこでも医師の直感的な判断力が大きな役割を果しています。

診察での直感的な判断と合わせてそれを裏付けるiii緻密なデータ分析が行われているのです。

しかし速い思考、直感には限界があることも確かです。次の問題を〝直感的〟に考えてください。

バットとボールは合わせて1100円です

二〇二三年度　叡明高等学校（推薦2回目）

【国　語】（五〇分）〈満点：一〇〇点〉

一　次の文章を読み、後の問いに答えなさい。

私たちが何かを欲しいと思うときとはどんなときでしょう。急に何かを食べたくなるとき、それは昼休みの時間が近づいてきたときとか、散歩にでも行ったときに、ふと見かけたケーキ屋で美味しそうなケーキに気付いたときとか、様々な場面があります。

もちろん、自分自身が空腹感を感じていたのかもしれないし、また外からその空腹感を誘い出す刺激があったからかもしれません。その刺激に私たちの注意が働くことで、空腹感を意識し、結果として買って食べようという決心（?）につながっていきます。

こうした人間の「注意」、「意識」がどのように働くかを研究しているのは「認知心理学」という脳の働きを研究する分野です。「注意」とは、「周りの様々な情報の中から、ある一つのことを選択する」こと。次に「注意」して選択した情報を「意識」して、どうするかを考えます。

このことからも、ある商品の存在について、私たちの注意をどう引いて、意識させるか、そこに売り手の心理学的な仕掛けどころがあることがわかります。

このように、私たち消費者の心理や行動を理解するには、私たちが外からの［　A　］に対して、どう［　B　］が反応し、それがどう［　C　］につながっていくか、という流れを理解する必要があります。

何かを欲しいと思うことは、逆に見れば、それは足りない、またはないことの裏返しです。欲求とは、何かが「足りない」という「意識」でもあります。欲求があってはじめて何かを入手しよう、買おうという意識が生まれます。

欲求と同じような言葉に、「ニーズ」または「必要性」という言葉があります。例えば、この新商品は、若い人たちに「ニーズ」があるかどうか、などといった場面に使います。

買い手の立場からは「欲求」を感じるかどうか、売り手の立場からはそこに「ニーズ」があるかどうかという言い方になります。

(1)<u>しかし欲求はそう単純なものではありません。</u>今日はお昼にお弁当を食べたいというのは、もちろん食欲を満たすためですが、同時に仲間との語り合いの場を作るためかもしれないし、高級なお弁当ならⅰ<u>ミエ</u>を張るためかもしれません。欲求は複雑なものです。この欲求こそが何かを買いたいという動機を生み出す原動力であることを忘れてはいけません。

〈　＊　〉

とにかく、商品と値札はまず視覚にキャッチしてもらわなければ話は始まりません。

ここで、このトマトを買うべきか買うべきではないかの段階になります。商品としての外観、色つや、規格、傷がないか、値段がその品質に照らしてⅱ<u>ダトウ</u>なものかを確認して、問題がなければ、よし買おうと行動に移るのです。

しかし、こうした食べ物の価値、美味しいかどうかは食べてみなければわかりません。美味しそうな柿でも渋いことがあります。うまくいけば満足し、うまくいかなかったときは、反省します。日々欠かせない買い物はその満足と反省の繰り返しであり、その積み重ねでもあります。

2023年度／叡明高等学校（推薦２回目）

英語解答

1 問１ ①　問２ ④　問３ ③
問４ ②　問５ ③　問６ ①
問７ ④　問８ ①　問９ ①
問10 ③

2 問11 ④　問12 ①　問13 ①
問14 ③　問15 ②

3 問16 ④　問17 ②　問18 ①
問19 ③　問20 ②

4 A　問21…②　問22…④
B　問23…①

5 問24 ②　問25 ④　問26 ③
問27 ③　問28 ③　問29 ②
問30 ②

6 問31 ④　問32 ④　問33 ②
問34 ③　問35 ①　問36 ②
問37 ②

1〔適語選択・語形変化〕

問１．Ａ：そろそろ家に帰ろうか。お母さんが僕たちに早く帰ってこいって言ってたし，面倒なことになったら嫌だから。／Ｂ：わかった。行こう。∥get in trouble「面倒なことに巻き込まれる」

問２．Ａ：あなたはこのクラスで誰が一番好きなの，ジェーン？／Ｂ：そうね，私はジョッシュが好き。でも誰にも言わないで。秘密よ。∥直前の「誰にも言わないで」から secret「秘密」だとわかる。

問３．have a chance to ～「～するチャンスがある」　「私の好きな俳優が明日うちの学校に来る。彼と話すチャンスがあるといいな」

問４．look forward to ～ing「～するのを楽しみに待つ」　「ジャックは今度の週末に友達と一緒に映画を見るのを楽しみにしている」

問５．Ａ：向こうのベンチに座っているあの男性は誰ですか？／Ｂ：あれは私の父です。∥空所以下は that man を修飾する部分で，「向こうのベンチに座っているあの男性」という意味になればよい。「～している」の意味で名詞を修飾するのは現在分詞（～ing）。

問６．前に haven't があるので，'have/has＋過去分詞' の現在完了の文と判断できる。　begin－began－begun　「私はまだ宿題を始めていません。すぐに始めなくては」

問７．Ａ：ボニー，私は財布をなくしちゃった。お昼ご飯のためにいくらか貸してくれる？／Ｂ：いいわよ，ルーシー。∥この後ＡはＢにお金を借りようとしていることから，Ａは財布を「なくした」と推測できる。　lose－lost－lost

問８．not ～ at all「全く～ない」　「ジョンは数学のテストで良い点数が取れなかった。彼は先週，具合が悪くて，テスト勉強が全くできなかったのだ」

問９．泳げないことを理由に行きたくないのは「深い」場所である。　「私は泳げないので，プールの深い方には行きたくない」

問10．Ａ：ティム，この携帯電話の使い方を私に教えてくれる？／Ｂ：いいよ。僕も同じのを持ってるから。∥話の流れから，携帯電話の使い方をきいていると判断できる。「～の仕方」は how to ～で表せる。　'show＋人＋how to ～'「〈人〉に～のやり方を教える」

2〔対話文完成－適文選択〕

問11. A：こんにちは，リンダ。今週のバイオリンの練習はどうだった？／B：こんにちは，ベーカー先生。けっこううまくいきました。毎日１時間弾きました。／A：それはよかった。あなたに出した新しい曲で何か困ったことはある？／B：はい，２番目のパートが私にはちょっと難しかったです。∥今週のバイオリンの練習について話している。新しい曲の一部が難しかったと言っているので，②は不適切。

問12. A：ねえ，マーク，僕と一緒にジムに行かない？／B：どうしようかな，スティーブ。僕は長いこと運動していないんだ。／A：さあさあ。きっと楽しいよ！　ジムのプールで水泳もできるし，バドミントンもできる。／B：そうだね，僕はバドミントンをやるのが大好きだ。わかったよ，もしそれをやるなら一緒に行くよ。∥この後の内容から，ジムに行く理由になるものを選ぶ。次の文の do that は play badminton の代用となる。

問13. A：スティーブンのレストランにようこそ。ご注文はお決まりですか？／B：はい，スクランブルエッグとソーセージを添えたパンケーキをお願いします。／A：他には何かいかがですか？コーヒーは？／B：いや，今朝もう飲んだんです。代わりに紅茶をお願いします。∥コーヒーの代わりに紅茶を頼んでいる理由を考える。①の some は some coffee のこと。

問14. A：やあ，ランディ。何を読んでいるの？／B：ああ，ブラジルの歴史についての本だよ。／A：本当？　それはおもしろいテーマだね。どうしてそれを読んでいるの？／B：来年，そこへ留学する予定なんだ。∥次のBの応答から，ブラジルの歴史の本を読む理由をきいたとわかる。

問15. A：あら，マイク。今日，ビーチに行くの。あなたも来る？／B：ああ，どうしようかなあ，スージー。強い日差しの下に長い時間いたくないんだ。／A：私はビーチパラソルを持っているわ，だからそれは心配しなくていいのよ。／B：ああ，わかった。じゃあ，一緒に行くよ。ビーチは久しぶりだな。∥ビーチの強い日差しを嫌がるBに対し，それは心配しなくていいと言える理由を考える。so は「だから」の意味で，‘理由’と‘結果’をつなぐ。

3〔整序結合〕

問16.「～はいかがですか」と食べ物や飲み物を勧める表現は，Would you like (to have) ～?。「ケーキをおひとつ」は「ケーキのうちの１つ」と読み換えて one of the cakes と表し，その後ろに I made「私が作った」を置く。　Would you like to have one of the cakes I made?

問17.「今まで～した中で最も…な―」は‘the＋最上級＋名詞(＋that)＋主語＋have/has ever＋過去分詞’の形で表せる。　That was the best drama I have ever seen.

問18. 文の骨組みは「人はポスターを無料でもらいました」なので People got a free poster. とする。「人」を修飾する「ペンを買った」は who を主格の関係代名詞として用いて who bought a pen とまとめ，people の直後に置く。　People who bought a pen got a free poster.

問19.「～が…する―回目のとき」は‘～’s＋序数詞(first, second, third, ...)＋time to …’の形で表せる。本問では，‘～’が Yuki，‘…’が travel by plane となる。　This is Yuki’s second time to travel by plane.

問20.「私は分かりません」→I don’t understand で始め，understand の目的語として「なぜ彼女が悲しんでいるのか」を間接疑問(‘疑問詞＋主語＋動詞...’)で表す。　I don’t understand why she is sad.

4 〔読解総合―掲示を見て答える問題〕

Ａ≪全訳≫おもちゃコンテスト／ファントイ社では子どもたちを対象としたコンテストを開催中です。／自分が新しいおもちゃをつくれると思いますか？／11月１日までにあなたのおもちゃを私たちに送ってください！／ルール／・16歳未満で，カリフォルニア在住である必要があります。／・おもちゃの製作費は15ドルを超えてはいけません。／・おもちゃはオリジナルである必要があります。他のおもちゃをまねてはいけません。／賞品／・ファントイ社が優勝者のおもちゃを製作し，11月15日から販売します。優勝者の写真が箱に載ります。／・１位，２位，３位の人は１日ファントイ社に行きます。おもちゃがどうやってできるかを見学します。

問21＜内容一致＞「コンテストに参加するためには，あなたは（　　）必要がある」―②「15ドル以下でおもちゃをつくる」

問22＜英問英答＞「一番いいアイディアを出した人への賞品は何か」―④「ファントイ社が優勝者のおもちゃを販売する」

Ｂ≪全訳≫サンシティー図書館／注意／３階の飲み物の自動販売機は故障しています。今週はそれを使用できません。来週の月曜日，11月17日に３階に新しい販売機が入ります。／飲み物を買える場所／☆冷たい飲み物，コーヒー，お茶は２階のカフェテリアで買えます。毎日午前９時から午後４時半まで営業しています。／☆サンセット通りにコンビニエンスストアもあります。そちらは毎日午前６時から午後11時まで営業しています。コンビニエンスストアまでの地図が必要でしたら，正面デスクにいる図書館員までお尋ねください。

問23＜内容一致＞「この注意は（　　）といっている」―①「来週月曜日までは３階で飲み物を買えない」

5 〔長文読解総合―説明文〕

≪全訳≫❶日本食の一部は特に重要で，それは魚である。日本人は魚をたくさん食べる。日本人は世界の人口の２％にすぎないかもしれないが，世界の魚の10％を食べているのだ。❷さらに，日本人は最も健康によい種類の魚を食べている。サケ，マグロ，サバ，イワシ，ニシンは全て，オメガ３脂肪酸を多く含んでいるが，カロリーは多くない。オメガ３脂肪酸は心臓の健康にとてもよい。これらの魚は健康によいばかりでなく，味もよい。❸マグロは大きい――とても大きい。平均的なクロマグロの成体は体長２メートルで重さは250キロある。／→(ア)そして，捕まえるのが難しい。／→(ウ)第一に，マグロは潜って非常に速く泳げる。／→(イ)中には時速70キロで泳げるものもいる。／第二に，マグロは力が強い。いったん漁師の釣り糸をかむと，人と魚との４，５時間の戦いになることがある。ここは漁師にとって危険な場面だ。マグロの力は，船べりを越して漁師を海に引っ張り込むほど強い。❹では，なぜ漁師は命を危険にさらしてまでマグロを捕ろうとするのか。お金のためである。マグロは１匹でも大金の価値がある。実際，日本の魚市場ではマグロは最も高価な魚だ。2012年１月，日本の有名な築地市場で，269キロのクロマグロが73万5000ドルで売れた。これは１キロ当たりにすると2732ドルだ。❺クロマグロは赤身の肉がおいしいために高価だ。このマグロが最もおいしいのは脂肪の多い部位である。日本人はこの部分を大トロと呼ぶ。すし屋では，大トロの小さい１切れが24ドルすることもある。高価な魚の１切れだ。❻日本人はクロマグロの世界の漁獲量の80％を食べる。日本人はマグロが大好きだが，それはずっとそうだったわけではない。昔は，マグロの赤身肉は日本人に人気がなかった。それは冷蔵庫がなかったからだ。赤身の魚は白身の魚より傷むのが早い。だから貧しい人たちだけがマグロを食べ，金持ちは欲しがらなかった。❼しかし，170年ほど前，江戸(現在の東京)でマグロの大漁があり，あるすし職人がしょうゆとともにそれを提供した。それがおいしくて，マグロを食べるのが人気になった。❽第二次世界大戦後，日本の人々は飢えていた。見つけられるものは何でも食べなければならなかった。マグロは人気になった。その人気はどんどん高まり，漁師はマグロをもっと捕るためにますます遠くの沖に出て行かざるをえなくなった。❾昔からの漁法は，たとえマグロのような大型の魚でも，漁師が手で持つ釣り糸を使うものだ。日本の一部地域では，今でも漁師たちがこの方法で漁をしている。彼らは一度に1匹の魚を釣る。❿現在，各国の大型漁船は非常に大きい網を使う。オーバーフィッシングは大きな問題だ。大型の網は，若い魚も年を取った魚もまとめて，一度にたくさんの魚を捕らえる。若い魚は繁殖の時間がない。このため，マグロの生息数は減少している。将来，海にマグロがいなくなるのではないかと心配する人も多い。⓫オーバーフィッシング――魚を捕りすぎることは世界中で非常に深刻な問題である。クロマグロの生息数は過去30年間で70%減少した。しかし，多くの国で人々はクロマグロを好んで食べ，需要は増えるばかりだ。⓬各国の漁船ははえ縄漁などさまざまな方法でマグロ漁をする。大西洋には約95キロメートルの漁獲用の縄が漁船によって設置されている。これらのはえ縄は一度に大量のマグロを捕らえる。⓭将来，クロマグロはいなくなってしまうかもしれない。あるいは，他の多くの種類の魚や海の生き物も。私たちはどうしたらいいだろうか。漁業をやめるのか。漁業で暮らしを立てている大勢の人々をどうするのだろう。⓮マグロや他の魚の値段はもっと高くてもいいのかもしれない。しかしそうなれば，金持ちしか魚を食べられない。それでいいのだろうか。⓯海での漁に，別の方法を用いるべきか。⓰あなたはどう思うだろうか。

問24＜文整序＞まず，前文に続いてマグロの特徴を述べる㋐を最初に置く。次に，Firstで始まる㋒を，㋐の理由を説明する文として続け，最後に㋒のswim very fastを具体的に説明した㋑をつなげる。

問25＜適語(句)選択＞空所の前のthatは文前半の「日本人はマグロが大好きだ」という内容を指す。直後の文に，昔はマグロは日本人に人気がなかったとあることから，空所を含む部分は「常にそうだったわけではなかった」という否定の意味になると判断できる。

問26＜内容一致＞「昔の日本では，(　　)だけだった」―③「マグロの赤身の肉を食べたのは一部の人」　第6段落最終文参照。

問27＜指示語＞(in) this wayは「このやり方で」という意味。これは，直前の文で述べられた「手で持つ釣り糸を使う」という昔ながらの漁法を指す。

問28＜単語の意味＞直後の文に，このことが原因でマグロの数が減ってしまうとあるので，若いマグロにないのは子孫を残す時間だとわかる。reproduceには「繁殖する」という意味がある。

問29＜適語選択＞直後の，「そうなれば，金持ちしか魚を食べられない」という内容から，マグロや他の魚の「値段」をもっと高くするべきだと述べたとわかる。

問30＜内容真偽＞①「世界の魚の80%が日本人によって食べられる」…×　第1段落第3文参照。10%である。　②「マグロの力が強いので，海に投げ出される漁師もいる」…○　第3段落最終文の内容に一致する。　③「第二次世界大戦後，1人のすし職人がしょうゆとともにマグロを提供し，それは人気になった」…×　第7段落参照。170年前の江戸時代のことである。　④

「オーバーフィッシングは深刻な問題なので，多くの国の人々は漁業をやめようとしている」…×
このような記述はない。

6〔長文読解総合─物語〕

≪全訳≫❶その孤児院には，世話をしてくれる母も父もいない少年少女たちが暮らしていた。孤児院で育った少年ラリーが，私にテッドの話をしてくれた。❷ラリーは当時９歳だった。全ての孤児のように，彼も両親を見つけることを夢見ていた。彼は本当の家庭が欲しかった。❸孤児たちは周りをフェンスで囲まれた広い庭で遊んだ。ラリーや他の子どもたちは，よく門に寄りかかって，母親と一緒に外を通り過ぎる子どもたちを見ていた。そんなとき，庭にいる子どもたちはとても孤独で不幸に感じた。❹ある日，門の外から中をじっと眺めている少年を見て，ラリーは怒りの感情を表した。彼は門に駆け寄って叫んだ。「あっちに行け！」❺外の少年は少し後ずさった。それから彼は言った。「僕の名前はテッド。僕もそっちに行って遊んでもいい？」❻「だめだ」とラリーは怒って言った。「君には家がある。父さんや母さんがいない子どもだけがここで遊べるんだ」❼外の少年は悲しそうだった。ラリーはすっかりいい気になった。彼は走って友達のところに戻り，球技を続けた。しかし，テッドは去らなかった。彼は呼びかけ続けた。とうとう，少年たちの１人がテッドを手伝ってフェンスを登らせた。❽すぐに，テッドはゲームに参加した。ラリーさえ彼と友達になった。❾ゲームの後，休憩しているとき，ラリーは言った。「僕たちは絶対君より楽しいことが多いよ。寝るときは枕投げをするし。枕投げはする？」❿「ううん」とテッドは悲しげに言った。⓫ラリーはさらにうれしくなった。彼は相手にないものを持っているのだ。しばらくして彼は言った。「君は帰らなきゃ。遅くなるよ」⓬「君たちと一緒にいちゃだめ？」と，テッドは言った。「ここが好きなんだ」⓭ラリーは驚いて彼の顔を見た。「もし僕に両親がいたら，ここにいたいとは思わないよ」⓮テッドは目に涙を浮かべた。「家はそんなによくないんだ」と，彼は言った。「ここにいさせてくれない？」　むせび泣きの間に，彼は両親がほとんど毎晩出かけてしまうこと，彼に対してよくきつい話し方をすることを話した。両親は自分のことをそんなに大事にしていないと彼は思っていた。⓯結局，少年たちは，その晩テッドを内緒で孤児院に入れてやることに決めた。それをするのは難しくなかった。建物は大きく，たくさんのクローゼットや小部屋があった。テッドは夕食の間クローゼットに隠れていた。⓰消灯後，少年たちは自分たちの夕食から取っておいた食べ物を彼に届けた。物置の床で寝られるように毛布も渡した。⓱次の日，テッドは言った。「たぶん，僕の母さんと父さんは僕がここにいてもいいと言うよ」⓲「もし僕に母さんと父さんがいたら」とラリーは言った。「僕は帰りたいだろうな。両親は絶対僕に帰ってきてほしいと思うよ」⓳テッドにある考えが浮かんだ。「母さんと父さんは僕の代わりに君を引き取って，僕をここにいさせてくれるかもしれない」と彼は言った。⓴「そんなことはしないよ」とラリーは言った。しかし，彼は両親がとても欲しかったので，いつも希望を持っていた。そこで，彼らは一緒にテッドの家に行った。21そこに着くと，家の前に人だかりがしていた。人々はテッドを見て騒いだ。２人の少年はせきたてられて中に入った。22テッドの父は息子を揺さぶって叫んだ。「どこに行っていたんだ？　さらわれたと思ったぞ」23テッドの母は青ざめた顔で，少年を両腕の中に引き寄せた。24「孤児院に行ってただけだよ」と，テッドは言った。「僕のことを本当はいらないと思ってるのはわかってるんだ，だから孤児院で暮らすよ」　彼はラリーを指さした。「僕と彼が交代するよ。僕はここより孤児院が好きなんだ」25テッドの父がラリーの方を向いた。「君がこの考えをテッドの頭に吹き込んだのか？」と，彼は怒って叫んだ。

26「僕じゃありません」と，後ずさりながらラリーは言った。「それに，僕は気持ちが変わりました。彼と交代したくありません。ここより孤児院の方がいい」27父親の顔に怒りは消えた。苦悩だけが残った。するといきなり，テッドと母と父は互いに抱き合って泣いていた。ラリーは家を抜け出して孤児院に戻った。テッドの家族はまもなく引っ越して，ラリーはその少年に二度と会うことはなかった。しかし，何年もたって大人になっても，ラリーは決してテッドのことを忘れなかった。28「今は」と，その話を私にした後で，彼は言った。「私は結婚して子どももいます。私の子どもたちは，間違いなく，自分が愛され必要とされていることをわかっています。愛する家族がいないということがどういうことか，私は知っています」

問31＜語句解釈＞At such time「そんなとき」の内容は，直前の文で述べられている。

問32＜適語選択＞The boy outside は孤児院の門の外にいるテッドのこと。一緒に遊びたいという申し出をラリーに強く拒絶されたときの様子としてふさわしいものを選ぶ。

問33＜文脈把握＞下線部は直前の Do you have pillow fights? という質問への返答部分。テッドは自分の家では枕投げのような楽しいことができないことを悲しく感じているのである。

問34＜適語(句)選択＞A．この後，テッドとの間に起きた出来事が語られていく。具体的なエピソードの導入として適切なのは One day「ある日」。　B．孤児院の庭に入れてもらったテッドは「すぐに」ゲームに加わったと考えられる。 have a part in ～「～に参加する」　C．孤児院にいたいと訴えるテッドに対し，最終的に少年たちが根負けして孤児院の中に入れたという流れ。 at last「ついに」

問35＜指示語＞「この考え」とは，この前の段落でテッドが述べた I'm changing places with him. というセリフを指している。change places with ～で「～と交代する」という意味。

問36＜話者特定＞この 'I' を含む最終段落は，大人になったラリーが筆者にテッドの話を語り終わった場面。'I' は，筆者にこの話をした語り手，すなわちラリーを指す。

問37＜内容真偽＞①「ラリーは孤児院で暮らしていて，本当の家族を欲しがっていた」…○　第１，２段落の内容に一致する。　②「ラリーはテッドと交代したいと思い，決して気持ちを変えなかった」…×　第26段落第２，３文参照。ラリーは「気持ちが変わりました」と言っている。　③「テッドが少年たちと一緒にいたがったとき，彼らはテッドが孤児院で夕食を食べて泊まるのを手伝った」…○　第16段落の内容に一致する。　④「テッドは，両親があまり彼を求めていないと思っていたが，後にそれは間違いだとわかった」…○　第27段落第３文の描写から，テッドと両親が愛情を確認し合っていることが読み取れる。

数学解答

1 (1) ア…1　イ…5
(2) ウ…－　エ…6
(3) オ…3　カ…1　キ…9　ク…1
ケ…2
(4) コ…3　サ…2
(5) シ…4　ス…3　セ…6　ソ…4

2 (1) ア…－　イ…1　ウ…1
(2) エ…8　オ…3
(3) カ…1　キ…5
(4) ク…－　ケ…5　コ…－　サ…2
(5) シ…2　ス…0　セ…0

3 (1) ア…2　イ…5
(2) ウ…5　エ…3
(3) オ…2　カ…5　キ…9
(4) ク…3　ケ…2　コ…5

4 ア…1　イ…－　ウ…1　エ…1
オ…1　カ…9　キ…2　ク…7

5 (1) 2　(2) イ…1　ウ…1
(3) エ…1　オ…7　カ…1　キ…6

1〔独立小問集合題〕

(1)＜数の計算＞与式$=25\times\frac{3}{5}=15$

(2)＜数の計算＞与式$=\left(\frac{1}{9}\times\frac{3}{2}+\frac{1}{2}\right)\times(-9)=\left(\frac{1}{6}+\frac{3}{6}\right)\times(-9)=\frac{4}{6}\times(-9)=-6$

(3)＜式の計算＞与式$=\frac{2(3a+5b)-3(a-3b)}{12}=\frac{6a+10b-3a+9b}{12}=\frac{3a+19b}{12}$

(4)＜数の計算＞与式$=\frac{1-2\sqrt{5}+5}{4}+\frac{-1+\sqrt{5}}{2}+\frac{1}{2}=\frac{6-2\sqrt{5}}{4}+\frac{-1+\sqrt{5}}{2}+\frac{1}{2}=\frac{3-\sqrt{5}}{2}+\frac{-1+\sqrt{5}}{2}+\frac{1}{2}$ $=\frac{3-\sqrt{5}-1+\sqrt{5}+1}{2}=\frac{3}{2}$

(5)＜数の計算＞与式$=\sqrt{3}(\sqrt{2}-1)(\sqrt{2}+1)+\frac{\sqrt{3}}{\sqrt{8}}=\sqrt{3}\times\{(\sqrt{2})^2-1^2\}+\frac{\sqrt{3}}{\sqrt{2^2\times2}}=\sqrt{3}\times(2-1)+\frac{\sqrt{3}}{2\sqrt{2}}=\sqrt{3}$ $\times1+\frac{\sqrt{3}\times\sqrt{2}}{2\sqrt{2}\times\sqrt{2}}=\sqrt{3}+\frac{\sqrt{6}}{2\times2}=\frac{4\sqrt{3}+\sqrt{6}}{4}$

2〔独立小問集合題〕

(1)＜一次方程式＞両辺に15をかけて，$5(x-4)-3(3x-2)=30$，$5x-20-9x+6=30$，$5x-9x=30+20-6$，$-4x=44$　$\therefore x=-11$

(2)＜数の計算＞与式$=(x+y)(x-y)$とする。$x+y=(2+\sqrt{3})+(2-\sqrt{3})=4$，$x-y=(2+\sqrt{3})-(2-\sqrt{3})=2+\sqrt{3}-2+\sqrt{3}=2\sqrt{3}$だから，与式$=4\times2\sqrt{3}=8\sqrt{3}$である。

(3)＜数の性質＞$\sqrt{240n}=\sqrt{2^4\times3\times5\times n}$だから，これが整数となる最小の自然数$n$は，$2^4\times3\times5\times n=2^4\times3^2\times5^2$となる自然数$n$である。よって，$n=3\times5$より，$n=15$である。

(4)＜連立方程式＞$3x-5y=-5$……①，$x+\frac{3}{4}y=-\frac{13}{2}$……②とする。②×4より，$4x+3y=-26$……②′　①×3＋②′×5より，$9x+20x=-15+(-130)$，$29x=-145$　$\therefore x=-5$　これを①に代入して，$3\times(-5)-5y=-5$，$-15-5y=-5$，$-5y=10$　$\therefore y=-2$

(5)＜一次方程式の応用＞7％の食塩水200gに3％の食塩水をxg混ぜて，5％の食塩水をつくるとする。このとき，5％の食塩水は$200+x$gできる。7％の食塩水200gに含まれる食塩の量と3％の食塩水xgに含まれる食塩の量の合計は，5％の食塩水$200+x$gに含まれる食塩の量と等しいから，$200\times\frac{7}{100}+x\times\frac{3}{100}=(200+x)\times\frac{5}{100}$が成り立つ。これより，$1400+3x=5(200+x)$，$1400+3x=1000$

$+5x$，$-2x=-400$，$x=200$(g)となる。

3 〔平面図形―長方形〕

≪基本方針の決定≫(2)　AF＝CF であることに気づきたい。　(3)　△ACF∽△DEF であることに気づきたい。　(4)　いくつかの三角形の面積の和として求める。

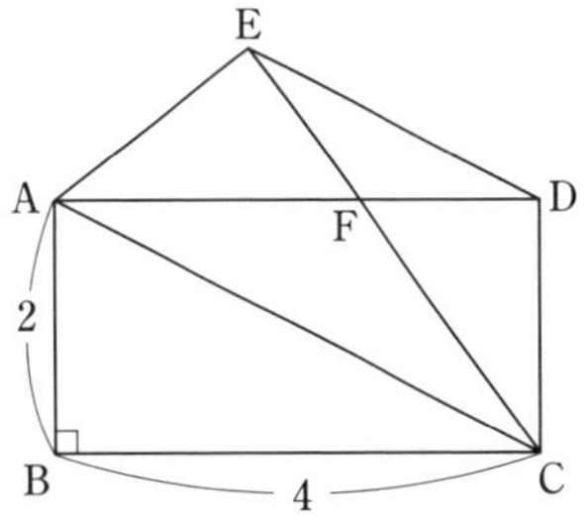

(1)＜長さ―三平方の定理＞右図で，四角形 ABCD が長方形より，∠ABC＝90°だから，△ABC で三平方の定理より，$AC=\sqrt{AB^2+BC^2}=\sqrt{2^2+4^2}=\sqrt{20}=2\sqrt{5}$である。

(2)＜長さの比―三平方の定理＞右図で，AD∥BC より錯角は等しいので，∠CAF＝∠ACB であり，線分 AC で折り返しているから，∠ACF＝∠ACB である。よって，∠CAF＝∠ACF となるから，△ACF は二等辺三角形であり，AF＝CF＝x とおける。また，FD＝AD－AF＝$4-x$ となる。△CDF で三平方の定理より，$FD^2+DC^2=CF^2$ だから，$(4-x)^2+2^2=x^2$ が成り立ち，$16-8x+x^2+4=x^2$，$-8x=-20$，$x=\dfrac{5}{2}$となる。したがって，$AF=x=\dfrac{5}{2}$，$FD=4-x=4-\dfrac{5}{2}=\dfrac{3}{2}$だから，AF：FD＝$\dfrac{5}{2}:\dfrac{3}{2}=5:3$ となる。

(3)＜面積比―相似＞右上図で，△ACF と△DEF において，(2)より，AF：DF＝5：3 であり，$CF=AF=\dfrac{5}{2}$，EC＝BC＝4 より，$EF=EC-CF=4-\dfrac{5}{2}=\dfrac{3}{2}$となるから，CF：EF＝$\dfrac{5}{2}:\dfrac{3}{2}=5:3$ である。よって，AF：DF＝CF：EF となる。また，対頂角より∠AFC＝∠DFE だから，2 組の辺の比とその間の角がそれぞれ等しくなり，△ACF∽△DEF である。相似比は AF：DF＝5：3 だから，面積比は相似比の 2 乗であり，△ACF：△DEF＝$5^2:3^2=25:9$ である。

(4)＜面積＞右上図で，△ACD＝$\dfrac{1}{2}$×AD×DC＝$\dfrac{1}{2}\times4\times2=4$ である。また，△ACF＝$\dfrac{1}{2}$×AF×DC＝$\dfrac{1}{2}\times\dfrac{5}{2}\times2=\dfrac{5}{2}$であり，(3)より△ACF：△DEF＝25：9 だから，△DEF＝$\dfrac{9}{25}$△ACF＝$\dfrac{9}{25}\times\dfrac{5}{2}=\dfrac{9}{10}$となる。さらに，△AEF，△DEF の底辺をそれぞれ AF，FD と見ると，この 2 つの三角形は高さが等しいから，△AEF：△DEF＝AF：FD＝5：3 となり，△AEF＝$\dfrac{5}{3}$△DEF＝$\dfrac{5}{3}\times\dfrac{9}{10}=\dfrac{3}{2}$となる。

以上より，四角形 ACDE の面積は，△ACD＋△DEF＋△AEF＝$4+\dfrac{9}{10}+\dfrac{3}{2}=\dfrac{32}{5}$である。

4 〔関数―関数 $y=ax^2$ と一次関数のグラフ〕

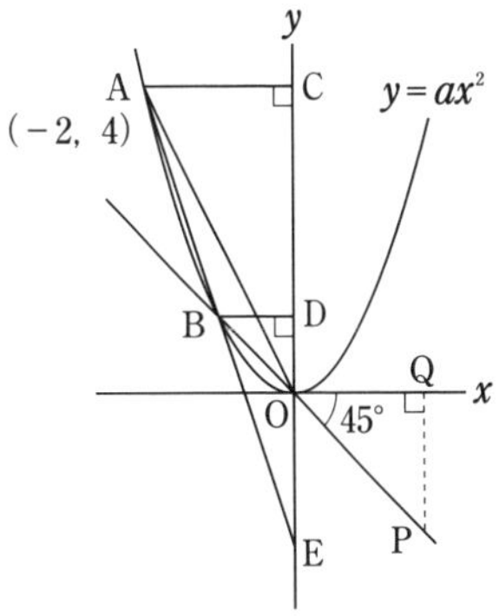

右図で，関数 $y=ax^2$ のグラフ上に A(－2，4)があるので，$x=-2$，$y=4$ を代入して，$4=a\times(-2)^2$ より，$a=1$ である。これより，放物線の式は，$y=x^2$ である。点 O を通り x 軸とつくる角が 45°の直線上に点 P をとり，点 P から x 軸に垂線 PQ を引くと，∠POQ＝45°より，△OPQ は直角二等辺三角形であり，OQ＝PQ である。よって，直線 OP の傾きは$-\dfrac{PQ}{OQ}=-1$ となるので，直線 OP の式は $y=-x$ である。関数 $y=x^2$ のグラフと直線 $y=-x$ の交点は，この 2 式より，$x^2=-x$，$x^2+x=0$，$x(x+1)=0$ となり，$x=0$，-1 となるから，x 座標が 0，－1 である。点 O でない方の交点は，x 座標が－1 だから，$y=(-1)^2=1$ となり，その座標は(－1，1)である。よって，B(－1，1)である。次に，AB の延長と y 軸との交点を E とすると，△OAB＝△OAE－△OBE となる。A(－2，4)，B(－1，1)より，直線 AB の傾きは$\dfrac{1-4}{-1-(-2)}=-3$ だから，その式は $y=-3x+b$ とおけ，点 B を通るので，$1=-3\times(-1)+b$，

$b=-2$ となる。切片が-2なので，E(0, -2)であり，OE$=0-(-2)=2$ である。線分 OE を底辺と見ると，2点 A，B の x 座標より，△OAE の高さは 2，△OBE の高さは 1 だから，△OAB＝△OAE－△OBE$=\dfrac{1}{2}\times2\times2-\dfrac{1}{2}\times2\times1=1$ となる。また，AC，BD はそれぞれ y 軸に垂直であるから，AC∥BD であり，四角形 ACDB は台形となる。AC$=2$，BD$=1$，CD$=4-1=3$ であるから，〔四角形 ACDB〕$=\dfrac{1}{2}\times(\text{AC}+\text{BD})\times\text{CD}=\dfrac{1}{2}\times(2+1)\times3=\dfrac{9}{2}$である。四角形 ACDB を y 軸を軸として 1 回転させてできる立体は，△AEC を y 軸を軸として 1 回転させてできる円錐から，△BED を y 軸を軸として 1 回転させてできる円錐を除いた立体となる。△AEC を 1 回転させてできる円錐は，底面の半径が AC$=2$，高さが CE$=4-(-2)=6$，△BED を 1 回転させてできる円錐は，底面の半径が BD$=1$，高さが DE$=1-(-2)=3$ だから，四角形 ACDB を y 軸を軸として 1 回転させてできる立体の体積は，$\dfrac{1}{3}\times\pi\times2^2\times6-\dfrac{1}{3}\times\pi\times1^2\times3=8\pi-\pi=7\pi$ となる。

5〔数と式―二次方程式の応用〕

≪基本方針の決定≫(1)　連続する自然数は 1 ずつ大きくなる。

(1)＜文字式の利用＞連続する 3 つの自然数のうち，最小の自然数を x とすると，2 番目に小さい数は最小の自然数より 1 大きいから，$x+1$ と表せ，最大の自然数はそれよりもさらに 1 大きいから，$(x+1)+1=x+2$ と表せる。

(2)＜最小の自然数＞(1)より，最小の自然数を x とすると，連続する 3 つの自然数は x，$x+1$，$x+2$ と表せる。大きい方の 2 数の積は，3 つの数の和より 120 大きいので，$(x+1)(x+2)=\{x+(x+1)+(x+2)\}+120$ が成り立つ。これより，$x^2+3x+2=(3x+3)+120$，$x^2=121$，$x=\pm11$ となる。x は自然数だから，$x=11$ となり，最小の自然数は 11 である。

(3)＜数の計算＞(2)より，連続する 3 つの自然数の最小の数が 11 だから，連続する 3 つの自然数は，11，12，13 である。よって，求める 3 つの自然数の積は，$11\times12\times13=1716$ となる。

＝読者へのメッセージ＝

平方根の記号($\sqrt{\ }$)は，ドイツの数学者ルドルフによる 1525 年の著書で使われたのが最初といわれています。ルドルフは，上の横線のない記号(√)を使っていました。後に，フランスの数学者デカルトによって，今のような形になりました。

2023年度／叡明高等学校（推薦２回目）

国語解答

一	問１ ④	問２ ①	問３ ①			
	問４ ③	問５ ③	問６ ②			
	問７ ①	問８ ③	問９ ③			
	問10 ②					
二	問11 ③	問12 ①	問13 ④			
	問14 ③	問15 ②	問16 ①	問17 ④	問18 ②	問19 ④
	問20 ③					
三	問21 ①	問22 ③	問23 ①			
	問24 ④	問25 ③	問26 ①			
	問27 ②	問28 ①	問29 ②			
	問30 ②	問31 ④	問32 ①			

一〔論説文の読解─政治・経済学的分野─経済〕出典；徳田賢二『値段がわかれば社会がわかる　はじめての経済学』。

問１＜漢字＞「見栄」と書く。①は「映画」，②は「影響」，③は「営業」，④は「栄冠」。

問２＜漢字＞「妥当」と書く。①は「妥協」，②は「打算」，③は「怠惰」，④は「駄作」。

問３＜漢字＞「緻密」は，「ちみつ」と読む。細かいところまで行き届いているさま。

問４＜文章内容＞例えば，人が何かを買って食べる場合，外からの何らかの「刺激」に「注意が働くことで，空腹感を意識」し，結果として買って食べるという行動につながる。消費者の心理や行動を理解するには，外からのはたらきかけに対し（…Ａ），どう注意や意識がはたらいて（…Ｂ），それが結果としてどう行動につながっていくかという流れを理解する必要がある（…Ｃ）。

問５＜文章内容＞欲求こそが，「買いたいという動機を生み出す」のである。人は，何かが欲しいという欲求を感じると，欲しいものを「買おう」という意識を抱く。そこで，欲しいものが目にとまり，知覚すると，それを買うべきかを判断する。そして値段と品質が見合っていると確認できた場合，人は，買うという行動に移るのである。

問６＜文脈＞欲しい商品がトマトの場合を例に挙げる（…イ）。まず「視覚」によって色つやのよいトマトと値札に注意が向き，目の前にあるのが「欲しいと思っていたトマト」であると理解する（…ア）。つまり，「これがトマト」だと「知覚」してから，「欲しかったトマトかどうかを認知する」のである（…ウ）。だから，「商品と値札はまず視覚にキャッチしてもらわなければ」ならない。

問７＜文章内容＞人は，何かを買うとき，ほとんどは瞬間的な判断をするために「直感」を用いる。確かに買い物の経験を積むことで失敗を少なくすることは可能だが，直感には「限界」があり，ときに間違いを含むため，完全に失敗をなくすことは難しい。

問８＜文章内容＞Ｅ・Ｆ．日常で大量に発生する出来事に対し，「熟慮」をして判断する「システム２」を使うと，脳に負担がかかりすぎてしまう（…Ｅ）。そのため，日常的な出来事に対しては，人は，「直感」によって瞬間的な意思決定を可能にする「システム１」を使う（…Ｆ）。　Ｇ．少し時間を使い，「システム２を使って」計算すれば，「直感」によって出した答えの間違いにすぐ気づける。

問９＜文章内容＞「考えている間」がなく，瞬間的な判断を要する場面が多い日常生活では，「直感は大きな役割」を果たしている。

問10＜要旨＞人は，欲しい商品が目にとまって欲しかったものだと知覚すると，「商品としての外観，色つや，規格，傷がないか，値段がその品質に照らして妥当なものかを確認」して買うかどうかを決める(①…×)。この判断による買い物経験を積み重ねることで，人は，商品と値段の関係に関する「参照価格」を持つようになり，よりよい買い物をするための尺度としていくのである(②…○)。しかし，人は，高額な買い物以外は「ほとんど瞬間的，直感的に決めて」いるため，有名人による情報などに左右されて「理屈に合わない非合理的判断」をするという失敗はつきものである(③…×)。とはいえ，直感は，私たちの生活や仕事では「大きな役割を果《はた》して」おり，医療診断でも「医師の直感的な判断力が大きな役割を果して」いる(④…×)。

二 〔論説文の読解―社会学的分野―現代社会〕出典；柴田昌治『日本的「勤勉」のワナ　まじめに働いてもなぜ報われないのか』。

≪本文の概要≫日本の企業が安定優先の経営姿勢を重視し続けた結果，企業に勤める人々が安定重視の仕事の進め方をするようになった。これが，徐々に日本人全体に思考停止と変化を嫌う価値観を抱かせるようになり，日本低迷の一因となっている。日本の企業人の多くは，自分の人生で重要な意味を持つ転機において，自らの意志ではなく，会社や人事担当者の意志で物事を決めてしまう傾向がある。確かに人事や採用の仕組み上，日本ではこのような人生選択が当たり前にならざるをえないのだが，自らの意志でリスクを伴う決断をする経験が乏しくなってしまうのは問題である。自らの意志で決断をする人は，働くことが自分の人生に何をもたらすか，どんな意味があるのかという簡単には答えの出ない問いに向き合う経験をしているのである。

問11＜漢字＞「踏襲」は，「とうしゅう」と読む。それまでのやり方を継続していくこと。

問12＜漢字＞「不可避」と書く。①は「逃避」，②は「被害」，③は「比較」，④は「黙秘」。

問13＜漢字＞「性向」と書く。①は「抗議」，②は「侵攻」または「進攻」，③は「投稿」，④は「傾向」。

問14＜文脈＞日本の企業の多くは，「枠内思考」という「無自覚な思考停止」によって「今まで通りの発想」で経営をただ繰り返すだけになってしまっている。このような状況を「変えようと思うなら」，経営陣が本気で組織風土改革を行うことが必要である。

問15＜文章内容＞最初から確定している結論に向かっていく「予定調和」や，過去と同じやり方をなぞっていく「前例踏襲」で組織を運営すると，物事の本質を考え，新しい発想で動く必要がなくなってしまう。その結果，無自覚のうちに「枠内思考という思考停止状態」が生まれるのである。

問16＜文章内容＞「上司の意向」や「社内の作法」などにとらわれて業務を進めるうちに，人々の中に無自覚の思考停止状態がもたらされていくのである。

問17＜文章内容＞日本人は「共感力」によって，同じ心理を共有しやすいという特徴があるため，「改革をしたいという思いを持つ企業人同士の連携を高める」心理的な安心感をつくることは，比較的容易である。

問18＜文章内容＞日本の企業人の多くは，人生の転機を自らの意志で決めるのではなく，会社や人事担当者の意志によって決定されてしまう。そのため，自分の意志でリスクを取りながら人生を選択してきた人に比べると，「簡単には答えの出ない問い」に対する思考の経験が足りないのである。

問19＜文章内容＞現代日本の人事や採用の仕組みにおいて，人生の転機を会社や人事担当者の意志によって決定されるのは「当たり前のこと」であり，企業人の多くはリスクを取らずにそれを受け入れ，安定した「サラリーマン人生」を過ごしているのである。

問20＜文章内容＞日本では人事や採用の仕組み上，企業人にとって自分の人生の転機が会社の意志に左右されることは「ごく普通のこと」である。そのため，日本の企業人の多くが，「取り立てて問題がそこにあるとは思って」いないのである。

三 〔国語の知識〕

問21＜ことわざ＞「飛ぶ鳥を落とす勢い」は，権力や威勢が盛んであるさま。「犬が西向きゃ尾は東」は，わかりきった当たり前のこと。「水を得た魚」は，自分の活躍できる場を得て生き生きとすること。

問22＜故事成語＞「他山の石」は，よその山から出た粗悪な石も自分の玉を磨く石として役立つことから，他人のつまらない言動や誤りも，自分を磨く助けになること。

問23＜故事成語＞「馬耳東風」は，他人の意見や批評などを心にとめずに聞き流すこと。「鶏鳴狗盗」は，ニワトリの鳴きまねをして人をだましたり犬のようにして物を盗んだりするようないやしい人，そのようなことしかできないくだらない人のこと。また，どんなくだらない技能でも役に立つことがあること。「朝三暮四」は，目先の違いにとらわれ，結果が同じであることに気づかないこと。また，巧みな言葉でだますこと。「漱石枕流」は，負け惜しみが強く，自分が間違えてもへりくつで言い逃れをすること。

問24＜熟語の構成＞「未遂」と「不要」は，上の字が下の字を打ち消している熟語。「両者」は，上の字が下の字を修飾している熟語。「中心」は，似た意味の字を組み合わせた熟語。「撮影」は，下の字が上の字の目的語となっている熟語。

問25＜品詞＞「来ない」と「歩けない」の「ない」は，打ち消しの助動詞。「きたない」の「ない」は，形容詞「きたない」の一部。「寒くない」の「ない」は，打ち消しの補助形容詞。「計画性がない」の「ない」は，形容詞。

問26＜品詞＞「さえ」は副助詞で，「初心者の人でさえ簡単に」と「ペンさえ持たない」の「さえ」は，類推の意味。「生きてさえいてくれれば」と「枯れ木さえあれば」の「さえ」は，限定の意味。「鴨だけでなく白鳥さえ」の「さえ」は，添加の意味。

問27＜敬語＞「お持ちする」は，「持つ」の謙譲語。「お～する」は，謙譲を表す。

問28＜敬語＞「召し上がる」は，「食べる」の尊敬語。

問29＜和歌の技法＞「くれたけの」は，「ふし」や「世」などを導く枕詞。「あづさゆみ」は，「ひく」や「はる」などを導く枕詞。「たらちねの」は，「母」を導く枕詞。「とぶとりの」は，地名の「明日香」を導く枕詞。

問30＜文学史＞『方丈記』は，鎌倉時代に成立した鴨長明の随筆。『枕草子』は，平安時代に成立した清少納言の随筆。『徒然草』は，鎌倉時代に成立した兼好法師の随筆。『おくのほそ道』は，江戸時代に成立した松尾芭蕉の俳諧紀行文。

問31＜漢詩の形式＞四つの句からなるのが「絶句」，八つの句からなるのが「律詩」。一つの句が五字であるのが「五言」，一つの句が七字であるのが「七言」。

問32＜漢文の訓読＞「無友不如己者」は，「己」→「如」→「不」→「者」→「友」→「無」の順に読む。まず，「己」から「如」，「如」から「不」へ一字返って読むので，「如」「不」にレ点を付す。次に，「者」から「友」へ二字以上返って読むので，「友」に二点，「者」に一点を付す。そして，「友」から「無」へ一字返って読むので，「無」にレ点を付す。なお，「不」は，助動詞なので，書き下すときは仮名にする。

2023年度 叡明高等学校（推薦３回目）

【英　語】（50分）〈満点：100点〉

1　次の問い（問１～10）の（　　　　）に入れるのに最も適切なものを、それぞれ下の①～④のうちから１つずつ選びなさい。

問１　My father often buys a newspaper on his (　　　　) to work.

①　line　　②　place　　③　way　　④　point

問２　A：There is a lot of (　　　　) in this park.

B：You're right. There are cans and bottles everywhere.

①　air　　②　future　　③　garbage　　④　life

問３　A：This vegetable stew is really good! Can you tell me how you make it?

B：All right, Yuko. I'll send you the (　　　　) by e-mail.

①　area　　②　plan　　③　habit　　④　recipe

問４　A：Are you going to (　　　　) part in the race, Jordan?

B：Yes. I can't wait.

①　make　　②　take　　③　bring　　④　come

問５　It's unusual for Janice (　　　　) a skirt to work.

①　wear　　②　wears　　③　wore　　④　to wear

問６　English is (　　　　) in many schools in Japan.

①　teach　　②　taught　　③　teaches　　④　to teach

問７　A：These tomatoes are delicious, Grandma.

B：Thank you, Jane. I (　　　　) them in my garden.

①　grew　　②　lent　　③　passed　　④　practiced

問８　A：Ellie, what do you think of Japanese food?

B：Well, it's very different (　　　　) Canadian food, but I really like it.

①　between　　②　of　　③　for　　④　from

問9　I'm going to go and get my sunglasses. The sun is too (　　　　).

① loud　　② fat　　③ bright　　④ angry

問10　I have a classmate (　　　　) mother is a jazz musician.

① whom　　② who　　③ whose　　④ which

2　次の問い(問11～15)の会話文が成り立つように(　　　　)に入る最も適切なものを、それぞれ下の①～④のうちから1つずつ選びなさい。

問11　A：Hi. I'd like to buy a new washing machine. Can you help me?

B：Sure. These models here are on sale right now.

A：Actually, I saw an advertisement on TV for a new kind that doesn't use much energy. (　　　　)

B：Follow me, please. Those ones are upstairs on the second floor.

① That's the one I have now.　　② It seemed like a good TV.

③ They're a little too expensive.　　④ I'd like to look at those.

問12　A：The TV news said it's going to rain later today.

B：I know, but they're often wrong. They said that yesterday would be warm, (　　　　)

A：Well, it must be hard to know what the weather is going to be.

B：I guess so. But it would be nice if we could know for sure.

① because it's raining now.　　② but it was actually quite cool.

③ and I watched the weather report.　　④ since it's warm today.

問13　A：Have you volunteered for that experiment the science professor is doing next Friday?

B：Yes, I have. He's going to pay people $50 to help him for just one hour!

A：Wow, that's a lot of money. (　　　　)

B：I'm not sure, but I could ask the professor for you.

① Do you think I could do it, too?　　② Aren't you nervous about it?

③ Isn't that too much money?　　④ How many days will it take?

問14　A：John, are you interested in going to a kabuki performance with me next weekend?

B：I don't know, Sarah. I've never seen kabuki before. (　　　　)

A：You can get an English program. It'll tell you about the story.

B：That would help. In that case, I'd love to go with you.

① Is it expensive?　　② Where is the theater?

③ Will I understand it?　　④ Have you been before?

問15　A：Hi, I'm Kenji. You must be the new employee in the company.

B：Yes. My name is Peter. I just started working in the sales department.

A：I work in the marketing department, across the hallway from you. (　　　　)

B：That would be nice. I don't know many places to eat around here yet.

① We should go out to lunch sometime.　　② Let me introduce you to my boss.

③ I'll show you where my department is.　　④ You can use my office if you like.

3

次の問い(問16～20)において、それぞれ日本文の意味を表すように㋐～㋕までを並べかえて［　　　］を補い、最も適切な文を完成させなさい。解答は２番目と４番目にくるものとして最も適切な組み合わせを、それぞれ下の①～④のうちから１つずつ選びなさい。ただし、文頭に来るものも小文字になっています。

問16　東京から北海道までどのくらい離れていますか。

(㋐ Tokyo　㋑ it　㋒ far　㋓ how　㋔ is　㋕ from) to Hokkaido?

［　　］［２番目］［　　］［４番目］［　　］［　　］ to Hokkaido?

① ㋒－㋑　② ㋐－㋑　③ ㋒－㋔　④ ㋕－㋒

問17　シュンは何回海外へ行ったことがありますか。

(㋐ times　㋑ been　㋒ Shun　㋓ how　㋔ has　㋕ many) abroad?

［　　］［２番目］［　　］［４番目］［　　］［　　］ abroad?

① ㋐－㋑　② ㋒－㋓　③ ㋔－㋕　④ ㋕－㋔

問18　病院に行くにはどの電車に乗ったらいいですか。

(㋐ take　㋑ I　㋒ which　㋓ to get　㋔ should　㋕ train) to the hospital?

［　　］［２番目］［　　］［４番目］［　　］［　　］ to the hospital?

① ㋕－㋔　② ㋐－㋓　③ ㋔－㋓　④ ㋕－㋑

問19　ケンは日本の外に出たことがありません。

Ken (㋐ been　㋑ Japan　㋒ outside　㋓ not　㋔ has　㋕ of).

Ken ［　　］［２番目］［　　］［４番目］［　　］［　　］.

① ㋑－㋔　② ㋓－㋒　③ ㋕－㋒　④ ㋔－㋐

問20　私が借りていい本はありますか。

Do you (㋐ can　㋑ borrow　㋒ have　㋓ a book　㋔ I　㋕ that)?

Do you ［　　］［２番目］［　　］［４番目］［　　］［　　］?

① ㋐－㋑　② ㋒－㋓　③ ㋓－㋔　④ ㋕－㋓

4　次の問い（Ａ・Ｂ）に答えなさい。

Ａ　次の掲示の内容に関して、**問21**と**問22**の質問に対する答えとして最も適切なものを、それぞれ下の①～④のうちから１つずつ選びなさい。

TO ALL CUSTOMERS

Pet Mart will be closed from today (March 28)
until the end of the week (April 3).

We plan to make the store bigger, and
we will open again on Tuesday, April 5.

The new Pet Mart will have different opening and closing hours.

OLD HOURS

Monday to Friday	10:00 a.m. - 7:00 p.m.
Saturday	12:00 p.m. - 6:00 p.m.

Closed Sunday

NEW HOURS

Tuesday to Friday	9:00 a.m. - 6:00 p.m.
Saturday and Sunday	12:00 p.m. - 8:00 p.m.

Closed Monday

- All customers who come in on Tuesday can get a free plan.
- Also, there will be a 10% discount on all pet food, cat toys, posters, books, and more.

For more information, visit our website: www.petmart.com

問21 What is this notice for?

① A new zoo is opening in town.

② A pet store is closing for a week.

③ A bookstore is having a sale.

④ A toy store is holding a contest.

問22 When will the new store close on Saturdays?

① 5:00 p.m.

② 6:00 p.m.

③ 7:00 p.m.

④ 8:00 p.m.

B　次の掲示の内容に関して、問23に対する答えとして最も適切なものを、下の①～④のうちから１つ選びなさい。

Makiko Is Going Home!

Makiko has been a student at Jefferson High School for one year.
On May 7, she will go back to Osaka, Japan.
We'll have a party for her before she goes.
Please join us to say goodbye to Makiko!

Where: Jefferson High School gym
When: Friday, April 15, from 3:30 to 5:00 p.m.

◊We want to buy a present for Makiko.　Please give $1 to Julie Parker before Wednesday, April 13.

◊Julie will also bake a cake to bring to the party.

◊Please write a short message to Makiko.　We will read our messages to her at the party.

問23　What is this notice about?

①　A funny story about Julie.
②　A school trip to Japan.
③　A goodbye party.
④　A festival at Jefferson High School.

5 次の文章を読み、後の問い（問24〜30）に答えなさい。

As sugar became more popular, Europeans* wanted to grow as much of it as possible and sell it in Europe*. By the 17th century, there were many new sugar plantations* in colonies* all over the world.

The island group of Hawaii* in the Pacific Ocean* is a good example of what happened in the colonies.

Hawaii is an excellent place for growing sugar cane*. When Captain Cook went to Hawaii in 1778, he was surprised to see native people growing sugar cane on small farms. In 1835, an American company started the first large sugar cane plantation in Hawaii. (1)It made a lot of money so other American companies built plantations there also. In 1937, a factory to make refined* sugar from the cane was built.

(2)The sugar business changed Hawaii in many ways. The sugar companies took the best land for the plantations. They did not pay the workers very much money, and the hours of work were very long. Many people died from the hard work and new diseases*. Life became very difficult for the native Hawaiians.

Life became even worse after a law was passed in 1848. The law said that foreigners could buy land in Hawaii. By 1890, much of Hawaii belonged to foreigners. The sugar companies needed more workers, so they brought people to Hawaii from China, Japan, Korea, and other countries.

Being a colony brought many problems to the people working on plantations in Hawaii and other places. But the worst problem was slavery*.

The colonies in the West Indies* and America needed workers for the plantations. Europeans and Americans wanted slaves* to do the work so they didn't have to pay ①them. ②They (3)traded things like guns and cloth for the slaves.

The slaves were African people who were caught, sold, and then sent to the southeastern United States and to the West Indies to work on sugar and cotton* plantations.

The ships were filled with as many slaves as possible. Many of ③them died during the journey. From 1492 to about 1850, 12 million* Africans became slaves and were taken to North and South America. Two million of them died before ④they got there.

The slaves were traded to the plantations for sugar, molasses*, and cotton. These things were then taken to the northern United States and to Europe. In factories there, rum was made from molasses, and cloth was made from cotton. With the money made from selling these things, more slaves were bought in Africa and sold in the plantations.

This business between Europe, Africa, the West Indies, and the United States was called the "triangle trade". From the end of the 16th century to the middle of the 19th century, Europeans and Americans made a lot of money from the triangle trade, but it was terrible for the African people.

The Africans, of course, did not want to live like slaves. In 1733 on the Danish* island of St. John in the West Indies, some slaves decided to become free.

On the night of November 23, 1733, the slaves killed many of the Danish, Dutch, and French colonists on St. John. Most of the colonists had to leave the island.

For many months the slaves were free. But in April 1734, the French came from the island of Martinique to help the Danish fight the slaves. In August 1734 all the slaves were caught or killed.

More than a hundred years later, in 1848, the African slaves on St. John finally became free.

The triangle trade changed the history of the world. Africa lost 12 million people. (4)Many families were broken apart when people were taken from their homes to be slaves. Europe made a lot of money, which helped make the Industrial Revolution*. And the arrival of the African slaves changed the people, the culture, and the music of America.

(　A　) also changed the history of the British colonies in North America. In 1764 these colonies had to pay a tax to Britain for sugar from the West Indies. The colonists did not want to pay the tax, so they decided to become free from Britain. In 1776, 13 of these colonies became the United States of America.

注　European(s)：ヨーロッパ人　Europe：ヨーロッパ　plantation(s)：プランテーション(単一作物の大規模農業)　colonies ＜ colony：植民地　Hawaii：ハワイ　the Pacific Ocean：太平洋　sugar cane：サトウキビ　refine(d)：精製する、洗練する　disease(s)：病気　slavery：奴隷制度　the West Indies：西インド諸島(北アメリカ東南部と南アメリカ北部の間にある諸島。右図参照※)
slave(s)：奴隷　cotton：綿　million：100万　molasses：糖蜜(砂糖製造の際に抽出される、副産物の液体)　Danish ＜ Denmark：デンマークの　the Industrial Revolution：産業革命

※西インド諸島周辺の地図

問24　下線部(1)が指すものとして最も適切なものを、下の①～④のうちから１つ選びなさい。
①　America　②　An American company　③　Hawaii　④　sugar cane

問25　下線部(2)が表す内容として**不適切**なものを、下の①～④のうちから１つ選びなさい。
①　The sugar companies did not pay well.
②　The sugar companies needed a lot of workers because of a law passed in 1848.
③　The native Hawaiians became very rich because of the sugar companies' success.
④　The workers in the sugar companies had to work long hours.

問26　本文中の下線部①～④の中で、指す内容が**異なるもの**を、本文中の①～④のうちから１つ選びなさい。

問27　下線部(3)の意味として最も近いものを、下の①～④のうちから１つ選びなさい。
①　気に入った　②　撃った　③　交換した　④　検査した

問28　以下の英文は下線部(4)を言い換えたものです。空所(　ア　)・(　イ　)に入る組み合わせとして最も適切なものを、下の①～④のうちから１つ選びなさい。
When (　ア　) were forced to be slaves, they (　イ　) their families in their own countries.

	ア		イ
①	African people	－	were worried about
②	African people	－	had to leave
③	People in Europe	－	were worried about
④	People in Europe	－	had to leave

問29　空所(　A　)に入れるのに最も適切なものを、下の①～④のうちから１つ選びなさい。
①　The African　②　The music of America　③　The slaves　④　The triangle trade

問30　本文の内容に一致するものとして最も適切なものを、下の①～④のうちから１つ選びなさい。
①　Because of the triangle trade, African people made a lot of money in the United States.
②　From 1492 to about 1850, more than 10% of the slaves died before arriving at North or South America.
③　When Captain Cook went to Hawaii in 1778, he helped Danish people to grow sugar cane.
④　When the African slaves on St. John decided to become free, they were able to leave the island.

6 次の文章を読み、後の問い(問31～37)に答えなさい。

At Tadashi's house. He and his wife, Junko, have just finished preparing for a party. They have invited Jin-woo, from Korea, and Ellen, from England, have already arrived at Tadashi's house, but John, from America, hasn't come yet. The party is planned to start at 7:00 p.m. Now, it is five past seven.

Tadashi : John is late. I'm afraid he may be lost. Junko, didn't you e-mail him a map to our house?

Junko : Yes, sure.

Ellen : You don't have to worry so much. (1)He may be late on purpose*.

Jin-woo : On purpose? Why?

Ellen : In Western countries like the U.K. and the U.S., it is common to be late when you are invited to a party.

Tadashi : Really? I didn't know that.

Junko : I didn't know that, either. But why?

Ellen : Because they think of the host, especially the wife. She may be very busy preparing food and drinks for the guests before the party. Also, she may have to clean the rooms. She may have no time to take a rest before the party. So people are usually late to give her more free time before the party starts. It is good manners to be 5 or 10 minutes late in Western countries.

Tadashi : I see. In Japan, being late is not polite at all.

Jin-woo : In Korea, (2). And some of us don't even say, "Sorry for being late."

Junko : Is that right? It is very important to be on time in Japan. If we make an appointment, many people try to get to the place on time or (3).

Ellen : I know. So I got here before the party started. "When in Rome, do as the Romans do*" as you know.

Jin-woo : Before John comes, why don't we talk about taboos* in our own countries?

Ellen : Good. Western people hate sniffing* sounds. We think sniffing at the table is worse than burping*.

Tadashi : What do you do when you have a running nose?

Ellen : You should (4) even when you're with other people right in the middle of a meal.

Tadashi : Really? That's taboo in Japan.

Ellen : Japanese people slurp* when they eat *soba* or *ramen*. It is really a bad noise for Western people. When we eat soup, we try to eat as silently as possible.

Junko : How about you, Jin-woo? Do you have anything you should not do in Korea?

Jin-woo : We should not start a meal (5).

Junko : What do you mean?

Jin-woo : Old people are the greatest in our culture. We respect older people. So they should be the first to start the meal. I have heard Japanese people also respected older people many years ago. How about these days?

Tadashi : Not any more, unfortunately. Anyway, it's great talking about different cultures and customs. (6) It is important for us to understand and respect each other's cultures and customs.

(Ding Dong)

Junko : Maybe, that'll be John.

John : Hi, everyone. Sorry. I caught a wrong bus coming here. So I'm late.

Everyone : That's O.K. We were just talking about cultures and customs.

注　on purpose：故意に　　when in Rome, do as the Romans do：郷に入っては郷に従え
taboo(s)：タブー、してはいけないこと　　sniff(ing)：鼻をすする　　burp(ing)：ゲップをする
slurp：音を立てて食べる

問31　下線部(1)の理由として最も適切なものを、下の①～④のうちから１つ選びなさい。

①　英米の文化では日本と違って、時間に遅れることが少しも無礼ではないから。

②　招待される方は、パーティーの前に身支度などの準備で忙しいから。

③　パーティーの準備で忙しいので、招待する側に始まる前に一息ついてもらいたいから。

④　パーティーの準備ができているか心配なので、招待された方は遅れて行くのが無難だから。

問32　空所（　2　）に入れるのに最も適切なものを、下の①～④のうちから１つ選びなさい。

①　people can be late　　②　people never arrive late

③　people usually try to be on time　　④　people always worry about the appointment

問33　空所（　3　）に入れるのに最も適切なものを、下の①～④のうちから１つ選びなさい。

①　after　　②　earlier　　③　later　　④　sooner

問34　空所（　4　）に入れるのに最も適切なものを、下の①～④のうちから１つ選びなさい。

①　pick your nose　　②　blow your nose

③　keep your running nose　　④　speak through your nose

問35　空所（　5　）に入れるのに最も適切なものを、下の①～④のうちから１つ選びなさい。

①　that the oldest person hates a lot　　②　when the oldest person tells us to start

③　after the oldest person tries to eat the soup　　④　before the oldest person does

問36　空所（　6　）に入れるのに最も適切なものを、下の①～④のうちから１つ選びなさい。

①　We should tell Western people to follow Japanese customs.

②　Cultures are almost the same in any place we go.

③　Manners are different from culture to culture.

④　Other cultures have a bad influence on our own country.

問37　本文の内容と一致するものを、下の①～④のうちから１つ選びなさい。

①　John arrived late at the party on purpose, just as Ellen guessed.

②　John caught a different train and was lost, so he came late to the party.

③　John followed the old saying and didn't arrive at the party on time on purpose.

④　John was late for the party because at first he didn't take the right bus to get to the house.

【数　学】（50分）〈満点：100点〉

1　次の計算をしなさい。

(1)　$-2^2+\left(-\dfrac{1}{3}\right)^2=\dfrac{\boxed{\text{アイウ}}}{\boxed{\text{エ}}}$

(2)　$\dfrac{7}{3}+\left(\dfrac{1}{2}\right)^3\div\left(-\dfrac{1}{12}\right)=\dfrac{\boxed{\text{オ}}}{\boxed{\text{カ}}}$

(3)　$\dfrac{3x-1}{2}-\dfrac{5x+7}{3}=\dfrac{\boxed{\text{キ}}\,x-\boxed{\text{クケ}}}{\boxed{\text{コ}}}$

(4)　$\left(\dfrac{2\sqrt{2}}{3}-5\right)^2=\dfrac{\boxed{\text{サシス}}-\boxed{\text{セソ}}\sqrt{\boxed{\text{タ}}}}{\boxed{\text{チ}}}$

(5)　$\dfrac{2\sqrt{3}-3\sqrt{2}}{\sqrt{3}}\times(\sqrt{3}-\sqrt{2})^2-(11-\sqrt{6})=\boxed{\text{ツテ}}-\boxed{\text{ト}}\sqrt{\boxed{\text{ナ}}}$

2 次の各問に答えなさい。

(1) 半径 1，中心角 60° のおうぎ形の面積は $\dfrac{\boxed{ア}}{\boxed{イ}}\pi$ である。ただし，円周率は π とする。

(2) x についての方程式 $3x-7ax+12=-x$ の解が $-\dfrac{2}{3}$ のとき，a の値は $\boxed{ウエ}$ である。

(3) 連立方程式 $\begin{cases} 3x-2y=12 \\ 5x+3y=1 \end{cases}$ の解は $x=\boxed{オ}$，$y=\boxed{カキ}$ である。

(4) メダルを 3 枚投げて，すべてのメダルが表もしくは裏になる確率は $\dfrac{\boxed{ク}}{\boxed{ケ}}$ である。

ただし，メダルは表と裏のどちらの面が出ることも同様に確からしいとする。

(5) $\sqrt{\dfrac{1500}{n}}$ が自然数となるような最小の自然数 n は $\boxed{コサ}$ である。

3 四角形 ABCD があり，∠ABC＝∠BAD である。また，点 E は辺 AB 上の点で，CB＝CE である。AD＝8，DC＝16，CB＝18，DE＝12 のとき，次の各問に答えなさい。

（1） △ADE と相似な三角形は [ア] である。
[ア] にあてはまるものを下記の⓪～③から 1 つ選びなさい。

⓪ △BEC　① △DEC　② △BCD　③ △ACD

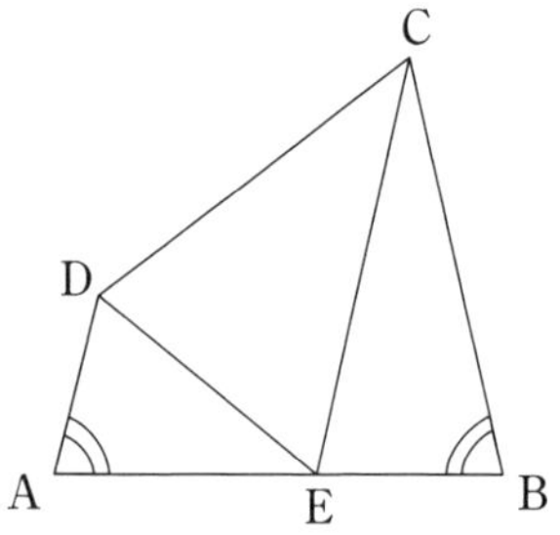

（2） 線分 AE＝$\frac{\boxed{イウ}}{\boxed{エ}}$ である。

（3） 点 D から線分 CE に垂線をひき，その交点を点 F とするとき，線分 EF＝$\frac{\boxed{オカ}}{\boxed{キ}}$ である。

（4） EF：FC＝ [クケ] ： [コサシ] である。

4 $\boxed{\text{ア}}$ ～ $\boxed{\text{サ}}$ に当てはまる最も適当な数字を答えなさい。

次の図のように，２次関数 $y=-x^2$ がある。点 O を通り x 軸とのなす角が $60°$ である直線の方程式は，$y=\sqrt{\boxed{\text{ア}}}\,x$ である。これより，$y=-x^2$ と $y=\sqrt{\boxed{\text{ア}}}\,x$ の交点の座標は点(０，０)と点($\boxed{\text{イ}}\sqrt{\boxed{\text{ウ}}}$，$\boxed{\text{エオ}}$)である。

点($\boxed{\text{イ}}\sqrt{\boxed{\text{ウ}}}$，$\boxed{\text{エオ}}$)を点 A とする。ここで，点 B ($2\sqrt{3}$，０)を通り，$y=\sqrt{\boxed{\text{ア}}}\,x$ に平行な直線の方程式は $y=\sqrt{\boxed{\text{カ}}}\,x-\boxed{\text{キ}}$ である。$y=\sqrt{\boxed{\text{カ}}}\,x-\boxed{\text{キ}}$ と $y=-x^2$ の交点のうち x 座標が正であるものを点 C とすると，四角形 OACB の面積は $\boxed{\text{ク}}\sqrt{\boxed{\text{ケ}}}$ である。

また，△OAB を x 軸に関して１回転させてできる立体の体積は $\boxed{\text{コ}}\sqrt{\boxed{\text{サ}}}\,\pi$ である。

ただし，円周率は π とし，座標軸の単位の長さは１とする。

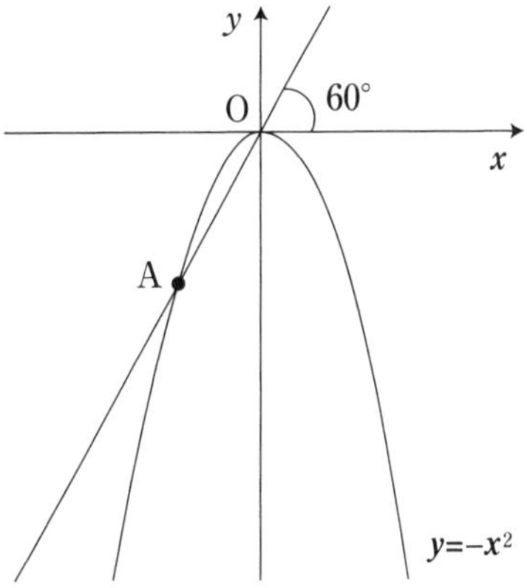

5 大小 2 つのさいころを投げ，大きいさいころの目を X，小さいさいころの目を Y とする。次の会話文を読み， ア ～ ケ に当てはまる最も適当な数字を答えなさい。ただし，さいころの目はどの目が出ることも同様に確からしいものとする。

【会話文】

えいこさん：XY が 1 になる確率について考えてみよう。X，Y がそれぞれ 1 のとき XY が 1 になるから確率は $\frac{\boxed{ア}}{\boxed{イウ}}$ だね。

あきらさん：では，X + Y が素数になる確率を考えてみよう。X + Y の値が素数になるとき，その確率を計算すると $\frac{\boxed{エ}}{\boxed{オカ}}$ ですね。

こまつ先生：正解です。では，もう 1 つ別のさいころを用意してそのさいころの出た目を Z とします。XYZ が素数となる確率を求めてみよう。

あきらさん：$\frac{\boxed{キ}}{\boxed{クケ}}$ ですね。

こまつ先生：正解です。

解答上の注意事項

1　解答は，解答用紙の問題番号に対応した解答欄にマークしなさい。

2　問題の文中の $\boxed{\text{ア}}$，$\boxed{\text{イウ}}$ などには，特に指示がない限り，符号(－)または数字(０～９)が入ります。ア，イ，ウ，…の一つ一つは，これらのいずれか一つに対応します。それらを解答用紙のア，イ，ウ，…で示された解答欄にマークして答えなさい。

例　$\boxed{\text{アイウ}}$ に－47と答えたいとき

ア	●	⓪	①	②	③	④	⑤	⑥	⑦	⑧	⑨
イ	⊖	⓪	①	②	③	●	⑤	⑥	⑦	⑧	⑨
ウ	⊖	⓪	①	②	③	④	⑤	⑥	●	⑧	⑨

なお，同一の問題文中に $\boxed{\text{ア}}$，$\boxed{\text{イウ}}$ などが２度以上現れる場合，原則として，２度目以降は，
$\boxed{\text{ア}}$，$\boxed{\text{イウ}}$ のように細字で表記します。

3　分数系で解答する場合，分数の符号は分子につけ，分母につけてはいけません。

例えば，$\dfrac{\boxed{\text{エオ}}}{\boxed{\text{カ}}}$ に $-\dfrac{2}{3}$ と答えたいときには，$\dfrac{-2}{3}$ として答えなさい。

また，それ以上約分できない形で答えなさい。例えば，$\dfrac{3}{2}$ と答えるところを $\dfrac{6}{4}$ のように答えてはいけません。

4　根号を含む形で解答する場合，根号の中に現れる自然数が最小となる形で答えなさい。

例えば，$\boxed{\text{キ}}\sqrt{\boxed{\text{ク}}}$ に $6\sqrt{2}$ と答えるところを，$3\sqrt{8}$ のように答えてはいけません。

5　根号を含む分数形式で解答する場合，例えば $\dfrac{\boxed{\text{ケ}}+\boxed{\text{コ}}\sqrt{\boxed{\text{サ}}}}{\boxed{\text{シ}}}$ に $\dfrac{3+2\sqrt{2}}{3}$ と答えるところを，$\dfrac{6+4\sqrt{2}}{6}$ や $\dfrac{6+2\sqrt{8}}{6}$ のように答えてはいけません。

問29　次の和歌中の空欄に入る語句として最も適切なものを、後の①〜④のうちから一つ選びなさい。

・［　　　　］母が呼ぶ名を申さめど道行く人を誰れと知りてか

①　あづさゆみ
②　くれたけの
③　たらちねの
④　とぶとりの

問30　松尾芭蕉の作品を、次の①〜④のうちから一つ選びなさい。

①　枕草子
②　方丈記
③　徒然草
④　奥の細道

問31　次の漢詩の形式として適切なものを、後の①〜④のうちから一つ選びなさい。

独坐幽篁裏
弾琴復長嘯
深林人不知
明月来相照

①　五言絶句　②　五言律詩　③　七言絶句　④　七言律詩

問32　次の書き下し文のように読むことができる文はどれですか。適切なものを、後の①〜④のうちから一つ選びなさい。

・君子は言を以て人を挙げず。

①　君子不以㆑言挙㆑人。
②　君子不㆓以㆑言挙㆒㆑人。
③　君子不㆑以㆑言㆑挙㆑人。
④　君子不㆓以㆓言㆒挙㆒㆑人。

問23 次の文の傍線部と同じ意味内容になる四字熟語として最も適切なものを、後の①～④のうちから一つ選びなさい。

・事件解決の手がかりがないことで、今後の方針や見込みが立たずに困る。

① 四苦八苦　② 七転八倒　③ 四面楚歌　④ 五里霧中

問24 次の熟語と同じ構造のものを、後の①～④のうちから一つ選びなさい。

・養鶏

① 凝視　② 貯金　③ 清流　④ 再開

問25 次の文の傍線部の部分と文法的性質が同じものを、後の①～④のうちから一つ選びなさい。

・この寒さだと今晩から雪が降りそうだ。

① 目次を見る限りこの本は面白そうだ。
② 今年の夏はとても暑いそうだ。
③ 隣町の川の流れはかなり速いそうだ。
④ 兄は来年からイギリスへ行くそうだ。

問26 次の文の傍線部の部分と文法的性質が同じものを、後の①～④のうちから一つ選びなさい。

・悩んでいることを先生に相談する。

① 新幹線は一番線に到着する。
② 親友は努力したおかげで医者になった。
③ 飼っているインコに言葉を教える。
④ 二つの直線が直角に交わる。

問27 次の文における傍線部に用いられている敬語の種類として適切なものを、後の①～③の中から一つ選びなさい。

・係の者がご案内する。

① 尊敬語　② 謙譲語　③ 丁寧語

問28 次の文における傍線部に用いられている敬語の種類として適切なものを、後の①～③の中から一つ選びなさい。

・先生がくださった本を拝見する。

① 尊敬語　② 謙譲語　③ 丁寧語

問20　本文の内容として**適切でないもの**を、次の①～④のうちから一つ選びなさい。

①　業平は自分の情動に素直であり、和歌の技術よりも自身の情熱がまさる和歌を詠み、人々の心を打った。

②　業平が生きていた時代は、政治などの重要な場面で漢詩文が重用され、人前で和歌を詠む男は存在しなかった。

③　業平は空を飛ぶ螢だけでなく、死者の魂とつながると思われていた雁にも死んだ女へのメッセージを託そうとした。

④　業平は、日本人の身体感覚に適った女の文芸である和歌を得意とし、女のことがよく理解できるため、女にモテた。

三　次の各問いに答えなさい。

問21　次のA～Cの［　］に当てはまる漢字の組み合わせとして最も適切なものを、後の①～④のうちから一つ選びなさい。

A　破［　］の勢い　　意味…猛烈な勢いでおさえがたいこと。

B　［　］に風　　意味…少しも逆らわず、受け流すこと。

C　雨後の［　］　　意味…同様のものが次々と出てくる様子。

①　A　竹　B　柳　C　筍

②　A　矢　B　角　C　池

③　A　竹　B　雲　C　蛙

④　A　矢　B　桜　C　芽

問22　次にあげる故事成語の意味として最も適切なものを、後の①～④のうちから一つ選びなさい。

・蛍雪の功

①　美しいものを愛おしいと思うこと。

②　苦労しながら勉学に励むこと。

③　非常に貧しい状態のこと。

④　周囲が非常に静かであること。

問15 空欄［A］～［C］には同じ言葉が入ります。空欄に入れる言葉として最も適切なものを、次の①～④のうちから一つ選びなさい。

① そこで　② さらに　③ つまり　④ しかし

問16 空欄［ア］・［イ］に入る言葉の組み合わせとして最も適切なものを、次の①～④のうちから一つ選びなさい。

① ア　頭脳・イ　身体　② ア　尊大・イ　謙虚

③ ア　学問・イ　芸能　④ ア　繊細・イ　鈍感

問17 傍線部(2)「業平は、当時の男たちから見下されていました」とありますが、これはなぜですか。その理由として最も適切なものを、次の①～④のうちから一つ選びなさい。

① 業平は漢詩文を苦手としていたが、平安時代に重視され立場のある人が学ぶべきは漢詩文で、業平は他の男たちから見れば教養のない存在だったから。

② 業平は和歌を得意としていたが、平安時代では和歌は女たちが好む私的な文芸であり、漢詩文を好まない業平は他の男たちにとっては異質に見えたから。

③ 業平は漢詩文よりも和歌が得意だという評価が高かったため、あえて漢詩文を学ばない業平は他の男たちを呆れさせる存在だったから。

④ 業平は漢詩文が苦手なので、政治家として出世する代わりに、女にモテるために和歌の技術を磨く努力をしたように他の男たちには見えたから。

問18 傍線部(3)「彼がみやびとは何かを知っていた」とありますが、それは業平のどのような行動に表れていますか。その説明として最も適切なものを、次の①～④のうちから一つ選びなさい。

① 華やかで高貴な人々がする立ち居振る舞いや、解らないことや叶わないことに対して自らの権力欲を満たそうとする態度や振る舞い。

② 華やかで高貴な人々がする立ち居振る舞いや、人間が解り得ないことは解らないままにできる、余裕のある態度や振る舞い。

③ 人間が解り得ないことは解らないままにし、叶わないことに対しても叶えようとしない態度や、未知のものを突き詰めず、謙虚に畏れる振る舞い。

④ 人間が解り得ないことは解らないし、叶わないことは叶わないということを嫌う態度や、全部を明らかにしようとする貪欲な振る舞い。

問19 次の文は、［Ⅰ］～［Ⅳ］のどこかに入ります。入る場所として最も適切なものを、後の①～④のうちから一つ選びなさい。

・現代人は、解らないことがあると不安になり、何でもすぐに解ろうとします。でも、解れば解るほどに、さらに解らなくなっていく。そんな落とし穴にはまってはいないでしょうか。業平が体現したみやびなふるまいというものは、そんな私たちに、謙虚であることの強さを教えてくれるように思います。

① ［Ⅰ］　② ［Ⅱ］　③ ［Ⅲ］　④ ［Ⅳ］

た藤原道長が詠んだ「この世をばわが世とぞ思ふ望月のかけたることもなしと思へば」の歌です。この世は自分のものだと言い切っていて、そこには他者を受け入れる余地はありません。「はい、あなたのおっしゃるとおりです」と言うしかない歌です。

がむしゃらにならないということは、言い換えれば、自分が解明できないことや叶わぬことに耐えることなのです。私は、それこそがみやびではないかと思います。未知のものを謙虚に畏《おそ》れ、突き詰めていかない態度やふるまいです。［Ⅳ］

人間にはいつの時代にも解らないことがある。叶わないことだってある。それを謙虚に受け止め、その事実に耐え、その中で最善のことをする。そんなふるまい方を知る。不安が不安を呼ぶ現代、業平の物語を読む意味があるとすれば、実はそれが一番大きいかもしれません。

（髙樹のぶ子『伊勢物語　ためらいを肯定する』より）

※1　業平……在原業平《ありわらのなりひら》。平安時代の貴族。歌人。『伊勢物語』の主人公とされる。生八二五年～没八八〇年。

※2　穢れに触れたら忌みに籠る……日本古代の、死者に関わったときには死者との関係の深さによって一定期間外出を慎むという行動規制。

問11　二重傍線部ⅰ「鋭敏」の読みとして適切なものを、次の①～④のうちから一つ選びなさい。

① しゅんびん
② しゅうてつ
③ えいびん
④ えんてつ

問12　二重傍線部ⅱ「ドウギ」の「ギ」と同じ漢字を含むものを、次の①～④のうちから一つ選びなさい。

① 国際カイギ場の中は静かだった。
② 枯れ枝にギタイする昆虫を探す。
③ 勤労のギムを果たすべきだ。
④ 犯罪のギワクを晴らそうとする。

問13　二重傍線部ⅲ「ナットク」の「トク」と同じ漢字を含むものを、次の①～④のうちから一つ選びなさい。

① 技術のカクトクには努力が必要だ。
② トクベツ扱いはやめてほしい。
③ 将来は映画カントクになりたい。
④ アクトク業者にだまされてしまった。

問14　傍線部(1)「秋風吹くと雁に告げこせ」とありますが、これはどのような気持ちを詠んだ歌ですか。その説明として最も適切なものを、次の①～④のうちから一つ選びなさい。

① 見知らぬ女を恨む気持ちと、なかなか自由に外に出られないことを嘆く気持ち。
② 見知らぬ女の死に巻き込まれた自分を恥じる気持ちと、季節の移ろいを楽しむ気持ち。
③ 見知らぬ女の死を悲しむ気持ちと、早く日常生活に戻りたいという気持ち。
④ 見知らぬ女の死を悼《いた》む気持ちと、外出しようとしない自分に対していらだつ気持ち。

文字のルーツも中国にあります。中国から漢字がもたらされ、それを表音文字として使う万葉仮名が生まれ、やがてそれが仮名文字になりました。[B]、平安時代に重視されたのは漢字であり、立場のある人が学ぶべきは漢詩文でした。空海らの高僧も漢詩文の達人でしたし、宮廷人も日々の日記を漢字で記していました。男たちにとって漢詩文は必須の教養であり、それに比べて仮名による和歌は所詮、女たちが好む私的な文芸で、一段低く見なされていたのです。[Ⅰ]

したがって、天皇が編纂《へんさん》を命じる勅撰《ちょくせん》集も漢詩の『凌雲集《りょううんしゅう》』から始まりました。勅撰和歌集の『古今和歌集』が編まれたのは、それより九十年ほど後のことです。

漢詩が苦手だった(2)業平は、当時の男たちから見下されていました。[C]、今日でも広く親しまれているのは業平が得意とした和歌の方です。なぜ業平の歌が、同時代につくられた漢詩より、今なおわれわれの心を打つのでしょうか。これは深いテーマです。深くて本質的な問題です。

ひとつ理由を挙げるとすれば、和歌が日本人の身体が持つリズム感に裏付けられた文芸だからだと思います。日本人の漢詩は、中国からやってきた漢字一文字一文字の意味を学び、拝借し、踏襲することで可能となった文芸と言えるでしょう。それに対して、仮名文字の一つ一つには意味がなく、和歌は声として流れ出る情感の言葉です。歌う、という日本人の身体感覚に適《かな》っているのです。

・漢字＝男の理＝[ア]

・仮名＝女の情＝[イ]

大雑把《おおざっぱ》にくくれば、このようになると思います。そう考えると業平は、男でありながら女の文芸、いやそこから始まる日本人の日本人による文芸の礎になったと言えます。また、和歌に優れた業平が女のことが良く解る男であり、結果として女にモテたことも、先の図式を踏まえると ⅲナットクが行きます。[Ⅱ]

第三の理由は、(3)彼がみやびとは何かを知っていたということです。これが最も大きな要因だと私は思います。

みやびとは何か。これは単に、華やかであるとか、高貴な人たちが身に付けていたふるまいを指す言葉ではありません。みやびの本質とは、解らないことは解らないものとして残しておく、という余裕ある態度のことだと私は思います。全部を明らかにして身も蓋もないかたちにするのではなく、解らないものを「そういうものもあるだろう、あっても良いだろう」という態度で残しておくのです。

これには時代的な背景もありました。平安時代には、この世には人間が解り得ないことがたくさんありました。怨霊《おんりょう》や祟《たた》りも信じられていましたし、自然の恐ろしさや闇の深さも現代の比ではありませんでした。例えば、先に紹介した「行く螢」の歌は喪中に詠まれたものですが、死の※2穢《けが》れに触れたら忌みに籠るというのも、当時では当たり前の習慣です。要するに、人間の力ではどうにもならないものがある、という認識が当然とされた時代だったのです。

業平の場合、人間が解り得ないことと並び、叶わぬことに対する態度も同じでした。何が何でも自分の思いを叶えようとするのではなく、叶わぬことは叶わぬこととして置いておき、そこから生まれる思いをエネルギーにして歌を詠むのです。あなたへの恋が叶わない。だから哀しい。都に残してきた妻は元気でいるかどうか解らない。だから哀しい。まさにその哀しみを歌にしたのが業平です。叶わぬことの哀しみを詠った歌は、切実であるがゆえに人々の心を打ちました。叶えようとがむしゃらにならなかったからこそ、優れた歌が詠めたのです。[Ⅲ]

これと対極にあるのが、自らの権力欲を満たそうとがむしゃらになっ

二　次の文章を読み、後の問いに答えなさい。

行《ゆ》く螢《ほたる》雲の上《うへ》までいぬべくは(1)秋風吹くと雁《かり》に告げこせ

自分を想ってくれていたという見知らぬ女の死に立ち会い、思いがけず喪に服さねばならなくなった業平《なりひら》※1。死者に触れたのなら、三十日は外出を慎まなければなりません。夏の終わり、夜風が涼しくなった頃に、この歌を詠みました。

《上っていく螢よ、雲の上まで飛び行くのですか。もし雲の上にまで行くことができるならば、この世ではもう秋の風が吹いています、どうぞ戻って来られますようにと、雁に伝えてください。》

空を飛ぶ鳥は、一般的に死者の魂とつながると思われていました。ここで歌われている雁も、生きている者の思いを死者に伝えることができる鳥でした。

当時、亡くなってしばらくのあいだ魂はこの世に居て、身体に戻ってくることもあると考えられていました。亡くなった直後には祈禱《きとう》などが行われ、業平も死者の魂を音楽などで慰めたと思われます。

それも一段落したとき、涼風が吹き、螢が目の前で急浮上します。死者の魂が天へと昇って行くように見えたことでしょう。その螢に、もし雲の上まで行くのならこの思いを雁に告げて欲しい、雁はそれを死者の魂に伝えて欲しい、と、二重の願いを歌にしたわけです。螢と雁の両方が詠まれているのですこし解りにくいですが、煮詰まった空気の中に一吹きの秋風が流れ込み、螢から雁へと視線が移っていくさまが、瞬間の浄化作用をもたらしています。

業平にとっては見知らぬ女の死です。この歌では、業平を想って死んでいった女への服喪の思い、なかなか時間が経たないことへのじれったさが、自然の情景とともに詠まれています。

世の中では、在原業平《ありわらのなりひら》といえば「稀代《きだい》のプレイボーイ」というイメージが定着しているように思います。[A]『伊勢物語』を通して見えてくるのは、「恋の人」である前に「歌の人」である業平です。自分の情動に素直で、和歌の技術はもちろんあるのだけれど、それよりも自分のパッションがあふれてしまう。そんな歌で、業平は人の心をしみじみと打ちました。

では、業平はなぜ良き歌人になれたのでしょうか。大きく三つの理由があったと私は思います。

第一に、彼が多情多感な男だったということです。多情多感とは、感性の触手をたくさん持っているということです。さまざまな情動をキャッチするアンテナをいっぱい出している、と言っていいかもしれません。そのアンテナで業平がつかんだのは、女であり、自然であり、言葉であり、美しさであり、悲しさです。森羅万象に対してⅰ鋭敏に反応するアンテナがあったからこそ、業平は良い歌を詠むことができました。

第二に、先ほども触れたように、漢詩が苦手だったことです。当時、政治を担う男性貴族のあいだで、漢詩が苦手であることは教養がないことⅱドウギでした。ですから、業平は官人としてはあまりいい評価は受けていません。その代わり、といいますか、だからこそ彼は歌に専心することができたのです。

日本は中国に多くのことを学びました。大陸から伝わったものは多く、平安時代は唐が憧れの的でした。そのことは、優れたものを表す言葉に「唐」の字を付けたことからも解ります。たとえば、唐車《からぐるま》（唐廂車《からびさしのくるま》）は現代で言えば最高級車を指しますし、唐猫《からねこ》は最高の猫とされました。「唐から輸入されたもの」というより、当時の日本人の憧れを表した言葉だと思います。

① A 人々の邪悪な思い込みを消し去ること
B すべての先祖を分け隔てなく意識すべきだ

② A 人々の間違った思い込みを粉砕すること
B 「歴史」とは直線的に進行するものである

③ A 人々の勝手な思い込みを打ち砕くこと
B 「歴史の直線的推移」は幻想である

④ A 人々が正しい思考をするように導くこと
B 先祖を選択する際は慎重であるべきだ

問9 〈 ＊ 〉には、次のA〜Dの四つの文を組み合わせた段落が当てはまります。その組み合わせとして最も適切なものを、後の①〜④のうちから一つ選びなさい。

A　そして、いつのまにか混血が進みました。

B　こうして、フロリダ奥地に逃亡した先住民とアフリカ人の共生が始まったのです。

C　（地域によっては黒人奴隷よりも多かったのです。）彼らもまた白人の支配を逃れて、密林深くに入り込みました。

D　一方、アメリカには先住民（いわゆる「インディアン」ですね）の奴隷も多く存在しました。

①　B→A→D→C
②　D→C→A→B
③　B→A→C→D
④　D→C→B→A

問10 この文章を読んだAさんは、自分の考えを整理するため、次のような【論理展開メモ】を作成しました。[A]・[B]に入る最も適切なものを、後の①〜④のうちから一つ選びなさい。

【論理展開メモ】

◆われわれの「思い込み」

自分の見ているもの＝「もともとあったもの」

←

社会は、昔からずっと「いまみたい」だったのだろう。

⬅ しかし

あらゆる文物には「誕生日」がある。

フーコーが目指したこと… [A]

◆われわれの「傾向」

歴史…「いま・ここ・私」へと一直線に「進化」してきたと考える。

←

フーコーは「人間主義」と呼び、異を唱えた。

⬅ [ここまでの内容を受けて]

◆筆者は [B] と考えている。

現実の一部のみとらえ、それ以外の可能性から目を逸らす。

←

「歴史を貫く一筋の線」が見える。

（例）・「内田家」
・「ブラック・セミノール族」

「エスニック・アイデンティティ」

問5 [X] と [Y] には、文脈上、その意味において対になる語句がそれぞれ当てはまります。その組み合わせとして最も適切なものを、次の①～④のうちから一つ選びなさい。

① X 主観的思考の終点　Y 客観的思考の始点
② X 最高到達点　Y 思考の原点
③ X 必然的な始点　Y 偶然の終点
④ X 意識の原点　Y 無意識の到達点

問6 傍線部(2)「人間主義的な進歩史観」とありますが、それはどのような考え方ですか。その説明として最も適切なものを、次の①～④のうちから一つ選びなさい。

① 現実世界のごく一部だけをとらえることで、歴史が決定されたひとつの方向へ向かって一直線に進み続けるものだと考えること。
② 歴史認識における負荷をできる限り軽減しようと考え、人間の進歩において「いま・ここ・私」が最も重要なものだと考えること。
③ あらゆる事物における歴史とは本来「いま・ここ・私」をめざして一直線に進むものだが、それを受容するべきでないと考えること。
④ 多くの人々が選び取った現実の一部こそ歴史であると考え、それ以外のものはできる限り排除して認めるべきではないと考えること。

問7 傍線部(3)「似たような話がアメリカにもあります」とありますが、段落[I]の例と、段落[II]の例は、どのような点で「似たような話」だといえますか。その説明として最も適切なものを、次の①～④のうちから一つ選びなさい。

① どちらの例も、多くの祖先のなかからある祖先一人だけを選択し、それ以外の祖先を排除するという「エスニック・アイデンティティ」が基盤となっているという点。
② どちらの例も、自分たちの「エスニック・アイデンティティ」という基盤から生じた、民族や一族としての誇りを大切にして日々の生活をしているという点。
③ どちらの例も、選びとることのなかった多くの祖先を振り返りつつも、選択した一人だけの祖先を自分たちの「宿命的刻印」として重々しく語っているという点。
④ どちらの例も、自分たちが生きていくうえでより大きな利益をもたらしてくれそうな祖先を、多くの祖先のなかから一人だけ選びとって暮らしつづけているという点。

問8 [A]～[C]に当てはまる語の組み合わせとして最も適切なものを、次の①～④のうちから一つ選びなさい。

① A けれども　B したがって　C 要するに
② A つまり　B ところが　C さて
③ A ですから　B しかし　C 言い換えれば
④ A だから　B ところで　C だが

問1　二重傍線部ⅰ「ジメイ」の「メイ」と同じ漢字を含むものを、次の①〜④のうちから一つ選びなさい。

①　小さな映画館で昔のメイガを観る。

②　まったく根拠のないメイシンを信じる。

③　祖父の名の一字をとってメイメイする。

④　できるだけ単純メイカイな説明を行う。

問2　二重傍線部ⅱ「恣意」の読みとして適切なものを、次の①〜④のうちから一つ選びなさい。

①　しい

②　さい

③　せい

④　すい

問3　二重傍線部ⅲ「ボウキャク」の「ボウ」と同じ漢字を含むものを、次の①〜④のうちから一つ選びなさい。

①　ボウエキによる赤字が非常に大きい。

②　彼の行為は正当ボウエイである。

③　決定したことをビボウ録として残す。

④　日々の仕事にボウサツされる。

問4　傍線部(1)「クリスマス時季に学生たちをわが家に集めたとき、私が編集したクリスマス・ソングのカセットをＢＧＭにかけました」とありますが、この体験談は文章中において、どのような役割を担っていると考えられますか。その説明として最も適切なものを、次の①〜④のうちから一つ選びなさい。

①　ビング・クロスビーと山下達郎とどちらのデビューが先なのかという問題と同様、あらゆる文化的事物には、それぞれが世界に生じた瞬間があるということを示すことで、文化の重要性を説く役割を担っている。

②　理解しやすい身近な例を挙げることで、「私」を重視するという考え方が、どれほど人間に影響を与えるかということを示し、「いま・ここ・私」という視点がベースとなった「人間主義」を否定する役割を担っている。

③　この世のさまざまな文物には、それぞれがこの世界に生まれてきた「誕生日」があり、それを歴史のなかに位置づけて理解することが重要だと指摘することで、歴史の持つ意味を明らかにする役割を担っている。

④　自分の目の前にある世界は過去から現在まで当たり前に存在しており、その世界の中心は自分であるという、われわれ人間の思い込みを指摘することで、その後の「人間主義」の内容へとつなげる役割を担っている。

同じように、私は自分を「純血日本人」であるというふうに思っていますし、他の人からもそのような扱いを受けています。[B]、何十代か遡れば、私の祖先の中には間違いなく外国人や日本国内の少数民族が含まれていたはずです。私がある祖先をおのれの「直系」として選択し、「日本人」としての「エスニック・アイデンティティ」[※7]を奉じているということは、[C]、膨大な数の血縁者を私の系統から組織的に「排除」したということに他なりません。

(3)似たような話がアメリカにもあります。

[Ⅱ]アメリカにはブラック・セミノール族というマイノリティが存在します。彼らの祖先は逃亡奴隷です。開拓時代、奴隷船を乗っ取って逃れたり、農園から逃亡したりした黒人奴隷は数え切れないほど存在しました。彼らの一部はアフリカと風土的に似ていたフロリダ奥地に逃げ込みました。

〈＊〉

その子孫たちがいまテキサスにいます。興味深いことに彼らは自らを「アメリカ先住民」と称しており、周囲のアフリカ系アメリカ人とは一線を画して暮らしています。身体的特徴においては際だってアフリカ的でありながら、生活様式においては先住民的である彼らは、身体的特徴を無視して、あくまで自分たちは「アフリカから来た人」ではなく、「昔からアメリカにいた人」であると主張しています。彼らは祖先の一方を組織的に切り捨てているわけです。（西江雅之『伝説のアメリカン・ヒーロー』）

「エスニック・アイデンティティ」というものを私たちはあたかも「宿命的刻印」のようなものとして重々しく語ります。しかし、多くの場合、それは選択（というより、組織的な「排除」）の結果に過ぎません。ある祖先ただ一人が選ばれ、それ以外のすべての祖先を忘れ去り、消滅させたときにのみ、父祖から私へ「一直線」に継承された「エスニック・アイデンティティ」の幻想が成り立つのです。

（内田樹『寝ながら学べる構造主義』より）

（注）

※1 フーコー……ミシェル・フーコー。フランスの哲学者・歴史学者。構造主義の立場から思想や知における認識論的研究に大きな業績をあげた。著「狂気の歴史」「言葉と物」「性の歴史」など。

※2 ロラン・バルト……フランスの批評家。構造主義の立場から、文学・言語・芸術など、幅広い分野で先鋭的な批評活動を展開。著「零度のエクリチュール」「モードの体系」「文学の記号学」。

※3 審級……裁判で用いられることば。ここでは「判断」程度の意味。

※4 歴程……経てきた道筋。

※5 メシア……旧約聖書では、超人間的な英知と能力をもってイスラエルを治める王者をいい、新約聖書では、この世に生まれたイエスキリストをいう。救世主。

※6 まつろわない……「つき従わせる。服従させる。」という意味の「まつろう」に、打ち消しの「ない」が接続したもの。

※7 エスニック・アイデンティティ……人類学用語。民族集団への帰属意識、同類意識のこと。

私たちは、歴史の流れを「いま・ここ・私」に向けて一直線に「進化」してきた過程としてとらえたがる傾向があります。歴史は過去から現在めざしてまっすぐに流れており、世界の中心は「ここ」であり、世界を生き、経験し、解釈し、その意味を決定する最終的な審級※3は他ならぬ「私」である、というふうに私たちは考えています。

「いま・ここ・私」を歴史の進化の［X］、必然的な帰着点とみなす考えをフーコーは「人間主義」（humanisme）と呼びます。（これは「自我中心主義」の一種です。）

「人間主義」とは、言い換えれば、「いま・ここ・私」主義ということです。「いま・ここ・私」をもっとも根源的な［Y］と見なして、そこにどっしりと腰を据えて、その視座から万象を眺め、理解し、判断する知の構えをフーコーは「人間主義」と呼んだのです。この人間主義的歴史観によれば、歴史は次々と「よりよいもの」、「より真実なもの」が連続的に顕現してくるプロセスとして理解されます。（だって、「いま・ここ・私」がすべての基準なのですから、それが［X］であることはジメイ[i]の前提です。）

フーコーはこの(2)人間主義的な進歩史観に異を唱えます。

「いま・ここ・私」を到達点にして考えれば、たしかにすべての出来事は単線的な「進化」という「物語」の中に整序されるでしょう。私たちは無意識のうちに歴史は一直線に「いま・ここ・私」をめざして進化の歴程※4を粛々と歩んできた、という考え方になじんでいます。（進歩史観を逆転して、人間はひたすら「退歩」しているという考え方をすることももちろん可能です。末法思想とかノストラダムスとか通俗的なメシア主義※5などはその一例です。しかし、どちらにしても、歴史が定められた方向めざして「まっすぐ」に進行しているというふうに考える点では同じですし、歴史認識に際してできるだけ知的負荷を軽減したいと望んでいる点でも同じです。）

しかし、ほんとうにそんなふうに考えてしまってよいのでしょうか？

「歴史の直線的推移」というのは幻想です。

というのは、現実の一部だけをとらえ、それ以外の可能性から組織的に目を逸らさない限り、歴史を貫く「線」というようなものは見えてこないからです。選び取られたただ一つの「線」だけを残して、そこからはずれる出来事や、それにまつろわない※6歴史的事実を視野から排除し、切り捨てる眼にだけ「歴史を貫く一筋の線」が見えるのです。

分かりやすい例を挙げましょう。

［I］個人的なことですが、私はときどき「庄内藩士内田家の末裔《まつえい》」である、という名乗りをすることがあります。山形県の鶴岡には「内田家累代の墓」もあり、なんとなく、私にはそういう「血」が流れているのかな、と思うこともあります。しかし、母親（旧姓河合）からすると、「あなたには母型の血も半分入っているのに、どうして、そっちは無視しちゃうの」と愉快ではないでしょう。

たしかに、よく考えてみると、自分が「誰の子孫であるか」ということは、実はずいぶん恣意的[ii]な決定です。というのは、私には四人の祖父母がいるわけなのに（内田、河合の他に服部、榎本の四家があります）、私はそれら四人の祖父母のうち三人を除去し、一人（内田家の祖父）だけを父祖に指名しているからです。その祖父にも、当然母親がいるわけですが、排除された曾祖母については、もう私はその旧姓さえ知りません。

n代遡ると、私たちには二のn乗数の「祖先」がいるわけです。［A］、そのうちの一人の姓を名乗り、「……家の末裔」を称するということは、二のn乗マイナス一人の祖先の姓をボウキャク[iii]の彼方に葬り去ることに同意した、ということを意味しています。

二〇二三年度　叡明高等学校（推薦3回目）

【国語】（五〇分）〈満点：一〇〇点〉

一　次の文章を読み、後の問いに答えなさい。

(1)クリスマス時季に学生たちをわが家に集めたとき、私が編集したクリスマス・ソングのカセットをBGMにかけました。定番のビング・クロスビー『ホワイト・クリスマス』、山下達郎『クリスマス・イブ』、ジョン・レノン『ハッピー・クリスマス』、ワム！『ラスト・クリスマス』などです。これらの楽曲は二十歳くらいの学生さんたちにとっては「文部省唱歌」のようなもので、子どものころからこの季節になるといつも聞かされていたなじみ深い音楽です。ところが、私が驚いたのは、学生たちがこれらの曲を全部「昔の曲」ということで一くくりにしていたことです。ビング・クロスビーと山下達郎とどちらが年上かさえ彼らには区別ができないのです。区別できないというより、区別する必要を感じていないのです。

「えー、だって、どっちも昔からある曲でしょ？」

違うよ、君たち。『ホワイト・クリスマス』は昔だけど、『クリスマス・イブ』は最近の曲だよ、と言いかけて、私は自分もまた彼らと同じことをしていることに気がつきました。

つまり、自分がリアルタイムで「それ」が生成する現場に立ち会っていないものは、全部「昔のもの」、「前からずっとあったもの」だと私も思い込んでいたのです。

ビング・クロスビーと山下達郎のどちらのデビューが先か分からない学生を笑った私にしても、一世代上の人から「小唄勝太郎と淡谷のり子とどっちがデビューが先？」と聞かれたら、「えー、そんなの区別する必要はあるんですか？　どっちも昔の人でしょ？」と平気で一くくりにしてしまうでしょう。

あらゆる文物にはそれぞれ固有の「誕生日」があり、誕生に至る固有の「前史」の文脈に位置づけてはじめて、何であるかが分かるということを、私たちはつい忘れがちです。そして、自分の見ているものは「もともとあったもの」であり、自分が住んでいる社会は、昔からずっと「いまみたい」だったのだろうと勝手に思い込んでいるのです。

フーコー※1の仕事はこの思い込みを粉砕することをめざしていました。そのことは彼の代表的な著作の邦訳名、『監獄の誕生』、『狂気の歴史』、『知の考古学』といった題名からも窺《うかが》い知ることができるでしょう。

「監獄」であれ「狂気」であれ「学術」であれ、私たちはそれらを、時代や地域にかかわりなく、いつでもどこでも基本的には「同一的」なものと信じています。しかし、人間社会に存在するすべての社会制度は、過去のある時点に、いくつかの歴史的ファクターの複合的な効果として「誕生」したもので、それ以前には存在しなかったのです。この、ごく当たり前の（しかし忘れられやすい）事実を指摘し、その制度や意味が「生成した」現場まで遡って見ること、それがフーコーの「社会史」の仕事です。

ある制度が「生成した瞬間の現場」、つまり歴史的な価値判断がまじり込んできて、それを汚す前の「なまの状態」のことを、のちにロラン・バルト※2は「零度」（degré zéro）と術語化しました。構造主義とは、ひとことで言えば、さまざまな人間的諸制度（言語、文学、神話、親族、無意識など）における「零度の探求」であると言うこともできるでしょう。

英語解答

1 問１ ③　問２ ③　問３ ④
問４ ②　問５ ④　問６ ②
問７ ①　問８ ④　問９ ③
問10 ③

2 問11 ④　問12 ②　問13 ①
問14 ③　問15 ①

3 問16 ①　問17 ④　問18 ④
問19 ②　問20 ③

4 A　問21…②　問22…④
B　問23…③

5 問24 ②　問25 ③　問26 ②
問27 ③　問28 ②　問29 ④
問30 ②

6 問31 ③　問32 ①　問33 ②
問34 ②　問35 ④　問36 ③
問37 ④

数学解答

1 (1) ア…－　イ…3　ウ…5　エ…9
(2) オ…5　カ…6
(3) キ…－　ク…1　ケ…7　コ…6
(4) サ…2　シ…3　ス…3　セ…6
ソ…0　タ…2　チ…9
(5) ツ…1　テ…1　ト…8　ナ…6

2 (1) ア…1　イ…6
(2) ウ…－　エ…2
(3) オ…2　カ…－　キ…3
(4) ク…1　ケ…4
(5) コ…1　サ…5

3 (1) ①　(2) イ…3　ウ…2　エ…3
(3) オ…5　カ…3　キ…9
(4) ク…5　ケ…3　コ…1　サ…0
シ…9

4 ア…3　イ…－　ウ…3　エ…－
オ…3　カ…3　キ…6　ク…6
ケ…3　コ…6　サ…3

5 ア…1　イ…3　ウ…6　エ…5
オ…1　カ…2　キ…1　ク…2
ケ…4

国語解答

一 問１ ④　問２ ①　問３ ③
問４ ④　問５ ②　問６ ②
問７ ①　問８ ③　問９ ④
問10 ③

二 問11 ③　問12 ③　問13 ①
問14 ③　問15 ④　問16 ①
問17 ①　問18 ③　問19 ④
問20 ②

三 問21 ①　問22 ②　問23 ④
問24 ②　問25 ①　問26 ③
問27 ②　問28 ②　問29 ③
問30 ④　問31 ①　問32 ②

2022年度 叡明高等学校(推薦1回目)

【英　語】(50分)〈満点：100点〉

1 次の問い(問1～10)の(　　　)に入れるのに最も適切なものを、それぞれ下の①～④のうちから1つずつ選びなさい。

問1 Jane really likes art. She often goes to (　　　) on the weekends.
① banks　② cafeterias　③ museums　④ supermarkets

問2 The station was full (　　　) people because the trains were late.
① by　② for　③ of　④ on

問3 A：It's too cold to go swimming.
B：I know. Let's stay home and watch TV (　　　).
① almost　② before　③ either　④ instead

問4 A：Wow! Tsutomu got a (　　　) score on the English test!
B：Really? 100% again? He's great.
① foolish　② heavy　③ low　④ perfect

問5 A：You should put your (　　　) clothes in the basket. Mom always gets angry when you leave them on the floor.
B：OK.
① dirty　② last　③ slow　④ strong

問6 I like taking pictures, so I always (　　　) my camera in my bag.
① arrive　② carry　③ miss　④ prove

問7 I grew (　　　) in London and came here three years ago.
① on　② through　③ to　④ up

問8 A：I'm not very good at playing the piano, Dad.
B：You just have to (　　　) practicing. You'll get better soon.
① bring　② give　③ help　④ keep

問9　A：I (　　　) that Kelly just had a baby boy.

　　B：Really?　That's great!

①　gave　②　heard　③　left　④　told

問10　My headache won't (　　　), so I'm going home early today.

①　get on　②　go away　③　jump in　④　take out

2

次の問い(問11～15)の会話文が成り立つように(　　　)に入る最も適切なものを、それぞれ下の①～④のうちから1つずつ選びなさい。

問11　A：We're going swimming at the beach this weekend.　How about coming with us?

　　B：Well, I'll go to the beach with you, but (　　　)

　　A：Why not?

　　B：I've never really learned how to swim.

①　I can't find my swimsuit.

②　I can't study at the beach.

③　I won't go in the water.

④　I won't travel with you.

問12　A：Dad, I'll be home at about ten o'clock tonight.

　　B：That's pretty late.　(　　　)

　　A：David invited me to a party at his house.

　　B：OK.　But be sure to come straight home when it's over.

①　What are you going to do?

②　What time will you finish?

③　When is David's party?

④　Where should we meet?

問13　A：My history teacher asked us to write a report about the French Revolution.

　　B：That sounds difficult.　Do you know anything about it?

　　A：No, nothing.　(　　　)

　　B：Well, there's a lot of information about French history on the Internet.

①　Where can I find out about it?

②　Who will check the report?

③　Whose computer should I use?

④　Why don't you use the Internet?

問14　A：Excuse me.　Is this the train to Chicago?

　　B：No, sir.　You have to go to Platform 12.

　　A：Thanks.　(　　　)

　　B：It'll leave in a few minutes, so you'd better hurry.

①　Can you tell me what time it is now?

②　Do I have enough time to get there?

③　When will you be ready?

④　Where's the platform?

問15 A：Why didn't you tell me you broke the window, Luke?

B：(　　　　)

A：I'm more upset that you didn't say anything to me!

B：I'm sorry. I should have told you.

① I heard you broke the window.　　② I told you about that yesterday.

③ I was afraid you would get angry.　　④ I'm not sure who did it.

3

次の問い(**問16～20**)において、それぞれ日本文の意味を表すように㋐～㋕までを並べかえて［　　　］を補い、最も適切な文を完成させなさい。解答は2番目と4番目にくるものとして最も適切な組み合わせを、それぞれ下の①～④のうちから1つずつ選びなさい。ただし、文頭に来るものも小文字になっています。

問16 私はどの列車に乗ればよいかわかりませんでした。

I (㋐ didn't　㋑ know　㋒ take　㋓ to　㋔ train　㋕ which).

I ［　　］［2番目］［　　］［4番目］［　　］［　　］.

① ㋑－㋓　② ㋑－㋔　③ ㋒－㋓　④ ㋒－㋔

問17 それは今まで見た中で最高の映画でした。

That was (㋐ ever　㋑ have　㋒ I　㋓ movie　㋔ seen　㋕ the best).

That was ［　　］［2番目］［　　］［4番目］［　　］［　　］.

① ㋑－㋔　② ㋑－㋕　③ ㋓－㋑　④ ㋕－㋒

問18 父は私にもっと勉強してほしいと思っています。

(㋐ harder　㋑ me　㋒ my father　㋓ study　㋔ to　㋕ wants).

［　　］［2番目］［　　］［4番目］［　　］［　　］.

① ㋓－㋑　② ㋓－㋕　③ ㋕－㋓　④ ㋕－㋔

問19 髪の長いあの女の子はメアリーです。

(㋐ girl　㋑ is　㋒ long hair　㋓ Mary　㋔ that　㋕ with).

［　　］［2番目］［　　］［4番目］［　　］［　　］.

① ㋐－㋒　② ㋐－㋓　③ ㋑－㋐　④ ㋑－㋕

問20 拓海は学校のダンスコンテストに参加します。

Takumi (㋐ dance contest　㋑ his school's　㋒ in　㋓ part　㋔ take　㋕ will).

Takumi ［　　］［2番目］［　　］［4番目］［　　］［　　］.

① ㋓－㋑　② ㋓－㋒　③ ㋔－㋑　④ ㋔－㋒

4 次の問い(A・B)に答えなさい。

A　次の掲示の内容に関して、**問21**と**問22**の質問に対する答えとして最も適切なもの、または(　　　　)に入れるものとして最も適切なものを、それぞれ下の①～④のうちから１つずつ選びなさい。

MOVING SALE

Where: 7-2-1, Koshigaya Laketown
When: Sunday, August 1st, 10 a.m. to 6 p.m.

I am leaving Koshigaya and moving to Urawa. If I can't sell my old things, I'll have to throw them away!

Furniture:
Two sofas, dining table and chairs, single bed, bookcase and more!
Appliances*:
TV, laptop computer, washing machine, vacuum cleaner and more!

If you can't come on the 1st, you can come on July 31st, but only in the morning. If you want to come on that day, e-mail me at the following address: jenniferbennett1995@happymail.com. Please write your name and telephone number.

Jennifer Bennett

注　appliance(s)：電化製品

問21 Why did Jennifer Bennett make this notice?

① She is looking for a new house in Koshigaya.

② She lost her laptop computer.

③ She needs two sofas.

④ She wants to sell her furniture and appliances before she moves.

問22 If people want to go to Jennifer's house before August 1st, they should (　　　　).

① call her on the morning of July 31st

② send an e-mail to her

③ visit her at any time

④ visit her website

B　次の表の内容に関して、**問23**に対する答えとして最も適切なものを、下の①～④のうちから１つ選びなさい。

Eimei High School Newsletter

<u>Question of the week</u>: What is your favorite school subject?
Students' responses:

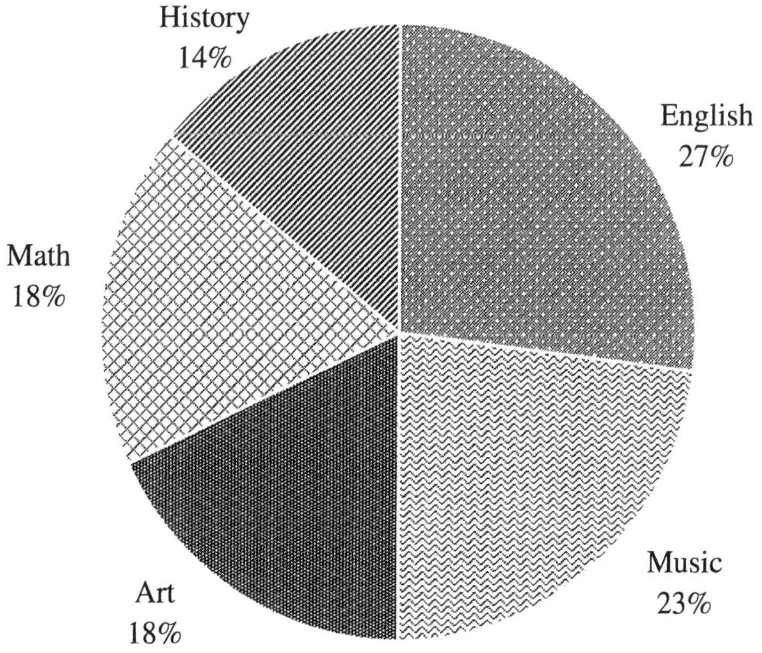

問23 According to the chart above, which statement is true?

① Art is more popular than math.

② Math is not so popular as English.

③ More students like history than English.

④ Music is the most popular school subject.

5 次の文章を読み、後の問い(問24～30)に答えなさい。

By the early nineteenth century, you could find chocolate houses in towns across Europe, but not everybody liked the drinks there. Sometimes there were hard pieces of shell* from the cacao beans* in the hot chocolate. There is also a lot of fat, called cocoa butter, in cacao beans. (1)This often stayed on top of the drink, and people did not enjoy that.

Around this time, people started to invent* and use machines more than ever before. One Dutch* inventor* called Conrad Van Houten began to think about chocolate. He wanted to make a smooth* drink without cocoa butter on the top. So he worked hard for many years and in 1828 he invented a machine called the cocoa press.

Van Houten ground* cacao beans into a paste* called chocolate liquor and then used his cocoa press to take out most of the cocoa butter. You can still find machines like this in chocolate factories around the world now.

Chocolate without cocoa butter is often called (2)cocoa solids. Van Houten dried these cocoa solids and then ground them into cocoa powder. It was now smoother and much better than before and people could easily make drinks with it. We use this cocoa powder in our hot chocolate and home cooking today.

Van Houten's cocoa press was important for chocolate makers like J. S. Fry and John Cadbury in England. Later these businesses bought his wonderful machine. It (A), but they now had a lot of cocoa butter! What could they do with it?

【 ① 】 J. S. Fry had an answer. In 1847, he put the cocoa butter together with sugar and chocolate liquor and the world's first chocolate bar was made in Bristol, UK. Other makers like Cadbury also began to produce bars and soon boxes of smaller chocolates.

【 ② 】 So in the 1870s one inventor in Switzerland*, Daniel Peter, began to put chocolate together with different things. He tried mixing chocolate with cheese but that did not work!

In 1875, Peter mixed chocolate with a special new type of sweet milk called condensed milk and he produced the world's first milk chocolate. This condensed milk was first made by Henri Nestlé in the 1860s and of course Nestlé later became a very important name in chocolate.

In 1879, another Swiss man, Rodolphe Lindt, invented a way to make chocolate even smoother. Lindt's new machine moved the chocolate around for a long time before it was made into bars. It was called a conching machine, and it produced chocolate that was beautifully smooth and easier to eat. Other chocolate makers soon began to use the machine too.

【 ③ 】 All these inventors and their machines changed the world of chocolate. In the 1890s, American Milton Hershey opened a large modern factory and began to make hundreds of thousands of milk chocolate bars. A lot of Americans could now buy a cheap Hershey Bar on the walk home from school or work.

(3)Some of these new chocolate makers did not just want to make money or do well in business. Producers like Cadbury, Fry, and Hershey were also very interested in the lives of their workers. They built special towns around their factories with hospitals, schools, and nice houses too.

【 ④ 】 At the end of the nineteenth century chocolate was no longer a drink for rich men and women. The new machines and factories helped working people to enjoy the taste of chocolate bars. Now you can buy and eat chocolate nearly everywhere in the world. In the next chapter we will see how chocolate is made today, beginning in a cacao tree plantation* and ending in a twenty-first century chocolate factory.

注 shell：殻　cacao beans：カカオ豆　invent：発明する　Dutch：オランダ人　inventor：発明家
smooth(er)：(より)なめらかな　ground < grind：細かく砕く　paste：ペースト、練り物
Switzerland：スイス　plantation：大規模農園

問24 下線部(1)が指すものとして最も適切なものを、下の①～④のうちから１つ選びなさい。

① cacao beans　② chocolate houses　③ cocoa butter　④ the hot chocolate

問25 下線部(2)とは何か。最も適切なものを、下の①～④のうちから１つ選びなさい。

① Chocolate which does not have cocoa butter
② Chocolate which has cocoa butter
③ Machines which take out all of the cocoa butter
④ Machines which take out most of the cocoa butter

問26 空所（ A ）に入る語として最も適切なものを、下の①～④のうちから１つ選びなさい。

① took off　② turned on　③ went wrong　④ worked well

問27 以下の英文を入れるのに最も適切な箇所を、本文中の【 ① 】～【 ④ 】のうちから１つ選びなさい。

The bars were very popular, but of course people wanted to eat new types of chocolate too.

問28 下線部(3)を言い換えたものとして最も適切なものを、下の①～④のうちから１つ選びなさい。

① Cadbury, Fry, and Hershey didn't want to make money and their workers had to find other jobs.
② Cadbury, Fry, and Hershey didn't want to make money but tried to support the lives of their workers.
③ Cadbury, Fry, and Hershey wanted to make money and their workers had to find other jobs.
④ Cadbury, Fry, and Hershey wanted to make money and to support the lives of their workers.

問29 本文の内容に一致するものとして最も適切なものを、下の①～④のうちから１つ選びなさい。

① Chocolate which was mixed with cheese became popular in Switzerland.
② Henri Nestlé was the first one who invented a way to make chocolate smooth.
③ It's impossible to find the cocoa press in the chocolate factories around the world now.
④ Thanks to conching machines, chocolate became even smoother and easier to eat.

問30　この文章の後はどのような話題が続くと考えられるか。最も適切なものを、下の①～④のうちから１つ選びなさい。

① How to close a chocolate factory

② How to invent new machines

③ How to produce chocolate today

④ How to start a cacao tree plantation

6　次の文章を読み、後の問い(問31～37)に答えなさい。

It had been some time since Jack had seen the old man. College, girls, career and life itself got in the way. Jack moved across the country following his dreams. He had launched* an architectural design office* the previous year, and in the rush of his busy life, he had little time to think about the past and often no time to spend with his wife and son. He was working on his future, and he was busy.

Over the phone, his mother told him, "Mr. Belser died last night. The funeral* is Wednesday."

"It's been so long since I thought of him. I thought he must have died years ago," Jack said.

"Well, (　A　)," Mom told him. "Every time I saw him he'd asked how you were doing. He'd tell me about all the days you spent over 'his side of the fence.'"

Memories flashed through Jack's mind as he remembered his childhood days. "He's the one who taught me carpentry*," he said. "He helped me to go into carpentry. He taught me important things…"

"You know, Jack, after your father died, Mr. Belser stepped in* to make sure you had a man's influence in your life," she said.

"Mom, (　B　)," Jack said.

Even though Jack was busy, he kept his words. Mr. Belser's funeral was small and uneventful*. He had no children of his own, and most of his relatives had passed away.

The night before Jack had to return home, he and his Mom stopped by to see the old house next door one more time.

Stepping into the house, (1)Jack felt like he was stepping back in time*. The house was exactly as he remembered, and every step held memories. Every picture, every piece of furniture… Jack stopped suddenly.

"What's wrong, Jack?" his Mom asked.

"The box is gone," he said.

"What box?" she asked.

"There was a small gold box that he kept locked on top of his desk. I must have asked him a thousand times what was inside. All he'd ever tell me was, 'The thing I value most,'" Jack said.

It was gone. Everything about the house was exactly how Jack remembered it, except for the box. He figured someone from the Belser family had taken it.

Two weeks later, returning home from work, Jack discovered a note in his mailbox. "Signature* required on a package. Please stop by the main post office within the next three days," the note read.

The next day Jack collected the package. It was old and looked like it had been mailed a hundred years ago, but the return address caught his attention.

"Mr. Harold Belser," it read.

Jack took the package out to his car and opened it. There inside was the gold box and an envelope. Jack's hands shook as he read the note inside.

“Upon my death, please forward* this to Jack Bennett. It’s the thing I valued most in my life.” A small key was taped to the letter. (2)His heart racing, Jack opened the box. There inside he found a beautiful gold pocket watch*.

He carefully unlatched* its cover, and found these words: “Jack, Thanks for your time! — Harold Belser.”

“The thing he valued most was… my time.”

Jack held the watch for a few minutes, then called his office and cleared his appointments for the next two days. “Why?” his assistant, Janet, asked.

“I need to spend some time with my son,” he said. “Oh, by the way, Janet… thanks for your time!”

注 launch(ed)：〜を立ち上げる　architectural design office：建築設計事務所　funeral：葬式
carpentry：大工仕事　step(ped) in：介入する　uneventful：普通の
step(ping) back in time：少し前の時代に戻る
signature：署名、サイン　forward：〜を転送する　pocket watch：懐中時計
unlatch(ed)：留め具をはずす

問31　空所(　A　)に入るものとして最も適切なものを、下の①〜④のうちから１つ選びなさい。

① he didn’t forget you
② he didn’t remember you
③ he had met you many times
④ he would like to forget you

問32　空所(　B　)に入るものとして最も適切なものを、下の①〜④のうちから１つ選びなさい。

① I don’t want to be like him
② I want to talk with him
③ I won’t go there
④ I’ll be there for the funeral

問33　下線部(1)とはどういうことか。その説明として最も適切なものを、下の①〜④のうちから１つ選びなさい。

① Jackは過去に戻った気がして、Mr. Belserとの思い出に懐かしさを感じた。
② Jackは過去を振り返り、Mr. Belserに怒られたことを思い出し、怒りを覚えた。
③ JackはMr. Belserとの思い出を振り返り、教わったことを思い出して喜びを感じた。
④ JackはMr. Belserの家に入ることを心配し、母親に怒られるのではないかと恐れていた。

問34　下線部(2)の時のJackの気持ちとして最も適切なものを、下の①〜④のうちから１つ選びなさい。

① Mr. Belserからの荷物に入っているものが何なのか分かっていて、わくわくしていた。
② Mr. Belserからの荷物だと気がつき、懐かしさと同時に開くことへの恐怖を感じた。
③ Mr. Belserが亡くなっているのに、どうやって送ってきたのかと疑問に感じた。
④ Mr. Belserからの荷物だったので、懐かしさと同時に何が入っているのかわくわくした。

問35　本文の内容に合うように、次の英文の(　　　　)に入れるのに最も適切なものを、下の①～④のうちから１つ選びなさい。

After Jack discovered a note in the mailbox, (　　　　).

① he found that the note had been mailed a hundred years ago

② he shook hands with Mr. Belser

③ he received the package the next day

④ he threw the note away without reading it

問36　本文の内容に一致するものとして最も適切なものを、下の①～④のうちから１つ選びなさい。

① Jack learned the news of Mr. Belser's death in the letter from his mother.

② Jack was so busy that he had no time to remember Mr. Belser's death.

③ The thing Mr. Belser valued most was the time he spent with Jack.

④ There was a picture in the box that was missing from Mr. Belser's house.

問37　本文のあらすじとして最も適切なものを、下の①～④のうちから１つ選びなさい。

① ある青年が金の懐中時計を受け取り、人生で最も大切なことは何かを理解する話。

② ある青年が亡くなった近所のおじさんから学んだ大工仕事で成長していく話。

③ ある青年が亡くなった近所のおじさんの家に行き、小さな金の箱に入っているものを推理する話。

④ ある青年が予定をキャンセルし、息子と亡くなったおじさんの家に向かおうとする話。

【数　学】（50分）〈満点：100点〉

1　次の計算をしなさい。

（1）　$-9^2 \div 3 - (-2)^3 \times 3 = \boxed{\text{アイ}}$

（2）　$\dfrac{13}{6} + \left(-\dfrac{1}{3}\right)^2 \div \left(-\dfrac{2}{15}\right) = \dfrac{\boxed{\text{ウ}}}{\boxed{\text{エ}}}$

（3）　$\dfrac{-x+5y}{2} - \dfrac{8y-4x}{5} = \dfrac{\boxed{\text{オ}}\,x+\boxed{\text{カ}}\,y}{\boxed{\text{キク}}}$

（4）　$\dfrac{(\sqrt{3}-1)^2}{3} + \dfrac{(\sqrt{3}+2)(\sqrt{3}-2)}{2} = \dfrac{\boxed{\text{ケ}}-\boxed{\text{コ}}\sqrt{\boxed{\text{サ}}}}{\boxed{\text{シ}}}$

（5）　$(\sqrt{7}-2\sqrt{5})(\sqrt{7}-\sqrt{5})-(\sqrt{7}-2\sqrt{5})^2 = \boxed{\text{スセソ}}+\sqrt{\boxed{\text{タチ}}}$

2　次の各問に答えなさい。

（1）　$x=\dfrac{3}{2}$，$y=-\dfrac{1}{9}$ のとき，$9xy^2 \div (-3xy)^2 \times (x^2y)^2$ の値は $\dfrac{\boxed{\text{ア}}}{\boxed{\text{イウ}}}$ である。

（2）　$\sqrt{7}$ の小数部分を a とするとき，a^2+2a の値は $\boxed{\text{エ}}-\boxed{\text{オ}}\sqrt{\boxed{\text{カ}}}$ である。

（3）　2 つのさいころ A，B を同時に投げ，A の目を x，B の目を y とする。このとき，$x-y \geqq 3$ となる確率は $\dfrac{\boxed{\text{キ}}}{\boxed{\text{ク}}}$ である。ただし，さいころの目はどの目が出ることも同様に確からしいものとする。

(4)　連立方程式 $\begin{cases} 3x+4y=-30 \\ 2x-3y=14 \end{cases}$ の解は $x=$ ケコ ，$y=$ サシ である。

(5)　5 %の食塩水 300 g と ス %の食塩水 500 g を合わせると，6.25%の食塩水ができる。

3　花子さんは，美術館へ行きました。図 1 は展示室を真上から見たもので，壁やパネルに作品が展示されています。
花子さんは，展示室の中を移動したとき，パネルで隠れて見えなくなる壁面があることに気がつき，下のような考え方をもとに，見えない壁面の範囲がどのように変化するかを考えました。
次の各問に答えなさい。
ただし，パネルの厚さは考えないものとします。

図 1

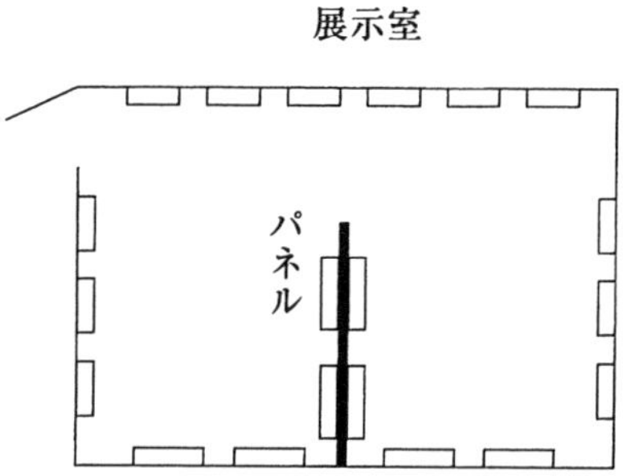

考え方

○　図 2 のように，展示室を長方形 ABCD，パネルを線分 EF とします。

○　長方形 ABCD の辺上に点 P をとり，半直線 PE と長方形 ABCD の各辺との交点を G とします。

○　図 2 のように，点 P の位置から点 E を見た場合，パネルで隠れて見えない部分を，塗りつぶして(　)表します。

図 2

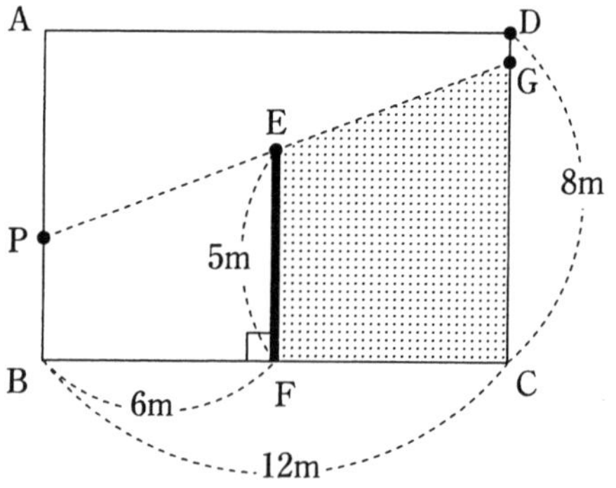

(1)　図 3 のように，点 P が点 A にあるとき，
線分 CG＝ ア m である。
また，点 P が辺 AB 上を点 A から点 B まで移動する間に，点 G が点 D に重なるのは
線分 AP＝ イ m のときである。

図 3

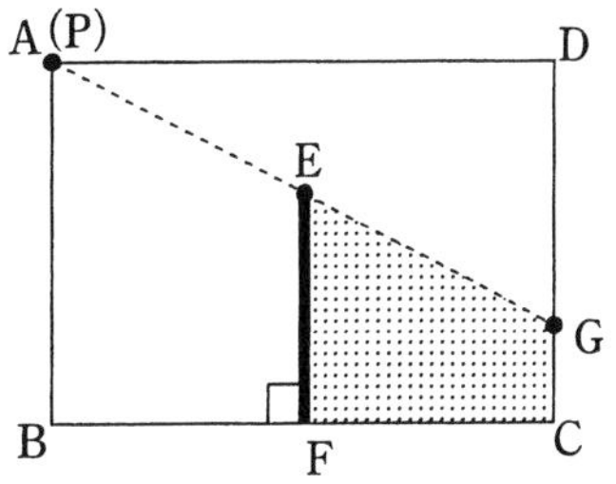

(2)　図 4 は，点 P が線分 BF 上を点 B から 2 m 移動したときを示したものである。
半直線 FE と辺 AD の交点を H とするとき，
△ PFE と△ GHE が相似であることを利用すると，
線分 DG＝$\dfrac{\boxed{\text{ウエ}}}{\boxed{\text{オ}}}$ m である。

図 4

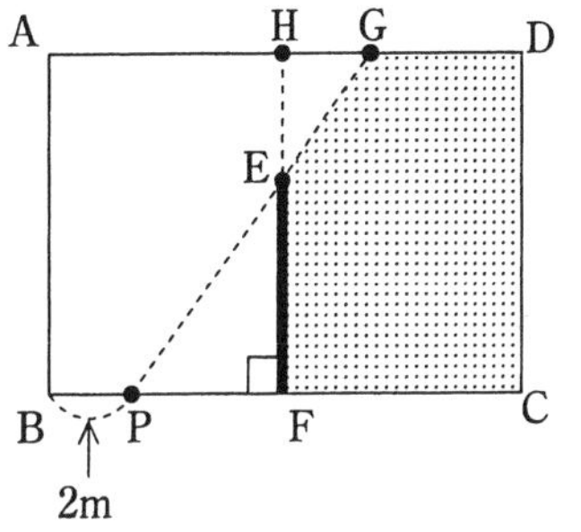

(3)　図 5 は，点 P が辺 CD 上を点 C から点 D まで移動するときを示したものである。
線分 CP の長さが，線分 AG の長さと等しくなるとき，線分 CP＝$\dfrac{\boxed{\text{カキ}}-\sqrt{\boxed{\text{クケ}}}}{2}$ m である。

図 5

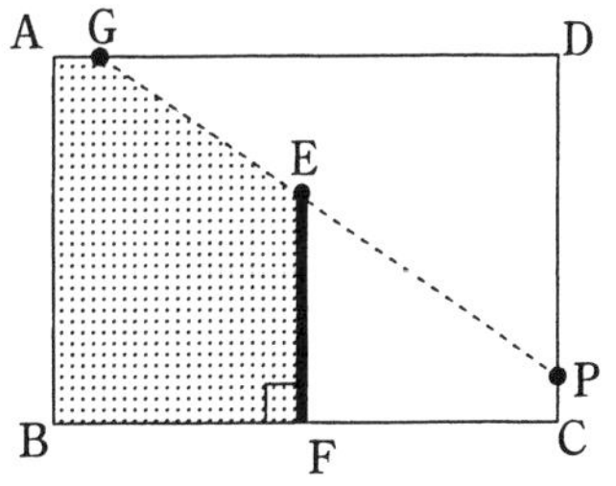

4 $\boxed{\text{ア}}$ ～ $\boxed{\text{ス}}$ に当てはまる最も適当な数字を答えなさい。

次の図のように，2次関数 $y=\dfrac{1}{2}x^2$ と直線 $y=8$ が2点 A，B で交わっている。点 A の x 座標は負，点 B の x 座標は正である。このとき，点 A の座標は $(\boxed{\text{アイ}}, \boxed{\text{ウ}})$ である。

点 B を通り，傾きが $\dfrac{5}{2}$ である直線を ℓ とする。直線 ℓ の方程式は，$y=\dfrac{5}{2}x-\boxed{\text{エ}}$ である。直線 ℓ と $y=\dfrac{1}{2}x^2$ の交点のうち，点 B でない方の交点を C とするとき，点 C の座標は $\left(\boxed{\text{オ}}, \dfrac{\boxed{\text{カ}}}{\boxed{\text{キ}}}\right)$ である。

ここで，四角形 ABCD が台形となるように，$y=\dfrac{1}{2}x^2$ 上に点 D をとるとき，台形の面積は $\dfrac{\boxed{\text{クケ}}}{\boxed{\text{コ}}}$ である。この台形を直線 $y=8$ に関して1回転させてできる立体の体積は $\boxed{\text{サシス}}\,\pi$ である。ただし，円周率は π とし，座標軸の単位の長さは1とする。

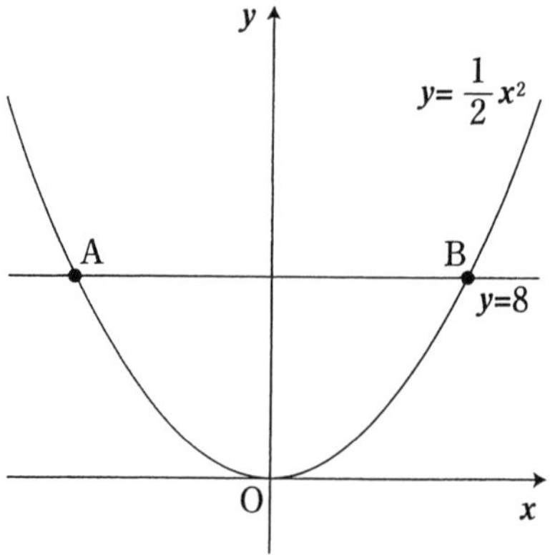

5　2 つのさいころ A，B を同時に投げ，A の目を a，B の目を b とする。
また，図のような xy 平面上で，点 P$(a,\ b)$ を考える。
点 X$(a,\ 0)$ とするとき，次の会話文を読み，$\boxed{\text{ア}}$ ～ $\boxed{\text{ク}}$ に当てはまる最も適当な数字を答えなさい。ただし，さいころの目はどの目が出ることも同様に確からしいものとする。

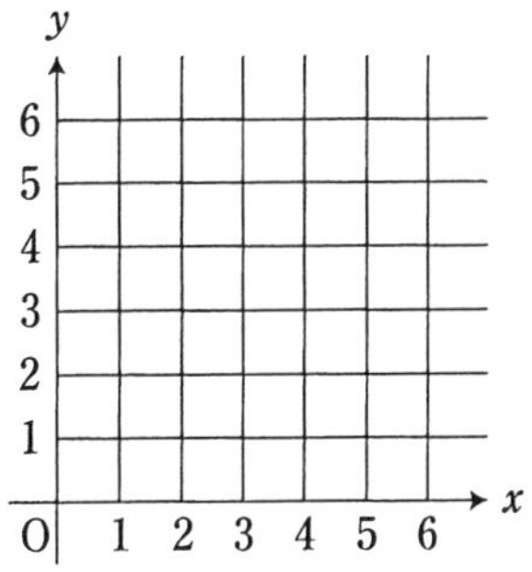

【会話文】

えいこさん：三角形 OPX について考えてみよう。三角形の面積が最小となるとき，面積は $\dfrac{1}{2}$ だね。三角形の面積が最小となる確率は $\dfrac{1}{36}$ だよ。

あきらさん：そうですね。また，三角形 OPX の面積が 6 になる確率は $\dfrac{\boxed{\text{ア}}}{\boxed{\text{イ}}}$ で，面積が 3 以下になる確率は $\dfrac{\boxed{\text{ウ}}}{\boxed{\text{エオ}}}$ ですね。

こまつ先生：正解です。ここで，さいころ C を投げ，出た目を c とする。点 Q$(c,\ 0)$とするとき，三角形 OPQ が直角二等辺三角形になる確率を考えてみよう。

えいこさん：三角形 OPQ が直角二等辺三角形になる確率は $\dfrac{\boxed{\text{カ}}}{\boxed{\text{キク}}}$ ですか。

こまつ先生：正解です。

解答上の注意事項

1　解答は，解答用紙の問題番号に対応した解答欄にマークしなさい。

2　問題の文中の $\boxed{\text{ア}}$ ，$\boxed{\text{イウ}}$ などには，特に指示がない限り，符号(－)または数字(０～９)が入ります。ア，イ，ウ，…の一つ一つは，これらのいずれか一つに対応します。それらを解答用紙のア，イ，ウ，…で示された解答欄にマークして答えなさい。

例　$\boxed{\text{アイウ}}$ に－47と答えたいとき

ア	●	⓪	①	②	③	④	⑤	⑥	⑦	⑧	⑨
イ	⊖	⓪	①	②	③	●	⑤	⑥	⑦	⑧	⑨
ウ	⊖	⓪	①	②	③	④	⑤	⑥	●	⑧	⑨

なお，同一の問題文中に $\boxed{\text{ア}}$ ，$\boxed{\text{イウ}}$ などが２度以上現れる場合，原則として，２度目以降は，

$\boxed{\text{ア}}$ ，$\boxed{\text{イウ}}$ のように細字で表記します。

3　分数系で解答する場合，分数の符号は分子につけ，分母につけてはいけません。

例えば，$\dfrac{\boxed{\text{エオ}}}{\boxed{\text{カ}}}$ に $-\dfrac{2}{3}$ と答えたいときには，$\dfrac{-2}{3}$ として答えなさい。

また，それ以上約分できない形で答えなさい。例えば，$\dfrac{3}{2}$ と答えるところを $\dfrac{6}{4}$ のように答えてはいけません。

4　根号を含む形で解答する場合，根号の中に現れる自然数が最小となる形で答えなさい。

例えば，$\boxed{\text{キ}}\sqrt{\boxed{\text{ク}}}$ に $6\sqrt{2}$ と答えるところを，$3\sqrt{8}$ のように答えてはいけません。

5　根号を含む分数形式で解答する場合，例えば $\dfrac{\boxed{\text{ケ}}+\boxed{\text{コ}}\sqrt{\boxed{\text{サ}}}}{\boxed{\text{シ}}}$ に $\dfrac{3+2\sqrt{2}}{3}$ と答えるところを，$\dfrac{6+4\sqrt{2}}{6}$ や $\dfrac{6+2\sqrt{8}}{6}$ のように答えてはいけません。

・忠言は耳に逆らへども、行ひに利あり。

①　忠言逆㆓於耳㆒、而利㆘於行㆖。

②　忠言逆㆑於耳、而利㆑於行。

③　忠言逆㆓於耳㆒、而利㆓於行㆒。

④　忠言逆㆓於耳㆒、而㆔利㆓於行㆒。

問26　次の文の傍線部と文法的性質が同じものを、後の①〜④のうちから一つ選びなさい。

・氷がとけると、水になる。

①　何と言われようと、やってみせる。
②　早くしないと、遅刻してしまう。
③　目が覚めると、外は真っ暗だった。
④　激しい風が吹くと、海は波立つ。

問27　次のア〜オにおける敬語（傍線部）の種類について、後の①〜④の選択肢のうち一つだけ、**種類の異なる敬語**を組み合わせたものがある。その選択肢を、①〜④のうちから一つ選びなさい。

ア　先生のお宅で佐藤さんが食事をいただく。
イ　私は鈴木さんに先生の都合をうかがうつもりだ。
ウ　田中さんは先生がお話しになることを聞いた。
エ　中村さんは先生にお聞きしたいことがあるそうだ。
オ　私は学校の近くで先生をお見かけした。

①　アーイ　②　エーオ　③　ウーエ　④　アーオ

問28　次の傍線部①〜④について、他とは**種類の異なる敬語**を一つ選びなさい。

私は佐藤先生が①お書きになった絵を②拝見し、その感想を鈴木先生に③お伝えした。すると、鈴木先生がほめてくださったので、お礼を④申し上げた。

問29　次の和歌中の空欄に入る言葉として最も適切なものを、後の①〜④のうちから一つ選びなさい。

・長からむ心も知らず［　　］乱れてけさは物をこそ思へ

①　ちはやぶる　②　うつせみの
③　くろかみの　④　あかねさす

問30　「長月」と最も関係の深いものを、次の①〜④のうちから一つ選びなさい。

①　重陽の節句　②　桃の節句　③　新嘗祭　④　七草

問31　次の漢詩の形式として適切なものを、後の①〜④のうちから一つ選びなさい。

昔聞洞庭水　今上岳陽楼
呉楚東南坼　乾坤日夜浮
親朋無一字　老病有孤舟
戎馬関山北　憑軒涕泗流

①　五言絶句　②　五言律詩　③　七言絶句　④　七言律詩

問32　次の書き下し文のように読むことができる文はどれですか。適切なものを後の①〜④のうちから一つ選びなさい。

③　「イナゴ」の例に見るように、現在の日本でも自然と人間は密接な関わり合いをもっており、現在の日本人は自然と社会を行き来する傾向があるということ。

④　都市化が進み自然との境がなくなった社会において、自然と人工を使い分ける必要がなく、昔の日本人は「環境」という言葉も使うことがなくなったということ。

三

次の各問いに答えなさい。

問21　次のA～Cは、〔　〕に共通する漢字が一字当てはまる慣用句です。当てはまる漢字として最も適切なものを、後の①～④のうちから一つ選びなさい。

A　〔　〕を落とす　　意味…がっかりして落ち込んでいる様子

B　〔　〕を並べる　　意味…実力の差がなく、対等な立場にある様子

C　〔　〕をもつ　　意味…味方したり、かばったりすること

①　足　　②　肩　　③　胸　　④　腰

問22　次にあげる故事成語の意味として最も適切なものを、後の①～④のうちから一つ選びなさい。

・「虎穴に入らずんば虎子を得ず」

①　危険を冒さなければ大きな利益は得られないということ。

②　危険を冒すくらいなら何もしない方がいいということ。

③　危険を冒したものの失敗してひどい目にあうこと。

④　人よりも先に物事を実行すれば有利な立場に立てるということ。

問23　次の文の傍線部と同じ意味内容になる四字熟語として最も適切なものを、後の①～④のうちから一つ選びなさい。

・私は、飾らない自然体の君の性格が好きだ。

①　自由奔放　　②　質実剛健　　③　天衣無縫　　④　品行方正

問24　次の熟語と同じ構造のものを、後の①～④のうちから一つ選びなさい。

・「永久」

①　読書　　②　堅固　　③　自身　　④　不穏

問25　次の文の傍線部と文法的性質が同じものを、後の①～④のうちから一つ選びなさい。

・昨日は朝七時に起きた。

①　夏休みに、沖縄を旅行した。

②　試合はたった今終わった。

③　曲がりくねった道路を進む。

④　明日はお母さんの誕生日だったね。

④　A　ところが　　B　いわば　　C　たとえば

問15　空欄［ア］に入る語句として最も適切なものを、次の①～④のうちから一つ選びなさい。

①　人間対自然　　②　意識対自然
③　人間対都市　　④　都市対意識

問16　次の一文は、［I］～［IV］のどこかに入ります。入る場所として最も適切なものを、後の①～④のうちから一つ選びなさい。

・身体については、意識はほとんどデタラメの嘘《うそ》をいうのである。

①　［I］　　②　［II］　　③　［III］　　④　［IV］

問17　傍線部(1)「屁理屈」の説明として最も適切なものを、次の①～④のうちから一つ選びなさい。

①　人間が自然であるということが、道理に合わない理屈であるということ。
②　人間が自然であるということが、筋の通った説明であるということ。
③　人工物が自然であるということが、無理のない説明であるということ。
④　人工物が自然であるということが、意味のある理屈であるということ。

問18　傍線部(2)「そういう人たち」とありますが、これはどのような人たちのことですか。その説明として最も適切なものを、次の①～④のうちから一つ選びなさい。

①　人間の身体は川と同じだと思っている人たち。
②　去年と今年の今日の身体が違うと思っている人たち。
③　人間は一人で生きていると思っている人たち。
④　人間の身体には数多くの生物がいると思っている人たち。

問19　傍線部(3)「じつはこっちなのである」とありますが、これはどのようなことですか。その説明として最も適切なものを、次の①～④のうちから一つ選びなさい。

①　人間の身体は「自然」ではないので、「人工」の側であるということ。
②　人間の身体は「自然」であるが「外の自然」とは違うので、「人工」の側であるということ。
③　人間の身体は「自然」であるので、「人工」である都市を作る側ではないということ。
④　人間の身体は「自然」であるので、人間そのものが環境問題であるということ。

問20　傍線部(4)「そもそも『環境』なんて言葉は使わなかった」とありますが、これはどのようなことですか。その説明として最も適切なものを、次の①～④のうちから一つ選びなさい。

①　過激な「純粋環境派」の登場によって、ますます自然と人間との対立が加速し、自然環境の維持についての関心が薄れていったということ。
②　昔の日本人は自然と人工を対立するものと考えず、「環境」そのものが自分たちの側にあり、自然の側と社会の側を自由に行き来していたということ。

分なりに面倒を見なくてはという意識が根底にあるのだと思う。過激な「純粋環境派」の人たちなら、エベレストの環境を維持するためには、登山を禁止すればいいというかもしれない。

野口さんのような立場にせよ、純粋環境派の立場にせよ、対象がエベレストなら、自然環境を守るということの意味が見えやすい。しかし、これだけ都市化の進んだ日本では、「自然環境を維持することが大切だ」といわれても、どうしたらよいのかわからない人が大多数だろう。この「わからない」ということ自体が、すでに人間が都市化したことを示している。人工の環境で暮らしているから、自然環境の維持がどういうことなのか、わからなくても生きていける。昔は、「わからない」ではすまなかった。田畑を耕していたときには、イナゴという自然がわからなければ、米はつくれなかった。その辺の感覚がおよそ変わってしまったのである。

古典的な対立が「人間対環境」であるなら、ここでの私の立場は、それとはいわば九〇度、直角に話がずれている。私の見方は意識対身体、都市対自然ということである。意識と都市は同じもので、身体と外の自然は同じものである。話が一八〇度ずれたら対立だが、九〇度ずれると、わからないといわれてしまう。x軸の上では、y軸上の点はすべてゼロでしかない。だから私の話はいわば無視されるのである。ゼロを論じることはできないからである。

（養老孟司『いちばん大事なこと』より）

（注）

※1　腸内細菌叢…腸内に棲んでいる細菌が、菌種ごとの塊となり腸壁に張り付いている状態のこと。花畑に見えることから、腸内フローラとも呼ばれる。

※2　一億玉砕……太平洋戦争における日本軍のスローガンの一つ。本土決戦にあたって国民は全力で戦い、名誉・忠節を守って潔く死ぬこと。

※3　ヤマセ………北日本の太平洋側で、春から夏に吹く冷たく湿った東よりの風。偏東風。

問11　二重傍線部ｉ「覆う」の読みとして適切なものを、次の①～④のうちから一つ選びなさい。

①　くつがう　②　おおう　③　とう　④　かくまう

問12　二重傍線部ⅱ「コウリョ」の「コウ」と同じ漢字を含むものを、次の①～④のうちから一つ選びなさい。

①　日本文化についてコウサツする。

②　ケンコウに気をつかう。

③　武力のコウシは放棄する。

④　権力にテイコウする。

問13　二重傍線部ⅲ「ホショウ」と同じ漢字を使用するものを、次の①～④のうちから一つ選びなさい。

①　労働災害をホショウする。

②　国家の安全をホショウする。

③　冷蔵庫のホショウ書をもらう。

④　社会ホショウ制度を見直す。

問14　空欄 A ～ C に入る言葉の組み合わせとして最も適切なものを、次の①～④のうちから一つ選びなさい。

①　A　したがって　B　しかし　C　すなわち

②　A　だから　B　つまり　C　しかし

③　A　しかし　B　すなわち　C　だが

はいっさいいわない。去年の私も、今年の私も、「同じ私」だという。[Ⅳ]

自分を川だという実感で暮らす人が、世界にどれだけいるか。自分は生態系だと思っている人が、どれだけいるだろうか。(2)そういう人たちに、環境問題を説くむずかしさは、十分におわかりいただけるのではないだろうか。自分の身体であるのに、その見方がこれだけ実際と違っているのでは、身体は自然だといわれたって、なにを変なことをいう、とふつうは思うに違いないのである。環境とはあっちの話だと思っている。そういう人が多いはずである。あっちではない。(3)じつはこっちなのである。

ふつうに自然というとき、それは人体ではない、外の自然を指している。[C]、それは身体をコウリョ(ii)からはずしていいということではない。内なる自然もまた、立派な自然である。その意味でこそ、「人間は自然」なのである。

一方、地球上であれば、人間がいっさい手をつけない「外の自然」などありえない。仮にあったとしても、人間と関わり合いをもたない自然は、人間にとっては存在しないのと同じである。逆に、人間が自然の一部である以上、生きているだけでも自然に影響を与えているに違いない。つまり人間対自然という図式は成り立たないのである。

それじゃあどうなっているのか。自然と対立するものとしてとらえられている人間とは、現代の人間、つまり都市社会の人である。アマゾンの奥地で裸で暮らしている人たちが、[ア]などと考えているわけではなかろう。そこでは自然のなかに人間がすっぽり埋まっているからである。対立しているのは、じつはヒトの脳の代表的な働きである意識と、意識がつくり出したものではない自然である。個人についていうなら、意識と身体が対立しているのである。典型的な例を挙げよう。生死は体のこと、つまり自然だから、われわれは自分がいつ、どのように死ぬか、それを知らない。ところが意識はそれが気に入らない。だから死ぬのはイヤだといい、怖いというのである。いくら意識がそう思っても、いずれはだれでも死ぬことは、大丈夫、ホショウ(iii)する。人間であることの死亡率は、一〇〇パーセントなのである。

自然と人工が対立するものとなり、世界が二つに分かれるようになったのは、都市化が進んだためである。私が子どもだったころの日本人は、自然の側と社会の側を上手に行き来していた。(4)そもそも「環境」なんて言葉は使わなかった。人間の暮らしというのは、もともとそういうものだったし、日本人の暮らしはとくに自然と人工を自由に行き来する傾向が強かった。人口の過半数が田畑を耕して農作物をつくっていた時代、つまり私が生まれた昭和十年代ころまでは、いやでも自然につきあわされていたから、自然と人間社会を往復する必要性も、往復するときの加減もよくわかっていたのである。

田畑を自分の思いどおりにしようとしても、なかなかそうはいかない。自然という相手の都合がある。戦前の東北なら、働きのよし悪しに関係なく、ヤマセ(※3)が吹く年には冷害に悩むことになる。こうした経験を通じて、日本人は自然という相手について学んでいたのである。そこから「手入れ」という思想が生まれてきた。このあたりの感覚は、西欧とも中国とも違う。繊細な自然に育まれた独自の日本文化がそれによって生じた。

いまでも自然の側へ行ったり、人間社会の側へ戻ったり、両者のあいだで動いている人がもちろんいる。たとえば登山家の野口健さんは、ボランティアでエベレストの清掃活動をしている。その報告によれば、テント、酸素ボンベ、電池、空き缶やラーメンの袋、漫画の本などがエベレストでも放置されているという。酸素ボンベの放置が発覚すれば罰金が科せられるそうだが、それでもボンベを放置する登山隊はあとを絶たないらしい。エベレストという大自然に挑む登山隊が自然保護に配慮していないというのは皮肉な話である。野口さんの心情を私なりに解釈すれば、人間が自然と関わってしまった以上、その自然と行き来して、自

二 次の文章を読み、後の問いに答えなさい。

環境問題への対応は「自然環境」対「人間社会」という図式でとらえられがちである。しかし、この図式が環境問題の見方を歪《ゆが》め、方向を見えにくくしてきたと思う。

こういう図式があるから、「人間だって自然でしょう」という人がある。そのとおりだが、その先を考える必要がある。それなら人工とはなにか。すべての人工物は、自然である人がつくったんだから、それも自然だ。ここまでいけば、(1)屁理屈であろう。

人工とは、人間の意識がつくり出したものをいう。都市はその典型である。都会には、人間のつくらなかったものは置かれていない。樹木ですら都会では人間が「考えて」植える。草が「勝手に」生えると、それを「雑草」というのである。

他方、人間の体は自然に属している。身体は意識的につくったものではないからである。自分の身体がどんな形になっていようと、それは自分のせいではない。まさに自然のなせるわざなのである。

自分の身体が人工ではないということを、都市社会ではできるだけ「意識させない」。［A］黒い髪は染め、唇は赤くし、爪は切り、ひげは剃《そ》り、裸では暮らさず、服は始終取り替える。そうしていれば、身体はなんとなく意識の思うようになると思えるからであろう。もっと徹底して、美容整形でもすれば、身体は人工だという印象はさらに強くなる。つまりこれは環境問題であろう。身体という自然を、意識が思うようにできると思っているからである。［Ⅰ］

それなら意識とはなにか。ヒトの脳でとくに発達した働きである。その働きが言葉を操り、都市をつくり出し、いわゆる近代社会をつくる。遺伝子からすれば、ヒトとほとんど違わないチンパンジーは、そのどれもやらない。脳が小さいからである。［B］環境問題を個人に戻せば、それは心と身体の対立という、たいへん古典的な問題に戻る。意識とはつまり心だからである。環境問題を追求していくと、原理的には自分の心身の問題に戻る。［Ⅱ］

身体が自然だという説明をしよう。われわれの身体は、じつは生態系である。なにしろ一億以上の生物が棲《す》みついているといわれるからである。消化管のなかには、大腸菌をはじめとして、じつに多くの細菌が棲んでいる。食物といっしょに外から入ってくるから、そんなものは嫌いだといっても、どうにもならない。腸内細菌叢《さいきんそう》(※1)、つまり腸内の生態系のバランスが崩れると、たいていの人は腹の具合が悪いという。腹の具合が悪いのは、その意味では、かならずしも「自分のこと」ではない。腸内に棲む生物仲間のこと、つまり環境問題なのである。人間は一人で生まれて、一人で死ぬ。ときどきそう威張る人があるが、生物学的にはそれは間違いである。意識がそういっているだけである。死んだ人を火葬すれば、じつは一億玉砕(※2)である。消化管に限らない。気道にもさまざまな生きものが棲んでいる。エイズになると、それが原因となって、肺炎を起こしたりする。しかし都会の人は日常それを「実感」してはいないはずである。身体はその意味では意識されないからである。

そればかりではない。去年の今日という日を考えてみよう。その日、私たちの身体は、今年の今日と同じように、七割近く水でできていたはずである。それじゃあ、去年身体に入っていた水で、今年の今日まで残っているのは、何割あるか。ほとんど残っていない。この一年で、自分が何トンの水を飲んだか、よく考えてみればいいのである。身体は川と同じである。川はいつでもそこにあるが、水はたえず入れ替わっている。［Ⅲ］

水は入れ替わるにしても、堅い部分は違うでしょうが。残念でした。それもどんどん入れ替わる。小腸の表面を(i)覆う上皮は、人体でいちばん入れ替わりが早い。三日で入れ替わってしまうのである。物質的にいうなら、去年の私と今年の私は、ほとんど別物である。意識はそんなこと

問6 ［第1図］の〈1〉～〈3〉には国名が入ります。その組み合わせとして最も適切なものを、次の①～④のうちから一つ選びなさい。

① 〈1〉インド・イタリア　〈2〉イギリス　〈3〉日本
② 〈1〉イギリス　〈2〉日本　〈3〉インド・イタリア
③ 〈1〉インド・イタリア　〈2〉日本　〈3〉イギリス
④ 〈1〉イギリス　〈2〉インド・イタリア　〈3〉日本

問7 ［第1図］を説明した文中の空欄 ア ・ イ に入る言葉の組み合わせとして最も適切なものを、次の①～④のうちから一つ選びなさい。

① ア　居間　イ　食堂
② ア　ソト　イ　ウチ
③ ア　家族　イ　個人
④ ア　共通の場　イ　個室

問8 傍線部(2)「こうした両極」とありますが、これはどのような人々のことですか。その説明として最も適切なものを、次の①～④のうちから一つ選びなさい。

① 様々な面で余裕があって独自性をそれぞれが発揮しやすい人々と、世の中の標準的なことすら実現しづらい人々のこと。
② 経済的に余裕があって伝統的生活を実現する人々と、自分たちのオリジナリティを大切にする人々のこと。
③ 外国の文化を入手してオリジナリティを発揮する人々と、自分が属する社会のスタンダードを実現している人々のこと。
④ 貧しくて理想的な生活を実現できない人々と、一般的な社会の考え方を存続させていこうと努める人々のこと。

問9 傍線部(3)「外国人は家を買ったり、借りたりするとき、『ベッド・ルームがいくつある家か』というように、家の大きさを表現する」とありますが、それはなぜですか。その説明として最も適切なものを、次の①～④のうちから一つ選びなさい。

① 外国では、住む人のことだけでなく、家の各部屋がどのような機能を持っているかということも非常に重要な要素だから。
② 外国では、家の各部屋における機能よりも、住む人の使用目的に完全に合う部屋が人数分備わっていることが大切だから。
③ 外国では、家族生活においてどのような部屋が必要かと考えるのではなく、住む人を中心にして家のことを考えるから。
④ 外国では、家の広さと部屋の数だけでなく、その家がどのような意図を持って建てられたかということが非常に重要だから。

問10 本文の内容として**適切でないもの**を、次の①～④のうちから一つ選びなさい。

① 社会において「中流の上」の階層に位置する人々は、伝統的な生活パターンをもっていることが多い。
② 日本の家に個室がないことは、日本人が外国人を排除しようとする意識のあらわれであると言える。
③ 日本の家に一人だけで使う個人専用の部屋はないが、家族の誰もが自分の属する部屋をもっている。
④ 「ウチとソト」という観点から考えたとき、インドとイタリアは同じ型に属するということができる。

ている。

〈２〉式——それぞれの家族成員に個室はあるが、共通の場がたいへん重要な機能をもっていて一日の大半をそこで過す。個室の孤立性は〈１〉式よりずっと低い。ある個室が共通の場に一時的に解放されたりする。さらに、共通の場はソトに向かっても大きく開かれている。

〈３〉式——家族成員は別々の部屋にいることは少なく群をなしていることが多い。部屋は家族の個々人によって分けられているのではなく、家族全体の生活に必要な機能によって分けられている。各部屋の仕切りは弱く、家全体が共通の場を形成している。ソトに対してはカベが厚く、開放されていない。

（中根千枝『適応の条件』より）

問1　二重傍線部ⅰ「シテキ」の「テキ」と同じ漢字を含むものを、次の①～④のうちから一つ選びなさい。

① 鳥は昆虫のテンテキだ。
② 巨額の脱税をテキハツする。
③ 列車がケイテキを鳴らす。
④ 事件をテキギ処理する。

問2　二重傍線部ⅱ「チュウショウ」の「チュウ」と同じ漢字を含むものを、次の①～④のうちから一つ選びなさい。

① 海外にチュウザイする。
② 友人にチュウコクする。
③ 花から油をチュウシュツする。
④ 問題の解消にチュウリョクする。

問3　二重傍線部ⅲ「恒常」の読みとして適切なものを、次の①～④のうちから一つ選びなさい。

① かんじょう
② けいじょう
③ きょうじょう
④ こうじょう

問4　空欄 A ～ C に入る言葉の組み合わせとして最も適切なものを、次の①～④のうちから一つ選びなさい。

① A あるいは　B つまり　C ところが
② A また　B すなわち　C さて
③ A そして　B したがって　C だから
④ A そのうえ　B だから　C しかし

問5　傍線部(1)「日本人の場合」とありますが、「日本人」の「ウチ（住居）」の中における、家族成員と部屋の配置の関係とはどのようなものですか。その説明として最も適切なものを、次の①～④のうちから一つ選びなさい。

① 日本人は、家族生活を考えたときに何よりもまず家全体における部屋の数の多さを最も気にするものである。
② 日本人は、居間や台所といった独自の機能を持つ部屋の数が多ければ多いほど良いと考えるものである。
③ 日本人は、日常の家族生活においてどの部屋をどのように使うかということを重要視するものである。
④ 日本人は、家族それぞれの個室を持たないことからも分かるように家に対するこだわりを持たないものである。

るとすれば、日本の場合でいうと、地方都市の何代かつづいた家で、屋敷が二〜三百坪ぐらいの広さの、洋間などない家で、父あるいは息子が、大学を出ている、というぐらいの水準にある家族といったところであろう。イギリスやインド・イタリアの場合は説明を省くが、だいたい右に述べた日本の場合に対応する階層の家・家族をとる。

　以下の説明は、それぞれの社会における実態としての家（住居）をきわめて単純化し、[ii]チュウショウ的にとり上げたもので、その核心となる部分を象徴的にあらわしたのが第1図である。

　まず、家の中での家族成員のいる場というものを考えてみる。イギリス式の家では図にあらわしたように、それぞれ個室がはっきりあって、一人一人が別々に入っている。家には居間とか食堂といった共通の場というものがあるが、個人の生活にとって個室が住居の中で最も重要な部分を占めている。

　これに対して、インド・イタリア式の家では、それぞれ個々人の部屋はあるが、家族全員の共通の場というのが、大変重要な機能をもっていて、そこでみんながおしゃべりをして、一日の大部分の時間を過ごすのがつねである。時間の配分という点からみても、個室と共通の場の割合は、イギリス式の場合と反対になる。各部屋のドアは、イギリスの場合のように閉ざされておらず、あいたままになっていたり、ノックなしで入ることができるほどである。実際、特に用事もないのに、お互いに、他人の部屋によく入っていく。したがって、偶然だれかの部屋が一時的に共通の場となることも十分あるわけである。

　これに対して、日本の家はどうであろうか。まず、その特色は個室というものがないこと。各家族成員に明確にそして[iii]恒常的にきまった部屋というものがない。個室というのは必ずしも一人のものとは限らない。夫婦が二人で、あるいは小さな子どもがあればいっしょになっていたり、また兄弟、あるいは姉妹が一つの部屋をいっしょに使っていることもある。とにかく、家族のだれにとっても、自分の属する部屋が家の中に、はっきりときまっているということである。

　外国人がいわゆる「ベッド・ルーム」とよぶのがそれである。伝統的な日本の住宅には、ベッドがない（ふとんで寝る）からベッド・ルームがないというのではなく、個人所属のきまった部屋がない、ということが大きな違いである。

　(3)外国人は家を買ったり、借りたりするとき、「ベッド・ルームがいくつある家か」というように、家の大きさを表現する。それに対して、日本人は「何坪の家か」あるいは、すべての部屋をひっくるめて「いく部屋の家か」というように表現する。日本人は、住居（部屋）というものを家族生活に必要な機能によってみる。たとえば、居間、座敷、納戸《なんど》、玄関、台所などというように。ところが、他の社会では、住む人を中心にして考えるわけである。すなわち家族の各人の部屋がちゃんとあるかないかということが問題になるわけである。

［第1図］

〈 1 〉式

〈 2 〉式

〈 3 〉式

〈 1 〉式――一つの家の中に、それぞれ個室がはっきりあって、一人一人が自分だけの場（城）をもっている。他の家族成員との接触は、居間・食堂などのような共通の場で行なわれる。個人の生活にとって、この［ア］と［イ］をくらべると、後者のほうが重要な部分を占め

二〇二二年度 叡明高等学校(推薦1回目)

【国　語】(五〇分)〈満点:一〇〇点〉

注意　設問の都合により本文を一部改変したところがあります。

一　次の文章を読み、後の問いに答えなさい。

日本人は集団主義である、とか、自主性がない、などとよくいわれる。［A］、外国人からは、日本人はわれわれを決して仲間に入れようとしない、非常に排他性の強い国民だ、などという攻撃の声は今日ではつねにきかれるところである。私自身も「タテ社会」の理論の中で、日本人にみられる集団の凝集性、孤立性、そしてその中にみられる個々人の集団への高い順応性といったものに注目し、それが家族構造——制度化された家族(家成員)の人間関係を規制するもの——と関係していることをiシテキしたが、本論で問題としたいと思うのは、家族生活における人間関係、［B］、ウチ(住居)の中での家族成員の動き方と、それに密接に関係している部屋の配置ならびにソトとの関係である。私はこれが、「ウチとソト」という日本人の社会学的性向の原型《プロトタイプ》を示すものと考えている。

この問題について、私たち(1)日本人の場合を明確にするために、それとコントラストをみせているイギリスとインド・イタリアの場合を比較において考察してみたいと思う。

インドとイタリアを同じ型とするのは、私の観察によれば、この二つは本質的に同じであり、イギリスとも日本とも異なった型を代表するものと考えられるからである。私の理論からみれば、中国なども実はこの型に入る。ことこの問題に関しては、東洋と西洋、あるいは先進国と後進国などという分け方は全然通用しない。

［C］、この三つの型を比較するにあたって、家族の住居といっても一つの社会には大きな違いがみられることはいうまでもない。比較ということになると、どの家族の住居をその社会の典型としてとるかということが問題になる。私の考えによれば、この問題の解明にもっとも役立つのは、それぞれの社会の「中流の上」といったところをとり、スタイルとしては、その社会の伝統的なものとされているものに焦点をおくことである。

中流の上と自他ともに認める階層の人々は、どの社会でも普通、伝統的な生活パターンをもっているものである。というのは、上流というのは経済的に豊かで活動範囲が大きいので、外国の文化を輸入しやすく、また個々人のオリジナリティを発揮しやすく、必ずしもその社会の伝統的な生活様式を、守っているとは限らない。一方、下層になると、その社会のスタンダードとか、あるいは理想型とされているものを実現したくても、貧しさのためにできないという立場にあり、とくにここで取り扱う問題のサンプルとするには適当でない。

(2)こうした両極に比して、中流の上となると、それほど変わったことのできる余裕とか自由をもっていないが、家または家族とはこういうものだ、とその社会の人々が考えていることを無理なく実現し、それを存続させていくという努力をつねにしているものである。今日のように生活様式の変化が激しいと、この層でも相当変型が出てくるが、それでも、この層に一番多くその社会の特色となっているものが維持されているといえよう。

ここで、中流の上というのは、東京のような一国の中心地でも、農村でも、地方都市でも、どこでもよく、それぞれの地域社会の中での中流の上というところを想定しうるのである。なかでも典型的な実態をあげ

英語解答

1 問１　③　問２　③　問３　④
問４　④　問５　①　問６　②
問７　④　問８　④　問９　②
問10　②

2 問11　③　問12　①　問13　①
問14　②　問15　③

3 問16　②　問17　③　問18　④
問19　①　問20　④

4 A　問21…④　問22…②
B　問23…②

5 問24　③　問25　①　問26　④
問27　②　問28　④　問29　④
問30　③

6 問31　①　問32　④　問33　①
問34　④　問35　③　問36　③
問37　①

1〔適語(句)選択〕

問１．art「アート，芸術」に関連するものは，museum「美術館」。　「ジェーンは本当にアートが好きだ。週末にはよく美術館へ行く」

問２．be full of ～「～でいっぱいである」　「電車が遅れていたので，駅は人であふれていた」

問３．Ａ：泳ぎに行くには寒すぎるね。／Ｂ：そうだね。代わりに，家にいてテレビを見よう。／／instead「その代わりに」

問４．Ａ：わあ！　ツトムが英語のテストで満点を取ったよ！／Ｂ：本当？　また満点なの？　すごいね。／／perfect score で「満点，100点」を表す。

問５．Ａ：その汚れた服を籠に入れなさい。お前がそれを床に置いたままにしているとき，お母さんはいつも怒っているよ。／Ｂ：わかった。／／dirty「汚れた」

問６．前半の内容から，カメラを携帯しているという意味になると判断できる。　carry「～を(持ち)運ぶ」　「私は写真を撮るのが好きなので，いつもかばんにカメラを入れて持ち歩いている」

問７．grow up「成長する，大人になる」　「私はロンドンで育ち，３年前にここに来た」

問８．Ａ：お父さん，私はピアノを弾くのがあまり得意ではないの。／Ｂ：練習し続けるだけでいいんだよ。すぐにうまくなるよ。／／keep ～ing「～し続ける」

問９．Ａ：ケリーが男の赤ちゃんを産んだって聞いたよ。／Ｂ：本当？　それはすばらしいわね！／／hear that ～「～ということを聞く〔耳にする〕」

問10．go away「(痛みなどが)なくなる，消え去る」　「頭痛が治まらないので，今日は早く帰宅します」

2〔対話文完成―適文選択〕

問11．Ａ：今週末はビーチへ泳ぎに行くんだ。僕たちと一緒に来るのはどう？／Ｂ：ええと，あなたたちと一緒にビーチに行くけれど，水には入らないわ。／Ａ：どうして？／Ｂ：泳ぎ方を習ったことがないのよ。／／「泳ぎ方を習ったことがない」が，何に対する理由なのかを考える。

問12．Ａ：お父さん，今晩は10時頃に帰宅するわ。／Ｂ：それはかなり遅いね。何をするつもりなの？／Ａ：デイビッドが彼の家でのパーティーに招待してくれたの。／Ｂ：わかった。でも，終わったら必ずまっすぐ家に帰ってくるんだよ。／／Ａは，帰宅が遅くなる理由として，その日にすることを答えている。

問13．Ａ：歴史の先生は私たちに，フランス革命についてレポートを書くようにと言ったの。／Ｂ：難しそうだね。君はそれについて何か知っているの？／Ａ：いいえ，何も。それについて，どこで知ることができる？／Ｂ：そうだなあ，インターネットには，フランスの歴史に関する情報がたくさんあるよ。〃Ｂが，レポート作成のための情報を得る方法を伝えていることから考える。

問14. Ａ：すみません。これはシカゴ行きの電車ですか？／Ｂ：いいえ，お客様。12番ホームに行く必要があります。／Ａ：ありがとう。そこへ行くのに時間は十分ありますか？／Ｂ：あと数分で発車するので，お急ぎになった方がいいですね。〃Ｂの返答から，Ａは，シカゴ行きの電車に間に合うかを気にしていることがわかる。

問15. Ａ：ルーク，窓を割ったことをどうして話してくれなかったの？／Ｂ：怒られるのが怖かったんだ。／Ａ：私は，あなたが何も言わなかったことにもっと腹を立てているわ！／Ｂ：ごめんなさい。話すべきだったね。〃Ａの応答から，Ｂは，窓を割ったことを話せば怒られると考えていたことがわかる。ここでのupsetは「腹を立てて」という意味。

3〔整序結合〕

問16. I didn't knowの後，「どの列車に乗ればよいか」は，‘疑問詞＋to不定詞’の形にまとめるが，whichは直後に名詞をとり‘which＋名詞’「どの～」の形で１つの疑問詞をつくることができる。I didn't know which train to take.

問17. 「今まで～した中で最も…な―」は，‘the＋最上級＋名詞(＋that)＋主語＋have ever＋過去分詞’で表せる。 That was the best movie I have ever seen.

問18. 「〈人〉に～してほしい」は‘want＋人＋to＋動詞の原形’で表せる。 My father wants me to study harder.

問19. 「髪の長いあの女の子」は，‘所有’を表すwith「～を持つ」を使って，That girl with long hairと表せる。 That girl with long hair is Mary.

問20. take part in ～「～に参加する」 Takumi will take part in his school's dance contest.

4〔読解総合〕

Ａ＜掲示文＞≪全訳≫引っ越しセール／場所：越谷レイクタウン７－２－１／日時：８月１日(日)午前10時～午後６時／越谷を離れて浦和に引っ越します。古い物が売れなければ，捨てないといけません！／家具：ソファ２つ，ダイニングテーブルと椅子，シングルベッド，本棚など！／電化製品：テレビ，ノートパソコン，洗濯機，掃除機など！／１日に来られない場合は，７月31日に来ていただいてもかまいませんが，午前中のみです。その日に来たい場合は，次のアドレスにメールしてください。：jenniferbennett1995@happymail.comまで。お名前と電話番号をご記入ください。／ジェニファー・ベネット

問21＜英問英答＞「ジェニファー・ベネットは，なぜこのお知らせをつくったのか」―④「引っ越す前に家具や電化製品を売りたい」

問22＜内容一致＞「８月１日より前にジェニファーの家に行きたい場合は，(　　)」―②「彼女にメールを送る」

Ｂ＜グラフを見て答える問題＞≪全訳≫叡明高校ニュースレター／今週の質問：あなたの一番好きな教科は何ですか？／生徒の回答：英語27％／音楽23％／美術18％／数学18％／歴史14％

問23＜英問英答＞「上の表によると，正しい文はどれか」―②「数学は英語ほど人気がない」

5〔長文読解総合―説明文〕

≪全訳≫❶19世紀初頭までに，ヨーロッパ中の町でチョコレートハウスを見つけることができたが，そこの誰もがその飲み物を好きだったわけではない。ホットチョコレートには，ときにカカオ豆の固い殻が入っていることもあった。カカオ豆には，カカオバターと呼ばれる脂肪もたくさん含まれている。

これはその飲み物の上部にとどまることが多く，人々はそれを楽しんでいなかった。❷この頃，人々はかつてないほど機械を発明し，使用し始めた。コンラッド・バン・ホーテンと呼ばれるオランダ人の発明家は，チョコレートについて考え始めた。彼は，上にカカオバターが浮かんでいない，なめらかな飲み物をつくりたかった。それで彼は何年も懸命に取り組み，1828年に，カカオプレスと呼ばれる機械を発明した。❸バン・ホーテンはカカオ豆を細かく砕いてチョコレートリカーと呼ばれるペーストにし，カカオプレスを用いてカカオバターの大半を取り出した。今でも世界中のチョコレート工場で，これに似た機械を見つけることができる。❹カカオバターを含まないチョコレートは，カカオソリッドと呼ばれることが多い。バン・ホーテンは，これらのカカオソリッドを乾燥させ，細かく砕いてカカオパウダーにした。以前よりもなめらかで，はるかにおいしくなり，人々はそれを使って簡単に飲み物をつくることができた。今日，私たちはホットチョコレートや家庭料理に，このカカオパウダーを使っている。❺バン・ホーテンのカカオプレスは，イングランドのJ.S. フライやジョン・キャドバリーのようなチョコレートメーカーにとって重要だった。その後，これらの企業は，彼のすばらしい機械を購入した。それはうまく作動したが，彼らは今や，たくさんのカカオバターを抱えることになった。彼らはそれをどうしたのだろうか。❻J.S. フライが答えを出した。1847年，彼がカカオバターを砂糖やチョコレートリカーと混ぜると，イギリスのブリストルで，世界初のチョコレートバーがつくられた。キャドバリーのような他のメーカーもバーをつくり始め，まもなく箱入りの小さなチョコレートもつくり始めた。❼②バーはとても人気が出たが，もちろん人々は，新しいタイプのチョコレートも食べたがった。それで1870年代に，スイスのある発明家，ダニエル・ピーターが，チョコレートをさまざまなものと混ぜ始めた。彼はチョコレートとチーズを混ぜてみたが，それはうまくいかなかった。❽1875年，ピーターはチョコレートと，コンデンスミルクと呼ばれる特別な新しいタイプの甘いミルクを混ぜ合わせ，世界初のミルクチョコレートを製造した。このコンデンスミルクは1860年代に，アンリ・ネスレによって初めてつくられた。もちろん，ネスレは後に，チョコレートにおいて非常に重要な名前となった。❾1879年，別のスイス人であるロドルフ・リンツが，チョコレートをさらになめらかにする方法を発明した。リンツの新しい機械は，チョコレートをバーにする前に，長い間動かした。それはコンチング・マシンと呼ばれ，美しくなめらかで，食べやすいチョコレートを製造した。他のチョコレートメーカーもすぐに，この機械を使い始めた。❿これら全ての発明家と彼らの機械は，チョコレートの世界を変えた。1890年代には，アメリカ人のミルトン・ハーシーが大規模で近代的な工場を開設し，何十万ものミルクチョコレートバーをつくり始めた。多くのアメリカ人は現在，学校や仕事から家に帰る途中で，安いハーシーバーを購入することができるだろう。⓫これらの新しいチョコレートメーカーの中には，単にお金を稼いだりビジネスで成功したりしたいと思っているわけではないものもあった。キャドバリー，フライ，ハーシーといった製造業者は，労働者の生活にも非常に興味を持っていた。彼らは工場の周りに，病院や学校，そしてすてきな家を含む，特別な町をつくった。⓬19世紀の終わりには，チョコレートはもはや裕福な男女のための飲み物ではなかった。新しい機械と工場により，働く人々がチョコレートバーの味を楽しめるようになった。今では，世界中のほぼ全ての場所で，チョコレートを買って食べることができる。次の章では，カカオの木の大規模農園（プランテーション）で始まり，21世紀のチョコレート工場で終わる，今日のチョコレートのつくり方を見ていく。

問24＜指示語＞前に出ているもので，ここに当てはめて意味が通るものを探す。「その飲み物（＝ホットチョコレート）の上部によくとどまった（＝浮いた）」と考えられるのは，直前にある cocoa butter。

問25＜語句解釈＞下線部を含む文は，'call＋*A*＋*B*'「*A* を *B* と呼ぶ」の受け身 '*A* is called *B*'「*A*

はBと呼ばれている」の形。つまり‘$A=B$’の関係である。①「カカオバターを含まないチョコレート」は，‘A’に当たるこの文の主語 Chocolate without cocoa butter に一致する。

問26＜適語句選択＞直前の It は，その前にある his wonderful machine（＝Van Houten’s cocoa press）を指す。これは，カカオ豆からカカオバターを取り出す機械である（第3段落第1文）。直後に「カカオバターをたくさん抱えることになった」とあるのだから，この機械は「うまく作動した」のである。

問27＜適所選択＞脱落文の文頭に The bars とあるので，この文の前に bar(s) に関する記述があると考えられる。第6段落で chocolate bar(s) について述べられている。また，空所②以降が，脱落文にある new types of chocolate についての説明になっていることからも判断できる。

問28＜英文解釈＞下線部の did not just want to ～ は「～したいだけではなかった」という意味。よって，下線部の大意は「お金を稼いだり，ビジネスで成功したりするだけでなく，従業員の生活にも関心を持っていた生産者もいた」ということ。この内容に合うのは，④「キャドバリー，フライ，ハーシーは，お金を稼ぎ，労働者の生活を支えたいと考えていた」。

問29＜内容真偽＞①「スイスでは，チーズを混ぜたチョコレートが人気を博した」…×　第7段落最終文参照。　②「アンリ・ネスレは，チョコレートをなめらかにする方法を最初に発明した人だ」…×　第8段落後半参照。アンリ・ネスレが発明したのはコンデンスミルク。　③「現在，世界中のチョコレート工場でカカオプレスを見つけることは不可能だ」…×　第3段落参照。④「コンチング・マシンのおかげで，チョコレートはさらになめらかになり，食べやすくなった」…○　第9段落第3文に一致する。

問30＜文脈把握＞最終段落最終文参照。③「今日のチョコレートのつくり方」は，この文の how chocolate is made today に一致する。

6〔長文読解総合―物語〕

≪全訳≫❶ジャックがその老人に会ってからしばらくたっていた。大学，女の子，キャリア，そして人生そのものが，そうすることを妨げていた。ジャックは夢を追いかけて国中を移動した。彼は前の年に建築デザイン事務所を立ち上げ，忙しい生活の中で，過去について考える時間がほとんどなく，妻や息子と過ごす時間が全くないことが多かった。彼は自分の将来に取り組んでいて，忙しかった。❷母親が電話で，彼に「ベルサーさんが昨夜亡くなったのよ。お葬式は水曜日よ」と言った。❸「前に彼のことを思い出してから，ずいぶんたつなあ。彼は何年も前に亡くなったものと思っていたよ」とジャックは言った。❹「あら，$_A$彼はあなたのことを忘れていなかったわよ」と母親は彼に言った。「彼に会うたびに，あなたが元気にやっているかきかれたわ。あなたが『塀のベルサーさんの家側』で過ごしたあらゆる日々について，話してくれたものよ」❺子ども時代を思い出したとき，ジャックの心に数々の思い出がよみがえった。「彼は，僕に大工仕事を教えてくれた人なんだ」と彼は言った。「僕が大工の道に進むのを助けてくれたんだ。大切なことを教えてくれたよ…」❻「ねえ，ジャック，お父さんが亡くなった後，ベルサーさんが間に入ってあなたの人生に男性の影響を与えてくれたのよね」と彼女は言った。❼「お母さん，$_B$お葬式には行くよ」とジャックは言った。❽ジャックは忙しかったが，約束を守った。ベルサー氏の葬式は小規模なもので，普通だった。彼には自分の子どもがいなかったし，彼の親戚のほとんどは亡くなっていた。❾ジャックが家に帰らなければならない日の前夜，彼と彼の母親はもう一度，隣の古い家を見に立ち寄った。❿家に足を踏み入れると，ジャックは少し前の時代に戻っているように感じた。家は彼が覚えているそのままの状態で，一歩進むごとに思い出がよみがえった。あらゆる写真，あらゆる家具…。ジャックは突然立ち止まった。⓫「どうしたの，ジャック？」と母親が尋ねた。⓬「箱がなくなってる」と彼は言った。**13**「何の箱？」と彼女は尋ねた。**14**「机の一番上に，彼が鍵をかけたままにしていた小さな金色の箱があったんだ。中に何が入っているのって，1000回彼に尋ねたに違いないよ。彼が僕に言ったのは，『一番大切にしているもの』ということだけだったんだ」とジャックは言った。**15**箱がなくなっていた。箱を除いて，家についてのあらゆるものは，ジャックが覚えているそのままの状態だった。彼はベルサー家の誰かがそれを持ち去ったのだと考えた。**16** 2週間後，仕事から家に帰ると，ジャックは自分の郵便受けに通知を見つけた。それには，「小包にサインが必要です。3日以内に中央郵便局に立ち寄ってください」と書かれていた。**17**翌日，ジャックは小包を引き取った。それは古く，100年前に郵送されたもののように見えたが，差出人の住所が彼の目を引いた。**18**「ハロルド・ベルサー」と書かれていた。**19**ジャックは小包を車まで持っていって，開けた。中には金の箱と封筒が入っていた。中のメモを読むと，ジャックの手は震えた。**20**「私の死に際し，これをジャック・ベネットに転送してください。これは私が人生で最も大切にしていたものです」　小さな鍵がテープで手紙に貼りつけられていた。心臓をどきどきさせながら，ジャックは箱を開けた。彼は中に，美しい金の懐中時計が入っているのを見つけた。**21**彼は慎重にそのカバーの留め具を外し，次の言葉を見つけた。「ジャック，君の時間をありがとう！－ハロルド・ベルサー」**22**「彼が一番大切にしていたのは…僕との時間だったんだ」**23**少しの間ジャックは時計を手にし，それからオフィスに電話して，翌2日間の約束をキャンセルした。「なぜですか？」と彼の助手であるジャネットが尋ねた。**24**「しばらく息子と過ごす必要があるんだ」と彼は言った。「ああ，ところで，ジャネット…君の時間をくれてありがとう！」

問31＜適文選択＞この後に続く母親の言葉が，ベルサー氏がジャックのことを忘れていなかったことの証となっている。

問32＜適文選択＞次の段落より，ジャックはベルサー氏のお葬式に参列したことがわかる。

問33＜英文解釈＞‘feel like＋主語＋動詞...’は「(まるで)～のように感じる」という意味。この後に続く描写から，ジャックが思い出に浸っている様子が読み取れる。

問34＜文脈把握＞昔，ベルサー氏に中身が何かと何度尋ねても教えてもらえなかった箱を，どきどきしながら開けたときの様子である。この racing は動詞 race(ここでは「(心臓などが)速まる」の意味)の現在分詞。

問35＜内容一致＞「ジャックは郵便受けに通知を見つけた後，(　　)」―③「彼は翌日小包を受け取った」　第16，17段落第1文参照。

問36＜内容真偽＞①「ジャックは母親からの手紙で，ベルサー氏の死の知らせを知った」…×　第2段落参照。電話で知った。　②「ジャックは忙しくて，ベルサー氏の死を思い出す時間がなかった」…×　第3段落参照。長い間ベルサー氏のことを思い出さなかったとあるが，それはベルサー氏の死を知る前のことである。　③「ベルサー氏が最も大切にしていたのは，ジャックと過ごした時間だった」…○　第21，22段落に一致する。　④「ベルサー氏の家からなくなった箱の中には，写真が入っていた」…×　第20段落最終文参照。

問37＜要旨把握＞主人公が，以前世話になった男性の死に際して，男性が一番大切にしていたものを譲り受けたことで，人とともに過ごす時間という，人生における大切なものについて理解する話である。

数学解答

1 (1) ア…－　イ…3
(2) ウ…4　エ…3
(3) オ…3　カ…9　キ…1　ク…0
(4) ケ…5　コ…4　サ…3　シ…6
(5) ス…－　セ…1　ソ…0　タ…3
チ…5

2 (1) ア…1　イ…2　ウ…4
(2) エ…7　オ…2　カ…7
(3) キ…1　ク…6
(4) ケ…－　コ…2　サ…－　シ…6
(5) 7

3 (1) ア…2　イ…6
(2) ウ…1　エ…8　オ…5
(3) カ…1　キ…1　ク…7　ケ…3

4 ア…－　イ…4　ウ…8　エ…2
オ…1　カ…1　キ…2　ク…7
ケ…5　コ…2　サ…2　シ…2
ス…5

5 ア…1　イ…9　ウ…7　エ…1
オ…8　カ…1　キ…2　ク…4

1〔独立小問集合題〕

(1)＜数の計算＞与式$=-81\div3-(-8)\times3=-27-(-24)=-27+24=-3$

(2)＜数の計算＞与式$=\frac{13}{6}+\frac{1}{9}\div\left(-\frac{2}{15}\right)=\frac{13}{6}+\frac{1}{9}\times\left(-\frac{15}{2}\right)=\frac{13}{6}+\left(-\frac{5}{6}\right)=\frac{13}{6}-\frac{5}{6}=\frac{8}{6}=\frac{4}{3}$

(3)＜式の計算＞与式$=\frac{5(-x+5y)-2(8y-4x)}{10}=\frac{-5x+25y-16y+8x}{10}=\frac{3x+9y}{10}$

(4)＜数の計算＞与式$=\frac{3-2\sqrt{3}+1}{3}+\frac{3-4}{2}=\frac{4-2\sqrt{3}}{3}-\frac{1}{2}=\frac{2(4-2\sqrt{3})-3}{6}=\frac{8-4\sqrt{3}-3}{6}=\frac{5-4\sqrt{3}}{6}$

(5)＜数の計算＞与式$=(7-\sqrt{35}-2\sqrt{35}+2\times5)-(7-4\sqrt{35}+4\times5)=(7-\sqrt{35}-2\sqrt{35}+10)-(7-4\sqrt{35}+20)=(17-3\sqrt{35})-(27-4\sqrt{35})=17-3\sqrt{35}-27+4\sqrt{35}=-10+\sqrt{35}$

≪別解≫ $\sqrt{7}-2\sqrt{5}=A$ とおくと，与式$=A(\sqrt{7}-\sqrt{5})-A^2=A(\sqrt{7}-\sqrt{5}-A)=(\sqrt{7}-2\sqrt{5})\times\{\sqrt{7}-\sqrt{5}-(\sqrt{7}-2\sqrt{5})\}=(\sqrt{7}-2\sqrt{5})(\sqrt{7}-\sqrt{5}-\sqrt{7}+2\sqrt{5})=(\sqrt{7}-2\sqrt{5})\times\sqrt{5}=\sqrt{35}-10=-10+\sqrt{35}$ である。

2〔独立小問集合題〕

(1)＜数の計算＞与式$=9xy^2\div9x^2y^2\times x^4y^2=\frac{9xy^2\times x^4y^2}{9x^2y^2}=x^3y^2$ として，$x=\frac{3}{2}$，$y=-\frac{1}{9}$を代入すると，与式$=\left(\frac{3}{2}\right)^3\times\left(-\frac{1}{9}\right)^2=\frac{27}{8}\times\frac{1}{81}=\frac{1}{24}$となる。

(2)＜数の計算＞$\sqrt{4}<\sqrt{7}<\sqrt{9}$ より，$2<\sqrt{7}<3$ だから，$\sqrt{7}$ の整数部分は 2 であり，小数部分 a は，$a=\sqrt{7}-2$ となる。よって，与式$=a(a+2)=(\sqrt{7}-2)(\sqrt{7}-2+2)=(\sqrt{7}-2)\times\sqrt{7}=7-2\sqrt{7}$ である。

(3)＜確率―さいころ＞2 つのさいころ A，B を同時に投げるとき，それぞれ 6 通りの目の出方があるので，目の出方は全部で $6\times6=36$(通り)あり，x，y の組は 36 通りある。このうち，$x-y\geqq3$ となるのは，$(x,\ y)=(4,\ 1)$，$(5,\ 1)$，$(5,\ 2)$，$(6,\ 1)$，$(6,\ 2)$，$(6,\ 3)$の 6 通りだから，求める確率は$\frac{6}{36}=\frac{1}{6}$である。

(4)＜連立方程式＞$3x+4y=-30$……①，$2x-3y=14$……②とする。①×3 より，$9x+12y=-90$……①′　②×4 より，$8x-12y=56$……②′　①′＋②′ より，$9x+8x=-90+56$，$17x=-34$　∴$x=-2$　これを①に代入して，$-6+4y=-30$，$4y=-24$　∴$y=-6$

(5)＜一次方程式の応用＞5%の食塩水 300g と x%の食塩水 500g を混ぜて 6.25%の食塩水になるとする。5%の食塩水 300g，x%の食塩水 500g に含まれる食塩の量は，それぞれ $300\times\frac{5}{100}=15$(g)，

$500\times\dfrac{x}{100}=5x$(g)である。また，6.25%の食塩水は$300+500=800$(g)だから，含まれる食塩の量は$800\times\dfrac{625}{10000}=50$(g)である。よって，$15+5x=50$が成り立つ。これを解いて，$5x=35$，$x=7$(%)となる。

3〔平面図形―長方形〕

(1)＜長さ―相似＞右図1で，点Pが点Aにあるときの2点P，GをP_1，G_1，点Gが点Dにあるときの2点P，GをP_2，G_2，FEの延長と辺ADの交点をHとする。四角形ABFHは長方形となるから，$P_1H=AH=BF=6$，$HF=AB=8$となり，$HE=HF-EF=8-5=3$である。$\angle P_1HE=\angle P_1DG_1=90^\circ$，$\angle HP_1E=\angle DP_1G_1$より，$\triangle P_1EH\backsim\triangle P_1G_1D$となるから，$HE:DG_1=P_1H:P_1D$であり，$3:DG_1=6:12$が成り立つ。これより，$DG_1\times6=3\times12$，$DG_1=6$となるから，$CG_1=DC-DG_1=8-6=2$(m)である。同様にして，$\triangle AP_2G_2\backsim\triangle HEG_2$となるから，$AP_2:HE=AG_2:HG_2$である。$HG_2=HD=AD-AH=12-6=6$だから，$AP_2:3=12:6$が成り立ち，$AP_2\times6=3\times12$，$AP_2=6$(m)である。

図1

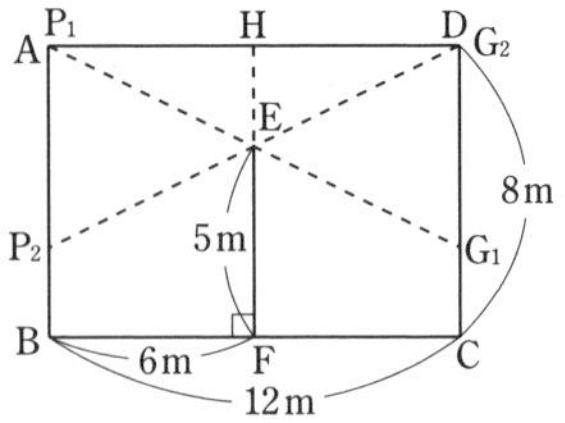

(2)＜長さ―相似＞右図2で，$\triangle PFE\backsim\triangle GHE$だから，$PF:GH=FE:HE$が成り立つ。$PF=BF-BP=6-2=4$だから，$4:GH=5:3$であり，$GH\times5=4\times3$より，$GH=\dfrac{12}{5}$となる。よって，$DG=HD-GH=6-\dfrac{12}{5}=\dfrac{18}{5}$(m)である。

図2

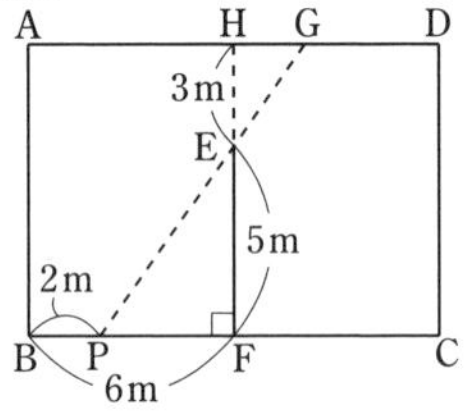

(3)＜長さ―相似＞右図3で，$CP=AG=x$(m)とする。$\angle GHE=\angle GDP=90^\circ$，$\angle HGE=\angle DGP$より，$\triangle GEH\backsim\triangle GPD$だから，$GH:GD=HE:DP$である。$GH=AH-AG=6-x$，$GD=AD-AG=12-x$，$DP=DC-CP=8-x$だから，$(6-x):(12-x)=3:(8-x)$が成り立つ。これを解くと，$(6-x)\times(8-x)=(12-x)\times3$，$48-14x+x^2=36-3x$，$x^2-11x+12=0$より，$x=\dfrac{-(-11)\pm\sqrt{(-11)^2-4\times1\times12}}{2\times1}=\dfrac{11\pm\sqrt{73}}{2}$となる。ここで，(1)より，点Pが点AにあるときCG＝2だから，点Gが点AにあるときCP＝2である。これより，$0<x<2$だから，$x=\dfrac{11-\sqrt{73}}{2}$となり，$CP=\dfrac{11-\sqrt{73}}{2}$(m)である。

図3

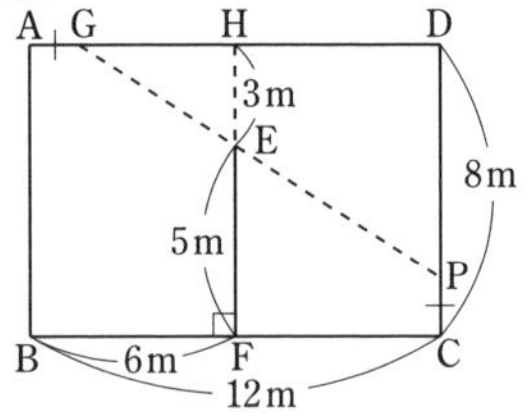

4〔関数―関数$\boldsymbol{y=ax^2}$と一次関数のグラフ〕

右図で，点Aは放物線$y=\dfrac{1}{2}x^2$と直線$y=8$の交点だから，$8=\dfrac{1}{2}x^2$より，$x^2=16$　$\therefore x=\pm4$　点Aのx座標は負だから，$x=-4$であり，A$(-4,\ 8)$となる。$x=4$は点Bのx座標だから，B$(4,\ 8)$である。点Bを通り，傾きが$\dfrac{5}{2}$である直線lの式を$y=\dfrac{5}{2}x+b$とおくと，$8=\dfrac{5}{2}\times4+b$より，$b=-2$となるので，直線lの式は$y=\dfrac{5}{2}x-2$である。点Cは放物線$y=\dfrac{1}{2}x^2$と直線$y=\dfrac{5}{2}x-2$の交点だから，$\dfrac{1}{2}x^2=\dfrac{5}{2}x-2$より，$x^2-5x+4=0$，$(x-1)(x-4)=0$　$\therefore x=1,\ 4$　よって，点Cのx座標は1であり，$y=\dfrac{1}{2}\times1^2=\dfrac{1}{2}$だから，C$\left(1,\ \dfrac{1}{2}\right)$である。四角形ABCDが台形より，AB∥DCだから，2点C，Dはy軸について対称

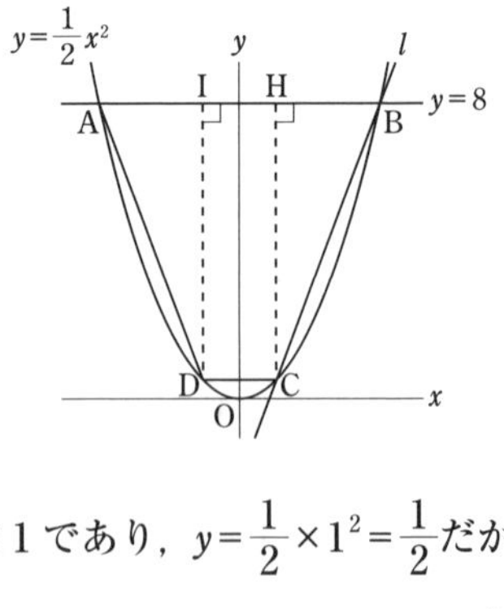

であり，$D\left(-1,\ \frac{1}{2}\right)$である。$AB=4-(-4)=8$，$DC=1-(-1)=2$であり，高さは，2点B，Cの$y$座標より，$8-\frac{1}{2}=\frac{15}{2}$だから，〔台形ABCD〕$=\frac{1}{2}\times(8+2)\times\frac{15}{2}=\frac{75}{2}$である。次に，2点C，DからABに垂線CH，DIを引くと，台形ABCDを直線$y=8$に関して1回転させてできる立体は，△ADI，△BCHがつくる円錐と，長方形CDIHがつくる円柱を合わせた立体となる。$DI=CH=\frac{15}{2}$，$AI=-1-(-4)=3$，$BH=4-1=3$だから，△ADI，△BCHがつくる円錐の体積は，ともに，$\frac{1}{3}\times\pi\times\left(\frac{15}{2}\right)^2\times3=\frac{225}{4}\pi$となる。$IH=1-(-1)=2$だから，長方形CDIHがつくる円柱の体積は，$\pi\times\left(\frac{15}{2}\right)^2\times2=\frac{225}{2}\pi$となる。したがって，求める立体の体積は$\frac{225}{4}\pi\times2+\frac{225}{2}\pi=225\pi$である。

5〔データの活用―確率―さいころ〕

2つのさいころA，Bを同時に投げるとき，それぞれ6通りの目の出方があるので，目の出方は全部で$6\times6=36$(通り)あり，a，bの組は36通りある。右図1で，$P(a,\ b)$，$X(a,\ 0)$より，$\angle PXO=90^\circ$だから，$\triangle OPX=\frac{1}{2}\times OX\times PX=\frac{1}{2}ab$である。$\triangle OPX=6$となるとき，$\frac{1}{2}ab=6$より，$ab=12$だから，$(a,\ b)=(2,\ 6)$，$(3,\ 4)$，$(4,\ 3)$，$(6,\ 2)$の4通りあり，$\triangle OPX=6$になる確率は$\frac{4}{36}=\frac{1}{9}$である。

図1

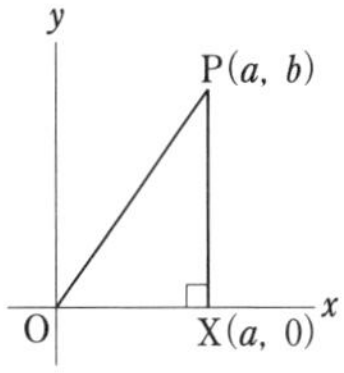

$\triangle OPX=3$となるとき，$\frac{1}{2}ab=3$より，$ab=6$だから，$\triangle OPX\leqq3$となるとき，$ab\leqq6$である。これを満たすのは，$(a,\ b)=(1,\ 1)$，$(1,\ 2)$，$(1,\ 3)$，$(1,\ 4)$，$(1,\ 5)$，$(1,\ 6)$，$(2,\ 1)$，$(2,\ 2)$，$(2,\ 3)$，$(3,\ 1)$，$(3,\ 2)$，$(4,\ 1)$，$(5,\ 1)$，$(6,\ 1)$の14通りだから，$\triangle OPX\leqq3$となる確率は$\frac{14}{36}=\frac{7}{18}$である。

次に，3つのさいころA，B，Cを同時に投げるとき，目の出方は全部で$6\times6\times6=216$(通り)あるので，a，b，cの組は216通りある。△OPQが直角二等辺三角形になるのは，右図2のように，$\angle OQP=90^\circ$，$OQ=PQ$のときと，右図3のように，$\angle OPQ=90^\circ$，$OP=PQ$のときがある。図2のようになるのは，$a=b=c$のときだから，$(a,\ b,\ c)=(1,\ 1,\ 1)$，$(2,\ 2,\ 2)$，$(3,\ 3,\ 3)$，$(4,\ 4,\ 4)$，$(5,\ 5,\ 5)$，$(6,\ 6,\ 6)$の6通りある。図3のようになるのは，$a=b$，$c=2a$となるときだから，$(a,\ b,\ c)=(1,\ 1,\ 2)$，$(2,\ 2,\ 4)$，$(3,\ 3,\ 6)$の3通りある。よって，△OPQが直角二等辺三角形になるのは$6+3=9$(通り)だから，その確率は$\frac{9}{216}=\frac{1}{24}$である。

図2

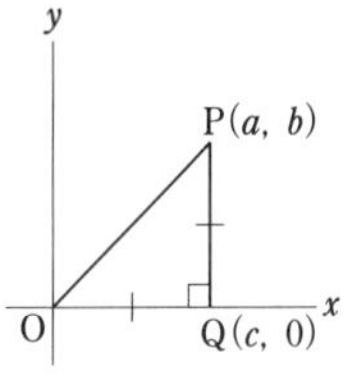

図3

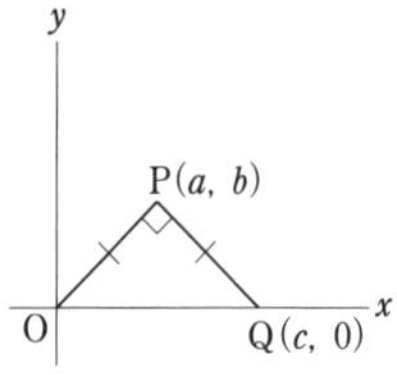

国語解答

一	問１ ②	問２ ③	問３ ④			
	問４ ②	問５ ③	問６ ④			
	問７ ④	問８ ①	問９ ③			
	問10 ②					
二	問11 ②	問12 ①	問13 ③			
	問14 ②	問15 ①	問16 ④			
	問17 ①	問18 ③	問19 ④			
	問20 ②					
三	問21 ②	問22 ①	問23 ③			
	問24 ②	問25 ①	問26 ④			
	問27 ③	問28 ①	問29 ③			
	問30 ①	問31 ②	問32 ③			

一〔論説文の読解―文化人類学的分野―日本人〕出典；中根千枝『適応の条件』。

問１＜漢字＞「指摘」と書く。①は「天敵」，②は「摘発」，③は「警笛」，④は「適宜」。

問２＜漢字＞「抽象」と書く。①は「駐在」，②は「忠告」，③は「抽出」，④は「注力」。

問３＜漢字＞「恒常」は，「こうじょう」と読む。常に変わらず同じであること。

問４＜接続語＞A．日本人は，集団主義的で自主性がないという評価に加え，「排他性の強い国民だ」という指摘もある。　B．本論で問題としたいのは，「家族生活における人間関係」，言い換えると「ウチ（住居）の中での家族成員の動き方」と，それに関係する「部屋の配置」ならびに「ソトとの関係」である。　C．分け方に東洋と西洋，先進国と後進国という分け方は通用しないが，ところで，イギリス型，インド・イタリア型，日本型の三つの型を比較するとしても，一つの社会の中には，当然大きな違いが見られる。

問５＜文章内容＞「住む人を中心にして考える」他の社会の住居とは異なり，日本の住居には，家族の各個人が所属する個室が設けられていない。日本人は，居間や座敷，納戸など，「住居（部屋）というものを家族生活に必要な機能」によって見ているのである。

問６＜文章内容＞イギリス式の住居は，居間や食堂といった家族に共通の場もあるが，各個人の個室が「はっきり」と設けられ，各部屋のドアは「閉ざされて」いる点が特徴的である（…〈１〉）。インド・イタリア式の住居は，各個人の個室もあるが，「家族全員の共通の場」が「大変重要な機能をもって」おり，各部屋のドアは「閉ざされておらず，あいたままになっていたり」する点が特徴的である（…〈２〉）。日本式の住居は，各個人のための「個室というもの」がなく，一つの部屋を夫婦や兄弟姉妹で使っていることもあり，とにかく自分の属する部屋が「家の中に」あるという形である点が特徴的である（…〈３〉）。

問７＜文章内容＞イギリス式の住居は，居間や食堂といった家族全員の「共通の場」が設定されているものの，「個人の生活にとって個室が住居の中で最も重要な部分を占めている」のである。

問８＜指示語＞社会の上流にいる，「経済的に豊かで活動範囲が大きい」分，「外国の文化を輸入」したり，「個々人のオリジナリティを発揮」したりしやすい人々と，逆に，下層の，「貧しさのために」社会の標準的な生活様式すらも実現できない人々といった，社会階層の「両極」にいる人々に比べて，「中流の上」の人々は，変わったことのできる経済的余裕はないが，社会が標準的とする生活様式を「無理なく実現」し，存続させている。

問９＜文章内容＞外国の人々は，「住む人を中心にして」住居を見るため，個室がどれだけあるかが，家を買ったり借りたりする際に，重要になるのである。

問10＜要旨＞住居の中での家族の動き方や部屋の配置と「ソト」との関係から，「ウチとソト」という日本人の社会学的性向の原型を考えるために，日本と対照的なイギリスとインド・イタリアの場合とを比較するが，「インドとイタリアを同じ型」とするのは，「この二つは本質的に同じ」と考えられるからである(④…○)。この三つの型を比較するにあたって，社会の中流の上に属する人々は，伝統的な生活様式を「無理なく実現」していて，その社会の特徴があらわれているため，そうした人々の住居が参考になる(①…○)。日本の住居は他の社会と異なり，「家族のだれにとっても，自分の属する部屋が家の中に」はあるが，「個人所属のきまった部屋」はない(③…○)。また，家の内側と外側を仕切る「カベが厚く」，この点からは日本人の排他性の強さが見てとれる(②…×)。

二〔論説文の読解―自然科学的分野―環境〕出典；養老孟司『いちばん大事なこと――養老教授の環境論』。

≪本文の概要≫環境問題は，自然環境と人間社会の対立という図式でとらえられがちである。しかし，この単純な考え方は，環境問題の見方をゆがめている。自然とは，人間の思いどおりにならないものである。例えば，人間の身体は無数の細菌とともに成立しており，一つの生態系をなしている。もちろん，人間は，そのことを日常的に意識できるわけではない。身体は内なる自然なのであり，その意味では，人間そのものが実は自然であるといえる。では，自然と対立するものは何かというと，それは人間の意識である。現代の人間は，都市生活に慣れ，自然環境とのつき合い方を忘れているが，そもそも都市生活自体が，人間の意識の産物である。このように，人間は，身体的には自分たち自身が自然でありながらも，意識としては自然と対立する存在なのである。自然環境と人間社会を安直な対立構造に落とし込むのではなく，その間を行き来できるような考え方が，環境問題に取り組むうえで重要となるのである。

問11＜漢字＞「覆う」の読みは，「おお(う)」で，音読みは「覆面」などの「フク」。

問12＜漢字＞「考慮」と書く。①は「考察」，②は「健康」，③は「行使」，④は「抵抗」。

問13＜漢字＞「保証」と書く。①は「補償」，②は「保障」，③は「保証」，④は「保障」。

問14＜接続語＞Ａ．都市社会では，人々は「自分の身体が人工ではない」ということをできるだけ意識させないため，髪を染めたり，ひげをそったり，服を終始取り替えたりする。　Ｂ．意識は「ヒトの脳でとくに発達した働き」であり，「その働き」が，都市や近代社会をつくり出しているということは，要するに「環境問題を個人に戻せば，それは心と身体の対立」ということになる。　Ｃ．一般的に，自然という言葉は「人体ではない，外の自然」を指しているが，内なる自然である身体も「自然」である。

問15＜文章内容＞「自然と対立するものとしてとらえられている人間」とは，都市社会の人であり，アマゾンの奥地で暮らしている人々は，「自然のなかに人間がすっぽりと埋まっている」ので，人間と自然の対立という発想自体を持っていないのである。

問16＜文脈＞人体のあらゆる部分が入れ替わるため，物質的に「去年の私と今年の私」は「別物」といってもよい。しかし，意識は「同じ私」であると考えさせるため，身体については，意識は「嘘」を言っているのと変わらないのである。

問17＜文章内容＞「人間だって自然でしょう」と考えると，人間のつくり出した人工物も全て自然に含まれることになってしまうので，人間が自然であるというのは，道理に合わないのである。

問18＜文章内容＞「人間は一人で生まれて，一人で死ぬ」と考える人々は，そもそも人体そのものが一つの「生態系」をなす自然であることが理解できていないため，環境問題を適切に扱うこともできないのである。

問19＜文章内容＞環境問題は，人間の外部にある自然の問題であると考えられがちである。しかし，人間の身体そのものが自然である以上，環境問題は，人間自身の問題なのである。

問20＜文章内容＞「私」が子どもだった頃の昔の日本人は，農作業などを通じて自然とのつき合い方をよく理解しており，「自然の側と社会の側を上手に行き来」し，人間の暮らしと自然を両立させていた。そのため，自然が人間と対立するという発想が，なかったのである。

三〔国語の知識〕

問21＜慣用句＞「肩を落とす」は，がっかりして，力が抜けて肩が垂れ下がる，という意味。「肩を並べる」は，対等な力を持って張り合う，という意味。「肩を持つ」は，どちらか一方の味方をしたり，ひいきをしたりする，という意味。

問22＜故事成語＞「虎穴に入らずんば虎子を得ず」は，虎のすむ穴に入らなければ虎の子を得ることはできないことから，大きな成果を手に入れるためには，身の危険を冒す必要がある，という意味。

問23＜四字熟語＞「天衣無縫」は，飾りけがなく純真で無邪気な人柄のこと。「自由奔放」は，世間の決まりや人の目を気にせずに，自分の思うとおりに行動をすること。「質実剛健」は，飾りけがなく真面目で，強くたくましいこと。「品行方正」は，日頃の行いがきちんとしていること。

問24＜熟語の構成＞「永久」と「堅固」は，似た意味の漢字を組み合わせた熟語。「読書」は，下の漢字が上の漢字の目的語になっている熟語。「自身」は，上の漢字が下の漢字を修飾している熟語。「不穏」は，上の漢字が下の漢字を打ち消している熟語。

問25＜品詞＞「起きた」と「旅行した」の「た」は，過去の意味を表す助動詞。「今終わった」の「た」は，完了の意味を表す助動詞。「曲がりくねった道路」の「た」は，存続の意味を表す助動詞。「誕生日だったね」の「た」は，確認の意味を表す助動詞。

問26＜品詞＞「氷がとけると，水になる」と「激しい風が吹くと，海は波立つ」の「と」は，確定の順接を表す。「何と言われようと，やってみせる」の「と」は，仮定の逆接を表す。「早くしないと，遅刻してしまう」の「と」は，仮定の順接を表す。「目が覚めると，外は真っ暗だった」の「と」は，単純な接続を表す。

問27＜敬語＞ア．「いただく」は，「食べる」の謙譲語。　イ．「うかがう」は，「尋ねる」の謙譲語。ウ．「お話しになる」は，「話す」の尊敬語。　エ．「お聞きする」は，「聞く」の謙譲語。　オ．「お見かけする」は，「見かける」の謙譲語。

問28＜敬語＞「お書きになる」は，「書く」の尊敬語。「拝見する」は，「見る」の謙譲語。「お伝えする」は，「伝える」の謙譲語。「申し上げる」は，「言う」の謙譲語。

問29＜和歌の技法＞「くろかみの」は，「乱れ」や「別れ」などにかかる枕詞。「ちはやぶる」は，「神」や「宇治」などにかかる枕詞。「うつせみの」は，「人」や「世」などにかかる枕詞。「あかねさす」は，「日」や「光」などにかかる枕詞。

問30＜古典の知識＞「長月」は，旧暦の九月のこと。「重陽の節句」は，旧暦の九月九日。「桃の節句」は，三月三日。「新嘗祭」は，十一月二十三日に行われる宮中行事。「七草」は，正月七日に，かゆに入れて食べる七種の野草のこと。

問31＜漢詩の形式＞「律詩」は，八句からなる漢詩で，一句の文字数が五つの漢詩を「五言律詩」，一句の文字数が七つの漢詩を「七言律詩」という。「絶句」は，四句からなる漢詩で，一句の文字数が五つの漢詩を「五言絶句」，一句の文字数が七つの漢詩を「七言絶句」という。

問32＜漢文の訓読＞「忠言」→「耳」→「逆」→「行」→「利」の順に読む。「耳」から「逆」へ，「行」から「利」へ，それぞれ二字返って読むので，一・二点を用いる。「於」「而」は，置き字なので読まない。

2022年度 叡明高等学校(推薦2回目)

【英　語】 (50分) 〈満点：100点〉

1 次の問い(問１～10)の(　　　　)に入れるのに最も適切なものを、それぞれ下の①～④のうちから１つずつ選びなさい。

問１ Bob (　　　　) five friends to his party.

① invited　② made　③ spoke　④ visited

問２ A：Where did you go this morning, Paul?

B：I went to the station to (　　　　) Laura.

① come　② fall　③ meet　④ turn

問３ I want to buy this watch, but it's too (　　　　) for me.

① delicious　② expensive　③ far　④ many

問４ A：Can you (　　　　) how old Mr. Tanaka is?

B：Around forty.

① guess　② make　③ mean　④ take

問５ I feel very tired this morning. I studied all night (　　　　).

① high　② long　③ tall　④ wide

問６ Emily is (　　　　) in computers, but she doesn't have one.

① busy　② excited　③ free　④ interested

問７ A：It's so hot!

B：Here, use this (　　　　). It will cool you down.

① fan　② head　③ hill　④ line

問８ A：Do you know why Mike was absent (　　　　) school today, Karen?

B：I heard he felt sick.

① away　② from　③ on　④ to

問９ A：I can't hear the radio. Can you turn it (　　　　), Susan?

B：Sure, Dad.

① for　　② in　　③ out　　④ up

問10　A：Excuse me. Can you tell me the way to the post office?

B：Sure. (　　　) straight down this street. It's on the right.

① Break　　② Catch　　③ Go　　④ Put

2　次の問い(問11～15)の会話文が成り立つように(　　　)に入る最も適切なものを、それぞれ下の①～④のうちから1つずつ選びなさい。

問11　A：Are you going to the school festival this weekend?

B：Of course. How about you? Are you going?

A：(　　　) I have to prepare for a test on Monday.

B：Oh, I was hoping we could go together. It's going to be a lot of fun this year.

① I won't be late for the festival.　　② I'm afraid I can't.

③ That's a very good idea.　　④ Yes, I go every year.

問12　A：Mom, can you lend me some money?

B：I'm not sure, Karen. (　　　)

A：I want to go to a concert with my friends next week.

B：Let me talk to your father first.

① How will you get there?　　② What do you want it for?

③ Where did you spend it?　　④ Who paid for the ticket?

問13　A：Excuse me. I arrived on the Australian Airlines flight from Tokyo via Hong Kong, but my suitcase isn't here.

B：I'll check the computer. (　　　)

A：Here you are.

B：Oh, I'm sorry, sir. There was a mistake. Your suitcase was left in Hong Kong.

① Could you show me where Tokyo is, please?

② May I see your ticket, please?

③ What airline do you want to fly with, sir?

④ Where do you need to go, sir?

問14　A：Did you know there's going to be a Crazy Animals concert this weekend?

B：Yeah, I bought a ticket for it last week.

A：Really? (　　　) Do you want to come with us?

B：Thanks. That would be great.

① I can give you my ticket.　　② I don't have tickets, either.

③ I'm going with my sister.　　④ I've never met the band before.

問15　A：Did you have a good birthday, John?

B：Yes. And thanks for the present.

A：You're welcome.（　　　　）

B：I got a watch from my parents.

① What are you going to do?　　② What did you do?

③ What else did you get?　　④ What should I get you?

3　次の問い(問16～20)において、それぞれ日本文の意味を表すように㋐～㋕までを並べかえて［　　　］を補い、最も適切な文を完成させなさい。解答は２番目と４番目にくるものとして最も適切な組み合わせを、それぞれ下の①～④のうちから１つずつ選びなさい。ただし、文頭に来るものも小文字になっています。

問16　この部屋はそのパーティーを開くのに十分大きいです。

This（ ㋐ big　㋑ enough　㋒ for　㋓ is　㋔ room　㋕ the party ）.

This ［　　　］［２番目］［　　　］［４番目］［　　　］［　　　］.

① ㋐－㋑　② ㋑－㋔　③ ㋓－㋐　④ ㋓－㋑

問17　私のチームは東京で最も強いチームの一つです。

My team（ ㋐ is　㋑ of　㋒ strongest　㋓ the　㋔ teams　㋕ one ）in Tokyo.

My team ［　　　］［２番目］［　　　］［４番目］［　　　］［　　　］ in Tokyo.

① ㋒－㋑　② ㋒－㋓　③ ㋕－㋓　④ ㋕－㋔

問18　たくさんの仕事をしたので彼女は疲れました。

Doing（ ㋐ a lot　㋑ her　㋒ work　㋓ made　㋔ of　㋕ tired ）.

Doing ［　　　］［２番目］［　　　］［４番目］［　　　］［　　　］.

① ㋑－㋔　② ㋑－㋕　③ ㋔－㋓　④ ㋔－㋕

問19　父が焼いたケーキはおいしかったです。

（ ㋐ baked　㋑ father　㋒ good　㋓ my　㋔ the cake　㋕ was ）.

［　　　］［２番目］［　　　］［４番目］［　　　］［　　　］.

① ㋑－㋒　② ㋑－㋔　③ ㋓－㋐　④ ㋕－㋓

問20　おじいさんによろしくお伝えください。

Please（ ㋐ for　㋑ hello　㋒ me　㋓ say　㋔ to　㋕ your grandfather ）.

Please ［　　　］［２番目］［　　　］［４番目］［　　　］［　　　］.

① ㋑－㋒　② ㋑－㋕　③ ㋔－㋐　④ ㋔－㋑

4 次の問(A・B)に答えなさい。

A　次の掲示の内容に関して、**問21**と**問22**の質問に対する答えとして最も適切なもの、または(　　　　)に入れるものとして最も適切なものを、それぞれ下の①～④のうちから１つずつ選びなさい。

Have you seen my soccer shoes?

I need your help!

I'm Edward Brown. Please find my soccer shoes!
I played in the soccer game held in Koshigaya Park on Saturday, September 4th. I'm afraid I left my soccer shoes there.
My team will have another game at Urawa Reimei High School next Friday. If I can't find them, I will have to get another pair of shoes. So help me, please!

My soccer shoes are black with three white lines.
You'll find my name if you look inside of them.

If you find them, please contact me at

＊ 048 - 990 - 2211 (6:00 p.m. ～ 9:00 p.m.)
＊ edwardbrown0123@gotmail.com

問21 What does Edward want to know?

① How he should find new members to join his soccer team.

② Where he should buy another pair of soccer shoes.

③ Where his soccer shoes are.

④ Where Koshigaya Park is.

問22 Edward wants anyone who finds his shoes to (　　　　).

① bring them to his school

② call him in the morning

③ give him another pair of soccer shoes

④ let him know by e-mail

B　次の表の内容に関して、問23に対する答えとして最も適切なものを、下の①～④のうちから１つ選びなさい。

Rates at EIMEI HOTELS

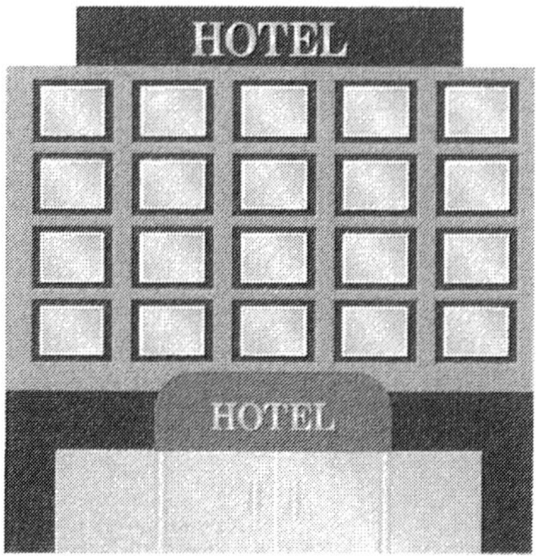

	Weekdays Sunday - Thursday nights	Weekend Friday & Saturday nights
The Eimei City Hotel	$195	$275
The Eimei Seaside Hotel	$130	$180
The Eimei Resort Hotel	$225	$350
The Eimei Business Inn	*Offers special discounts. Call for more information.*	
The Eimei Grand Hotel	*Closed for renovation* until September 2022.*	

注　renovation：修理、改築

問23　According to the chart above, which statement is true?

① At Eimei Hotels, weekend rates are lower than weekday rates.

② If you stay at the Eimei Business Inn, you can get special discounts.

③ It is cheaper to stay at the Eimei Resort Hotel than to stay at the Eimei Seaside Hotel.

④ You can stay at the Eimei Grand Hotel on weekdays, but not on weekends.

5 次の文章を読み、後の問い（問24～30）に答えなさい。

In 1963, doctors said that Stephen* would only live for about two more years. But fifteen years later, he was still alive. His disabilities* became a little worse every year, and he had many problems, but he did not stop working—and he never lost hope.

After 1969, Stephen had to use a wheelchair*. He could not use his hands very much by then, so Jane* had to (A) for Stephen's lectures* for him—and she also had to look after him. By the late 1970s, Stephen could not use a lot of his body. His arms were not strong any more, and he could not (あ). Only Stephen's family and close friends could understand his voice, so when he gave a lecture, a scientist friend or a student always helped him. He spoke quietly to them, and then they said his words to everyone in the room. 【 ① 】

By this time, Stephen could not (い), so he had to remember everything. He was already good at (1)this, but now he had to be really good. He found special ways to remember things, and he learned to read something once or listen to a lecture once, and then keep it all in his head. 【 ② 】

Physicists* write lots of difficult mathematics when they think about problems, but Stephen could not write, so he had to work in (2)a different way. When Stephen thought about a problem in physics*, he usually used pictures in his head, and not mathematics, to find the answers.

And because Stephen thought about things in a different way, he had different and new ideas. He did not have to look at lots of books or sit at a desk when he was working. He carried all his ideas about a new theory* in his head, so he could think about it at any time. 【 ③ 】

In 1985, Stephen was meeting with other scientists in Switzerland* when he became very ill. He could not breathe without a machine, and the doctors thought that he would die. They wanted to turn off the machine, but Stephen's wife Jane stopped them doing this. For weeks, Stephen was very near to death. Friends and family stayed by his bed—they talked to him, read books to him, and hoped for him. And he lived. 【 ④ 】

When Stephen was a little stronger, doctors in England opened a hole in his throat*. Now he could breathe through the hole, and without a machine. But Stephen needed the help of nurses twenty-four hours a day—and he could not speak any more.

Stephen now needed to talk to people and ask for things in a different way. At first, he used a special A-Z to 'talk'. Friends and nurses held up the letters A-Z, and Stephen moved his eyes when someone showed him the right letter. In this way, his helper could write his words. But (3)talking like this was very difficult and slow.

Stephen wanted something better, so his friends spoke to somebody who made computers and machines for people with disabilities. After a lot of hard work, a special machine was made just for Stephen. With this machine, Stephen had to look at lots of words on a computer, and then touch a little box in his hand for the right word. In this way, Stephen could write about fifteen words a minute.

By the end of 1985, Stephen's machine had a special 'voice': when he wrote on the computer, the 'voice' spoke slowly for him. Stephen's new computer voice sounded strange—like a robot—but it helped him a lot. Before, when he spoke, most people could not understand what he was saying. Now, suddenly, he could talk to anybody again—even a big room full of people—as loud* as he wanted.

Stephen's computer changed over the years because his disease became worse—and computers became better. In the end he had to wear a small camera because he could not (う) any more. When he found a word on the computer, he moved his face a little. The camera saw this and wrote the word. Stephen could only find three words in a minute, so it took him hours to write or say anything. Writing on a voice computer is very difficult, but Stephen wrote many important lectures—and seven books—like this!

注　Stephen：スティーヴン・ホーキング(イギリスの物理学者)　disabilities ＜ disability：障害
wheelchair：車いす　Jane：スティーヴンの妻　lecture(s)：講義　physicist(s)：物理学者
physics：物理学　theory：理論　Switzerland：スイス　throat：のど　loud：大声で

問24　以下の英文を入れるのに最も適切な箇所を、本文中の【　①　】～【　④　】のうちから１つ選びなさい。

Once, he discovered something important about black holes when he was getting into bed!

問25　空所(　A　)に入る語として最も適切なものを、下の①～④のうちから１つ選びなさい。

①　ask　②　be famous　③　be late　④　write the words

問26　空所(　あ　)～(　う　)に入る語の組み合わせとして最も適切なものを、下の①～④のうちから１つ選びなさい。

	あ	い	う
①	speak easily	write notes	use either of his hands
②	use either of his hands	speak easily	write notes
③	write notes	speak easily	use either of his hands
④	write notes	use either of his hands	speak easily

問27　下線部(1)が指すものとして最も適切なものを、下の①～④のうちから１つ選びなさい。

①　finding special ways　②　giving a lecture　③　remenbering things　④　writing notes

問28　下線部(2)を説明した以下の英文の空所を埋める組み合わせとして最も適切なものを、下の①～④のうちから１つ選びなさい。

When Stephen had to solve a physics problem, he didn't use (　A　), but (　B　) in his mind.

	A	B
①	lectures	pictures
②	mathematics	problems
③	mathematics	pictures
④	pictures	problems

問29　下線部(3)を説明した以下の英文の(　　　　)に入れるのに最も適切なものを、下の①～④のうちから１つ選びなさい。

First, Stephen's helper held up the letters of the alphabet. Then, when he saw the right letter, Stephen had to (　　　　).

①　move his eyes　②　move his face　③　touch a little box　④　turn right

問30　本文の内容に一致するものとして最も適切なものを、下の①～④のうちから１つ選びなさい。

①　Stephen wrote many important lectures because he was able to write easily on a voice computer.
②　Stephen's wife wanted to turn off the machine which kept him alive.
③　Thanks to the computer voice, Stephen was able to talk so loud that people in a big room could hear him.
④　When Stephen's machine had a special 'voice', most people could not understand him.

6 次の文章を読み、後の問い(問31～37)に答えなさい。

One Friday, when I was walking home from high school, I saw the new kid, (1)Kyle. It looked like he was carrying all of his books. I thought to myself, "Why would anyone take home all their books on a Friday? He must be a real (2)nerd." I went back to thinking about my own weekend plans: football with my friends, then later a party.

As I walked on, I saw a group of kids running toward Kyle. They ran into him, knocking the books out of his arms and tripping* him. His glasses went flying, and I saw them fall in the grass about 10 feet away. He looked up so sadly, almost crying.

So I went over and helped him pick up his books, and handed him his glasses. "Those guys are so stupid," I told him. Kyle started to smile and said, "Hey thanks!" I could see I'd really cheered him up. As it turned out, Kyle had only moved to the area a few weeks earlier, but (3)those guys had done the same thing to him nearly every day. "But they won't be doing it again!" he said angrily*. "Forget them Kyle," I said, and asked him to play football on Saturday with me and my friends. He said yes.

It was a great weekend with Kyle and my friends, and as we got to know him more, we all liked him more. Monday morning came, and there was Kyle with all his books again. "Sorry, you didn't get much time (　　　)," I joked. He just laughed and handed me half of them to carry.

Kyle and I became best friends, and over the next four years although he never took all his books home on weekends, he found plenty of time to study. Now that* we were seniors, he was planning to be a doctor, while I was going to study for business on a football scholarship*. A lot of things had changed during our time at high school, but especially for Kyle. Each year, one student is chosen by the teachers to make a speech at the high school leaving ceremony*. This year they had chosen Kyle.

As he started (4)his speech, he cleared his throat*, and began, "This is a time of year for thanking all those who helped us make it through high school—our parents, our teachers, our sisters and brothers, but mostly our friends. I am here to tell all of you that being a friend to someone is the best gift you can give them. I am going to tell you a story."

I could not believe my ears as Kyle began to tell everyone the story of the day we first met. He had been planning to kill himself* that weekend! He talked of how he had taken all the books from his locker so his mom wouldn't have to do it later. Then, once more, those guys had attacked him. "But, I was saved. My friend saved me."

I heard the gasp* go through the crowd as this popular boy, who was once an ordinary* boy, told us all about his weakest moment. "If you remember one thing that I say," Kyle continued, "remember that we all have the power to change people's lives. On that unhappy day, my friend could have kept walking but he chose to help me. And that changed everything. We all have the power to make other people happy or sad, not just for a minute but for a lifetime*."

注 trip (ping)：～をつまずかせる、転ばせる　angrily：怒って、憤って　now that：今や～なので
scholarship：奨学金　ceremony：式典　throat：のど　kill himself ＜ kill oneself：自殺する
gasp：あえぎ、はっと息をのむこと　ordinary：ふつうの、平凡な　lifetime：生涯

問31 下線部(1)の説明として最も適切なものを、下の①～④のうちから１つ選びなさい。

① He had moved a few weeks earlier.

② He knocked the books out of the writer's arms and ran away.

③ He thought about his plan to play football with his friends.

④ He tripped his friend and did the same thing to him nearly every day.

問32　下線部(2)の意味として最も適切なものを、下の①～④のうちから１つ選びなさい。

① 勉強ぎらいな人

② ガリ勉な人

③ なまけもの

④ 人気もの

問33　下線部(3)が指す人として最も適切なものを、下の①～④のうちから１つ選びなさい。

① Guys who had attacked Kyle

② Guys who had moved to the area

③ Guys who helped Kyle pick up his books, and handed him his glasses

④ Guys who invited Kyle to play football

問34　本文中の(　　　　)に入るものとして最も適切なものを、下の①～④のうちから１つ選びなさい。

① to knock the books out of your arms

② to look at all those books

③ to move to this area

④ to play football with us

問35　下線部(4)が指す内容として最も適切なものを、下の①～④のうちから１つ選びなさい。

① Kyleが医者になろうと決心した話

② Kyleが引越しをしてきた日の話

③ Kyleが友人を救った話

④ Kyleが筆者と最初に出会った日の話

問36　本文の内容に合うように、次の英文の(　　　　)に入れるのに最も適切なものを、下の①～④のうちから１つ選びなさい。

While Kyle found some time to study, the writer (　　　　).

① also studied hard to be a doctor

② wanted to study for business on a football scholarship

③ was chosen to make a speech at the high school ceremony

④ was taking all his books home on weekends

問37　本文から読み取れるメッセージとして最も適切なものを、下の①～④のうちから１つ選びなさい。

① 他人をいじめたことを後悔し、今後の生活に生かしていくべきだ。

② 他人をいじめることは良くないことで、いじめたことはすべて自分に返ってくる。

③ 私たちは皆、自分の人生を切り拓く可能性を持っている。

④ 私たちは皆、他人の人生を変える可能性を持っている。

【数　学】（50分）〈満点：100点〉

1 次の計算をしなさい。

（1）　$6-(-4)\times(-3)^2-5^2=\boxed{\text{アイ}}$

（2）　$\left(2-\dfrac{1}{2}\right)^3\div\left(\dfrac{1}{3}\right)^2\div0.75^2=\boxed{\text{ウエ}}$

（3）　$\dfrac{2a-3b}{3}-\dfrac{2a-5b}{4}=\dfrac{\boxed{\text{オ}}\,a+\boxed{\text{カ}}\,b}{\boxed{\text{キク}}}$

（4）　$\dfrac{\sqrt{5}+\sqrt{2}}{\sqrt{5}-\sqrt{2}}-\dfrac{\sqrt{5}-\sqrt{2}}{\sqrt{5}+\sqrt{2}}=\dfrac{\boxed{\text{ケ}}\sqrt{\boxed{\text{コサ}}}}{\boxed{\text{シ}}}$

（5）　$(2\sqrt{3}+3)^2+(3\sqrt{2}-\sqrt{6})^2-(3\sqrt{2}+\sqrt{6})^2=\boxed{\text{スセ}}-\boxed{\text{ソタ}}\sqrt{\boxed{\text{チ}}}$

2 次の各問に答えなさい。

（1）　$x=1+\sqrt{2}+\sqrt{3}$，$y=1+\sqrt{2}-\sqrt{3}$ のとき，$x^2+2xy+y^2$ の値は

$\boxed{\text{アイ}}+\boxed{\text{ウ}}\sqrt{\boxed{\text{エ}}}$ である。

（2）　連立方程式 $\begin{cases}\dfrac{1}{9}x-\dfrac{1}{3}y=1\\ 4x+3y=6\end{cases}$ を解くと，$x=\boxed{\text{オ}}$，$y=\boxed{\text{カキ}}$ である。

（3）　$\sqrt{60+a^2}$ が整数となる自然数 a は全部で $\boxed{\text{ク}}$ 個ある。

(4)　大，中，小 3 つのさいころを同時に投げる。出た目をそれぞれ a，b，c とする。このとき，$a+b+c=9$ となる確率は，$\dfrac{\boxed{\text{ケコ}}}{\boxed{\text{サシス}}}$ である。ただし，さいころの目はどの目が出ることも同様に確からしいものとする。

(5)　ある商品に原価の 40 %増しの定価をつけた。しかし，売れないので定価の 20 %引きで売ったところ，360 円の利益を得た。この商品の原価は $\boxed{\text{セソタチ}}$ 円である。

3

次の図のように，ＡＢ＝7，ＢＣ＝5 のＡＢ＝ＡＣ を満たす二等辺三角形 ＡＢＣ がある。
この二等辺三角形の辺 ＡＢ 上に ＢＣ＝ＢＤ となる点 Ｄ をとり，線分 ＢＤ を 1 辺とするひし形 ＢＣＥＤ をつくる。
辺 ＡＣ 上に ＡＤ＝ＣＦ となる点 Ｆ をとり，点 Ｂ と点 Ｆ，点 Ａ と点 Ｅ をそれぞれ結ぶ。
線分 ＢＦ を点 Ｆ の方向へ延長し，線分 ＣＥ との交点を Ｇ とする。
また，△ＡＤＥ≡△ＦＣＢ である。
次の各問に答えなさい。

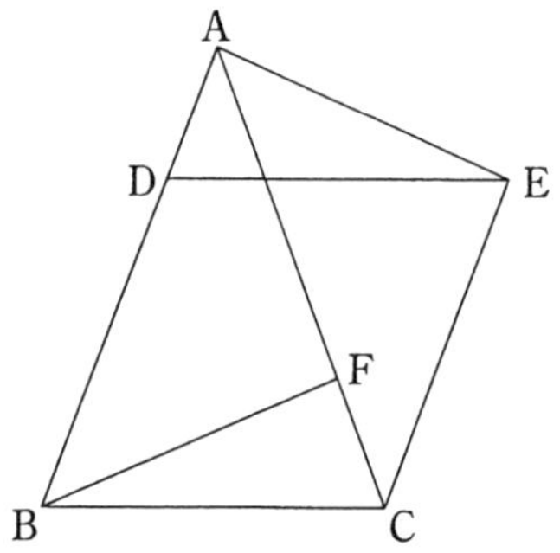

(1)　ＡＦ＝ $\boxed{\text{ア}}$ である。

(2)　ＡＢ：ＧＣ＝ $\boxed{\text{イ}}$ ： $\boxed{\text{ウ}}$ である。

(3)　ＧＣ＝ $\dfrac{\boxed{\text{エオ}}}{\boxed{\text{カ}}}$ である。

(4)　ひし形 ＢＣＥＤ の面積は，三角形 ＣＧＦ の面積の $\dfrac{\boxed{\text{キク}}}{\boxed{\text{ケ}}}$ 倍である。

4 $\boxed{\text{ア}}$ ～ $\boxed{\text{タ}}$ に当てはまる最も適当な数字を答えなさい。

次の図のように，２次関数 $y=ax^2$ がある。$y=ax^2$ 上に点 A（-3，-3）があるので，

$a=\dfrac{\boxed{\text{アイ}}}{\boxed{\text{ウ}}}$ となる。点 A と点 B（6，0）を通る直線を ℓ とする。$y=ax^2$ と直線 ℓ の交点のうち，点 A でない方の交点を C とするとき，点 C の座標は $\left(\boxed{\text{エ}},\ \dfrac{\boxed{\text{オカ}}}{\boxed{\text{キ}}}\right)$ である。したがって，△OAC の面積は，$\boxed{\text{ク}}$ である。

ここで，点 C から x 軸に垂線をひき，交点を H とする。△BCH を x 軸に関して１回転させてできる立体の体積は $\dfrac{\boxed{\text{ケコ}}}{\boxed{\text{サシ}}}\pi$ である。△BCH を y 軸に関して１回転させてできる立体の体積は $\dfrac{\boxed{\text{スセソ}}}{\boxed{\text{タ}}}\pi$ である。ただし，$a<0$，円周率は π とし，座標軸の単位の長さは１とする。

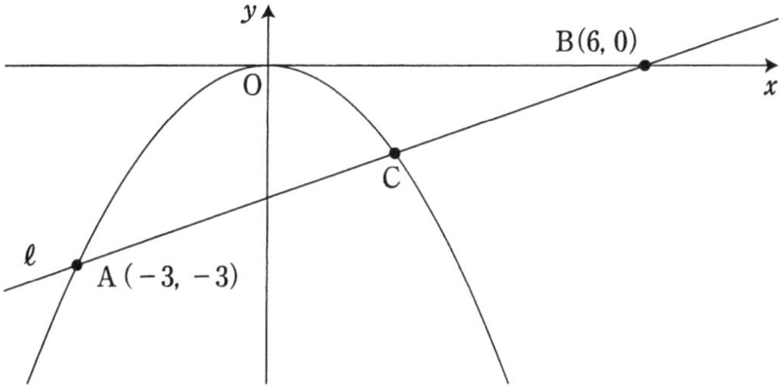

5 図１の△ABCは，AB＝AC＝9，BC＝6 の二等辺三角形である。
∠ABC の二等分線上に AD∥BC となる点 D をとり，辺 AC と線分 BD との交点を E とする。
また，点 E から辺 AB に垂線をひき，交点を F とする。
次の各問に答えなさい。

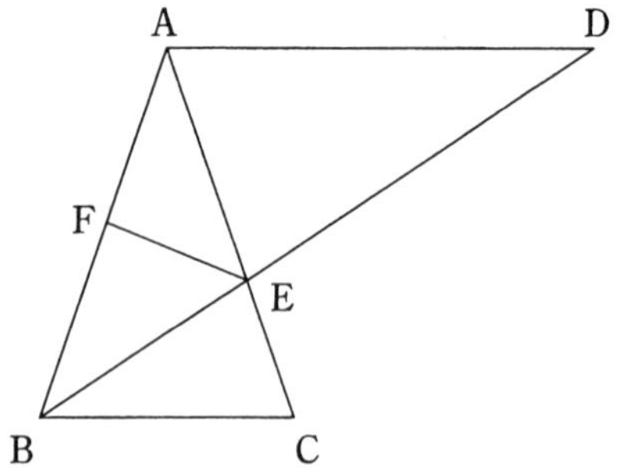

図１

（1） 線分 AD＝ $\boxed{ア}$ である。

（2） 線分 EF＝ $\dfrac{\boxed{イウ}\sqrt{\boxed{エ}}}{\boxed{オ}}$ である。

（3） 図２は，図１において点 D を通り辺 AB に平行な直線と直線 BC との交点を G とし，さらに線分 CD をひいたものである。

このとき，△DCG の面積は △DCE の面積の $\dfrac{\boxed{カ}}{\boxed{キ}}$ 倍である。

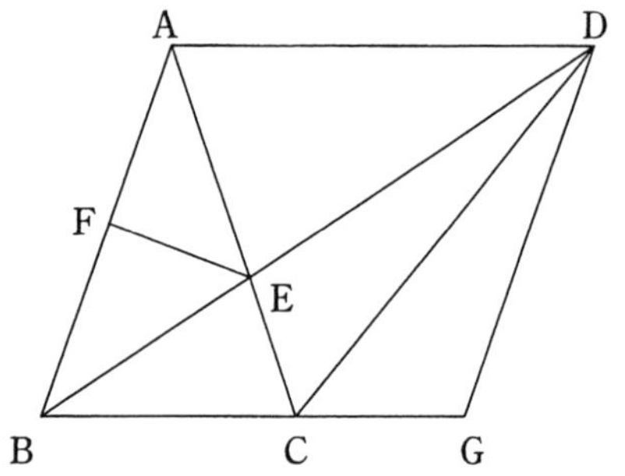

図２

解答上の注意事項

1　解答は，解答用紙の問題番号に対応した解答欄にマークしなさい。

2　問題の文中の［ア］，［イウ］などには，特に指示がない限り，符号(－)または数字(０～９)が入ります。ア，イ，ウ，…の一つ一つは，これらのいずれか一つに対応します。それらを解答用紙のア，イ，ウ，…で示された解答欄にマークして答えなさい。

例　［アイウ］に－47と答えたいとき

ア	●	⓪	①	②	③	④	⑤	⑥	⑦	⑧	⑨
イ	⊖	⓪	①	②	③	●	⑤	⑥	⑦	⑧	⑨
ウ	⊖	⓪	①	②	③	④	⑤	⑥	●	⑧	⑨

なお，同一の問題文中に［ア］，［イウ］などが２度以上現れる場合，原則として，２度目以降は，

［ア］，［イウ］のように細字で表記します。

3　分数系で解答する場合，分数の符号は分子につけ，分母につけてはいけません。

例えば，$\dfrac{\boxed{エオ}}{\boxed{カ}}$ に $-\dfrac{2}{3}$ と答えたいときには，$\dfrac{-2}{3}$ として答えなさい。

また，それ以上約分できない形で答えなさい。例えば，$\dfrac{3}{2}$ と答えるところを $\dfrac{6}{4}$ のように答えてはいけません。

4　根号を含む形で解答する場合，根号の中に現れる自然数が最小となる形で答えなさい。

例えば，$\boxed{キ}\sqrt{\boxed{ク}}$ に $6\sqrt{2}$ と答えるところを，$3\sqrt{8}$ のように答えてはいけません。

5　根号を含む分数形式で解答する場合，例えば $\dfrac{\boxed{ケ}+\boxed{コ}\sqrt{\boxed{サ}}}{\boxed{シ}}$ に $\dfrac{3+2\sqrt{2}}{3}$ と答えるところを，$\dfrac{6+4\sqrt{2}}{6}$ や $\dfrac{6+2\sqrt{8}}{6}$ のように答えてはいけません。

・頭を挙げて山月を望む。

① 挙レ頭望二山月一。

② 挙二頭一望二山月一。

③ 挙レ頭望レ山レ月。

④ 挙レ頭望下山月上。

③　町に大きな川が流れる。

④　一週間休んでいる友達の身が案じられる。

問26　次の文の傍線部と文法的性質が同じものを、後の①～④のうちから一つ選びなさい。

・一年かけた実験は見事に成功した。

①　その日家には僕しかいなかった。

②　ニュースの時間になりました。

③　試験に向けて勉強し、なんとか合格できた。

④　弟はお肉も食べるし、野菜も食べる。

問27　次のア～オにおける敬語（傍線部）の種類について、後の①～④の選択肢のうち一つだけ、**種類の異なる敬語**を組み合わせたものがある。その選択肢を、①～④のうちから一つ選びなさい。

ア　ご紹介します。こちらが佐藤様です。

イ　こちらにあるのが先生のお書きになった絵でございます。

ウ　そろそろ先生がお休みになる時間だ。

エ　私が中村様にお話ししておきます。

オ　鈴木様がお話しくださることは重要なことばかりだ。

①　ア―イ　　②　ウ―オ　　③　イ―ウ　　④　ア―エ

問28　次の傍線部①～④について、他とは**種類の異なる敬語**を一つ選びなさい。

先日、鈴木先生が①してくださったことに対してお礼を②申し上げた。また、その次の日には、佐藤先生に③教えていただいたことを思い出し、その内容を中村先生に④お話しした。

問29　次の和歌中の空欄に入る言葉として最も適切なものを、後の①～④のうちから一つ選びなさい。

・［　　　　］神代も聞かず竜田川からくれなゐに水くくるとは

①　ちはやぶる　　②　うつせみの

③　くろかみの　　④　あかねさす

問30　「睦月」と最も関係の深いものを、次の①～④のうちから一つ選びなさい。

①　重陽の節句　　②　桃の節句　　③　新嘗祭　　④　七草

問31　次の漢詩の形式として適切なものを、後の①～④のうちから一つ選びなさい。

千山鳥飛絶
万径人蹤滅
孤舟蓑笠翁
独釣寒江雪

①　五言絶句　　②　五言律詩　　③　七言絶句　　④　七言律詩

問32　次の書き下し文のように読むことができる文はどれですか。適切なものを後の①～④のうちから一つ選びなさい。

① 「都会人」とは、ヨーロッパのグリム童話や日本の『平家物語』などからもわかるように、中世に生きたすべての人とまったく違うルールに生きる人のこと。

② 「都会人」とは、横浜のような都市や九州のホールなど、本来なかった空間を意識的にあるいは意図的につくりあげることができる人のこと。

③ 「都会人」とは、古代から近代へといくにしたがって「都会人」としての傾向が強くなり、自然を排除して人工物のみで空間をつくりあげようとする感性をもっている人のこと。

④ 「都会人」とは、時代が古代から近代へ向かうほど「都会人」になるものではなく、自然のものを排除して考えるという感性をもっている人のこと。

三

次の各問いに答えなさい。

問21 次のA～Cは、（　）に共通する漢字が一字当てはまる慣用句です。当てはまる漢字として最も適切なものを、後の①～④のうちから一つ選びなさい。

A （　）を割る　　意味…本当の気持ちや考えを吐き出すこと

B （　）を決める　　意味…覚悟を決めること

C （　）を探る　　意味…相手の気持ちを知ろうとすること

① 腰　② 骨　③ 心　④ 腹

問22 次にあげる故事成語の意味として最も適切なものを、後の①～④のうちから一つ選びなさい。

・「覆水盆に返らず」

① 自らの過ちによって失った信頼を取り戻そうと努力すること。

② 一度してしまったことは取り返しがつかないということ。

③ 初めは良いが、終わりがよくないこと。

④ 他人の実力を疑い、その地位から追い落とそうとすること。

問23 次の文の傍線部と同じ意味内容になる四字熟語として最も適切なものを、後の①～④のうちから一つ選びなさい。

・自分で考えずに、すぐ他人の意見に同調することはよくない。

① 電光石火　② 付和雷同　③ 巧遅拙速　④ 時期尚早

問24 次の熟語と同じ構造のものを、後の①～④のうちから一つ選びなさい。

・「非常」

① 寒暖　② 年少　③ 汚水　④ 無限

問25 次の文の傍線部と文法的性質が同じものを、後の①～④のうちから一つ選びなさい。

・最近、しきりに幼いころのことが思い出される。

① この天候なら遠足はやれる。

② 赤信号を渡って、先生に注意される。

問13 二重傍線部iii「公家」の読みとして適切なものを、次の①～④のうちから一つ選びなさい。

① こうか　② こうけ　③ くが　④ くげ

問14 段落番号［イ］～［ニ］のいずれかの段落は、語を一部入れ替えてあるため、本来の内容とは異なるものになっています。入れ替えた語を含む段落として最も適切なものを、次の①～④のうちから一つ選びなさい。

① ［イ］段落　② ［ロ］段落　③ ［ハ］段落　④ ［ニ］段落

問15 空欄［A］～［C］に入る言葉の組み合わせとして最も適切なものを、次の①～④のうちから一つ選びなさい。

① A つまり　B たしかに　C だが
② A さらに　B なるほど　C 要するに
③ A したがって　B もちろん　C つまり
④ A だから　B つまり　C しかし

問16 傍線部(1)「あってはならないもの」とありますが、それはなぜですか。その理由として最も適切なものを、次の①～④のうちから一つ選びなさい。

① すべての自然を排除してつくられている都市やホールなどでは、ゴキブリどころか植木でさえ存在してはいけないから。
② 建築家がすべてを意識的につくった都市やホールでは、衛生面も意識しているためゴキブリは決して出てきてはいけないから。
③ すべてが人工物で設計されている美しい都市やホールなどでは、有名な人物も講演に来るのにゴキブリが出ては失礼だから。
④ 本来存在しないはずの空間である都市やホールでは、設計者が意図していないゴキブリは完全に排除されているはずだから。

問17 空欄［Ⅰ］～［Ⅳ］に入る言葉として最も適切な組み合わせのものを、次の①～④のうちから一つ選びなさい。

① ［Ⅰ］古代―［Ⅱ］近世―［Ⅲ］中世―［Ⅳ］中世
② ［Ⅰ］中世―［Ⅱ］中世―［Ⅲ］古代―［Ⅳ］古代
③ ［Ⅰ］中世―［Ⅱ］近世―［Ⅲ］中世―［Ⅳ］古代
④ ［Ⅰ］古代―［Ⅱ］中世―［Ⅲ］中世―［Ⅳ］中世

問18 次に挙げるa～eの語（本文太字で示してある）を、その表しているものによってグループに分けるとすれば、どのように分けたらよいですか。最も適切な組み合わせのものを、後の①～④のうちから一つ選びなさい。

a 魔物　b 人間の身体　c 常識
d 弥生時代　e 後白河法皇

① (a・b)―(d・e)―(c)
② (a・b・e)―(c・d)
③ (a・e)―(b・c・d)
④ (b・c)―(d・e)―(a)

問19 空欄［X］には「世間の議論を引き起こすこと」という意味の慣用句を構成する熟語が入ります。その熟語として適切なものを、次の①～④のうちから一つ選びなさい。

① 疑念　② 世論　③ 物議　④ 口論

問20 傍線部(2)「都会人」とありますが、筆者の考える「都会人」とはどのような人のことですか。最も適切なものを、次の①～④のうちから一つ選びなさい。

中世の文献を読みますと、まったく違った世界がそこにあることがわかります。この間、私は『平家物語』を仕事の都合で読まされたわけですが、『平家』なんか読んでいますと話がまったく違うわけです。あそこに登場する人たちは、直接に人の自然を見ているような気がいたします。

平重盛《たいらのしげもり》が病気になりまして、まだ四〇代ですが、具合が悪い、どうも危ないと。そしておやじの清盛《きよもり》が心配いたしまして、中国からいい医者が来ているから、当時の福原、神戸から、京都にやるから診《み》てもらえというのを重盛が断ります。自分の寿命を知っているということだと思いますが、そんな必要はないと言うわけです。

そういう段を何気なく読めば何でもないんですけども、そうでなく見ていますと［Ⅰ］と近世の非常にはっきりした違いが見えてまいりまして、近世、つまり江戸以降、私どもはこの城郭の中に住むようになり、中世の人たちはそうではなくて、いわば穴ぼこだらけの状況で暮らしていたということです。

この二つの**常識**[c]の食い違いは日本では非常に極端に出ているような気がいたします。たとえば非常に乱暴な言い方をいたしますと、縄文《じょうもん》の人たちはまさに自然と折り合って暮らしていましたが、[d]**弥生時代**《やよい》になりますと吉野ヶ里に見るようにまず堀を掘って、その中の空間に住むようになります。そしてそれが完成しますのがおそらく平城京、平安京という古代です。古代の人は［Ⅱ］の人とは違って、私どもに近い感覚を持っています。

それは『平家物語』の終わりの方に出てまいりますが、義経《よしつね》と範頼《のりより》が壇ノ浦で平家を滅ぼして、大勢の平家の公達《きんだち》の首を持って帰ってまいります。そして京都でそれをさらし首にするという。そうすると[e]**後白河法**《ごしらかわほう》**皇**《おう》を中心にした朝廷《ちょうてい》がありますので、そこの公家[iii]が相談をいたしまして、そういうことを許すか許さないかと議論する。そういうことはしてもらっては困るという結論を出します。

それは［Ⅲ］の人たちはいわば都会人[(2)]、私どもと同じ人たちですから、そんなことはとんでもないと言います。それに対して断固として義経と範頼は聞かないわけであって、さらし首にしないと言うのであれば我々が何のために戦ったかわからんというような、そういう感じで強行いたしました。

ああいうところに私は非常にはっきりと中世の人間と古代の人間の違いというのが出ているような気がいたします。現在さらし首をやれば、おそらく日本では大変な［Ｘ］をかもすだろうと思います。それは非常にはっきりしたことであって、したがって私どもの感性と当時の［Ⅳ］の宮廷の感性は同じものであって、その感性はなぜ同じかと言えばそれは都会人だからだと私は思います。

（養老孟司『ヒトはなぜ、ゴキブリを嫌うのか？』より）

問11 二重傍線部ｉ「カンテツ」の「テツ」と同じ漢字を含むものを、次の①～④のうちから一つ選びなさい。

① 大学でテツガクの講義を受ける。
② 試験が近いのでテツヤで勉強した。
③ この家はテッキンコンクリートで作られている。
④ 数日後に前言をテッカイする。

問12 二重傍線部ⅱ「シントウ」の「シン」と同じ漢字を含むものを、次の①～④のうちから一つ選びなさい。

① 長い年月をかけて岩石がシンショクされる。
② 薬で病気のシンコウを抑える。
③ シンカイの様子を最新のカメラで確認する。
④ 不法シンニュウ者を取り押さえる。

リはこういう空間には出てきてはいけないのであって、なぜいけないかというとそれは自然のものだからです。

つまり設計者、内装者はそこにゴキブリが出てくるということを全然計算に入れていません。したがってそれは[(1)]あってはならないものです。ですから、そういうものが出てきますと大の男が目をつり上げて追いかけていって踏みつぶしていますが、それはこういった自然の排除という原則がいかに強く都市空間では[i]カンテツされているかということを示すように私には見えるわけです。

こうやってつくり出された人工空間は世界中どこでもまったく同じ性質を持っています。そういったものを城壁で囲うというのは案外利口な知恵でして、この中だけだよ、という約束事が成り立ちます。ですから、ちょっとでもここから外へ出れば、再び自然の[ii]シントウが始まる。そしてそこから離れるほど自然が強くなってくる。

つまりこの中はすべてが人の意識でコントロールしうるという世界ですが、この外に行きますと次第に意識でコントロールできない部分がふえてまいりまして、最終的には完全に我々がコントロールできない世界、すなわち自然がそこに出現してまいります。

ヨーロッパの場合ですと、そういった世界は森です。西ヨーロッパの歴史をご存じの方はよくおわかりだと思いますが、じつは現在の西ヨーロッパの歴史は森林を削ってきた歴史でして、どんどんどんどん森林を削ったわけです。現在私どもが西ドイツ、あるいはフランスあたりで見る広々とした平原は、じつはヨーロッパの森を削った跡です。

森を削っていく過程が中世から現代に至るヨーロッパの歴史であって、一九世紀の終わりにはヨーロッパは森を削り終わっています。ポーランドに森林性の野牛が最後に生き残っていましたのが一九世紀の末です。

そういう形で森を削っていくわけですが、森に住む人というのも当然いたわけであって、中世に森に住んでいた人たちは、これはグリム童話でもお読みになればすぐわかりますが、[a]**魔物**《まもの》です。つまりヘンゼルとグレーテルの魔女は森に住んでいますし、赤ずきんのオオカミは人語を解する、人の言葉を話しますが、オオカミです。

森に住む人は都市に住む人とまったく違うルールで生きているわけであって、おとぎ話を書く、書き残す人たちはどちらかといえば都市の人ですから、［A］森に住む人たちはその人たちにとっては人ではない、何らかの意味で魔物でした。

ですから、そう考えますとこういうルールというのは世界じゅうどこでも同じ、歴史上どこでも同じように見えてまいります。

でもこの都市の中にやむをえず発生する自然というのがあるわけです。一九九五年は神戸の地震が、二〇一一年には東日本大震災があったわけですが、日本の場合には震災とか台風とかですね、さまざまな自然の災害が起こってまいりますが、これは一般に自然と解されています。これは［B］意識の外にありまして、神戸や東日本の地震を予測した人はいないわけです。そういう予期せざる出来事が生じる自然というものが、都市の中にどうしても存在してしまうわけです。

どうしても存在する自然とは何か。じつは皆さん方そのものである。端的には[b]**人間の身体**だと申し上げたい。そういった都市の中にやむをえず発生するものが人間の身体という自然です。

私は解剖学を長年やっていましたが、都市の中でいちばん困るのが死んだ人なんですね。死んだ人が発生いたしますと、これはどう扱っていいかわからない。亡くなりますと人はやがて土に返ります。すなわち自然に戻っていきますが、都市の中では自然は「ない」ことになっていますから、人が死ぬ、［C］自然に戻るところでうろたえてしまいます。ですから、そこにさまざまなタブーを置いて、そこから先は考えないという形で仕切りをつくっていきます。

ちょうど心の中に城郭をつくるのと同じことであって、その外部は無視する、考えないことにすると思います。

問10 本文の内容として**適切でないもの**を、次の①～④のうちから一つ選びなさい。

① 遺伝子の傷の修復と寄生者への対抗が可能になったことが、無性生殖が有性生殖へと進化した理由として有力視されている。

② 無性生殖生物は異物を排除するための仕組みが親子で変わらないため、一度寄生者に侵入されると身を守るすべがない。

③ 無性生殖は忠実な親のコピーであるため、有害な突然変異から身を守ることができる。

④ 有性生殖の本質は、個体数を増やすことにあるのではなく、個体が持つ遺伝子組成を組み替えることにある。

二

次の文章を読み、後の問いに答えなさい。

[イ] 都市がどういうものかをごく図式的に書いてみますと、大陸はどこでも同じですが、四角の中に人が住むところです。日本ですとご存じのように最も古い形で都市ができてくるのは吉野ヶ里のような堀で囲まれた空間ですが、それがきちんと成立いたしますのは平城京、平安京です。日本は不思議なことに城郭を置いていませんが、大陸諸国では必ず周辺を城郭で囲う。その外部が都市です。

[ロ] ヨーロッパの中世ですと、典型的な城郭都市になりまして、現在でもこれはたくさん残っています。ヨーロッパへ行かれますと、こういう町を訪問される方が非常に多い。そこへ行かれた方が、非常に古い、中世にできた町であるのに、道路が全部舗装してあると言って感心しておられる。コンクリートで舗装しているわけじゃないんで、敷石です。これはじつは都市のルールであると私は考えています。一体どういうルールかというと、都市という四角の中には自然のものは置かないというルールです。自然はいわば排除されます。たとえ木が植わっていてもそれは人が植えたものである、そこにしつらえて置いたものです。都市という空間をそういうふうに考えますと非常によく理解できるような気がします。

[ハ] 日本の場合には城郭を置きませんので、はっきりわからないんですが、近代日本の場合はおそらくこの島全体を都市と見なすような傾向になってきたんじゃないかという気がいたします。それを中央集権化とか、近代化とか、さまざまに表現をいたしますが、要するにこういった四角で囲まれた空間の中に人が住むようになる。

[ニ] この中では自然が排除されると申し上げたわけですが、それじゃあ代わりに何があるかというと、この中に置かれるものは基本的に人工物です。人工物とは何かといえば、それは私どもが考えたもの、意識的に、あるいは意図的に置いたものである。そういう世界です。ですから、都市化が進行すると何が起こるかというのは、そういう原理で比較的簡単に読めるわけでして、意識されないものはそこには置いてはいけないということです。

それを端的に示していますのが現在私どものいますこの空間です。横浜も大きな都市でして、そしてこの空間がそうである。この建物がそうでして、ここは人が完全に意識的につくり上げたものです。本来こんな空間はなかったわけで、設計してつくられたものですから、もともとの段階では設計者の頭の中にあって、設計図としてそれが表現されます。

その設計図に従ってつくられたものですから、皆さん方がお座りの場所は、じつは建築家と内装をやった方の脳の中、頭の中です。頭の中ですから、そこではすべてが意識化されていますので、一般に予期せざる出来事は起こらないことになっています。

そういうことが起これば、それは不祥事と見なされます。先日、私は九州にまいりまして、こういうホールでお話をしていましたら、足元をゴキブリがはっていました。これは典型的な不祥事です。つまりゴキブ

問6 傍線部(2)「図1」とありますが、空欄[X]・[Y]に入る図の組み合わせとして最も適切なものを、次の①～④のうちから一つ選びなさい。

① X 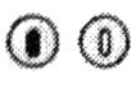 Y 

② X 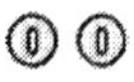 Y 

③ X  Y 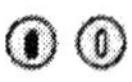

④ X  Y 

問7 傍線部(3)「『有性生殖の二倍のコスト』」とありますが、その具体例として適切なものは次の例のうちいくつありますか。最も適切なものを、後の①～④のうちから一つ選びなさい。

・イヌは、新たな個体を生み出すために、雄の精巣でできた精子と雌の卵巣でできた卵を合体させ、受精卵をつくる必要がある。

・ゴキブリは、新たな個体を生み出す際、自身の環境に雄がいない場合には雄を必要とせず、雌のみで繁殖することができる。

・アブラナは、新たな個体を生み出すために、おしべのやくの中でつくられた花粉をめしべの柱頭につけて種子をつくり、胚に発達させる必要がある。

・ヒドラという動物は、新たな個体を生み出すために、からだから出た突起の一部を成長させ、独立させる必要がある。

① 一つ　② 二つ　③ 三つ　④ 四つ

問8 傍線部(4)「究極的な有利さ」とありますが、どのような点で「有利」だと言えますか。その説明として最も適切なものを、次の①～④のうちから一つ選びなさい。

① 遺伝子組成を生殖によって組み替えることで、寄生者を見分けて取り除いたり寄生者が侵入しないように組み替えたりできる点。

② 遺伝子の組み合わせを生殖によって変えることで、有害な突然変異を取り除いたり寄生者から身を守ったりできる点。

③ 遺伝子組成を組み替えることで、有害な突然変異をそのまま受け継ぐことを防ぎ、それを修復できる点。

④ 単に個体数を増やすことで、有害な突然変異を取り除いたり迫りくる寄生者をうまくかわしたりできる点。

問9 傍線部(5)「一網打尽」を本文の内容に即して説明した場合、最も適切なものを、次の①～④のうちから一つ選びなさい。

① 無性生殖生物は親も子も同じ遺伝子組成なので、いちどその防御機構を破られてしまうと、親か子のどちらかが寄生者の餌食になってしまうということ。

② 有性生殖生物は親の遺伝子を子が半分ずつ受け継ぐので、いちどその防御機構を破られてしまうと、親も子も残らず寄生者の餌食になってしまうということ。

③ 有性生殖生物は親の遺伝子を子が半分ずつ受け継ぐので、親の防御機構を破られても、子も寄生者の餌食になるとは限らないということ。

④ 無性生殖生物は親も子も同じ遺伝子組成なので、いちどその防御機構を破られてしまうと、親も子も残らず寄生者の餌食になってしまうということ。

ば、親も子もすべてが一網打尽(5)にやられてしまいます。一方、有性生殖の子は、そのどちらの両親とも異なる組み合わせの遺伝子を持っているのですから、親の防御機構を寄生者に見破られてしまったからといって、子どももいっしょにやられるとは限らないでしょう。つまり、有性生殖は、毎世代、子どもの遺伝子の組み合わせを変えることによって、次々と襲ってくる寄生者をかわすことができるという大きな利点があることになります。

つまり、有性生殖は、無性生殖に比べて、親の世代に生じた遺伝子の傷を修復することができる、そのうえ、次々とやってくる寄生者に対抗して身を守ることができる、という二つの点で決定的に有利であることが、有性生殖が進化した究極要因ではないか、ということです。このあたりのことは、まだまだ多くの議論がなされているところですが、この二つの答えは、二倍のコストにもかかわらず、なぜ有性生殖が進化できたかを説明するものとして、有力視されています。

（長谷川眞理子『生き物をめぐる4つの「なぜ」』より）

問1 二重傍線部ⅰ「トウテイ」の「トウ」と同じ漢字を含むものを、次の①～④のうちから一つ選びなさい。

① 国をトウチする。
② 目的地にトウチャクする。
③ 市議会議員にトウセンする。
④ トウチ法を使った文を読む。

問2 二重傍線部ⅱ「繁殖」の読みとして適切なものを、次の①～④のうちから一つ選びなさい。

① はんしょく　② ひんしょく
③ へんしょく　④ せいしょく

問3 二重傍線部ⅲ「キケン」の「ケン」と同じ漢字を含むものを、次の①～④のうちから一つ選びなさい。

① ホケンに加入する。　② 車のテンケンをする。
③ シンケンに取り組む。　④ ケンコウ管理を怠らない。

問4 空欄 A ～ C に入る言葉の組み合わせとして最も適切なものを、次の①～④のうちから一つ選びなさい。

① A さて　B つまり　C そのうえ
② A 初めに　B しかし　C あるいは
③ A まず　B ところが　C 一方
④ A あるいは　B だが　C さらに

問5 傍線部(1)「有性生殖の方がずっと複雑で効率が悪い」とありますが、それはなぜですか。その説明として最も適切なものを、次の①～④のうちから一つ選びなさい。

① 有性生殖は雄と雌の互いの遺伝子をそのまま受け継ぐことで新たな個体を生み出すものであり、無性生殖と比べて繁殖相手の候補が増加し、最適繁殖相手を探す手間がかかるから。
② 有性生殖は雄か雌かのいずれかの遺伝子を使って新たな個体を生み出すものであり、無性生殖と繁殖相手の候補はほぼ同数だが、雄と雌のどちらの遺伝子を使うのか選択する手間がかかるから。
③ 有性生殖は雄と雌の遺伝子を掛け合わせて新たな個体を生み出すものであり、無性生殖と比べると繁殖相手の候補が激減し、雄と雌の遺伝子をそれぞれ半分にして組み合わせる手間がかかるから。
④ 有性生殖は雄と雌の遺伝子を掛け合わせて親と同じ個体を生み出すものであり、無性生殖と比べると繁殖相手の候補が大きく減り、雄と雌の遺伝子を組み合わせる手間がかかるから。

体に雄と雌がいて雄が精子を作るならば、子どもの数は、先の場合の半分になってしまうでしょう。ということは、どうして雄など作るのでしょう? そういうわけで、有性生殖の二倍のコストのことを、「雄を作るコスト」と呼ぶこともあります。

それでも、生物全体を見渡すと、有性生殖生物はたくさんいます。そして、とくに大型の生物では、有性生殖がほとんどで、たいへん繁栄しています。それには、有性生殖になんらかの(4)究極的な有利さがなければなりません。

ここで、有性ということを、もう一度よく考えてみましょう。単に増えるという観点から見れば、有性生殖は無性生殖の半分の効率でしかありません。しかし、有性生殖と無性生殖には、大きな違いが一つあります。それは、できてくる子どもの遺伝的組成です。無性生殖で生まれる個体は、親個体のからだが半分に分裂したり、親のからだの一部から芽が出てきたりして作られるのですから、親とまったく同じ遺伝子を持っています。[C]、有性生殖で生まれる個体は、異なる二個体の遺伝子が半分ずつ混ぜ合わさってできるのですから、どちらの親とも異なる遺伝的組成を持つことになります。これは、非常に大きな違いです。

ある意味で、有性生殖の本質は、増えることにあるのではなく、遺伝子の組成を変えることにあります。そこで、有性生殖に、無性生殖を上回るなんらかの究極的利益があるとすれば、それは、子どもの遺伝子の組成が親とは異なるものであるということに違いありません。

二個体が遺伝子を出しあって、それぞれとは異なる組み合わせの遺伝子を持った子どもを作るということには、どんな利点があるのでしょう?

一つ考えられるのは、親の遺伝子に生じた有害な突然変異を修復できるのではないか、ということです。無性生殖で生じる子どもは、親の忠実な複製であるため、親の遺伝子に有害な突然変異が起こると、それも忠実に複製されてしまいます。それを取り除くすべはありません。

しかし、有性生殖にして、自分の持っている遺伝子の半分と、相手の持っている遺伝子の半分とを混ぜ合わせて新しい組み合わせの子を作れば、その子は、自分の持っている有害な突然変異を必ずしも受け継ぐことはないでしょう。毎世代、遺伝子の組み合わせを変えていくことにより、有性生殖は、有害な突然変異を除去していくすべを備えていると言えます。これが、考えられる利点の一つです。

もう一つは、寄生者に対する抵抗です。生物には、必ずと言っていいほどに、そのからだにとりついて栄養を横取りしようとする寄生者がいます。ウィルス、細菌、カビ、マラリアなどの原虫類、カイチュウなどの腸内寄生虫、ダニ、ノミなどの昆虫などの生物はみな、何か他の生物に寄生して栄養を奪います。その結果、寄生された方は、最悪の場合には死に、普通は、栄養を奪《と》られる分だけ具合が悪くなります。私たち人間にも、ここにあげたようなさまざまな寄生者がいますが、寄生者にたかられるのは人間だけではありません。アゲハの幼虫には、自分のからだに卵を産んで自分を食い荒らしにくる寄生バチがおり、小さな甲虫にはさらに小さなダニがとりつき、植物もウィルスや細菌にやられます。ありとあらゆる大きさの、ありとあらゆる生物が、自分よりも小さい寄生者にたかられる(iii)キケン性を持っています。

このような寄生者たちが、宿主のからだにうまくとりつくためには、宿主の防御機構を破って侵入せねばなりません。つまり、宿主から異物として排除されないように、うまくからだの中に侵入していくわけです。宿主の方は、なんとかそんな連中をすぐに見分けて排除した方がよいでしょう。この闘いは、どういう帰結になるでしょうか?

異物を排除する防御機構は、多くの場合、いろいろなたんぱく質で成り立っています。無性生殖でできた子は、親の忠実なコピーですから、この防御機構もまったく同じものとなります。そうすると、寄生者がなんであれ、いったん、その防御機構をすり抜ける方法を身につけたなら

二〇二二年度 叡明高等学校(推薦2回目)

【国語】（五〇分）〈満点：一〇〇点〉

注意　設問の都合により本文を一部改変したところがあります。

一　次の文章を読み、後の問いに答えなさい。

四〇億年前から三五億年前、いろいろな偶然が重なって、地球上には生命が誕生しました。これがどんな生命体であったかはよくわかりませんが、自らを複製する能力を持った単純なものであったことは間違いないでしょう。それはつまり、無性生殖の生物でした。最初の生命には、雄も雌もなかったのです。

そのうち、雄と雌に分かれた生物が出現しました。しかし、ここには問題があります。無性生殖と有性生殖とを単純に比べると、(1)有性生殖の方がずっと複雑で効率が悪いので、あとから出てきた有性生殖生物が、無性生殖生物よりも容易に広がっていくことができたとはｉトウテイ思えないのです。

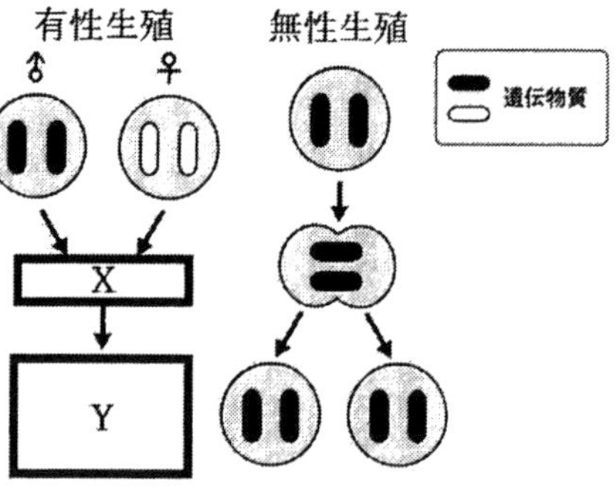

図１

いま、無性生殖で増えていく原始的な単細胞生物がいたとしましょう。この生物は、自分に栄養がついたときに、二つに分裂することによってどんどん増えていきます。そこに、雄と雌があって、雄と雌とが互いに遺伝子を半分ずつ出しあうことによって増える有性生物が出てきたとしましょう。こちらの生物は、それぞれが勝手に自分の都合で増えていくことはできません。［Ａ］、相手を探さねばなりません。そして、それは、雄なら雌、雌なら雄でなければなりません。そうすると、集団中の個体の半分は、潜在的にⅱ繁殖相手の候補から除かれてしまいます。これを図に表してみると、(2)図１のとおりで、無性生殖に比べて有性生殖がどれだけ効率が悪いかがよくわかるでしょう。

有性生殖をするには、個体が持っている遺伝子の量を半分にした配偶子を作り、二個体がそれを出しあって子どもにしなければならないので、ここで、本質的に二倍の手数がかかることになります。これを、(3)「有性生殖の二倍のコスト」と呼びます。

これを、別の観点から眺めてみましょう。卵には、子どものからだの設計図である遺伝子とともに、発生に必要な栄養がついています。［Ｂ］、精子には、栄養がありません。精子は単独で胚《はい》を発生することとは決してできませんが、卵は、単独で発生することができます。現にアブラムシの仲間など、雄の手を借りずに雌だけで卵を産んで増えていく生物（単為生殖生物）は存在します。個体がすべて雌で、雌が卵を産んでいけば、その卵の数だけ子どもが増えることになります。一方、個

2022年度／叡明高等学校（推薦２回目）

英語解答

1
問１ ①　問２ ③　問３ ②
問４ ①　問５ ②　問６ ④
問７ ①　問８ ②　問９ ④
問10 ③

2
問11 ②　問12 ②　問13 ②
問14 ③　問15 ③

3
問16 ④　問17 ③　問18 ③
問19 ③　問20 ②

4
A　問21…③　問22…④
B　問23…②

5
問24 ③　問25 ④　問26 ①
問27 ③　問28 ③　問29 ①
問30 ③

6
問31 ①　問32 ②　問33 ①
問34 ②　問35 ④　問36 ②
問37 ④

1〔適語選択〕

問１．‘invite＋人＋to ～’「〈人〉を～に招待する」　「ボブは５人の友達をパーティーに招待した」

問２．Ａ：ポール，今朝はどこに行ったの？／Ｂ：ローラに会いに駅まで行ったんだ。／／Laura を目的語にとれる動詞を選ぶ。to 以下は‘目的’を表す副詞的用法の to不定詞。

問３．‘逆接’の but に着目すれば，「欲しい」と相反する内容になるとわかる。　expensive「高価な」　「この時計を買いたいけれど，私には高すぎる」

問４．Ａ：タナカさんは何歳か推測できる？／Ｂ：40歳くらいかな。／／guess「～を推測する」

問５．all night long「一晩中」　「今朝はとても疲れているんだ。一晩中勉強したからね」

問６．be interested in ～「～に興味がある」　one は a computer を表す。　「エミリーはコンピュータに興味があるが，それを持っていない」

問７．Ａ：とても暑いね！／Ｂ：ほら，このうちわを使って。涼しくなるよ。／／暑いときに使うものは，fan「うちわ，扇子」。　cool ～ down「～を涼しくする」

問８．Ａ：カレン，マイクがなぜ今日学校を休んでいるか知ってる？／Ｂ：具合が悪いって聞いたわ。／／be absent from ～「～を欠席する」

問９．Ａ：ラジオが聞こえないよ。スーザン，音量を上げてくれる？／Ｂ：いいわよ，お父さん。／／turn ～ up「～の音量を上げる」

問10．Ａ：すみません。郵便局への行き方を教えてもらえませんか？／Ｂ：いいですよ。この通りをまっすぐ行ってください。右側にありますよ。／／道をきかれているので，まっすぐ進むように言っていると判断できる。

2〔対話文完成―適文選択〕

問11．Ａ：今週末，文化祭に行くの？／Ｂ：もちろん。君は？　行く？／Ａ：行けないと思うわ。月曜日のテストの準備をしないといけないの。／Ｂ：ああ，一緒に行けるといいなと思っていたんだ。今年の文化祭は，とても楽しくなるよ。／／直後で言っている「テストの準備」は文化祭に行けない理由となる。‘I'm afraid（＋that）＋主語＋動詞...’で「申し訳ないが〔残念ながら〕～だ」という意味を表せる。

問12．Ａ：お母さん，お金を貸してくれる？／Ｂ：どうかしら，カレン。何のために欲しいの？／Ａ：来週，友達とコンサートに行きたいの。／Ｂ：まず，あなたのお父さんと話をさせてちょうだい。／／直後でお金を貸してほしい理由を答えている。What ～ for?「何のために～」は‘理由’を尋ねる表現。

問13. Ａ：すみません。東京から香港経由で，オーストラリア航空の便で到着したのですが，スーツケースがありません。／Ｂ：コンピュータをチェックします。チケットを拝見できますか？／Ａ：どうぞ。／Ｂ：ああ，申し訳ありません，お客様。手違いがありました。あなたのスーツケースは香港に残ったままでした。／／直後の Here you are. は「どうぞ」と何かを差し出すときの定型表現。ここから，チケットを見せるよう求められたのだとわかる。

問14. Ａ：今週末，クレイジーアニマルズのコンサートがあるのを知ってる？／Ｂ：ええ，先週そのチケットを買ったわ。／Ａ：本当？ 私は姉〔妹〕と行くの。私たちと一緒に行かない？／Ｂ：ありがとう。それはいいわね。／／直後で，「私たちと一緒に行かない？」と誘っていることから，Ａは誰かと一緒に行く予定だとわかる。

問15. Ａ：ジョン，楽しい誕生日を過ごした？／Ｂ：うん。プレゼントをありがとう。／Ａ：どういたしまして。他に何をもらったの？／Ｂ：両親から腕時計をもらったよ。／／この後Ｂは，誕生日にもらったものを答えている。 else「他に」

3〔整序結合〕

問16.「この部屋は大きい」＝This room is big が文の骨組み。「そのパーティーを開くのに十分」は，‘形容詞〔副詞〕＋enough for ～’「～にとって十分…」の形にまとめる。形容詞〔副詞〕を enough の前に置くことに注意。 This room is big enough for the party.

問17.「最も～な…の１つ」は‘one of the＋最上級＋複数名詞’で表せる。 My team is one of the strongest teams in Tokyo.

問18. 語群に made があるので，‘make＋人＋形容詞’「〈人〉を～にする」の形で「たくさんの仕事をすることは彼女を疲れさせた」という文をつくる。 Doing a lot of work made her tired.

問19.「父が焼いたケーキ」は‘名詞＋主語＋動詞’の形で The cake my father baked とまとめ，ここまでが主語となる。 The cake my father baked was good.

問20. say hello to ～「～によろしく伝える」 Please say hello to your grandfather for me.

4〔読解総合〕

Ａ＜掲示文＞≪全訳≫僕のサッカーシューズを見たことはありませんか？ あなたの助けが必要です！／❶エドワード・ブラウンです。僕のサッカーシューズを見つけてください！❷９月４日の土曜日に，越谷公園で行われたサッカーの試合に出場しました。サッカーシューズをそこに置いてきたのではないかと思います。❸僕のチームは今度の金曜日に，浦和麗明高校で別の試合があります。それが見つからない場合，シューズをもう１足買わないといけません。だから助けてください！❹僕のサッカーシューズは黒で，３本の白い線が入っています。❺中を見ると，僕の名前があります。❻それを見つけたら，僕に連絡してください。＊048-990-2211(午後６時～午後９時)

問21＜英問英答＞「エドワードは何を知りたいか」―③「彼のサッカーシューズがどこにあるか」

問22＜内容一致＞「エドワードは，彼のシューズを見つけた人に(　　)ほしい」―④「メールで知らせて」最終段落参照。晩に電話するかメールで知らせるかしてほしいと書いている。

Ｂ＜表を見て答える問題＞≪全訳≫叡明ホテルの料金／平日(日曜日～木曜日の夜)／週末(金曜日と土曜日の夜)／叡明シティホテル／195ドル／275ドル／叡明シーサイドホテル／130ドル／180ドル／叡明リゾートホテル／225ドル／350ドル／叡明ビジネスイン／特別割引を提供しています。詳細についてはお問い合わせください。／叡明グランドホテル／2022年９月まで，改装工事のため休業。

問23＜英問英答＞「上の表によると，正しい文はどれか」―②「叡明ビジネスインに宿泊する場合，特別割引が受けられる」

5〔長文読解総合―伝記〕

≪全訳≫❶1963年，医師は，スティーブンがあと２年ほどしか生きられないと言った。しかし，15年後，彼はまだ生きていた。彼の障害は毎年少しずつ悪化し，彼は多くの問題を抱えていたが，働くことをやめず，希望を失うことはなかった。❷1969年以降，スティーブンは車椅子を使用しなければならなかった。そのときまでに，彼は手をあまり使えなくなっていたので，ジェーンはスティーブンの代わりに，講義のための言葉を書かなければならなかったし，彼の世話もしなければならなかった。1970年代後半までに，スティーブンは彼の体の多くを使うことができなくなっていた。彼の腕はもはや強くなくなり，簡単に話ができなくなっていた。彼の声を理解できるのはスティーブンの家族と親しい友人だけだったので，彼が講義をするときは，科学者の友人や学生が，いつも彼を助けた。彼は彼らに静かに話し，その後彼らが部屋のみんなに彼の言葉を伝えたのだ。❸このときまでに，スティーブンはメモをとることができなくなっていたので，彼は全てを覚えていなければならなかった。彼はすでにこれが得意だったが，今や本当に得意でなければならなくなった。彼は物事を覚える特別な方法を見つけ，一度何かを読んだり講義を聞いたりするだけで，それを全て覚えることができるようになった。❹物理学者たちは問題について考えるとき，難しい数式をたくさん書くのだが，スティーブンは書くことができなかったので，別の方法で取り組まなければならなかった。スティーブンは物理学の問題について考えるとき，答えを見つけるのに，数式ではなく，たいてい頭の中のイメージを使った。❺そしてスティーブンは，物事を違った方法で考えたので，さまざまな新しいアイデアを持っていた。彼は研究しているとき，たくさんの本を見たり机に座ったりする必要がなかった。彼は新しい理論についての全てのアイデアを頭の中に入れて持ち歩いていたので，いつでもそれについて考えることができた。③かつて，彼がブラックホールについての重要なことを発見したのは，ベッドに入ろうとしているときだったのだ！❻1985年，スティーブンはスイスで他の科学者たちと会っていたのだが，このとき，とても具合が悪くなった。彼は機械なしでは呼吸ができず，医者は，彼が死んでしまうと思った。彼らは機械の電源を切りたかったのだが，スティーブンの妻であるジェーンは，彼らがこれをするのを止めた。何週間もの間，スティーブンは死の瀬戸際にいた。友人や家族は彼のベッドのそばにとどまった。彼らは彼に話しかけ，彼に本を読み，そして彼を求めた。そして彼は生きのびた。❼スティーブンの体力が少し戻ったとき，イングランドの医者は，彼の喉に穴を開けた。今や彼は，その穴を通して，機械なしで呼吸することができた。しかし，スティーブンは１日24時間看護師の助けを必要としていた。彼はもう話すことができなかった。❽スティーブンは今や，違う方法で人々と話し，ものを求める必要があった。最初，彼は「話す」のに，特別なＡ～Ｚを使った。友人や看護師がＡ～Ｚの文字を掲げ，誰かが正しい文字を見せたとき，スティーブンは目を動かした。このようにして，彼のヘルパーは彼の言葉を書くことができた。しかし，このように話すことは非常に難しく，遅かった。❾スティーブンはもっとよいものを欲しがったので，彼の友人は障害者のためのコンピュータや機械をつくっている人と話した。大変な努力の末，スティーブンのためだけに特別な機械がつくられた。この機械では，スティーブンはコンピュータでたくさんの単語を見て，手の中に収まる小さなボックスに触れて，正しい語を選ぶのだった。このようにして，スティーブンは１分間に約15語を書くことができた。❿1985年の終わりまでに，スティーブンの機械は特別な「声」を備えるようになった。彼がコンピュータに書き込むと，「声」が彼の代わりにゆっくりと話した。スティーブンの新しいコンピュータの声は，ロボットのように奇妙に聞こえたが，それは彼を大いに助けた。以前，彼が話すとき，ほとんどの人は彼が言っていることを理解できなかった。今や，いきなりまた誰とでも話せるようになったのだ。人がいっぱいの大きな部屋でも，出したいだけの大きな声で。⓫スティーブンのコンピュータは，彼の病気が悪化したため，何年もかけて変化し，そして改善されていった。最後には，どちらの手も動かすことができなくなったので，小さなカメラを身につけなければならなかった。コンピュータで単語を見つけると，彼は顔を少し動かした。カメラはこれを見て，言葉を書いた。スティーブンは１分間に３つの単語しか見つけられなかったので，何かを書いたり言ったりするのに何時間もかかった。音声コンピュータで書くのはとても難しいのだが，スティーブンはこのようにして，多くの重要な講義と７冊の本を書いたのだ！

問24＜適所選択＞脱落文は「ブラックホールについての重要な発見をしたのが，ベッドに入るときだった」という内容。これは，第５段落で述べられている，彼がいつでもどこでも新しい理論について考えていたことの具体例になっている。

問25＜適語（句）選択＞空所に入るのは，スティーブンの講義のために妻のジェーンがしなければならなかったことである。

問26＜適語句選択＞あ．直後の２文の内容から，スティーブンは話すことが困難であったと判断できる。　い．直後の so「だから」に着目。この so の前後は‘理由’→‘結果’の関係になる。メモをとれないから，全てを記憶しなければならなかったという文脈である。　う．顔の動きを映すカメラを使うようになったのは，手を使えなくなったからだと考えられる。

問27＜指示語＞前に出ている内容で，ここに当てはめて意味が通るものを探す。それに該当するのは直前の文にある to remember everything である。

問28＜語句解釈＞「スティーブンは物理学の問題を解決しなければならなかったとき，$_A$数式ではなく，頭の中の$_B$イメージを使った」　直後の文参照。　‘not *A* but *B*’「*A* ではなく *B*」

問29＜語句解釈＞「まず，スティーブンのヘルパーがアルファベットの文字を掲げた。それから，正しい文字を見ると，スティーブンは目を動かさなければならなかった」　直前の２文参照。

問30＜内容真偽＞①「スティーブンは，音声コンピュータで簡単に書くことができたので，多くの重要な講義を書いた」…×　最終段落最終文参照。　②「スティーブンの妻は，彼を生かし続けている機械の電源を切りたいと思った」…×　第６段落第３文参照。妻ではなく医師たちである。　③「コンピュータの声のおかげで，スティーブンは大きな部屋の人々が聞くことができるほど大きな声で話すことができた」…○　第10段落に一致する。　④「スティーブンの機械が特別な『声』を持つようになったとき，ほとんどの人は彼の言うことを理解できなかった」…×　第10段落最後の２文参照。

6〔長文読解総合―物語〕

≪全訳≫❶ある金曜日，高校から家に歩いて帰る途中，私は転入生のカイルに会った。彼は全ての本を持ち帰っているようだった。「なぜ金曜日に全ての本を家に持ち帰るんだろう？　彼は真のガリ勉に違いない」と私は思った。私は自分の週末の計画に考えを戻した。友達とサッカーをして，その後はパーティーだ。❷歩いていると，子どもたちのグループがカイルに向かって走っているのが見えた。彼らはカイルにぶつかり，彼の腕から本をたたき落とし，彼をつまずかせた。彼の眼鏡は飛んでいき，私はそれが約10フィート離れた草に落ちるのを見た。彼はとても悲しそうに見上げて，ほとんど泣きそうだった。❸それで，私は彼の方へ行き，彼が本を拾うのを手伝い，眼鏡を手渡した。「あいつら，本当にばかだね」と私は彼に言った。カイルは笑みを浮かべて，「ああ，ありがとう！」と言った。私は本当に彼を元気づけたことがわかった。カイルは数週間前にこの地域に引っ越してきたばかりだったが，あの連中はほとんど毎日同じことを彼にしているとわかった。「でも，あいつらはもうそれをすることはないんだ！」と，彼は怒って言った。「あいつらのことは忘れなよ，カイル」と私は言った。そして彼に，土曜日に私と友達と一緒にサッカーをしようと言った。彼は「する」と言った。❹カイルと友達とのすばらしい週末だった。そして彼をもっと知るようになるにつれて，私たちはみんな，彼のことがもっと好きになった。月曜日の朝がきて，再び全ての本を持っていたカイルがいた。「ごめん，それらの本を全部見る時間はあまりなかったね」と私は冗談を言った。彼はただ笑って，それらの半分を私に渡して持たせた。❺カイルと私は親友になり，それからの４年間，彼は週末に全ての本を家に持ち帰ることはなかったが，勉強する時間はたくさん見つけた。今では最上級生になったので，彼は医者になるつもりで，私はサッカーの奨学金でビジネスの勉強をするつもりだった。高校時代には多くのことが変わったが，特にカイルにとってはそうだった。毎年，高校の卒業式でスピーチをする生徒が，教師によって１人選ばれる。今年，彼らはカイルを選んだ。❻スピーチを始めるとき，彼はせき払いをしてから始めた。「私たちが高校を卒業するのを助けてくれた全ての人たちに感謝する時です。両親，先生方，兄弟姉妹もそうですが，一番は友達です。誰かの友達になることは，あなたがその人に与えることができる最高の贈り物であるということを皆さんに伝えるために，私はここにいます。私は皆さんに，ある話をするつもりです」❼カイルが，私たちが最初に会った日の話をみんなに話し始めたとき，私は自分の耳が信じられなかった。彼はその週末に死ぬつもりだったのだ！　彼は，母親が後でそうする必要がないように，自分のロッカーから全ての本を取り出したことについて話した。その後また，あの連中が彼を攻撃したのだ。「しかし，私は救われました。友達が私を救ってくれたのです」❽かつては普通の少年だったこの人気者の少年が，彼の最も弱っていた瞬間について，全て私たちに話したとき，聴衆がはっと息をのむのが聞こえた。「私が言うことを１つ覚えていてくれるなら」とカイルは続けた。「私たち全員が人々の人生を変える力を持っているということを忘れないでください。あの不幸せだった日，私の友達は歩き続けることもできたかもしれませんが，彼は私を助けることを選んでくれました。そしてそれが全てを変えたのです。私たちはみんな，少しの間だけでなく，一生の間，他の人々を幸せにしたり悲しませたりする力を持っているのです」

問31＜要旨把握＞第３段落第５文参照。①「彼は数週間前に引っ越してきた」は，この内容に一致する。

問32＜単語の意味＞筆者が，金曜日に自分の本を学校から全て持ち帰っているカイルの姿を見て思ったことである。週末も家で勉強するのだと考えたのである。

問33＜指示語＞２人が話している those guys とは，前後の文脈から第２段落でカイルにぶつかってきて転ばせた子どもたちのことだとわかる。これに該当するのは，①「カイルを攻撃したやつら」。

問34＜適語句選択＞月曜日に全ての本を持って登校してきたカイルに向かって筆者がかけた言葉。週末，自分がカイルをサッカーに誘ったのだから，勉強する時間を奪ってしまって申し訳ないと冗談を言ったのである。

問35＜要旨把握＞第７段落第１文参照。カイルが筆者と初めて会ったときのことを話し始めるのを聞いて筆者は驚いた。

問36＜内容一致＞「カイルは勉強する時間を見つけたが，筆者は(　　)。」―②「サッカーの奨学金でビジネスのために勉強したかった」　第５段落第１，２文参照。

問37＜主題＞第８段落第２文参照。これがカイルの，そして本文のメッセージである。

2022年度／叡明高等学校（推薦２回目）

数学解答

1 (1) ア…1　イ…7
(2) ウ…5　エ…4
(3) オ…2　カ…3　キ…1　ク…2
(4) ケ…4　コ…1　サ…0　シ…3
(5) ス…2　セ…1　ソ…1　タ…2
チ…3

2 (1) ア…1　イ…2　ウ…8　エ…2
(2) オ…3　カ…−　キ…2　(3) 2
(4) ケ…2　コ…5　サ…2　シ…1
ス…6
(5) セ…3　ソ…0　タ…0　チ…0

3 (1) 5　(2) イ…5　ウ…2
(3) エ…1　オ…4　カ…5
(4) キ…2　ク…5　ケ…2

4 ア…−　イ…1　ウ…3　エ…2
オ…−　カ…4　キ…3　ク…5
ケ…6　コ…4　サ…2　シ…7
ス…1　セ…6　ソ…0　タ…9

5 (1) 9
(2) イ…1　ウ…2　エ…2　オ…5
(3) カ…5　キ…6

1〔独立小問集合題〕

(1)<数の計算>与式$=6-(-4)\times9-25=6-(-36)-25=6+36-25=17$

(2)<数の計算>与式$=\left(\frac{4}{2}-\frac{1}{2}\right)^3\div\frac{1}{9}\div\left(\frac{3}{4}\right)^2=\left(\frac{3}{2}\right)^3\div\frac{1}{9}\div\frac{9}{16}=\frac{27}{8}\times\frac{9}{1}\times\frac{16}{9}=54$

(3)<式の計算>与式$=\frac{4(2a-3b)-3(2a-5b)}{12}=\frac{8a-12b-6a+15b}{12}=\frac{2a+3b}{12}$

(4)<数の計算>与式$=\frac{(\sqrt{5}+\sqrt{2})^2-(\sqrt{5}-\sqrt{2})^2}{(\sqrt{5}-\sqrt{2})(\sqrt{5}+\sqrt{2})}=\frac{(5+2\sqrt{10}+2)-(5-2\sqrt{10}+2)}{5-2}=\frac{(7+2\sqrt{10})-(7-2\sqrt{10})}{3}=\frac{7+2\sqrt{10}-7+2\sqrt{10}}{3}=\frac{4\sqrt{10}}{3}$

(5)<数の計算>与式$=(4\times3+12\sqrt{3}+9)+(9\times2-6\sqrt{2\times6}+6)-(9\times2+6\sqrt{2\times6}+6)=(12+12\sqrt{3}+9)+(18-6\sqrt{2^2\times3}+6)-(18+6\sqrt{2^2\times3}+6)=(21+12\sqrt{3})+(24-6\times2\sqrt{3})-(24+6\times2\sqrt{3})=21+12\sqrt{3}+24-12\sqrt{3}-24-12\sqrt{3}=21-12\sqrt{3}$

2〔独立小問集合題〕

(1)<数の計算>与式$=(x+y)^2$である。$x+y=(1+\sqrt{2}+\sqrt{3})+(1+\sqrt{2}-\sqrt{3})=2+2\sqrt{2}$だから，与式$=(2+2\sqrt{2})^2=4+8\sqrt{2}+4\times2=4+8\sqrt{2}+8=12+8\sqrt{2}$となる。

(2)<連立方程式>$\frac{1}{9}x-\frac{1}{3}y=1$……①，$4x+3y=6$……②とする。①×9より，$x-3y=9$……①′　①′＋②より，$x+4x=9+6$，$5x=15$　∴$x=3$　これを①′に代入して，$3-3y=9$，$-3y=6$　∴$y=-2$

(3)<数の性質>$\sqrt{60+a^2}$が整数となるので，nを正の整数として，$\sqrt{60+a^2}=n$とすると，$60+a^2=n^2$，$n^2-a^2=60$，$(n+a)(n-a)=60$となる。aは自然数だから，$n+a>0$より，$n-a>0$となり，$n+a>n-a>0$である。$n+a$，$n-a$は整数なので，$(n+a,\ n-a)=(60,\ 1)$，$(30,\ 2)$，$(20,\ 3)$，$(15,\ 4)$，$(12,\ 5)$，$(10,\ 6)$が考えられる。$n+a=60$……①，$n-a=1$……②のとき，①－②より，$a-(-a)=60-1$，$2a=59$，$a=\frac{59}{2}$となり，自然数でないから，適さない。$n+a=30$……③，$n-a=2$……④のとき，③－④より，$a-(-a)=30-2$，$2a=28$，$a=14$となり，これを③に代入して，$n+14=30$，$n=16$となる。a，nとも自然数となるから，適する。以下同様にして，$n+a=20$，$n-a=3$のとき，$a=\frac{17}{2}$より，適さない。$n+a=15$，$n-a=4$のとき，$a=\frac{11}{2}$より，適さない。$n+a=12$，$n-a=5$のとき，$a=\frac{7}{2}$より，適さない。$n+a=10$，$n-a=6$のとき，$a=2$，$n=8$となり，適する。以上より，自然数aは$a=2$，14の2個ある。

(4)＜確率—さいころ＞大，中，小3つのさいころを同時に投げるとき，それぞれ6通りの目の出方があるから，目の出方は全部で $6\times6\times6=216$(通り)あり，a，b，c の組は216通りある。このうち，$a+b+c=9$ となるのは，$a=1$ のとき，$b+c=8$ だから，$(b,\ c)=(2,\ 6)$，$(3,\ 5)$，$(4,\ 4)$，$(5,\ 3)$，$(6,\ 2)$ の5通りある。$a=2$ のとき，$b+c=7$ だから，$(b,\ c)=(1,\ 6)$，$(2,\ 5)$，$(3,\ 4)$，$(4,\ 3)$，$(5,\ 2)$，$(6,\ 1)$ の6通りある。以下同様にして，$a=3$ のとき $(b,\ c)=(1,\ 5)$，$(2,\ 4)$，$(3,\ 3)$，$(4,\ 2)$，$(5,\ 1)$ の5通り，$a=4$ のとき $(b,\ c)=(1,\ 4)$，$(2,\ 3)$，$(3,\ 2)$，$(4,\ 1)$ の4通り，$a=5$ のとき $(b,\ c)=(1,\ 3)$，$(2,\ 2)$，$(3,\ 1)$ の3通り，$a=6$ のとき $(b,\ c)=(1,\ 2)$，$(2,\ 1)$ の2通りある。よって，$a+b+c=9$ となる場合は $5+6+5+4+3+2=25$(通り)あるから，求める確率は $\frac{25}{216}$ である。

(5)＜一次方程式の応用＞原価を x 円とする。原価の40%増しの定価をつけたので，定価は $x\times\left(1+\frac{40}{100}\right)=\frac{7}{5}x$(円)となる。定価の20%引きで売ったので，売り値は $\frac{7}{5}x\times\left(1-\frac{20}{100}\right)=\frac{28}{25}x$(円)となる。よって，利益は，$\frac{28}{25}x-x=\frac{3}{25}x$(円)と表せる。利益が360円なので，$\frac{3}{25}x=360$ が成り立ち，これを解いて，$x=3000$(円)である。

3〔平面図形—三角形，ひし形〕

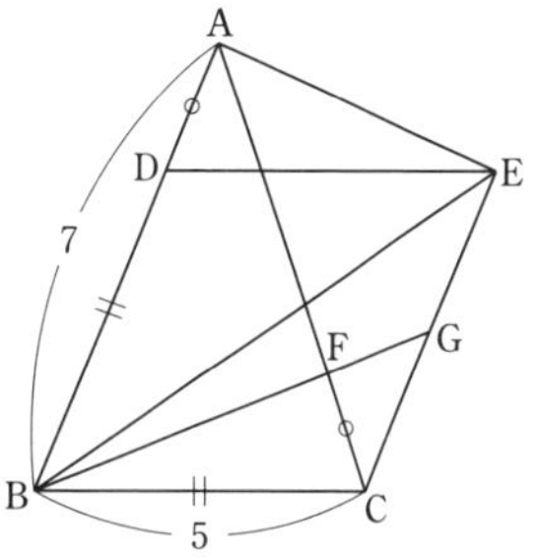

(1)＜長さ＞右図で，AC＝AB＝7である。また，BD＝BC＝5より，AD＝AB－BD＝7－5＝2だから，CF＝AD＝2となる。よって，AF＝AC－CF＝7－2＝5である。

(2)＜長さの比＞右図で，四角形BCEDはひし形だから，AB∥ECである。よって，∠AFB＝∠CFG，∠ABF＝∠CGFより，△ABF∽△CGFだから，AB：GC＝AF：CF＝5：2となる。

(3)＜長さ＞右図で，(2)より，AB：GC＝5：2だから，GC＝$\frac{2}{5}$AB＝$\frac{2}{5}\times7=\frac{14}{5}$ である。

(4)＜面積比＞右上図で，△BCFと△CGFの底辺をそれぞれ辺BF，辺GFと見ると高さが等しいから，△BCF：△CGF＝BF：GFとなる。AB∥ECより，BF：GF＝AF：CF＝5：2だから，△BCF：△CGF＝5：2となり，△BCF＝$\frac{5}{2}$△CGFとなる。よって，△BCG＝△BCF＋△CGF＝$\frac{5}{2}$△CGF＋△CGF＝$\frac{7}{2}$△CGFである。次に，2点B，Eを結ぶ。同様に考えて，△BCG，△BCEの底辺をそれぞれ辺GC，辺ECと見ると，△BCG：△BCE＝GC：ECとなる。EC＝BC＝5より，GC：EC＝$\frac{14}{5}$：5＝14：25だから，△BCG：△BCE＝14：25となり，△BCE＝$\frac{25}{14}$△BCG＝$\frac{25}{14}\times\frac{7}{2}$△CGF＝$\frac{25}{4}$△CGFとなる。したがって，〔ひし形BCED〕＝2△BCE＝$2\times\frac{25}{4}$△CGF＝$\frac{25}{2}$△CGFとなるから，ひし形BCEDの面積は△CGFの面積の $\frac{25}{2}$ 倍である。

4〔関数—関数 $\boldsymbol{y=ax^2}$ と一次関数のグラフ〕

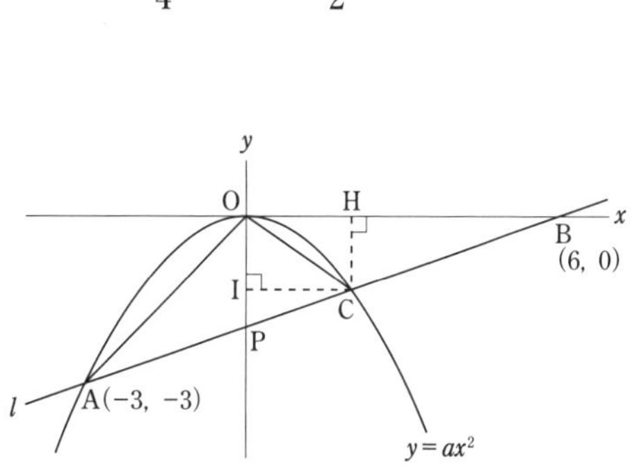

右図で，A$(-3,\ -3)$ は放物線 $y=ax^2$ 上にあるから，$-3=a\times(-3)^2$ より，$a=-\frac{1}{3}$ となる$\left(\frac{-1}{3}\text{と解答する}\right)$。B$(6,\ 0)$ だから，直線 l の傾きは $\frac{0-(-3)}{6-(-3)}=\frac{1}{3}$ となり，その式は $y=\frac{1}{3}x+b$ とおける。点Bを通ることより，0

$=\frac{1}{3}\times6+b$，$b=-2$となり，直線lの式は$y=\frac{1}{3}x-2$である。点Cは放物線$y=-\frac{1}{3}x^2$と直線$y=\frac{1}{3}x-2$の交点だから，この2式より，$-\frac{1}{3}x^2=\frac{1}{3}x-2$，$x^2+x-6=0$，$(x+3)(x-2)=0$　$\therefore x=-3$，2 よって，点Cのx座標は2であり，$y=-\frac{1}{3}\times2^2=-\frac{4}{3}$より，C$\left(2,\ -\frac{4}{3}\right)$となる$\left(y\right.$座標は，$\frac{-4}{3}$と解答する$\left.\right)$。OB=6を底辺としたときの△OAB，△OCBの高さは，2点A，Cのy座標より，それぞれ3，$\frac{4}{3}$だから，△OAB$=\frac{1}{2}\times6\times3=9$，△OCB$=\frac{1}{2}\times6\times\frac{4}{3}=4$となり，△OAC=△OAB−△OCB$=9-4=5$である。次に，∠BHC=90°だから，△BCHを$x$軸に関して1回転させてできる立体は，底面の半径をHC$=\frac{4}{3}$，高さをBH$=6-2=4$とする円錐であり，体積は$\frac{1}{3}\times\pi\times\left(\frac{4}{3}\right)^2\times4=\frac{64}{27}\pi$となる。また，直線$l$と$y$軸の交点をPとし，点Cから$y$軸に垂線CIを引くと，△BCHを$y$軸に関して1回転させてできる立体は，△BPOがつくる円錐から，長方形OICHがつくる円柱と△CPIがつくる円錐を除いたものになる。OB=6であり，直線lの切片が−2より，PO=2だから，△BPOがつくる円錐の体積は$\frac{1}{3}\times\pi\times6^2\times2=24\pi$である。OH=IC=2，CH$=\frac{4}{3}$，PI$=-\frac{4}{3}-(-2)=\frac{2}{3}$だから，長方形OICHがつくる円柱の体積は$\pi\times2^2\times\frac{4}{3}=\frac{16}{3}\pi$，△CPIがつくる円錐の体積は$\frac{1}{3}\times\pi\times2^2\times\frac{2}{3}=\frac{8}{9}\pi$となる。以上より，△BCHを$y$軸に関して1回転させてできる立体の体積は，$24\pi-\frac{16}{3}\pi-\frac{8}{9}\pi=\frac{160}{9}\pi$である。

5 〔平面図形—二等辺三角形〕

《基本方針の決定》(1)　△ABDの内角に着目する。　(2)　△ABEの面積を利用する。

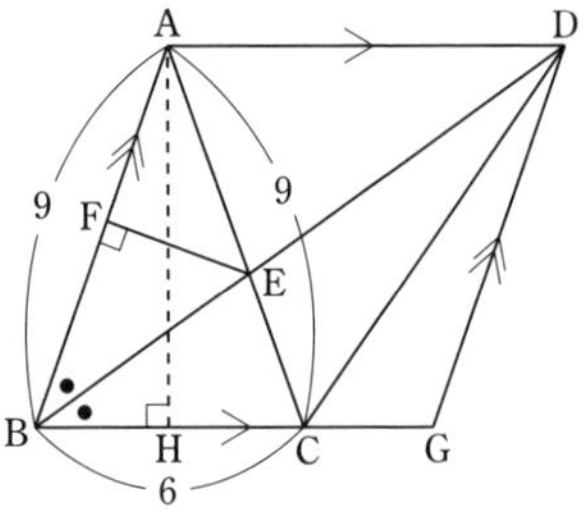

(1)<長さ>右図で，∠ABE=∠CBEであり，AD∥BCより，∠ADE=∠CBEだから，∠ABE=∠ADEである。これより，△ABDは二等辺三角形であり，AD=AB=9となる。

(2)<長さ>右図で，EF⊥ABだから，線分EFは辺ABを底辺としたときの△ABEの高さである。∠AED=∠CEB，∠ADE=∠CBEより，△ADE∽△CBEだから，AE：CE=AD：CB=9：6=3：2となる。これより，△ABE：△CBE=3：2だから，△ABE$=\frac{3}{3+2}$△ABC$=\frac{3}{5}$△ABCとなる。点Aから辺BCに垂線AHを引くと，△ABCがAB=ACの二等辺三角形より，点Hは線分BCの中点となり，BH$=\frac{1}{2}$BC$=\frac{1}{2}\times6=3$である。△ABHで三平方の定理より，AH$=\sqrt{\mathrm{AB}^2-\mathrm{BH}^2}=\sqrt{9^2-3^2}=\sqrt{72}=6\sqrt{2}$となるので，△ABC$=\frac{1}{2}\times$BC$\times$AH$=\frac{1}{2}\times6\times6\sqrt{2}=18\sqrt{2}$であり，△ABE$=\frac{3}{5}\times18\sqrt{2}=\frac{54\sqrt{2}}{5}$となる。よって，△ABEの面積について，$\frac{1}{2}\times9\times$EF$=\frac{54\sqrt{2}}{5}$が成り立つから，EF$=\frac{12\sqrt{2}}{5}$となる。

(3)<面積比>右上図で，AD∥BGより，DE：BE=AE：CE=3：2だから，△DCE：△CBE=3：2であり，△CBE$=\frac{2}{3}$△DCEである。これより，△BCD=△DCE+△CBE=△DCE$+\frac{2}{3}$△DCE$=\frac{5}{3}$△DCEとなる。また，AB∥DG，AD∥BGより，四角形ABGDは平行四辺形だから，BG=AD=9となり，CG=BG−BC=9−6=3である。よって，△BCD：△DCG=BC：CG=6：3=2：1だから，△DCG$=\frac{1}{2}$△BCD$=\frac{1}{2}\times\frac{5}{3}$△DCE$=\frac{5}{6}$△DCEである。したがって，△DCGの面積は△DCEの面積の$\frac{5}{6}$倍である。

2022年度／叡明高等学校（推薦２回目）

国語解答

一　問１　②　問２　①　問３　①
問４　③　問５　③　問６　④
問７　②　問８　②　問９　④
問10　③

二　問11　②　問12　①　問13　④
問14　①　問15　③　問16　④
問17　②　問18　①　問19　③
問20　④

三　問21　④　問22　②　問23　②
問24　④　問25　④　問26　③
問27　③　問28　①　問29　①
問30　④　問31　①　問32　①

一〔説明文の読解―自然科学的分野―自然〕出典；長谷川眞理子『生き物をめぐる４つの「なぜ」』。

問１＜漢字＞「到底」と書く。①は「統治」，②は「到着」，③は「当選」，④は「倒置」。

問２＜漢字＞「繁殖」は，「はんしょく」と読む。動植物が生殖によって個体を増やすこと。

問３＜漢字＞「危険」と書く。①は「保険」，②は「点検」，③は「真剣」，④は「健康」。

問４＜接続語＞Ａ．有性生殖を行うためには，最初に，違う性別の個体を見つけ出す必要がある。　Ｂ．卵には，個体が発生するための遺伝子と栄養が備わっているが，精子には栄養がなく，単独で胚を発生させることができない。　Ｃ．無性生殖で生まれる個体が親と全く同じ遺伝子を持つのとは異なり，有性生殖で生まれる個体は，二つの親の遺伝子が半分ずつ混ぜ合わさって生まれるため，親のどちらとも異なる遺伝子組成を持っている。

問５＜文章内容＞無性生殖の生物は，単独で分裂を行い，個体を増やしていくことができる。一方で，有性生殖の生物は，繁殖のために雄と雌という別々の性別の個体が出会う必要があり，繁殖の機会が限定される。さらに，雄と雌がそれぞれの遺伝子を出し合い，混ぜ合わせなければいけないため，無性生殖に比べて大きな労力がかかっているのである。

問６＜文章内容＞Ｘ．有性生殖をするためには雄と雌それぞれの個体が，自らの持っている遺伝子の量を半分にした配偶子をつくり，出し合う必要がある。　Ｙ．雄と雌によって出された配偶子が混ざることで，親とは違う遺伝子組成を持った個体の発生が成立する。

問７＜文章内容＞無性生殖では，栄養があれば自分の体を分裂させて子どもを増やせる。また，ゴキブリの例のように，本来有性生殖する生物が雌だけで子どもをつくる単為生殖の場合，雌が卵を産めば卵の数だけ子どもを増やすことが可能である。一方で，有性生殖の場合は，雄の配偶子をわざわざつくり出す必要があり，生殖に関われる配偶子の数が半分になってしまう欠点があるため，繁殖に二倍のコストを払っているということができる。

問８＜文章内容＞無性生殖の場合は，同じ遺伝子を複製するため，有害な突然変異が発生してしまうと，その変異も複製してしまう。また，虫や細菌，ウイルスといった寄生者に防御機構を突破された場合，親も子も同じ防御機構を持っているため，一斉にやられてしまう危険が高い。一方で，有性生殖は，世代ごとに遺伝子を組みかえていくことで，こうした危険に対処しやすいという利点がある。

問９＜文章内容＞「一網打尽」は，ひと網で辺りの動物を全て捕らえること。また，そこから転じて，一度に犯人などを全て捕らえること。無性生殖の生物は，親も子も同じ遺伝子を持っている。そのため，虫や細菌，ウイルスといった寄生者に対する防御機構も同じであり，一度寄生者の侵入を許してしまうと，親も子も全て倒されてしまう危険性が高いのである。

問10＜要旨＞親の遺伝子を複製するだけで成立する無性生殖に比べ，雄と雌の遺伝子を混ぜ合わせる必要がある有性生殖は，繁殖に大きなコストがかかる。しかし無性生殖は，遺伝子の突然変異や，有害な寄生者に対して対処することが難しい(②…○)。一方，遺伝子の組成を世代ごとに変化させられる有性生殖の生物は，それらの問題を解決しやすいという点で，個体数を増やしにくくとも，生存に有利なのである(①・④…○，③…×)。

二〔論説文の読解―社会学的分野―都市〕出典；養老孟司『ヒトはなぜ，ゴキブリを嫌うのか？』。

≪本文の概要≫都市空間では，自然物は排除され，人工物のみが置かれる。例えば，建築物にゴキブリのような虫が現れたときに，人々がそれを駆除しようとするのは，人間がつくり出した設計図に存在しない自然物は，不快な対象として扱われるからである。すなわち，都市とは，人の意識がコントロールできる世界なのであり，その反対に，人の管理が及ばない世界が自然なのだということができる。さて，たとえどんな都市であっても，人の思いどおりにならない自然はどうしても発生してしまう。予期せぬ地震などの災害がそうである。また，都市に住む人々自身の身体も自然であることを忘れてはならない。特に，自然に返るべき死んだ人の遺体を，自然が「ない」ことになっている都市の中でどう扱うのかは，歴史的に考えても，都市の人々を悩ませる問題なのである。

問11＜漢字＞「貫徹」と書く。①は「哲学」，②は「徹夜」，③は「鉄筋」，④は「撤回」。

問12＜漢字＞「浸透」と書く。①は「浸食」，②は「進行」，③は「深海」，④は「侵入」。

問13＜漢字＞「公家」は，「くげ」と読む。朝廷に仕える貴族のこと。

問14＜文脈＞大陸諸国では，人が住む所である都市の周辺を必ず城郭で囲っている。そして，その外部に存在するのは，「自然」である。

問15＜接続語＞A．おとぎ話の作者は，都市の人であるため，森に住む人々のことを同じ人間であると思っていなかった。　B．震災や台風などの自然災害は，言うまでもなく意識の外側にある出来事であり，誰も発生を予測できない。　C．人の死は，言い換えれば，人が自然に戻ることである。

問16＜文章内容＞建物は設計者によって人工的につくり出された空間であり，ゴキブリのような自然物は，存在すること自体が想定されていないため，異物として排除されるのである。

問17＜文章内容＞Ⅰ．都市と自然を切り離して考える近世以降，つまり江戸時代以降の人々と違い，『平家物語』に登場する中世の武士のような人々は，人の中に自然を見ていた。　Ⅱ．古代の人は，堀に囲われた空間に住んでいたため，都市と自然を切り分けない中世の人と異なり，都市に住む現代人と近い感覚を持っていた。　Ⅲ・Ⅳ．古代の人としての感性を持っていた京都の公家たちは，人工的に囲われた空間で生活するという点で現代人と同じ都会人であったため，中世的な感覚を持つ武士がさらし首を行う，つまり都市の中に自然を持ち込むことに戸惑い，反対したのである。

問18＜文章内容＞ヨーロッパの童話に出てくる森に住む「魔物」や，死を避けられない「人間の身体」は，「自然」に属するものである。一方で，堀に囲まれた空間に住む「弥生時代」の人々や，平安京に住む「後白河法皇」は，「都市」の人間である。中世の武士などは，人の死という「自然」を身近に感じていたが，都会人である公家などは，人の死を「都市」から遠ざけようとしており，それぞれに異なる「常識」を持っていたことがわかる。

問19＜慣用句＞「物議をかもす」は，世間での議論を引き起こす，という意味。

問20＜主題＞堀や城郭といったものに囲われた，人工的な都市空間に住まう人々は，人の死などの自然を避ける傾向にある。それは，時代の経過とは関係なく，都市に住むかどうかによって形成される価値観である。

三〔国語の知識〕

問21＜慣用句＞「腹を割る」は，隠し事をせずに本心を打ち明ける，という意味。「腹を決める」は，覚悟をする，という意味。「腹を探る」は，人の考えや気持ちを知ろうとする，という意味。

問22＜故事成語＞「覆水盆に返らず」は，一度起きてしまった出来事は，元に戻らない，という意味。

問23＜四字熟語＞「付和雷同」は，しっかりとした意見を持たずに，他人の意見に同調すること。「電光石火」は，行動が非常にすばやいこと。「巧遅拙速」は，遅くて上手であるよりも，下手でも速い方がよいこと。「時期尚早」は，物事を行うには時期が早すぎること。

問24＜熟語の構成＞「非常」と「無限」は，上の漢字が下の漢字を打ち消している熟語。「寒暖」は，反対の意味の漢字を組み合わせた熟語。「年少」は，上の漢字と下の漢字が主語と述語の関係の熟語。「汚水」は，上の漢字が下の漢字を修飾している熟語。

問25＜品詞＞「思い出される」と「案じられる」の「れる」は，自発の意味を表す助動詞。「やれる」の「れる」は，可能動詞「やれる」の一部。「注意される」の「れる」は，受け身の意味を表す助動詞。「川が流れる」の「れる」は，動詞「流れる」の一部。

問26＜品詞＞「成功した」と「勉強し」の「し」は，動詞「成功する」「勉強する」の連用形活用語尾。「僕しかいなかった」の「し」は，副助詞「しか」の一部。「なりました」の「し」は，丁寧の助動詞「ます」の連用形活用語尾。「お肉も食べるし，野菜も食べる」の「し」は，接続助詞の「し」。

問27＜敬語＞「です」は，丁寧語。「ございます」は，丁寧語。「お休みになる」は，「休む」の尊敬語。「ます」は，丁寧語。「お話しくださる」は，「話してくれる」の尊敬語。

問28＜敬語＞「してくださる」は，「してくれる」の尊敬語。「申し上げる」は，「言う」の謙譲語。「教えていただく」は，「教えてもらう」の謙譲語。「お話しする」は，「話す」の謙譲語。

問29＜和歌の技法＞「ちはやぶる」は，「神」や「宇治」などにかかる枕詞。「うつせみの」は，「人」や「世」などにかかる枕詞。「くろかみの」は，「乱れ」や「別れ」などにかかる枕詞。「あかねさす」は，「日」や「紫」などにかかる枕詞。

問30＜古典の知識＞「睦月」は，旧暦の一月のこと。「七草」は，正月七日に，かゆに入れて食べる七種の野草のこと。「重陽の節句」は，旧暦の九月九日。「桃の節句」は，三月三日。「新嘗祭」は，十一月二十三日に行われる宮中行事。

問31＜漢詩の形式＞「五言絶句」は，一句の文字数が五つで，四句からなる漢詩。「五言律詩」は，一句の文字数が五つで，八句からなる漢詩。「七言絶句」は，一句の文字数が七つで，四句からなる漢詩。「七言律詩」は，一句の文字数が七つで，八句からなる漢詩。

問32＜漢文の訓読＞「頭」→「挙」→「山月」→「望」の順に読む。「挙頭」はレ点で「頭」から「挙」に返り，「望山月」は一二点で「山月」から「望」に返って読む。

2022年度 叡明高等学校（推薦3回目）

【英　語】（50分）〈満点：100点〉

1 次の問い（問1～10）の（　　　）に入れるのに最も適切なものを、それぞれ下の①～④のうちから1つずつ選びなさい。

問1 It began to snow last night. This morning, the snow was almost one meter (　　　).

① ahead　② bright　③ deep　④ heavy

問2 The stars are very (　　　) this evening. Last night it was too cloudy to see them.

① angry　② bright　③ sunny　④ wild

問3 A：Welcome to Japan, Kelly! How was your (　　　)?

B：Fine, but I'm a little tired. I couldn't sleep very well on the plane.

① flight　② interest　③ ticket　④ shrine

問4 A：Hi, Kim. How's your new life in London?

B：Well, sometimes I (　　　) lonely, but I'm OK.

① come　② feel　③ mean　④ see

問5 My father said that he (　　　) a math teacher because math was his favorite subject in school.

① answered　② became　③ decided　④ sat

問6 A：Sam, there's a (　　　) in your sweater. I can see your shirt.

B：Oh, no!

① hit　② hole　③ point　④ size

問7 A：Thanks for (　　　) me the CD, Jane. Sorry I kept it for a long time.

B：No problem.

① asking　② breaking　③ filling　④ lending

問8 Jennifer's father told us to drive (　　　) because the roads were very wet.

① carefully　② helpfully　③ lightly　④ softly

問9 A：Where do you get (　　　) the train?

B：At the next station.

① down　　② off　　③ over　　④ under

問10 This town is famous (　　　) its beautiful river.

① at　　② for　　③ in　　④ to

2

次の問い(問11～15)の会話文が成り立つように(　　　)に入る最も適切なものを、それぞれ下の①～④のうちから１つずつ選びなさい。

問11 A：I'm so hungry. What's for dinner, Cathy?

B：You said you were going to cook tonight, Stuart!

A：Oh! I forgot. (　　　)

B：OK, but you have to cook tomorrow.

① I don't want to eat dinner.　　② It doesn't look very tasty.

③ Let's go to a restaurant instead.　　④ There are lots of things to cook.

問12 A：Excuse me. How much does it cost to send a postcard to China?

B：All international postcards cost 70 cents to mail.

A：(　　　)

B：It depends on how much they weigh.

① How far is it from here?　　② What about letters?

③ Where can I get postcards?　　④ Who should I write to?

問13 A：How was the movie, Michael?

B：I loved it, Mom.

A：(　　　)

B：The computer graphics were great!

① Was it a long movie?　　② Was the cinema crowded?

③ What did you like about it?　　④ What was the movie about?

問14 A：When are you going to the concert, Brian?

B：(　　　)

A：Are you sure you won't be late?

B：Don't worry, Mom. I'll have plenty of time.

① I think the band plays on weekend.　　② I wish the concert started at six.

③ I won't go to the concert.　　④ I'll probably leave around six.

問15　A：My dad's going to take me to a pet store this weekend to get a puppy.

B：That's great, Grace!（　　　　）

A：We haven't decided yet. Maybe a German shepherd.

B：My grandmother has a German shepherd. They're great dogs.

① How much will it cost?　　② What kind are you going to get?

③ Which pet store are you going to?　　④ Who decided to get a puppy?

3

次の問い(問16～20)において、それぞれ日本文の意味を表すように㋐～㋕までを並べかえて［　　　］を補い、最も適切な文を完成させなさい。解答は２番目と４番目にくるものとして最も適切な組み合わせを、それぞれ下の①～④のうちから１つずつ選びなさい。

問16　あなたはエミリーが何部に所属しているか知っていますか。

Do you（ ㋐ belongs　㋑ club　㋒ Emily　㋓ know　㋔ to　㋕ what ）?

Do you ［　　］［２番目］［　　］［４番目］［　　］［　　］?

① ㋑－㋐　② ㋒－㋑　③ ㋕－㋐　④ ㋕－㋒

問17　これほど親切な人にはお会いしたことはありません。

I（ ㋐ a　㋑ have　㋒ kind　㋓ met　㋔ never　㋕ such ）person.

I ［　　］［２番目］［　　］［４番目］［　　］［　　］ person.

① ㋓－㋐　② ㋓－㋕　③ ㋔－㋐　④ ㋔－㋕

問18　クッキーを食べすぎて、私は気分が悪くなりました。

Eating（ ㋐ cookies　㋑ many　㋒ made　㋓ me　㋔ sick　㋕ too ）

Eating ［　　］［２番目］［　　］［４番目］［　　］［　　］.

① ㋑－㋒　② ㋑－㋔　③ ㋕－㋒　④ ㋕－㋔

問19　あそこでジョンと踊っている少女は誰ですか。

Who（ ㋐ dancing　㋑ girl　㋒ is　㋓ John　㋔ the　㋕ with ）over there?

Who ［　　］［２番目］［　　］［４番目］［　　］［　　］ over there?

① ㋐－㋑　② ㋐－㋕　③ ㋔－㋐　④ ㋔－㋒

問20　直美は帰宅するとすぐに昼食を食べました。

Naomi had（ ㋐ as　㋑ got　㋒ home　㋓ lunch　㋔ she　㋕ soon as ）.

Naomi had ［　　］［２番目］［　　］［４番目］［　　］［　　］.

① ㋐－㋑　② ㋐－㋔　③ ㋕－㋑　④ ㋕－㋔

4 次の問（Ａ・Ｂ）に答えなさい。

Ａ　次の掲示の内容に関して、**問21**と**問22**の質問に対する答えとして最も適切なもの、または（　　　　）に入れるものとして最も適切なものを、それぞれ下の①～④のうちから１つずつ選びなさい。

Koshigaya Fireworks Display

Saturday, August 14th
Come and watch the fireworks in Koshigaya Park!
This is the 20th anniversary of the annual summer event in our town.

＊ If it rains on the 14th, the event will be held on Saturday, August 21st.

Anyone is welcome, so come with your family and friends.
Children under 15 must be with their parents.

The show starts at 7:00 p.m.
and finishes at 8:00 p.m.

＊ There is no charge for the show. Anyone can enjoy the show for free.

＊ You should arrive early to get a good spot and avoid the crowds.

＊ Please remember that there is no parking space in the park.
If you break the rule, you will have to pay 100 dollars.

For more information, call KFDC at 048-990-2211.

問21 Visitors who are under the age of 15 (　　　　).

① must come with their friends

② must come with their parents

③ should call KFDC before August 14th

④ should reserve their seats before the show starts

問22 According to the notice, which statement is true about the event?

① If you want to watch the fireworks, you have to buy a ticket for 100 dollars.

② The event will be held even if the weather is bad.

③ The event will be two hours long.

④ You must not park your car in the park.

B　次の表の内容に関して、**問23**に対する答えとして最も適切なものを、下の①～④のうちから１つ選びなさい。

TV Schedule

Friday, October 15th

Time	Program
6 : 00 — 7 : 30 a.m.	Morning News (latest headlines, breaking news and sports)
7 : 30 — 8 : 30 a.m.	Animal Park (wildlife documentary)
8 : 30 — 9 : 00 a.m.	Hello Koshigaya (local news)
9 : 00 — 10 : 00 a.m.	Fun Travel (today's travel destination： France)
10 : 00 a.m. — 12 : 30 p.m.	Love Me Back (romantic comedy movie featuring Anne Curtis)
12 : 30 — 1 : 00 p.m.	Best Buy (home shopping TV show)

問23　According to the chart above, which statement is true?

① Fun Travel is a program in French.

② The movie is 90 minutes long.

③ The 7:30 show is about animals in the wild.

④ Viewers can watch a local news program at 12:30 p.m.

5 次の文章を読み、後の問い(問24～30)に答えなさい。

A thousand years ago, Ireland* had many kings and they often fought each other. In 1152 one Irish king, Dermot MacMurrough*, attacked another Irish king, Tiernan O'Rourke*, and took his wife. Tiernan O'Rourke was the friend of a third king, Rory O'Connor*. In 1166 Rory O'Connor was made king of all Ireland. At this time, Tiernan and Rory attacked Dermot MacMurrough, but Dermot escaped to England.

Dermot then asked the king of England, Henry the Second*, to help him to fight Rory and Tiernan. So in 1169 Henry's men came to Ireland and fought Rory and Tiernan, but (1)they did not go home again. They took more and more of the land for themselves. They built cities by the sea, and big castles. Henry called himself King of England and Ireland. But not all the Irish were happy about this.

For the next four hundred years, English kings tried to rule* Ireland from ⓪Dublin. But it was very difficult. The Irish did not listen to the King of England—he was too far away.

In 1536 the English church changed from Catholic* to Protestant*. So England was a (あ) country, but Ireland was still Catholic. For the Protestant English, their king was the most important man in the Church, but for the Catholic Irish, the most important man was the Pope—the leader of the Catholic Church—in Rome. There was a lot of fighting in Ireland about this, and usually the English won. 【 ① 】 This plan was called the Plantation of ②Ulster, because much of the land was in Ulster, in the north of Ireland. Englishmen from London built a new town in a place called Derry, and called it ③Londonderry.

The Catholic Irish were angry about this and wanted their land back. 【 ② 】 In 1641 the Catholics attacked the Protestants in Ulster. They took their houses and clothes and killed thousands of people.

Eight years later, in 1649, Oliver Cromwell* took an English army to Ireland. Cromwell was the leader of the English after the death of King Charles the First*. 【 ③ 】 The English soldiers killed thousands of Catholics in a town called ④Drogheda.

In 1685 the people of England and Scotland got a new king—James the Second*. He was a Catholic, and he was not very popular. Many people wanted a different king, and in 1688 William of Orange*, a Dutch* Protestant, came to England. 【 ④ 】 He was married to James's daughter Mary, and he wanted to be king of England, Scotland, and Ireland.

In those three countries (2)people who wanted James to be king fought against people who wanted William to be king. Most of James's friends were Catholics in Ireland. With his help, they tried to get their land back again. They got most of it, but they could not get Londonderry. When they attacked it, the Protestants ran inside the city walls and closed the gates. For 105 days, the Catholic soldiers tried to get inside and kill them. The Protestants were cold and afraid and hungry. They ate cats and dogs and horses, but they did not open the gates. 15,000 people died during this time, which was called the (3)Siege of Derry.

At last, three Protestant ships came to Londonderry with food and soldiers, and the siege was over. After that the new Protestant English King, William of Orange, won two very important battles against the (い): the Battle of the Boyne in 1690, and the Battle of Aughrim in 1691. The Catholic Irish didn't fight a big battle again for 100 years.

So for the next hundred years life was very difficult for the Catholic Irish. Keeping their land or going to Catholic schools or Catholic churches was very difficult and they could not speak or vote in Parliament*. All the important people in Ireland were (う), and all the big, beautiful houses and the best farms belonged to Protestants.

現代のイギリスおよびアイルランド地域

注　Ireland：アイルランド(現代ではイギリスに属する北アイルランドと、アイルランド共和国に分かれる)
Dermot MacMurrough：歴史上の人物　Tiernan O'Rourke：歴史上の人物　Rory O'Connor：歴史上の人物
Henry the Second：ヘンリー２世　rule：支配する　Catholic：カトリック教会(キリスト教の教派)
Protestant：プロテスタント(キリスト教の教派)　Oliver Cromwell：歴史上の人物
King Charles the First：チャールズ１世　James the Second：ジェームズ２世
William of Orange：オレンジ公ウィリアム　Dutch：オランダ人　Parliament：議会

問24　以下の英文を入れるのに最も適切な箇所を、本文中の【 ① 】～【 ④ 】のうちから１つ選びなさい。

The kings of England took more land from the Catholic Irish, and gave it to Protestant Englishmen and Scotsmen.

問25　下線部(1)が指すものとして最も適切なものを、下の①～④のうちから１つ選びなさい。

① Henry the Second　② Henry's men　③ many kings　④ Rory and Tiernan

問26　空所(あ)～(う)に入る語の組み合わせとして最も適切なものを、下の①～④のうちから１つ選びなさい。

	あ	い	う
①	Catholics	Protestant	Protestants
②	Protestant	Catholics	Catholics
③	Protestant	Catholics	Protestants
④	Protestants	Protestants	Catholics

問27　下線部(2)が示す内容に合致するものとして最も適切なものを、下の①～④のうちから１つ選びなさい。

① James the Second wanted to be king of Ireland.
② James the Second wanted to fight against William of Orange.
③ The supporters for James fought against the supporters for William of Orange.
④ The supporters for James wanted a Protestant to be king.

問28　下線部(3)の本文での意味として最も適切なものを、下の①～④のうちから１つ選びなさい。

① 空中戦　② 水上戦　③ 包囲戦　④ 砲撃戦

問29　以下の英文(a)・(b)の(　　　)には同じ語が入る。その語として最も適切なものを、本文中の下線部①～④のうちから１つ選びなさい。

(a) (　　　) was built by Englishmen.
(b) A lot of people died in (　　　) because there was not enough food.

問30　本文の内容に一致するものとして最も適切なものを、下の①～④のうちから１つ選びなさい。

① All the Irish were happy when Henry the Second became King of England and Ireland.
② Dermot MacMurrough, Tiernan O'Rourke and Rory O'Connor were all kings of Ireland.
③ For the Catholic Irish, their king was the most important man in the Church.
④ When the Catholic soldiers tried to get in the city walls in Londonderry, they ate cats and dogs.

6 次の文章を読み、後の問い(問31～37)に答えなさい。

A water carrier in India had (1)two large pots, each hung on the end of a pole which he carried across his shoulders. One of the pots was perfectly made with no cracks or holes. The other pot had a crack in it, so that by the time* the water carrier reached his master's house it was only half full.

This situation went on daily for two years, and the carrier was able to deliver only one and a half pots of water to his master's house. Of course, the perfect pot was proud that it was doing such a good job. But the poor cracked pot was ashamed* of its fault, and disappointed that it was only able to manage half of what it was supposed to do.

After two years of this bitter failure, the cracked pot spoke to the water carrier one day by the stream. "I am ashamed of myself, and I want to say sorry to you." "Why?" asked the carrier. "What are you ashamed of?" "I have been able, for these past two years, to deliver only half my load*, because this crack in my side lets the water drip out* all the way back to your master's house. Because (　　　　), you have to do all of this work, without getting full value for your efforts," the pot said.

(2)The water carrier was surprised that the old cracked pot felt this way, and said, "As we return to the master's house, I want you to notice the beautiful flowers along the path."

So, as they went up the hill, the old cracked pot took notice of* the sun warming the beautiful wild flowers at the side of the path, and this cheered it a little. But at the end of the journey, it still felt bad for having let half of its water drip away, and so again the pot said sorry to the carrier for (3)its failure.

The carrier said to the pot, "Didn't you notice that the flowers were only on your side of the path, and not on the other pot's side? That's because I have always known about the crack in your side, and I took advantage of* it. I planted flower seeds on your side of the path, and every day while we walked back from the stream, you've watered them. For two years I have been able to enjoy watching these beautiful flowers grow. I've also picked them to display on my master's table. Without you being just the way you are*, he would not have had this beauty to grace* his house."

From that day forward, the cracked pot knew that what it had thought of as a weakness* was actually a strength. Now on their daily journey along the path, the cracked pot was proud of the water dripping from the crack in its side.

注　by the time：～する頃には　　ashamed：恥じて　　load：荷物
drip out：滴り出る、ポタポタと落ちる　　took notice of < take notice of：～に気付く
took advantage of < take advantage of：～を利用する　　just the way you are：ありのままで
grace：～を優雅にする、飾る　　weakness：弱点

問31　下線部(1)が表すものとして、最も適切なものを下の①～④のうちから１つ選びなさい。

① One of the pots had a crack in it, so a water carrier delivered only one and a half pots of water to his master's house.

② One of the pots had many cracks, so there was no water when a water carrier reached his master's house.

③ There was a large crack in one of the pots, so there was no water when a water carrier reached his master's house.

④ Two pots were made perfectly, so a water carrier carried two pots of water successfully to his master's house.

問32　本文中の(　　　　)に入るものとして最も適切なものを、下の①～④のうちから１つ選びなさい。

① I'm ashamed

② I'm not ashamed

③ I'm not perfect

④ I'm so perfect

問33　下線部(2)の理由として最も適切なものを、下の①～④のうちから１つ選びなさい。

①　ひびがあってもきちんと仕事をこなし、自信を持っていると感じたから。

②　ひびのせいで水がめ自身が欠陥を恥ずかしく思い、落ち込んでいたことを感じたから。

③　古い水がめにひびが入っていることに気が付き、そのことを古い水がめから初めて聞かされたから。

④　水運び人が水がめをご主人様の家に持ち帰ることで、恥ずかしい思いをしていると水がめが考えていたから。

問34　下線部(3)が指す内容として最も適切なものを、下の①～④のうちから１つ選びなさい。

①　ひびから水を半分こぼしてしまったこと。

②　ひびがあることを水運び人に伝え忘れたこと。

③　道端に咲く野生の花に気づかなかったこと。

④　道端に咲く野生の花をみて、少し元気になってしまったこと。

問35　第六段落から読み取れることとして最も適切なものを、下の①～④のうちから１つ選びなさい。

①　水運び人は、こぼれた水で花を育て、ご主人様のテーブルに飾れたことを喜んでいる。

②　水運び人は、花のために水がめにひびがあることを黙っていたことを後悔している。

③　水運び人は、水がめにひびがあることで完璧な仕事ができなかったことにいらだっている。

④　水運び人は、毎日水がこぼれて、水がめが軽くなり助かっていることに感謝している。

問36　本文の内容と一致しないものを、下の①～④のうちから１つ選びなさい。

① The cracked pot learned that its weakness was actually its strength.

② The cracked pot said sorry to the water carrier when it was able to deliver only half of the water to his master.

③ The cracked pot felt bad for seeing the sun and the beautiful flowers.

④ The water carrier delivered one and a half pots of water for two years.

問37　本文から読み取れるメッセージとして最も適切なものを、下の①～④のうちから１つ選びなさい。

①　自分にとって欠点だと思われることでさえ、長所となる場合がある。

②　欠点を克服することで、それが長所となる場合がある。

③　他人との違いを発見し、同じようになろうとするべきである。

④　他人との違いを認め、周りの人と同調できるようにするべきである。

【数　学】（50分）〈満点：100点〉

1 次の計算をしなさい。

（1）　$(-2)^4+(3-15)\div(-3)-3^2=\boxed{\text{アイ}}$

（2）　$(-3)^2\times\left\{\left(-\dfrac{1}{2}\right)^2\div 0.5-\left(-\dfrac{2}{3}\right)^2\right\}=\dfrac{\boxed{\text{ウ}}}{\boxed{\text{エ}}}$

（3）　$\dfrac{2a-b}{4}-\dfrac{a-3b}{6}=\dfrac{\boxed{\text{オ}}\,a+\boxed{\text{カ}}\,b}{\boxed{\text{キク}}}$

（4）　$\dfrac{\sqrt{7}+\sqrt{5}}{\sqrt{7}-\sqrt{5}}+\dfrac{\sqrt{7}-\sqrt{5}}{\sqrt{7}+\sqrt{5}}=\boxed{\text{ケコ}}$

（5）　$-(3-2\sqrt{2})^2+(4\sqrt{3}-\sqrt{6})(2\sqrt{3}+\sqrt{6})=\boxed{\text{サ}}+\boxed{\text{シス}}\sqrt{\boxed{\text{セ}}}$

2 次の各問に答えなさい。

（1）　$a=\sqrt{3}+\sqrt{5}$，$b=\sqrt{3}-\sqrt{5}$のとき，$\dfrac{a^2-b^2}{a^2+2ab+b^2}$ の値は $\dfrac{\sqrt{\boxed{\text{アイ}}}}{\boxed{\text{ウ}}}$ である。

（2）　$\sqrt{720n}$ が最小の整数となるように，自然数 n の値を定めると，$n=\boxed{\text{エ}}$ である。

（3）　n を自然数とする。$\sqrt{80-4n}$ が自然数となる n は全部で $\boxed{\text{オ}}$ 個ある。

(4)　2 個のさいころを同時に投げるとき，目の和が 4 の倍数になる確率は $\dfrac{\boxed{カ}}{\boxed{キ}}$ である。ただし，さいころの目はどの目が出ることも同様に確からしいものとする。

(5)　あるクラスで生徒に鉛筆を配るのに，1 人につき 4 本ずつ配ると鉛筆が 12 本あまり，1 人につき 6 本ずつ配るには，鉛筆が 2 本足りない。このとき，鉛筆は全部で $\boxed{クケ}$ 本ある。

3 次の図のように，△ABC がある。頂点 A から辺 BC に垂直な線分 AD をひくと，BD：DC＝2：3 となる。頂点 B から辺 AC に垂直な線分 BE をひき，AD と BE の交点を H とする。次の各問に答えなさい。

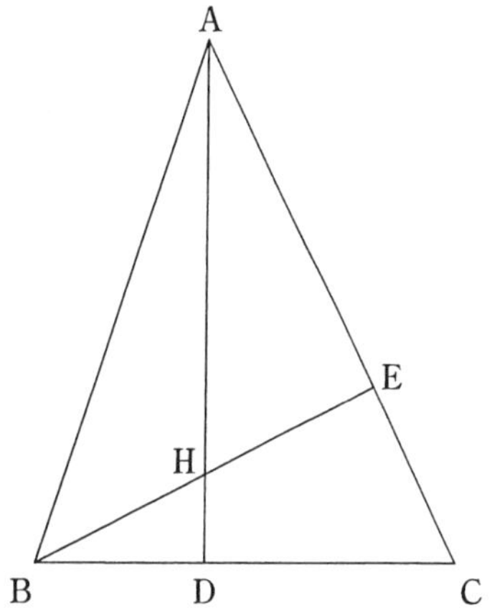

(1)　△BCE と相似な三角形は $\boxed{ア}$，$\boxed{イ}$，$\boxed{ウ}$ である。
下記の ⓪～⑤ から 3 つ選びなさい。(順不同)

⓪△ABH　①△ACD　②△ADB　③△BEA　④△BHD　⑤△AHE

(2)　AE＝BE のとき，∠BAC＝ $\boxed{エオ}$ ° である。

(3)　(2) のとき，線分 AH の長さは，線分 BD の長さの $\dfrac{\boxed{カ}}{\boxed{キ}}$ 倍である。

(4)　(3) のとき，AH＝10 cm であるとする。△ABC の面積は，$\boxed{クケ}$ cm² である。

4 [ア] ～ [コ] に当てはまる最も適当な数字を答えなさい。

次の図のように，2 次関数 $y=ax^2$ がある。$y=ax^2$ 上に点 A $\left(-\frac{6}{7},\ \frac{36}{7}\right)$ があるので，

$a=$ [ア] となる。点 A と点 B（3，0）を通る直線を ℓ とする。

直線 ℓ の方程式は $y=\dfrac{[イウ]}{[エ]}x+$ [オ] である。

直線 ℓ と y 軸との交点を C とする。線分 BC の長さは，[カ] である。△OBC を y 軸に関して 1 回転してできる立体を P とする。立体 P の体積は [キク] π である。また，立体 P の底面に接し，側面にも接する球がある。この球の体積は $\dfrac{[ケ]}{[コ]}\pi$ である。ただし，$a>0$，円周率は π とし，座標軸の単位の長さは 1 とする。

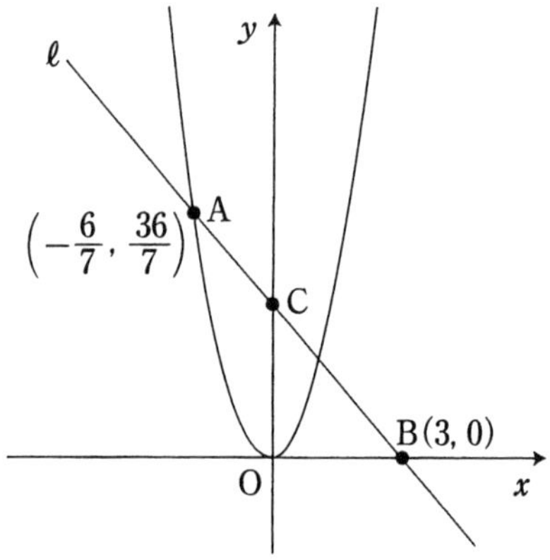

5 大小 2 つのさいころを投げ，大きいさいころの目を X，小さいさいころの目を Y とする。ただし，さいころの目はどの目が出ることも同様に確からしいものとする。次の各問に答えなさい。

（1） X − Y の値が素数となる確率は $\dfrac{[ア]}{[イ]}$ である。

（2） $X^2+X-Y^2+Y=0$ となる確率は $\dfrac{[ウ]}{[エオ]}$ である。

（3） $\dfrac{1}{2}<\dfrac{X}{2Y}<1$ となる確率は $\dfrac{[カ]}{[キ]}$ である。

解答上の注意事項

1　解答は，解答用紙の問題番号に対応した解答欄にマークしなさい。

2　問題の文中の $\boxed{\text{ア}}$ ， $\boxed{\text{イウ}}$ などには，特に指示がない限り，符号(－)または数字(０～９)が入ります。ア，イ，ウ，…の一つ一つは，これらのいずれか一つに対応します。それらを解答用紙のア，イ，ウ，…で示された解答欄にマークして答えなさい。

例　$\boxed{\text{アイウ}}$ に－47と答えたいとき

ア	●	⓪	①	②	③	④	⑤	⑥	⑦	⑧	⑨
イ	⊖	⓪	①	②	③	●	⑤	⑥	⑦	⑧	⑨
ウ	⊖	⓪	①	②	③	④	⑤	⑥	●	⑧	⑨

なお，同一の問題文中に $\boxed{\text{ア}}$ ， $\boxed{\text{イウ}}$ などが２度以上現れる場合，原則として，２度目以降は，

$\boxed{\text{ア}}$ ， $\boxed{\text{イウ}}$ のように細字で表記します。

3　分数系で解答する場合，分数の符号は分子につけ，分母につけてはいけません。

例えば，$\dfrac{\boxed{\text{エオ}}}{\boxed{\text{カ}}}$ に $-\dfrac{2}{3}$ と答えたいときには，$\dfrac{-2}{3}$ として答えなさい。

また，それ以上約分できない形で答えなさい。例えば，$\dfrac{3}{2}$ と答えるところを $\dfrac{6}{4}$ のように答えてはいけません。

4　根号を含む形で解答する場合，根号の中に現れる自然数が最小となる形で答えなさい。

例えば，$\boxed{\text{キ}}\sqrt{\boxed{\text{ク}}}$ に $6\sqrt{2}$ と答えるところを，$3\sqrt{8}$ のように答えてはいけません。

5　根号を含む分数形式で解答する場合，例えば $\dfrac{\boxed{\text{ケ}}+\boxed{\text{コ}}\sqrt{\boxed{\text{サ}}}}{\boxed{\text{シ}}}$ に $\dfrac{3+2\sqrt{2}}{3}$ と答えるところを，$\dfrac{6+4\sqrt{2}}{6}$ や $\dfrac{6+2\sqrt{8}}{6}$ のように答えてはいけません。

①　五言絶句　　②　五言律詩　　③　七言絶句　　④　七言律詩

問32　次の書き下し文のように読むことができる文はどれですか。適切なものを後の①～④のうちから一つ選びなさい。

・士は以て弘毅ならざるべからず。

①　士不㆕可㆔以不㆓弘毅㆒。

②　士不㆑可㆔以不㆓弘毅㆒。

③　士不㆘可㆖以不㆓弘毅㆒。

④　士不㆑可以㆑不㆓弘毅㆒。

問25 次の文の傍線部と文法的性質が同じものを、後の①～④のうちから一つ選びなさい。

・彼は、きっと満点を取るだろう。

① チャンスが来るのを待とう。
② みんなで一緒に校歌を歌おう。
③ 夏のマラソンはさぞつらかろう。
④ 卒業後に思いっきり遊ぼう。

問26 次の文の傍線部と文法的性質が同じものを、後の①～④のうちから一つ選びなさい。

・ダンボールでイスを作る。

① 学校内投票で生徒会長を決める。
② サービスが不満で不機嫌になった。
③ 寝不足で仕事をする。
④ 北海道で初雪が降った。

問27 次のア～オにおける敬語（傍線部）の種類について、後の①～④の選択肢のうち一つだけ、**種類の異なる敬語**を組み合わせたものがある。その選択肢を、①～④のうちから一つ選びなさい。

ア 昨日のことについてお礼を申し上げます。
イ こちらが鈴木様でございます。
ウ 先生にお知らせすることがたくさんある。
エ 私が佐藤様にそのことをお話ししておきます。
オ 中村様のおっしゃることは重要なことばかりです。

① アーイ　② ウーエ　③ アーウ　④ イーオ

問28 次の傍線部①～④について、他とは**種類の異なる敬語**を一つ選びなさい。

皆様には、お客様が①いらっしゃる前に、食事を②済ませていただきます。お食事が③お済みになりましたら、食器はご自身で④お片付けください。

問29 次の和歌中の空欄に入る言葉として最も適切なものを、後の①～④のうちから一つ選びなさい。

・［　　］紫野行き標野行き野守は見ずや君が袖振る

① ちはやぶる　② うつせみの
③ くろかみの　④ あかねさす

問30 「弥生」と最も関係の深いものを、次の①～④のうちから一つ選びなさい。

① 重陽の節句　② 桃の節句　③ 新嘗祭　④ 七草

問31 次の漢詩の形式として適切なものを、後の①～④のうちから一つ選びなさい。

葡萄美酒夜光杯
欲飲琵琶馬上催
酔臥沙場君莫笑
古来征戦幾人回

④ Ⅱ「NO」と言わなくなります
　 Ⅲ「NO」と言わなくなるのです

問20 本文の内容として最も適切なものを、次の①〜④のうちから一つ選びなさい。

① アフリカのマリ共和国と日本の現在の状況には、人々がそれぞれの特性に合う生活ができるという、非常に似通った部分がある。

② 障害のある人々が救われない現代日本の社会構造を、学者や政治家主導で、早い段階で根本的に変えていかなければならない。

③ デジタル技術の普及に加え、物流システムが確立したことで、経済効率が優先されて人と人との関係が希薄になっていった。

④ 豊かな独自性をもち、かつ社会的問題を現実の問題として捉えられる人材を養成することが、現代の日本社会には必要である。

三

次の各問いに答えなさい。

問21 次のA〜Cの〔　〕に当てはまる漢字の組み合わせとして最も適切なものを、後の①〜④のうちから一つ選びなさい。

A 石の上にも〔　〕年　意味…我慢強く辛抱すれば必ず成功すること

B 〔　〕聞は一見にしかず　意味…物事の実際は、耳で聞くよりも目で見る方がはるかによくわかるということ

C 〔　〕死に一生を得る　意味…非常に危険な場面で奇跡的に生き延びたさま

① A 百　B 二　C 三
② A 千　B 百　C 九
③ A 三　B 百　C 九
④ A 三　B 二　C 十

問22 次にあげる故事成語の意味として最も適切なものを、後の①〜④のうちから一つ選びなさい。

・「臥薪嘗胆」

① 将来の成功を期して苦労に耐えること。
② 物事を仕上げるのに、最後に加える大切な点のこと。
③ 不必要な心配をすること。
④ 似たり寄ったりで、大差のないこと。

問23 次の文の傍線部と同じ意味内容になる四字熟語として最も適切なものを、後の①〜④のうちから一つ選びなさい。

・志望校に合格するためには、わずかな時間の学習では困難だ。

① 一意専心　② 一騎当千　③ 一朝一夕　④ 一挙一動

問24 次の熟語と同じ構造のものを、後の①〜④のうちから一つ選びなさい。

・「強弱」

① 荒野　② 雷鳴　③ 天地　④ 着席

③ 特性的に苦手なことがある人でも、自分のペースで苦手を克服して得意へと変えていくことで充実した生活を得られる社会。

④ 現代の社会構造にうまく適応できない人でも、その人が持つ特性的に秀でた面を生かして暮らしていける社会。

問15 傍線部(2)「創造的破壊を行うこと」とは、どのようなことですか。その説明として最も適切なものを、次の①〜④のうちから一つ選びなさい。

① 新たなものを生み出すことで、さらなる発展を達成するために、既存のものを変更したり見直したりすること。

② まったく異なるものを生み出すために、新しい考え方や技術を手に入れたり、実際に試してみたりすること。

③ 既存のものをすべて見直すことで、古いものの持つ良さを認めたり、新たな魅力を生み出したりすること。

④ それまでにあったものを破壊することで、何をあらためるべきなのかを、しっかりと見極めること。

問16 空欄 A 〜 C に入る言葉の組み合わせとして最も適切なものを、次の①〜④のうちから一つ選びなさい。

① A したがって　B すなわち　C そして

② A したがって　B しかし　C ところが

③ A たとえば　B しかし　C そして

④ A たとえば　B そして　C ところが

問17 空欄 I に入る言葉として最も適切なものを、次の①〜④のうちから一つ選びなさい。

① ルールを変えようと必死で考えたとは思いますが

② 変えようと考えたことがないからこそ

③ そもそも規制などないに等しいものであり

④ 規制緩和については手を尽くした後であるので

問18 〈 ＊ 〉には、次の三つの文（ア〜ウ）で構成された段落が入ります。前後の文脈に合うようにア〜ウの三つの文を並べ替えたとき、どのような順序で組み合わせるべきですか。その組み合わせとして最も適切なものを、①〜④のうちから一つ選びなさい。

ア しかも、法律で固められた教育制度の中、現状否定をすることは法令違反とされることまであり、硬直化した組織を打破する困難さは相当なものといえます。

イ それでも変えるためには、組織の外から動くしかないのかもしれません。

ウ しかし、高度成長を経験した人たちには今の教育を否定できないのが実態ですし、ピラミッド型となった学校組織の中で、主張を押し通すには相当な勇気が必要です。

① ア→イ→ウ　② イ→ウ→ア

③ ウ→ア→イ　④ ア→ウ→イ

問19 空欄 Ⅱ ・ Ⅲ に入る言葉の組み合わせとして最も適切なものを、次の①〜④のうちから一つ選びなさい。

① Ⅱ 「NO」と言うようになります
　Ⅲ 「NO」と言うようになるのです

② Ⅱ 「NO」と言うようになります
　Ⅲ 「NO」と言わなくなるのです

③ Ⅱ 「NO」と言わなくなります
　Ⅲ 「NO」と言うようになるのです

「それならメールで連絡すればよかったのでは」と言うと、電話以外は認められないので、できなかったと彼は答えました。社則として「欠勤届けは電話以外不可」と書いてある会社はないと思いますが、実際、多くの人が欠勤は電話で連絡するのが常識で、メールで連絡するのは失礼と考えています。私がこのエピソードを第三者に話すと、ほとんどの人が「上司や会社が怖いので、自分だけ違ったことはしないし、できない」と答えていました。こうした状況を変えるのは、確かに容易ではなさそうです。

安定した社会や環境では、協調性が重視され、それを乱そうとする者は排除される。そして、教育の中で協調する事の重要さを学んだ子どもは［Ⅱ］。反面、協調できない子どもは傷つき、それで［Ⅲ］。

そんな時代なのに、学校や会社の空気を読まず、それでも「NO」と言えるのは、ある意味で才能でしょう。そして、このような硬直化した社会を動かしていくのは、自分の信念に基づき、前に進んでいけるユニークな人であるのに違いありません。

彼らは「独りよがりで、間違った考えを持っている」と、周囲から潰される可能性が高い。しかし、今の時点では非常識であろうと、違和感を覚えるようなことをそのまま突き破る人には、いずれ追従者や支援者が現れるはず。

ユニークかつ、社会的な課題に対してリアリティを感じ、正しいビジョンを持つ人材を守り、養成すること。それが今の日本では求められているのです。

（中邑賢龍『どの子も違う』より）

（注）

※1 イノベーション…… 新機軸・革新のこと。また、新製品の開発、新生産方式の導入、新市場の開拓、新原料・新資源の開発、新組織の形成などによって、経済発展や景気循環がもたらされるとする概念のこと。シュンペーターの用語。また、狭義には技術革新の意に用いる。

問11 二重傍線部ⅰ「ツ」と同じ漢字を使用するものを、次の①〜④のうちから一つ選びなさい。

① 服にほこりがツく。
② やっとのことで眠りにツいた。
③ 先生の指示で席にツいた。
④ ひざをツいて靴ひもを結ぶ。

問12 二重傍線部ⅱ「テンカン」の「カン」と同じ漢字を含むものを、次の①〜④のうちから一つ選びなさい。

① 小切手をカンキンする。
② 組織のカンブになる。
③ 銀行は金融キカンである。
④ 戦場からセイカンする。

問13 二重傍線部ⅲ「敷設」の読みとして適切なものを、次の①〜④のうちから一つ選びなさい。

① しきせつ　② しせつ　③ ふせつ　④ ふくせつ

問14 傍線部(1)「それぞれの特性に応じて、自分のペースで働けるような社会」とは、どのような「社会」ですか。その説明として最も適切なものを、次の①〜④のうちから一つ選びなさい。

① さまざまな面でペースが遅くて社会から取り残される人でも、訓練することによって社会に適応できるようになる社会。
② 学校での教科における勉強が苦手な人でも、評価や成績にまったくこだわることなく幸せに生きていける社会。

意味でも「発達障害」という障害が、制度側の都合で生みだされたようにも感じています。そして、彼らを今の社会構造に当てはめるための訓練が今も続いています。

追い詰められた人に、さらに無理を強いる。そうしたアプローチばかりになっている今の社会は、とても残念です。むしろ苦手を認めつつ、特性を活かして働ける仕事を意識的に生み出す。そうした動きがより活発になってほしいと筆者は考えています。

オーストリア出身の経済学者、ヨーゼフ・シュンペーターは、持続的な経済発展のためには新たなイノベーション(※1)を用いて、それで(2)創造的破壊を行うことが重要だと述べています。

一方で日本は戦後、多くの子どもの能力を一斉にあるレベルまで引き上げ、協働できる教育システムを構築し、それで高度成長期に驚異的な発展を遂げることができたと言えます。

その後に起きたインターネットや携帯電話などのＩＣＴの発展に対応すべく、教育システムも大きくテンカンⅱすべきでしたが、成功体験が忘れられなかったのか、その創造的破壊という意味では失敗したとも言えます。

開発途上国の場合、そのような体験がまだないこともあり、それこそゼロからＩＣＴ時代を視野に入れた社会や教育を作ることができました。[A]、電話線を敷設ⅲすることができず、固定電話がなかなか普及しなかった国でも、携帯電話ならその必要がないため、こちらはむしろあっという間に広がっています。

数年前、ネパールの山中にある小さな村を訪れた時のこと。「トイレを貸してほしい」と頼んだら「家には無いので、沢まで下りて用を足せ」と言われました。そのトイレの無い家でも、携帯回線を使い、インターネットに接続することができました。

情報インフラは、世界中の情報格差を縮めました。[B]、それにうまく適合できなかった日本は、国際社会において地位を低下させてしまったように思われます。

規制緩和を海外から求められている、といった報道を聞く機会が増えましたが、日本に住んでいる分にはあまりピンときません。それは、[I]、ピンとこないのです。実は縦割りで規制だらけとなってしまったこの国をどのように創造的破壊をして変えていけばいいのか。それが今、大きな課題となっています。

特に教育の実情に関しては、ここまでにも繰り返し記した通り、これから迎える社会には明らかにマッチしていないように、筆者は感じています。

〈 ＊ 〉

基本的に、社会変革はゆっくり進みます。その背景には、現状を認識しつつも、特に困ったことではないから変える必要がない、もしくは自分と直接関係ない、どのように行動していいか分からない、さらには組織の中で既存の制度を否定する勇気がない、といった理由で「動き出さない」人たちが社会の大半を占めているという事情があります。

研究室に来ていた生活保護を受けているスタッフが発した「俺たちのような大人を作っちゃいけない」という一言を、筆者は忘れることができません。子どもの頃、できないことがあると親から強く叱責され、自信を失っていき、それで精神障害になったと彼は語ります。[C]、頑張ってもできない自分を責めて苦しんだと言います。学校に関して言えば、教員は真面目でバランスのとれた人材が採用されています。それもあって、ユニークな変わった子供を追い詰めやすい素地もできてしまったように思えます。

ほかに、無断欠勤を重ね、会社を解雇されたスタッフもいます。「朝起きたら熱があったので電話をかけなければ、と思ったが、電話が苦手でどう説明していいか分からなかった。モタモタしている間に、会社の方から電話がかかってきて強く叱責されたので、それで会社に行けなくなった」と彼は語ってくれました。

姿勢を維持している。

④　棘皮動物は姿勢を頻繁に変えないため、同じ姿勢を維持する時にエネルギーをあまり使用しないキャッチ結合組織を使用するというやり方で姿勢を維持している。

問10　傍線部(4)「代表的なキャッチ結合組織の存在場所を図に示しておいた」とありますが、次の図は「ウニ」、「ヒトデ」、「ナマコ」、「クモヒトデ」、「ウミユリ」いずれかの断面図である。この中から「クモヒトデ」の断面図として適切なものを、次の①〜④のうちから一つ選びなさい（なお、灰色の部分がキャッチ結合組織、点々をほどこした部分は骨を表している）。

①
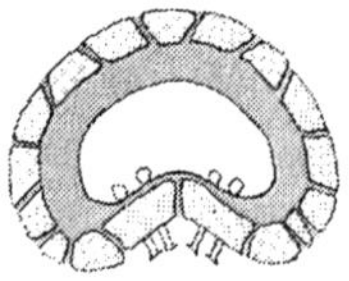

②
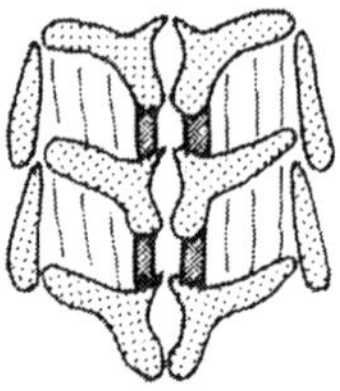

③
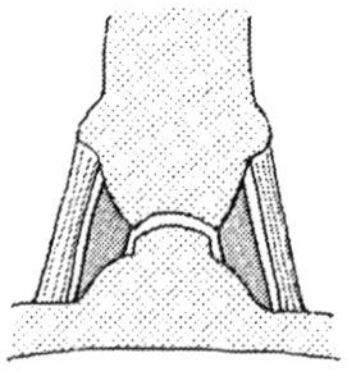

④

二

次の文章を読んで、後の問いに答えなさい。

アフリカのマリ共和国の首都、バマコに行った時のこと。

街を歩く人に「どんな仕事をしているの?」と聞くと、多くの人は「色々」と答えてくれました。彼らは特定の職に(i)ツいているのではなく、その日、そこにあった仕事をするのだそうです。自分ができる仕事を少しだけやって、それで生活する。彼らは決して裕福な生活を送っているわけではないですが、のんびりした穏やかな暮らしがそこにはありました。

日本でも、それぞれの特性に合う仕事を選び、それで生活できる社会がかつてありました。

特に半世紀前までの働き方は多様でした。たとえば１９６０年代くらいまでの産業構造を見ると、第1次、2次、3次産業がバランスよい状態に保たれていることが分かります。

そのため少々の凸凹やペースの違いがあっても、個人の特性に応じた働く場所がありました。小さな工場に行けば気難しい職人さんがいて、愛想は悪くとも、コミュニケーションは上手でなくとも、素晴らしい仕事を見せてくれました。また、街の八百屋や魚屋に行けば、休むことなく動き回る店主が、詳しく商品の説明をしてくれました。こちらが早く帰りたくても話が続くので帰れない、なんてことがあっても、そこで得た野菜や魚の知識は今も生きています。

読み書きが苦手で、学校の成績が悪かった友人がいますが、彼は中学を卒業し、地元で家業の農業を手伝っています。テストの点が悪くとも体力があり根気強い彼は、農業には適していたのか、高校に進学することのないまま、今でも楽しそうに働いています。日本でも、(1)それぞれの特性に応じて、自分のペースで働けるような社会があったわけです。

しかし、パソコンやインターネットが登場し、また、道路や航空路などの整備で物流が発展すると、スピードや経済効率が優先されるようになり、ペースが遅いというだけで社会から取り残される人が出てきました。また農業や製造業の大規模化・機械化の中で、多くの人が仕事を変えることを余儀なくされ、現在では商業、運輸通信業、金融業、公務、その他サービス業からなる第3次産業がすっかり主流になっています。

第3次産業はほかの産業形態に比べ、コミュニケーションや読み書きの力が問われます。時にはパソコンの前に座り、同じ部屋の中で、長時間仕事を続ける必要もあるでしょう。

つまり、特性的にそれが苦手な人だと「働く」という点で、すでにたくさんの壁が生まれてしまっているわけです。そして、そういった社会構造の変化によって不適応を起こした人が増えた結果、彼らを支援する問4　空欄 A ～ C に入る言葉の組み合わせとして最も適切なものを、次の①～④のうちから一つ選びなさい。

① A そして　B また　C しかし
② A つまり　B まず　C ところが
③ A だから　B たとえば　C ところで
④ A しかし　B そして　C けれども

問5　段落番号 イ ～ ニ のいずれかの段落は、語を一部入れ替えてあるため、本来の内容とは異なるものになっています。入れ替えた語を含む段落として最も適切なものを、次の①～④のうちから一つ選びなさい。

① イ 段落　② ロ 段落　③ ハ 段落　④ ニ 段落

問6　次の一文は、Ⅰ ～ Ⅳ のどこかに入ります。入る場所として最も適切なものを、後の①～④のうちから一つ選びなさい。

・だからたまにしか動かず、じっとしているものにとっては、キャッチ結合組織で姿勢維持をした方が得になる。

① Ⅰ　② Ⅱ　③ Ⅲ　④ Ⅳ

問7　傍線部(1)「ウニやヒトデは、ちゃんと動いて動物らしい動物なのにもかかわらず、逃げてはいかない」とありますが、その中でも「ウニ」が「逃げてはいかない」のはなぜですか。その理由として、最も適切なものを、次の①～④のうちから一つ選びなさい。

① ウニは身体に鋭い棘があり、この棘が自分よりも大きな身体を持つ捕食者の口の中を攻撃できるため、よほどのことがない限り他の生物に食べられることがないから。
② ウニは身体に棘があり、これが体のサイズを大きくしているため捕食者から食べられにくく、さらにその棘は折りたたみ式で危険な時は体を小さくして岩穴に入れるから。
③ ウニは身体に棘があり、もし捕食者の口に入ったとしても棘で刺すことができ、さらにこの棘が体のサイズも大きくしているため捕食者に食べられにくくなっているから。
④ ウニの本体は大きくはないが、かたい棘を体からたくさん立てることにより自分の体のサイズを大きくして威嚇しているため、他の生物に恐れられているから。

問8　傍線部(2)「のそのそ」とありますが、次の選択肢中の波線部においてこれと同じ表現技法を用いているものはどれですか。最も適切なものを、次の①～④のうちから一つ選びなさい。

① とびらをこんこんとたたく音がする。
② ひまわりがすくすくと成長する。
③ 演奏終了後ぱちぱちと拍手が聞こえた。
④ ひよこが小屋でぴいぴいと鳴いている。

問9　傍線部(3)「一般に動物では姿勢を維持するのに筋肉を使うのだが、棘皮動物では、やり方が違う」とありますが、「棘皮動物」はどのようなやり方で「姿勢を維持する」のですか。その説明として、最も適切なものを、次の①～④のうちから一つ選びなさい。

① 棘皮動物は動くことが少なく同じ姿勢ばかりしているため、キャッチ結合組織によって筋肉をかたくして使用するというやり方で姿勢を維持している。
② 棘皮動物は長く同じ姿勢をとることで筋肉を自由に使用することができなくなってしまったので、キャッチ結合組織を使用するというやり方で姿勢を維持している。
③ 棘皮動物は姿勢をまったく変えないため、同じ姿勢の時にはエネルギーを消費しないキャッチ結合組織を用いるというやり方で

方が得だし、すっきりする。［Ⅳ］
　つまりキャッチ結合組織は、たまにしか動かない動物にとって、適したしかけなのである。もちろん、こういう動物にも、動くための筋肉は必要である。キャッチ結合組織は、かたさは変わるが、自力で縮むことはできないのだから。
【中略】
　棘皮動物にはウニ、ヒトデ、ナマコ、クモヒトデ、ウミユリと五つの仲間がいる。キャッチ結合組織はこれらすべての仲間で重要な働きをしている。おのおのの仲間での、(4)代表的なキャッチ結合組織の存在場所を図に示しておいた。
　クモヒトデは海岸の石をひっくり返すとよくいるものだから、ご覧になった方も多いと思う。円盤状の体から五本の細長い腕が伸び、うでがくねくねと蛇のしっぽのように動く。蛇尾類というのが専門的な名前である。英語では「壊れやすいヒトデ」と呼ばれているが、腕をつかむと、たちまち、つかまれた部分を切り落として逃げていってしまうからだ。身を守るために体の一部を自ら切り落とす現象を「自切」と呼ぶ。多くの棘皮動物が自切を行うが、クモヒトデはその代表格といえる。では、なぜ棘皮動物では、自切が頻繁に見られるのだろうか？
　クモヒトデの腕は、ちょうどわれわれの背骨のように、同じ形の骨がつぎつぎと連なってできている。骨の名も脊椎骨（腕骨）という。隣り合った脊椎骨は関節をつくっており、筋肉と靭帯（結合組織のひも）が骨同士をつないでいる。筋肉が骨に付着している部分は腱（結合組織）になっているが、靭帯も腱もキャッチ結合組織でできている。クモヒトデの腕をつかむと、つかまれたところから少し根元に近い位置の関節のキャッチ結合組織がものすごくやわらかくなり、そこから腕は切れ落ちる。そして腕を切りはなした本体は、岩の下などへ逃げ込んでいく。自切が身を守る有効な手段として使われているのである。

（本川達雄『ゾウの時間　ネズミの時間　サイズの生物学』より）

（注）
※１　前章……この文章の直前の章において筆者は、木のように動かない動物たちがどのように身を守り、生活しているかということを述べている。
※２　ヤギ……サンゴやイソギンチャクと同じ刺胞動物の仲間のこと。うちわの骨のような形をしている。
※３　固着性……生物の体が基盤の上に固定されている状態で生活する性質のこと。
※４　ボールジョイント……車体とタイヤをつなぐ間接部分を潤滑し保護している部品のこと。
※５　ＡＴＰ……アデノシン三リン酸の略称。生命活動を維持するために必要な分子エネルギーのひとつ。

問１　二重傍線部ⅰ「免れ」の読みとして適切なものを、次の①～④のうちから一つ選びなさい。
①　にげれ　②　さけれ　③　まのがれ　④　まぬかれ

問２　二重傍線部ⅱ「クンリン」の「リン」と同じ漢字を含むものを、次の①～④のうちから一つ選びなさい。
①　この地域はリンカイ工業地帯である。
②　高等学校に入学してすぐリンカン学校へ行く。
③　リンゴクとの貿易は百年以上続いている。
④　自転車のシャリンが突然はずれる。

問３　二重傍線部ⅲ「ジュンスイ」の「ジュン」と同じ漢字を含むものを、次の①～④のうちから一つ選びなさい。
①　この国にはジュンタクな資源が存在している。
②　初めからジュンジョ立てて説明する。
③　県大会出場のためのキジュンタイムをクリアした。
④　同じタンジュン作業ばかりで眠くなる。

から棘を動かすときには、まずキャッチ結合組織をやわらかくする。そうすると関節が動けるようになり、棘は筋肉の縮んだ方向に倒れる。[A]、かたさの変わる結合組織が棘の姿勢維持に働いているのである。

[二]このキャッチ結合組織が本章のもう一方の主役である。棘皮動物はキャッチ結合組織という、かたさの変えられる結合組織を開発することにより、動きはのろいし神経系も発達していないにもかかわらず、大きなサイズで堂々と海底に[ii]クンリンできるようになった。そういう棘皮動物のサクセス・ストーリーをこれからお話ししたい。この話にはサイズの問題も、からんでくるからである。

[B]、結合組織とはどんなものかを説明しておこう。結合組織とは、われわれの腱《けん》や靭帯《じんたい》（すじ）や軟骨や皮膚をつくっている組織である。くるぶしを触ってみると、骨と筋肉をつないでいるアキレス腱をさぐり当てられるが、これは代表的な腱である。また、鳥肉を食べれば、関節のところに白く光ってコリコリした歯ざわりのものがあるが、あれが軟骨。これらの結合組織では、細胞がつくって外に分泌した細胞外成分が大部分のスペースを占めている。細胞外成分の主なものは、コラーゲンというタンパク質の繊維とグリコサミノグリカンである。[Ⅰ]

コラーゲン繊維はしなやかで強い繊維であり、大きな引っ張りの力に耐えられる。ネズミのしっぽが、ほぼ[iii]ジュンスイなコラーゲン組織の束である。グリコサミノグリカンは糖がたくさん長く連なった高分子で、マイナスのイオンをたくさん含んでいる。このマイナスのイオンが大量の水をグリコサミノグリカンのまわりに引きつける。水は圧縮しにくいものだから、コラーゲンとグリコサミノグリカンのとり合わせにより、結合組織は引っ張りにも圧力にも強い、よい建築材料となっている。腱や軟骨や皮膚という、力のかかる支持系の一部として結合組織が働けるのは、このためである。[Ⅱ]

ふつう、結合組織のかたさは、短時間に変わるものではない。[C]キャッチ結合組織は、あっという間にかたさが変わり、これをウニやヒトデは姿勢維持に使っている。(3)一般に動物では姿勢を維持するのに筋肉を使うのだが、棘皮動物では、やり方が違う。なぜだろう？

われわれが腕を上げ続けているときには、筋肉はずっと収縮しっぱなしである。だから長時間腕を上げ続けると疲れてくる。動かずに同じ姿勢を保つということは、外部に対して仕事をしていないのだが、筋肉が収縮している間はＡＴＰ（※5）を分解するのでエネルギーを使い続ける。これは効率のいいことではない。もし、上げた腕の皮膚がかたくなってつっぱったとしたら、筋肉が休んでも腕は上がったままになってしまうだろう。つまり皮（結合組織）のかたさを変えることによっても姿勢を保つことができるはずだ。これがウニの発想である。

キャッチ結合組織のキャッチとは、掛けがねの意味。戸に掛けがねを掛ければ、戸はいくら引いても開かなくなるが、そのとき掛けがねは、戸を開けようとする力に抗して、自分で能動的に力を出して引っ張り返しているわけではない。だから、掛けがねのような機構で皮のかたさがかたくなれば、掛けがねを掛けるときだけエネルギーがいるが、掛けてしまえば、いくら外から強い力がかかろうとも、エネルギーを使わずに姿勢を保てるはずである。

キャッチ結合組織はそういうものらしい。同じ個体から筋肉とキャッチ結合組織を取り出し、酸素消費量を測ってエネルギー消費を比べてみた。キャッチ結合組織は、かたさが変わるときには結構なエネルギーを使うが、その他のときには、筋肉に比べると、ずっとエネルギー消費量が少ない。[Ⅲ]

一方しょっちゅう姿勢を変えるものでは、そのために掛けがねを掛けたりはずしたりするので、そのエネルギーがばかにならず、キャッチ結合組織の省エネ効果は薄らいでしまう。キャッチ結合組織というような特別な装置を別につくるのには、それなりのエネルギー的投資がいるのだから、キャッチ結合組織と筋肉の二本立てで行くよりは、筋肉だけの

二〇二二年度　叡明高等学校（推薦3回目）

【国　語】（五〇分）〈満点：一〇〇点〉

注意　設問の都合により本文を一部改変したところがあります。

一　次の文章を読んで後の問いに答えなさい。

磯《いそ》を水中眼鏡でのぞいてみると、栗《くり》のいがのような、棘《とげ》を一面にはやしたウニがすぐ目につくだろう。海栗と書いてウニと読む。近くには星形をしたヒトデもいるかもしれない。ウニもヒトデも棘皮《きょくひ》動物の仲間で、海辺の生き物として、われわれになじみの深いものである。

ウニやヒトデがおなじみの生き物である理由は、なんといっても、よく目につく存在だからである。サイズが大きくて、たくさんいて、逃げも隠れもしない。だから、なにげなく水中を眺めても、目に入ってしまうのだ。こういう動物は、そうたくさんはいない。もちろん前章(※1)でとりあげたサンゴやヤギ(※2)などの固着性(※3)の動物は、見えるところにじっとしている。しかし、これらは動物だか植物だか岩だか、どうも判然としない。いま一つ動物らしく見えないのである。一方、固着していない動物は、ふつう、隠れているか、サッと逃げていってしまい、そうそう簡単に目につくものではない。これらと違い、(1)ウニやヒトデは、ちゃんと動いて動物らしい動物なのにもかかわらず、逃げてはいかないのである。

ウニは(2)のそのそと、目につくところを歩き回って岩についた海藻をかじっている。ヒトデは貝をこじ開けて食うが、貝の上にのっかって、何時間もじっとしている。これはどう見てもふつうの動物の常識からは、はずれた行動である。どうして、すばやく動くこともできないウニやヒトデのようなものが、餌を手に入れることができ、捕食者に食われることもi免れて、われわれの目につくほどたくさんいるという繁栄を誇れるのだろうか？

まずウニを見ていこう。ウニの体は立派な殻で覆われている。そして殻の上には尖《とが》った棘が生えている。殻も棘も炭酸カルシウムでできており、たいへんかたい。ウニはまさに針の山である。これなら、なまじの捕食者には食われそうもない。

棘は「刺さる」という機能だけで捕食者に対して効果があるわけではない。棘があれば、それが邪魔になって、捕食者はウニ本体に到達できない。つまり、かたい棒をたくさん立てれば、棒の長さだけ体のサイズが大きくなる。サイズが大きければ、食われにくい。棘を立てるのは、手軽に体のサイズを大きくする良い方法である。

［イ］しかし、サイズが大きいことは、いいことだらけではない。隠れようと思ったときに、隠れ家を見つけるのに苦労する。小さな穴ならたくさんあるが、大きいものは数が限られる。海が荒れたときなど、隠れていなかったら波にさらわれて、どこへ流されるかも分からない。陸に打ち上げられるおそれもある。

［ロ］ウニの工夫は、棘を折りたたみ式にしたところにある。棘は根元の殻とのつなぎ目が関節になっていて、棘を立てたり倒したりできる。棘を倒せば、ウニは殻のサイズまで小さくなれるので、岩穴などの隠れ家を見つけやすくなるだろう。棘の根元の関節部は、ちょうどボールジョイント(※4)の形をしており、三六〇度どの方向にも倒れることができる。関節をぐるりととりまくように二層の組織があり、これらが棘と殻とをつないでいる。二層のうち、外側のものは筋肉で、これの収縮により棘が動く。内側の層は「キャッチ結合組織」と私が呼んでいるもので、ウニをはじめとする棘皮動物に特有の組織である。

［ハ］キャッチ結合組織は、かたさの変わらない結合組織である。これがかたいと関節は固定され、棘は立ったままの姿勢を保つ。われわれが手でさわって動かそうとしても、ビクともしない。ところが、ウニがみず

2022年度／叡明高等学校（推薦３回目）

英語解答

1 問１　③　問２　②　問３　①
問４　②　問５　②　問６　②
問７　④　問８　①　問９　②
問10　②

2 問11　③　問12　②　問13　③
問14　④　問15　②

3 問16　④　問17　④　問18　①
問19　③　問20　②

4 A　問21…②　問22…④
B　問23…③

5 問24　①　問25　②　問26　③
問27　③　問28　③　問29　③
問30　②

6 問31　①　問32　③　問33　②
問34　①　問35　①　問36　③
問37　①

数学解答

1 (1)　ア…1　イ…1
(2)　ウ…1　エ…2
(3)　オ…4　カ…3　キ…1　ク…2
(4)　ケ…1　コ…2
(5)　サ…1　シ…1　ス…8　セ…2

2 (1)　ア…1　イ…5　ウ…3　(2)　5
(3)　4　(4)　カ…1　キ…4
(5)　ク…4　ケ…0

3 (1)　①，④，⑤　(2)　エ…4　オ…5
(3)　カ…5　キ…2
(4)　ク…6　ケ…0

4 ア…7　イ…－　ウ…4　エ…3
オ…4　カ…5　キ…1　ク…2
ケ…9　コ…2

5 (1)　ア…2　イ…9
(2)　ウ…5　エ…3　オ…6
(3)　カ…1　キ…6

国語解答

一 問１　④　問２　①　問３　④
問４　②　問５　③　問６　③
問７　③　問８　②　問９　④
問10　②

二 問11　②　問12　①　問13　③
問14　④　問15　①　問16　③
問17　②　問18　③　問19　④
問20　④

三 問21　③　問22　①　問23　③
問24　③　問25　③　問26　①
問27　①　問28　②　問29　④
問30　②　問31　③　問32　②

Memo

2025年度用

高校スーパー過去問

■編集人　声の教育社・編集部

■発行所　株式会社　声の教育社

〒162-0814 東京都新宿区新小川町8-15

☎03-5261-5061㈹ FAX03-5261-5062

https://www.koenokyoikusha.co.jp

※本書の内容についての一切の責任は当社にあります。内容・解説・解答その他の質問等は文書にて当社に御郵送くださるようお願いいたします。

叡明高等学校

別冊 解答用紙

丁寧に抜きとって、別冊としてご使用ください。

注意

○ 解答用紙は、収録の都合により縮小したものや、小社独自に作成したものもあります。
○ 学校配点は学校発表のもの、推定配点は小社で作成したものです。
○ 無断転載を禁じます。
○ 解答用紙を拡大コピーする場合、表示した拡大率に対応する用紙サイズは以下のとおりです。
101%～102%＝B5　103%～118%＝A4　119%～144%＝B4　145%～167%＝A3
（タイトルと配点表は含みません）

２０２４年度　叡明高等学校　推薦１回目

英語解答用紙

評点	／100

氏名	

立　　　　中学校

1. 記入欄・マーク欄以外には記入しないでください。
2. 鉛筆で、しっかり濃くマークしてください。
3. 間違った場合には、消しゴムで、きれいに消してください。

マーク例

良い例	●	悪い例	✓ ⊙ ◐

受験番号					
⓪	⓪	⓪	⓪	⓪	⓪
①	①	①	①	①	①
②	②	②	②	②	②
③	③	③	③	③	③
④	④	④	④	④	④
⑤	⑤	⑤	⑤	⑤	⑤
⑥	⑥	⑥	⑥	⑥	⑥
⑦	⑦	⑦	⑦	⑦	⑦
⑧	⑧	⑧	⑧	⑧	⑧
⑨	⑨	⑨	⑨	⑨	⑨

問	解答欄			
1	①	②	③	④
2	①	②	③	④
3	①	②	③	④
4	①	②	③	④
5	①	②	③	④
6	①	②	③	④
7	①	②	③	④
8	①	②	③	④
9	①	②	③	④
10	①	②	③	④
11	①	②	③	④
12	①	②	③	④
13	①	②	③	④
14	①	②	③	④
15	①	②	③	④
16	①	②	③	④
17	①	②	③	④
18	①	②	③	④
19	①	②	③	④
20	①	②	③	④
21	①	②	③	④
22	①	②	③	④
23	①	②	③	④
24	①	②	③	④
25	①	②	③	④

問	解答欄			
26	①	②	③	④
27	①	②	③	④
28	①	②	③	④
29	①	②	③	④
30	①	②	③	④
31	①	②	③	④
32	①	②	③	④
33	①	②	③	④
34	①	②	③	④
35	①	②	③	④
36	①	②	③	④
37	①	②	③	④
38	①	②	③	④
39	①	②	③	④
40	①	②	③	④
41	①	②	③	④
42	①	②	③	④
43	①	②	③	④
44	①	②	③	④
45	①	②	③	④
46	①	②	③	④
47	①	②	③	④
48	①	②	③	④
49	①	②	③	④
50	①	②	③	④

（注）この解答用紙は実物を縮小してあります。B４用紙に143％拡大コピーすると、ほぼ実物大で使用できます。（タイトルと配点表は含みません）

推定配点		計
	[1]～[3]　各２点×20　[4]　各３点×３ [5]　問24～問27　各３点×４　問28～問30　各４点×３ [6]　問31　４点　問32　３点　問33～問37　各４点×５	100点

２０２４年度　叡明高等学校　推薦１回目

数学解答用紙　No.１

評点
/100

立	中学校
氏名	

受験番号					
⓪	⓪	⓪	⓪	⓪	⓪
①	①	①	①	①	①
②	②	②	②	②	②
③	③	③	③	③	③
④	④	④	④	④	④
⑤	⑤	⑤	⑤	⑤	⑤
⑥	⑥	⑥	⑥	⑥	⑥
⑦	⑦	⑦	⑦	⑦	⑦
⑧	⑧	⑧	⑧	⑧	⑧
⑨	⑨	⑨	⑨	⑨	⑨

マーク例

良い例	悪い例
●	⊙ ⊗ ◓

鉛筆で、しっかり濃くマークしてください。

1

	解				答						欄
	−	0	1	2	3	4	5	6	7	8	9
ア	⊖	⓪	①	②	③	④	⑤	⑥	⑦	⑧	⑨
イ	⊖	⓪	①	②	③	④	⑤	⑥	⑦	⑧	⑨
ウ	⊖	⓪	①	②	③	④	⑤	⑥	⑦	⑧	⑨
エ	⊖	⓪	①	②	③	④	⑤	⑥	⑦	⑧	⑨
オ	⊖	⓪	①	②	③	④	⑤	⑥	⑦	⑧	⑨
カ	⊖	⓪	①	②	③	④	⑤	⑥	⑦	⑧	⑨
キ	⊖	⓪	①	②	③	④	⑤	⑥	⑦	⑧	⑨
ク	⊖	⓪	①	②	③	④	⑤	⑥	⑦	⑧	⑨
ケ	⊖	⓪	①	②	③	④	⑤	⑥	⑦	⑧	⑨
コ	⊖	⓪	①	②	③	④	⑤	⑥	⑦	⑧	⑨
サ	⊖	⓪	①	②	③	④	⑤	⑥	⑦	⑧	⑨
シ	⊖	⓪	①	②	③	④	⑤	⑥	⑦	⑧	⑨
ス	⊖	⓪	①	②	③	④	⑤	⑥	⑦	⑧	⑨
セ	⊖	⓪	①	②	③	④	⑤	⑥	⑦	⑧	⑨
ソ	⊖	⓪	①	②	③	④	⑤	⑥	⑦	⑧	⑨
タ	⊖	⓪	①	②	③	④	⑤	⑥	⑦	⑧	⑨
チ	⊖	⓪	①	②	③	④	⑤	⑥	⑦	⑧	⑨
ツ	⊖	⓪	①	②	③	④	⑤	⑥	⑦	⑧	⑨
テ	⊖	⓪	①	②	③	④	⑤	⑥	⑦	⑧	⑨
ト	⊖	⓪	①	②	③	④	⑤	⑥	⑦	⑧	⑨
ナ	⊖	⓪	①	②	③	④	⑤	⑥	⑦	⑧	⑨
ニ	⊖	⓪	①	②	③	④	⑤	⑥	⑦	⑧	⑨
ヌ	⊖	⓪	①	②	③	④	⑤	⑥	⑦	⑧	⑨

2

	解				答						欄
	−	0	1	2	3	4	5	6	7	8	9
ア	⊖	⓪	①	②	③	④	⑤	⑥	⑦	⑧	⑨
イ	⊖	⓪	①	②	③	④	⑤	⑥	⑦	⑧	⑨
ウ	⊖	⓪	①	②	③	④	⑤	⑥	⑦	⑧	⑨
エ	⊖	⓪	①	②	③	④	⑤	⑥	⑦	⑧	⑨
オ	⊖	⓪	①	②	③	④	⑤	⑥	⑦	⑧	⑨
カ	⊖	⓪	①	②	③	④	⑤	⑥	⑦	⑧	⑨
キ	⊖	⓪	①	②	③	④	⑤	⑥	⑦	⑧	⑨
ク	⊖	⓪	①	②	③	④	⑤	⑥	⑦	⑧	⑨
ケ	⊖	⓪	①	②	③	④	⑤	⑥	⑦	⑧	⑨
コ	⊖	⓪	①	②	③	④	⑤	⑥	⑦	⑧	⑨
サ	⊖	⓪	①	②	③	④	⑤	⑥	⑦	⑧	⑨
シ	⊖	⓪	①	②	③	④	⑤	⑥	⑦	⑧	⑨
ス	⊖	⓪	①	②	③	④	⑤	⑥	⑦	⑧	⑨
セ	⊖	⓪	①	②	③	④	⑤	⑥	⑦	⑧	⑨
ソ	⊖	⓪	①	②	③	④	⑤	⑥	⑦	⑧	⑨
タ	⊖	⓪	①	②	③	④	⑤	⑥	⑦	⑧	⑨
チ	⊖	⓪	①	②	③	④	⑤	⑥	⑦	⑧	⑨
ツ	⊖	⓪	①	②	③	④	⑤	⑥	⑦	⑧	⑨
テ	⊖	⓪	①	②	③	④	⑤	⑥	⑦	⑧	⑨
ト	⊖	⓪	①	②	③	④	⑤	⑥	⑦	⑧	⑨
ナ	⊖	⓪	①	②	③	④	⑤	⑥	⑦	⑧	⑨
ニ	⊖	⓪	①	②	③	④	⑤	⑥	⑦	⑧	⑨
ヌ	⊖	⓪	①	②	③	④	⑤	⑥	⑦	⑧	⑨

3

	解				答						欄
	−	0	1	2	3	4	5	6	7	8	9
ア	⊖	⓪	①	②	③	④	⑤	⑥	⑦	⑧	⑨
イ	⊖	⓪	①	②	③	④	⑤	⑥	⑦	⑧	⑨
ウ	⊖	⓪	①	②	③	④	⑤	⑥	⑦	⑧	⑨
エ	⊖	⓪	①	②	③	④	⑤	⑥	⑦	⑧	⑨
オ	⊖	⓪	①	②	③	④	⑤	⑥	⑦	⑧	⑨
カ	⊖	⓪	①	②	③	④	⑤	⑥	⑦	⑧	⑨
キ	⊖	⓪	①	②	③	④	⑤	⑥	⑦	⑧	⑨
ク	⊖	⓪	①	②	③	④	⑤	⑥	⑦	⑧	⑨
ケ	⊖	⓪	①	②	③	④	⑤	⑥	⑦	⑧	⑨
コ	⊖	⓪	①	②	③	④	⑤	⑥	⑦	⑧	⑨
サ	⊖	⓪	①	②	③	④	⑤	⑥	⑦	⑧	⑨
シ	⊖	⓪	①	②	③	④	⑤	⑥	⑦	⑧	⑨
ス	⊖	⓪	①	②	③	④	⑤	⑥	⑦	⑧	⑨
セ	⊖	⓪	①	②	③	④	⑤	⑥	⑦	⑧	⑨
ソ	⊖	⓪	①	②	③	④	⑤	⑥	⑦	⑧	⑨
タ	⊖	⓪	①	②	③	④	⑤	⑥	⑦	⑧	⑨
チ	⊖	⓪	①	②	③	④	⑤	⑥	⑦	⑧	⑨
ツ	⊖	⓪	①	②	③	④	⑤	⑥	⑦	⑧	⑨
テ	⊖	⓪	①	②	③	④	⑤	⑥	⑦	⑧	⑨
ト	⊖	⓪	①	②	③	④	⑤	⑥	⑦	⑧	⑨
ナ	⊖	⓪	①	②	③	④	⑤	⑥	⑦	⑧	⑨
ニ	⊖	⓪	①	②	③	④	⑤	⑥	⑦	⑧	⑨
ヌ	⊖	⓪	①	②	③	④	⑤	⑥	⑦	⑧	⑨

２０２４年度　叡明高等学校　推薦１回目

数学解答用紙　No.２

4

	解			答						欄
	−	0	1	2	3	4	5	6	7	8	9
ア	⊖	⓪	①	②	③	④	⑤	⑥	⑦	⑧	⑨
イ	⊖	⓪	①	②	③	④	⑤	⑥	⑦	⑧	⑨
ウ	⊖	⓪	①	②	③	④	⑤	⑥	⑦	⑧	⑨
エ	⊖	⓪	①	②	③	④	⑤	⑥	⑦	⑧	⑨
オ	⊖	⓪	①	②	③	④	⑤	⑥	⑦	⑧	⑨
カ	⊖	⓪	①	②	③	④	⑤	⑥	⑦	⑧	⑨
キ	⊖	⓪	①	②	③	④	⑤	⑥	⑦	⑧	⑨
ク	⊖	⓪	①	②	③	④	⑤	⑥	⑦	⑧	⑨
ケ	⊖	⓪	①	②	③	④	⑤	⑥	⑦	⑧	⑨
コ	⊖	⓪	①	②	③	④	⑤	⑥	⑦	⑧	⑨
サ	⊖	⓪	①	②	③	④	⑤	⑥	⑦	⑧	⑨
シ	⊖	⓪	①	②	③	④	⑤	⑥	⑦	⑧	⑨
ス	⊖	⓪	①	②	③	④	⑤	⑥	⑦	⑧	⑨
セ	⊖	⓪	①	②	③	④	⑤	⑥	⑦	⑧	⑨
ソ	⊖	⓪	①	②	③	④	⑤	⑥	⑦	⑧	⑨
タ	⊖	⓪	①	②	③	④	⑤	⑥	⑦	⑧	⑨
チ	⊖	⓪	①	②	③	④	⑤	⑥	⑦	⑧	⑨
ツ	⊖	⓪	①	②	③	④	⑤	⑥	⑦	⑧	⑨
テ	⊖	⓪	①	②	③	④	⑤	⑥	⑦	⑧	⑨
ト	⊖	⓪	①	②	③	④	⑤	⑥	⑦	⑧	⑨
ナ	⊖	⓪	①	②	③	④	⑤	⑥	⑦	⑧	⑨
ニ	⊖	⓪	①	②	③	④	⑤	⑥	⑦	⑧	⑨
ヌ	⊖	⓪	①	②	③	④	⑤	⑥	⑦	⑧	⑨

5

	解			答						欄
	−	0	1	2	3	4	5	6	7	8	9
ア	⊖	⓪	①	②	③	④	⑤	⑥	⑦	⑧	⑨
イ	⊖	⓪	①	②	③	④	⑤	⑥	⑦	⑧	⑨
ウ	⊖	⓪	①	②	③	④	⑤	⑥	⑦	⑧	⑨
エ	⊖	⓪	①	②	③	④	⑤	⑥	⑦	⑧	⑨
オ	⊖	⓪	①	②	③	④	⑤	⑥	⑦	⑧	⑨
カ	⊖	⓪	①	②	③	④	⑤	⑥	⑦	⑧	⑨
キ	⊖	⓪	①	②	③	④	⑤	⑥	⑦	⑧	⑨
ク	⊖	⓪	①	②	③	④	⑤	⑥	⑦	⑧	⑨
ケ	⊖	⓪	①	②	③	④	⑤	⑥	⑦	⑧	⑨
コ	⊖	⓪	①	②	③	④	⑤	⑥	⑦	⑧	⑨
サ	⊖	⓪	①	②	③	④	⑤	⑥	⑦	⑧	⑨
シ	⊖	⓪	①	②	③	④	⑤	⑥	⑦	⑧	⑨
ス	⊖	⓪	①	②	③	④	⑤	⑥	⑦	⑧	⑨
セ	⊖	⓪	①	②	③	④	⑤	⑥	⑦	⑧	⑨
ソ	⊖	⓪	①	②	③	④	⑤	⑥	⑦	⑧	⑨
タ	⊖	⓪	①	②	③	④	⑤	⑥	⑦	⑧	⑨
チ	⊖	⓪	①	②	③	④	⑤	⑥	⑦	⑧	⑨
ツ	⊖	⓪	①	②	③	④	⑤	⑥	⑦	⑧	⑨
テ	⊖	⓪	①	②	③	④	⑤	⑥	⑦	⑧	⑨
ト	⊖	⓪	①	②	③	④	⑤	⑥	⑦	⑧	⑨
ナ	⊖	⓪	①	②	③	④	⑤	⑥	⑦	⑧	⑨
ニ	⊖	⓪	①	②	③	④	⑤	⑥	⑦	⑧	⑨
ヌ	⊖	⓪	①	②	③	④	⑤	⑥	⑦	⑧	⑨

6

	解			答						欄
	−	0	1	2	3	4	5	6	7	8	9
ア	⊖	⓪	①	②	③	④	⑤	⑥	⑦	⑧	⑨
イ	⊖	⓪	①	②	③	④	⑤	⑥	⑦	⑧	⑨
ウ	⊖	⓪	①	②	③	④	⑤	⑥	⑦	⑧	⑨
エ	⊖	⓪	①	②	③	④	⑤	⑥	⑦	⑧	⑨
オ	⊖	⓪	①	②	③	④	⑤	⑥	⑦	⑧	⑨
カ	⊖	⓪	①	②	③	④	⑤	⑥	⑦	⑧	⑨
キ	⊖	⓪	①	②	③	④	⑤	⑥	⑦	⑧	⑨
ク	⊖	⓪	①	②	③	④	⑤	⑥	⑦	⑧	⑨
ケ	⊖	⓪	①	②	③	④	⑤	⑥	⑦	⑧	⑨
コ	⊖	⓪	①	②	③	④	⑤	⑥	⑦	⑧	⑨
サ	⊖	⓪	①	②	③	④	⑤	⑥	⑦	⑧	⑨
シ	⊖	⓪	①	②	③	④	⑤	⑥	⑦	⑧	⑨
ス	⊖	⓪	①	②	③	④	⑤	⑥	⑦	⑧	⑨
セ	⊖	⓪	①	②	③	④	⑤	⑥	⑦	⑧	⑨
ソ	⊖	⓪	①	②	③	④	⑤	⑥	⑦	⑧	⑨
タ	⊖	⓪	①	②	③	④	⑤	⑥	⑦	⑧	⑨
チ	⊖	⓪	①	②	③	④	⑤	⑥	⑦	⑧	⑨
ツ	⊖	⓪	①	②	③	④	⑤	⑥	⑦	⑧	⑨
テ	⊖	⓪	①	②	③	④	⑤	⑥	⑦	⑧	⑨
ト	⊖	⓪	①	②	③	④	⑤	⑥	⑦	⑧	⑨
ナ	⊖	⓪	①	②	③	④	⑤	⑥	⑦	⑧	⑨
ニ	⊖	⓪	①	②	③	④	⑤	⑥	⑦	⑧	⑨
ヌ	⊖	⓪	①	②	③	④	⑤	⑥	⑦	⑧	⑨

（注）この解答用紙は実物を縮小してあります。Ｂ４用紙に128%拡大コピーすると、ほぼ実物大で使用できます。（タイトルと配点表は含みません）

推定配点	
1、2　各４点×10 3～5　各５点×12〔5ア～ウ、オ～クはそれぞれ完答〕	
100点	計

二〇二四年度　叡明高等学校　推薦一回目

国語解答用紙

評点	／100

氏名	

立　　　　中学校

1. 記入欄・マーク欄以外には記入しないでください。
2. 鉛筆で、しっかり濃くマークしてください。
3. 間違った場合には、消しゴムで、きれいに消してください。

マーク例

良い例	●	悪い例	✓ ⊙ ◐

受験番号					
⓪	⓪	⓪	⓪	⓪	⓪
①	①	①	①	①	①
②	②	②	②	②	②
③	③	③	③	③	③
④	④	④	④	④	④
⑤	⑤	⑤	⑤	⑤	⑤
⑥	⑥	⑥	⑥	⑥	⑥
⑦	⑦	⑦	⑦	⑦	⑦
⑧	⑧	⑧	⑧	⑧	⑧
⑨	⑨	⑨	⑨	⑨	⑨

問	解答欄			
1	①	②	③	④
2	①	②	③	④
3	①	②	③	④
4	①	②	③	④
5	①	②	③	④
6	①	②	③	④
7	①	②	③	④
8	①	②	③	④
9	①	②	③	④
10	①	②	③	④
11	①	②	③	④
12	①	②	③	④
13	①	②	③	④
14	①	②	③	④
15	①	②	③	④
16	①	②	③	④
17	①	②	③	④
18	①	②	③	④
19	①	②	③	④
20	①	②	③	④
21	①	②	③	④
22	①	②	③	④
23	①	②	③	④
24	①	②	③	④
25	①	②	③	④

問	解答欄			
26	①	②	③	④
27	①	②	③	④
28	①	②	③	④
29	①	②	③	④
30	①	②	③	④
31	①	②	③	④
32	①	②	③	④
33	①	②	③	④
34	①	②	③	④
35	①	②	③	④
36	①	②	③	④
37	①	②	③	④
38	①	②	③	④
39	①	②	③	④
40	①	②	③	④
41	①	②	③	④
42	①	②	③	④
43	①	②	③	④
44	①	②	③	④
45	①	②	③	④
46	①	②	③	④
47	①	②	③	④
48	①	②	③	④
49	①	②	③	④
50	①	②	③	④

（注）この解答用紙は実物を縮小してあります。B4用紙に143％拡大コピーすると、ほぼ実物大で使用できます。（タイトルと配点表は含みません）

推定配点		計
	一　問1～問4　各2点×4　問5～問10　各5点×6 二　問11～問14　各2点×4　問15～問20　各5点×6 三　各2点×12	100点

２０２４年度　叡明高等学校　推薦２回目

英語解答用紙

評点	／100

氏名	

立	中学校

1. 記入欄・マーク欄以外には記入しないでください。
2. 鉛筆で、しっかり濃くマークしてください。
3. 間違った場合には、消しゴムで、きれいに消してください。

マーク例

良い例	●	悪い例	✓ ⊙ ◐

受験番号					
0	0	0	0	0	0
1	1	1	1	1	1
2	2	2	2	2	2
3	3	3	3	3	3
4	4	4	4	4	4
5	5	5	5	5	5
6	6	6	6	6	6
7	7	7	7	7	7
8	8	8	8	8	8
9	9	9	9	9	9

問	解答欄			
1	①	②	③	④
2	①	②	③	④
3	①	②	③	④
4	①	②	③	④
5	①	②	③	④
6	①	②	③	④
7	①	②	③	④
8	①	②	③	④
9	①	②	③	④
10	①	②	③	④
11	①	②	③	④
12	①	②	③	④
13	①	②	③	④
14	①	②	③	④
15	①	②	③	④
16	①	②	③	④
17	①	②	③	④
18	①	②	③	④
19	①	②	③	④
20	①	②	③	④
21	①	②	③	④
22	①	②	③	④
23	①	②	③	④
24	①	②	③	④
25	①	②	③	④

問	解答欄			
26	①	②	③	④
27	①	②	③	④
28	①	②	③	④
29	①	②	③	④
30	①	②	③	④
31	①	②	③	④
32	①	②	③	④
33	①	②	③	④
34	①	②	③	④
35	①	②	③	④
36	①	②	③	④
37	①	②	③	④
38	①	②	③	④
39	①	②	③	④
40	①	②	③	④
41	①	②	③	④
42	①	②	③	④
43	①	②	③	④
44	①	②	③	④
45	①	②	③	④
46	①	②	③	④
47	①	②	③	④
48	①	②	③	④
49	①	②	③	④
50	①	②	③	④

（注）この解答用紙は実物を縮小してあります。Ｂ４用紙に143％拡大コピーすると、ほぼ実物大で使用できます。（タイトルと配点表は含みません）

推定配点		計
	1～3　各２点×20　4　各３点×３ 5　問24～問26　各４点×３　問27～問29　各３点×３　問30　４点 6　問31　４点　問32　３点　問33～問36　各４点×４　問37　３点	100点

2024年度　叡明高等学校　推薦2回目

数学解答用紙　No. 1

評点
/100

立	中学校
氏名	

受験番号					
0	0	0	0	0	0
1	1	1	1	1	1
2	2	2	2	2	2
3	3	3	3	3	3
4	4	4	4	4	4
5	5	5	5	5	5
6	6	6	6	6	6
7	7	7	7	7	7
8	8	8	8	8	8
9	9	9	9	9	9

マーク例

良い例	悪い例
●	⊙ ⊗ ◓

鉛筆で、しっかり濃くマークしてください。

1

	解答欄										
	−	0	1	2	3	4	5	6	7	8	9
ア	−	0	1	2	3	4	5	6	7	8	9
イ	−	0	1	2	3	4	5	6	7	8	9
ウ	−	0	1	2	3	4	5	6	7	8	9
エ	−	0	1	2	3	4	5	6	7	8	9
オ	−	0	1	2	3	4	5	6	7	8	9
カ	−	0	1	2	3	4	5	6	7	8	9
キ	−	0	1	2	3	4	5	6	7	8	9
ク	−	0	1	2	3	4	5	6	7	8	9
ケ	−	0	1	2	3	4	5	6	7	8	9
コ	−	0	1	2	3	4	5	6	7	8	9
サ	−	0	1	2	3	4	5	6	7	8	9
シ	−	0	1	2	3	4	5	6	7	8	9
ス	−	0	1	2	3	4	5	6	7	8	9
セ	−	0	1	2	3	4	5	6	7	8	9
ソ	−	0	1	2	3	4	5	6	7	8	9
タ	−	0	1	2	3	4	5	6	7	8	9
チ	−	0	1	2	3	4	5	6	7	8	9
ツ	−	0	1	2	3	4	5	6	7	8	9
テ	−	0	1	2	3	4	5	6	7	8	9
ト	−	0	1	2	3	4	5	6	7	8	9
ナ	−	0	1	2	3	4	5	6	7	8	9
ニ	−	0	1	2	3	4	5	6	7	8	9
ヌ	−	0	1	2	3	4	5	6	7	8	9

2

	解答欄										
	−	0	1	2	3	4	5	6	7	8	9
ア	−	0	1	2	3	4	5	6	7	8	9
イ	−	0	1	2	3	4	5	6	7	8	9
ウ	−	0	1	2	3	4	5	6	7	8	9
エ	−	0	1	2	3	4	5	6	7	8	9
オ	−	0	1	2	3	4	5	6	7	8	9
カ	−	0	1	2	3	4	5	6	7	8	9
キ	−	0	1	2	3	4	5	6	7	8	9
ク	−	0	1	2	3	4	5	6	7	8	9
ケ	−	0	1	2	3	4	5	6	7	8	9
コ	−	0	1	2	3	4	5	6	7	8	9
サ	−	0	1	2	3	4	5	6	7	8	9
シ	−	0	1	2	3	4	5	6	7	8	9
ス	−	0	1	2	3	4	5	6	7	8	9
セ	−	0	1	2	3	4	5	6	7	8	9
ソ	−	0	1	2	3	4	5	6	7	8	9
タ	−	0	1	2	3	4	5	6	7	8	9
チ	−	0	1	2	3	4	5	6	7	8	9
ツ	−	0	1	2	3	4	5	6	7	8	9
テ	−	0	1	2	3	4	5	6	7	8	9
ト	−	0	1	2	3	4	5	6	7	8	9
ナ	−	0	1	2	3	4	5	6	7	8	9
ニ	−	0	1	2	3	4	5	6	7	8	9
ヌ	−	0	1	2	3	4	5	6	7	8	9

3

	解答欄										
	−	0	1	2	3	4	5	6	7	8	9
ア	−	0	1	2	3	4	5	6	7	8	9
イ	−	0	1	2	3	4	5	6	7	8	9
ウ	−	0	1	2	3	4	5	6	7	8	9
エ	−	0	1	2	3	4	5	6	7	8	9
オ	−	0	1	2	3	4	5	6	7	8	9
カ	−	0	1	2	3	4	5	6	7	8	9
キ	−	0	1	2	3	4	5	6	7	8	9
ク	−	0	1	2	3	4	5	6	7	8	9
ケ	−	0	1	2	3	4	5	6	7	8	9
コ	−	0	1	2	3	4	5	6	7	8	9
サ	−	0	1	2	3	4	5	6	7	8	9
シ	−	0	1	2	3	4	5	6	7	8	9
ス	−	0	1	2	3	4	5	6	7	8	9
セ	−	0	1	2	3	4	5	6	7	8	9
ソ	−	0	1	2	3	4	5	6	7	8	9
タ	−	0	1	2	3	4	5	6	7	8	9
チ	−	0	1	2	3	4	5	6	7	8	9
ツ	−	0	1	2	3	4	5	6	7	8	9
テ	−	0	1	2	3	4	5	6	7	8	9
ト	−	0	1	2	3	4	5	6	7	8	9
ナ	−	0	1	2	3	4	5	6	7	8	9
ニ	−	0	1	2	3	4	5	6	7	8	9
ヌ	−	0	1	2	3	4	5	6	7	8	9

2024年度　叡明高等学校　推薦2回目

数学解答用紙　No. 2

4

	解				答					欄
	−	0	1	2	3	4	5	6	7	8	9
ア	⊖	⓪	①	②	③	④	⑤	⑥	⑦	⑧	⑨
イ	⊖	⓪	①	②	③	④	⑤	⑥	⑦	⑧	⑨
ウ	⊖	⓪	①	②	③	④	⑤	⑥	⑦	⑧	⑨
エ	⊖	⓪	①	②	③	④	⑤	⑥	⑦	⑧	⑨
オ	⊖	⓪	①	②	③	④	⑤	⑥	⑦	⑧	⑨
カ	⊖	⓪	①	②	③	④	⑤	⑥	⑦	⑧	⑨
キ	⊖	⓪	①	②	③	④	⑤	⑥	⑦	⑧	⑨
ク	⊖	⓪	①	②	③	④	⑤	⑥	⑦	⑧	⑨
ケ	⊖	⓪	①	②	③	④	⑤	⑥	⑦	⑧	⑨
コ	⊖	⓪	①	②	③	④	⑤	⑥	⑦	⑧	⑨
サ	⊖	⓪	①	②	③	④	⑤	⑥	⑦	⑧	⑨
シ	⊖	⓪	①	②	③	④	⑤	⑥	⑦	⑧	⑨
ス	⊖	⓪	①	②	③	④	⑤	⑥	⑦	⑧	⑨
セ	⊖	⓪	①	②	③	④	⑤	⑥	⑦	⑧	⑨
ソ	⊖	⓪	①	②	③	④	⑤	⑥	⑦	⑧	⑨
タ	⊖	⓪	①	②	③	④	⑤	⑥	⑦	⑧	⑨
チ	⊖	⓪	①	②	③	④	⑤	⑥	⑦	⑧	⑨
ツ	⊖	⓪	①	②	③	④	⑤	⑥	⑦	⑧	⑨
テ	⊖	⓪	①	②	③	④	⑤	⑥	⑦	⑧	⑨
ト	⊖	⓪	①	②	③	④	⑤	⑥	⑦	⑧	⑨
ナ	⊖	⓪	①	②	③	④	⑤	⑥	⑦	⑧	⑨
ニ	⊖	⓪	①	②	③	④	⑤	⑥	⑦	⑧	⑨
ヌ	⊖	⓪	①	②	③	④	⑤	⑥	⑦	⑧	⑨

5

	解				答					欄
	−	0	1	2	3	4	5	6	7	8	9
ア	⊖	⓪	①	②	③	④	⑤	⑥	⑦	⑧	⑨
イ	⊖	⓪	①	②	③	④	⑤	⑥	⑦	⑧	⑨
ウ	⊖	⓪	①	②	③	④	⑤	⑥	⑦	⑧	⑨
エ	⊖	⓪	①	②	③	④	⑤	⑥	⑦	⑧	⑨
オ	⊖	⓪	①	②	③	④	⑤	⑥	⑦	⑧	⑨
カ	⊖	⓪	①	②	③	④	⑤	⑥	⑦	⑧	⑨
キ	⊖	⓪	①	②	③	④	⑤	⑥	⑦	⑧	⑨
ク	⊖	⓪	①	②	③	④	⑤	⑥	⑦	⑧	⑨
ケ	⊖	⓪	①	②	③	④	⑤	⑥	⑦	⑧	⑨
コ	⊖	⓪	①	②	③	④	⑤	⑥	⑦	⑧	⑨
サ	⊖	⓪	①	②	③	④	⑤	⑥	⑦	⑧	⑨
シ	⊖	⓪	①	②	③	④	⑤	⑥	⑦	⑧	⑨
ス	⊖	⓪	①	②	③	④	⑤	⑥	⑦	⑧	⑨
セ	⊖	⓪	①	②	③	④	⑤	⑥	⑦	⑧	⑨
ソ	⊖	⓪	①	②	③	④	⑤	⑥	⑦	⑧	⑨
タ	⊖	⓪	①	②	③	④	⑤	⑥	⑦	⑧	⑨
チ	⊖	⓪	①	②	③	④	⑤	⑥	⑦	⑧	⑨
ツ	⊖	⓪	①	②	③	④	⑤	⑥	⑦	⑧	⑨
テ	⊖	⓪	①	②	③	④	⑤	⑥	⑦	⑧	⑨
ト	⊖	⓪	①	②	③	④	⑤	⑥	⑦	⑧	⑨
ナ	⊖	⓪	①	②	③	④	⑤	⑥	⑦	⑧	⑨
ニ	⊖	⓪	①	②	③	④	⑤	⑥	⑦	⑧	⑨
ヌ	⊖	⓪	①	②	③	④	⑤	⑥	⑦	⑧	⑨

6

	解				答					欄
	−	0	1	2	3	4	5	6	7	8	9
ア	⊖	⓪	①	②	③	④	⑤	⑥	⑦	⑧	⑨
イ	⊖	⓪	①	②	③	④	⑤	⑥	⑦	⑧	⑨
ウ	⊖	⓪	①	②	③	④	⑤	⑥	⑦	⑧	⑨
エ	⊖	⓪	①	②	③	④	⑤	⑥	⑦	⑧	⑨
オ	⊖	⓪	①	②	③	④	⑤	⑥	⑦	⑧	⑨
カ	⊖	⓪	①	②	③	④	⑤	⑥	⑦	⑧	⑨
キ	⊖	⓪	①	②	③	④	⑤	⑥	⑦	⑧	⑨
ク	⊖	⓪	①	②	③	④	⑤	⑥	⑦	⑧	⑨
ケ	⊖	⓪	①	②	③	④	⑤	⑥	⑦	⑧	⑨
コ	⊖	⓪	①	②	③	④	⑤	⑥	⑦	⑧	⑨
サ	⊖	⓪	①	②	③	④	⑤	⑥	⑦	⑧	⑨
シ	⊖	⓪	①	②	③	④	⑤	⑥	⑦	⑧	⑨
ス	⊖	⓪	①	②	③	④	⑤	⑥	⑦	⑧	⑨
セ	⊖	⓪	①	②	③	④	⑤	⑥	⑦	⑧	⑨
ソ	⊖	⓪	①	②	③	④	⑤	⑥	⑦	⑧	⑨
タ	⊖	⓪	①	②	③	④	⑤	⑥	⑦	⑧	⑨
チ	⊖	⓪	①	②	③	④	⑤	⑥	⑦	⑧	⑨
ツ	⊖	⓪	①	②	③	④	⑤	⑥	⑦	⑧	⑨
テ	⊖	⓪	①	②	③	④	⑤	⑥	⑦	⑧	⑨
ト	⊖	⓪	①	②	③	④	⑤	⑥	⑦	⑧	⑨
ナ	⊖	⓪	①	②	③	④	⑤	⑥	⑦	⑧	⑨
ニ	⊖	⓪	①	②	③	④	⑤	⑥	⑦	⑧	⑨
ヌ	⊖	⓪	①	②	③	④	⑤	⑥	⑦	⑧	⑨

（注）この解答用紙は実物を縮小してあります。Ｂ４用紙に128%拡大コピーすると、ほぼ実物大で使用できます。（タイトルと配点表は含みません）

推定配点	
1、2 各4点×10 3～5 各5点×12〔5アイ、ウ～キ、ク～コはそれぞれ完答〕	
100点	計

二〇二四年度　叡明高等学校　推薦２回目

国語解答用紙

評点	／100

氏名	

立	中学校

1. 記入欄・マーク欄以外には記入しないでください。
2. 鉛筆で、しっかり濃くマークしてください。
3. 間違った場合には、消しゴムで、きれいに消してください。

マーク例

良い例	●	悪い例	✓ ◉ ◐

受験番号					
⓪	⓪	⓪	⓪	⓪	⓪
①	①	①	①	①	①
②	②	②	②	②	②
③	③	③	③	③	③
④	④	④	④	④	④
⑤	⑤	⑤	⑤	⑤	⑤
⑥	⑥	⑥	⑥	⑥	⑥
⑦	⑦	⑦	⑦	⑦	⑦
⑧	⑧	⑧	⑧	⑧	⑧
⑨	⑨	⑨	⑨	⑨	⑨

問	解答欄			
1	①	②	③	④
2	①	②	③	④
3	①	②	③	④
4	①	②	③	④
5	①	②	③	④
6	①	②	③	④
7	①	②	③	④
8	①	②	③	④
9	①	②	③	④
10	①	②	③	④
11	①	②	③	④
12	①	②	③	④
13	①	②	③	④
14	①	②	③	④
15	①	②	③	④
16	①	②	③	④
17	①	②	③	④
18	①	②	③	④
19	①	②	③	④
20	①	②	③	④
21	①	②	③	④
22	①	②	③	④
23	①	②	③	④
24	①	②	③	④
25	①	②	③	④

問	解答欄			
26	①	②	③	④
27	①	②	③	④
28	①	②	③	④
29	①	②	③	④
30	①	②	③	④
31	①	②	③	④
32	①	②	③	④
33	①	②	③	④
34	①	②	③	④
35	①	②	③	④
36	①	②	③	④
37	①	②	③	④
38	①	②	③	④
39	①	②	③	④
40	①	②	③	④
41	①	②	③	④
42	①	②	③	④
43	①	②	③	④
44	①	②	③	④
45	①	②	③	④
46	①	②	③	④
47	①	②	③	④
48	①	②	③	④
49	①	②	③	④
50	①	②	③	④

（注）この解答用紙は実物を縮小してあります。Ｂ４用紙に143％拡大コピーすると、ほぼ実物大で使用できます。（タイトルと配点表は含みません）

推定配点		計
	一　問１～問４　各２点×４　問５～問10　各５点×６ 二　問11～問14　各２点×４　問15～問20　各５点×６ 三　各２点×12	100点

2023年度　叡明高等学校　推薦1回目

英語解答用紙

評点	／100

氏名	

立	中学校

1. 記入欄・マーク欄以外には記入しないでください。
2. 鉛筆で、しっかり濃くマークしてください。
3. 間違った場合には、消しゴムで、きれいに消してください。

マーク例

良い例	●	悪い例	✓ ⊙ ◐

受験番号					
⓪	⓪	⓪	⓪	⓪	⓪
①	①	①	①	①	①
②	②	②	②	②	②
③	③	③	③	③	③
④	④	④	④	④	④
⑤	⑤	⑤	⑤	⑤	⑤
⑥	⑥	⑥	⑥	⑥	⑥
⑦	⑦	⑦	⑦	⑦	⑦
⑧	⑧	⑧	⑧	⑧	⑧
⑨	⑨	⑨	⑨	⑨	⑨

問	解答欄			
1	①	②	③	④
2	①	②	③	④
3	①	②	③	④
4	①	②	③	④
5	①	②	③	④
6	①	②	③	④
7	①	②	③	④
8	①	②	③	④
9	①	②	③	④
10	①	②	③	④
11	①	②	③	④
12	①	②	③	④
13	①	②	③	④
14	①	②	③	④
15	①	②	③	④
16	①	②	③	④
17	①	②	③	④
18	①	②	③	④
19	①	②	③	④
20	①	②	③	④
21	①	②	③	④
22	①	②	③	④
23	①	②	③	④
24	①	②	③	④
25	①	②	③	④

問	解答欄			
26	①	②	③	④
27	①	②	③	④
28	①	②	③	④
29	①	②	③	④
30	①	②	③	④
31	①	②	③	④
32	①	②	③	④
33	①	②	③	④
34	①	②	③	④
35	①	②	③	④
36	①	②	③	④
37	①	②	③	④
38	①	②	③	④
39	①	②	③	④
40	①	②	③	④
41	①	②	③	④
42	①	②	③	④
43	①	②	③	④
44	①	②	③	④
45	①	②	③	④
46	①	②	③	④
47	①	②	③	④
48	①	②	③	④
49	①	②	③	④
50	①	②	③	④

（注）この解答用紙は実物を縮小してあります。B4用紙に143％拡大コピーすると、ほぼ実物大で使用できます。（タイトルと配点表は含みません）

推定配点		計
	1～3　各2点×20　4　各3点×3 5　問24～問27　各3点×4　問28　4点　問29　3点　問30　4点 6　各4点×7	100点

２０２３年度　叡明高等学校　推薦１回目

数学解答用紙　No.１

評点
／100

立	中学校
氏名	

受験番号					
⓪	⓪	⓪	⓪	⓪	⓪
①	①	①	①	①	①
②	②	②	②	②	②
③	③	③	③	③	③
④	④	④	④	④	④
⑤	⑤	⑤	⑤	⑤	⑤
⑥	⑥	⑥	⑥	⑥	⑥
⑦	⑦	⑦	⑦	⑦	⑦
⑧	⑧	⑧	⑧	⑧	⑧
⑨	⑨	⑨	⑨	⑨	⑨

マーク例

良い例	悪い例
●	⊙ ⊗ ◓

鉛筆で、しっかり濃くマークしてください。

1

	解				答					欄	
	−	0	1	2	3	4	5	6	7	8	9
ア	⊖	⓪	①	②	③	④	⑤	⑥	⑦	⑧	⑨
イ	⊖	⓪	①	②	③	④	⑤	⑥	⑦	⑧	⑨
ウ	⊖	⓪	①	②	③	④	⑤	⑥	⑦	⑧	⑨
エ	⊖	⓪	①	②	③	④	⑤	⑥	⑦	⑧	⑨
オ	⊖	⓪	①	②	③	④	⑤	⑥	⑦	⑧	⑨
カ	⊖	⓪	①	②	③	④	⑤	⑥	⑦	⑧	⑨
キ	⊖	⓪	①	②	③	④	⑤	⑥	⑦	⑧	⑨
ク	⊖	⓪	①	②	③	④	⑤	⑥	⑦	⑧	⑨
ケ	⊖	⓪	①	②	③	④	⑤	⑥	⑦	⑧	⑨
コ	⊖	⓪	①	②	③	④	⑤	⑥	⑦	⑧	⑨
サ	⊖	⓪	①	②	③	④	⑤	⑥	⑦	⑧	⑨
シ	⊖	⓪	①	②	③	④	⑤	⑥	⑦	⑧	⑨
ス	⊖	⓪	①	②	③	④	⑤	⑥	⑦	⑧	⑨
セ	⊖	⓪	①	②	③	④	⑤	⑥	⑦	⑧	⑨
ソ	⊖	⓪	①	②	③	④	⑤	⑥	⑦	⑧	⑨
タ	⊖	⓪	①	②	③	④	⑤	⑥	⑦	⑧	⑨
チ	⊖	⓪	①	②	③	④	⑤	⑥	⑦	⑧	⑨
ツ	⊖	⓪	①	②	③	④	⑤	⑥	⑦	⑧	⑨
テ	⊖	⓪	①	②	③	④	⑤	⑥	⑦	⑧	⑨
ト	⊖	⓪	①	②	③	④	⑤	⑥	⑦	⑧	⑨
ナ	⊖	⓪	①	②	③	④	⑤	⑥	⑦	⑧	⑨
ニ	⊖	⓪	①	②	③	④	⑤	⑥	⑦	⑧	⑨
ヌ	⊖	⓪	①	②	③	④	⑤	⑥	⑦	⑧	⑨

2

	解				答					欄	
	−	0	1	2	3	4	5	6	7	8	9
ア	⊖	⓪	①	②	③	④	⑤	⑥	⑦	⑧	⑨
イ	⊖	⓪	①	②	③	④	⑤	⑥	⑦	⑧	⑨
ウ	⊖	⓪	①	②	③	④	⑤	⑥	⑦	⑧	⑨
エ	⊖	⓪	①	②	③	④	⑤	⑥	⑦	⑧	⑨
オ	⊖	⓪	①	②	③	④	⑤	⑥	⑦	⑧	⑨
カ	⊖	⓪	①	②	③	④	⑤	⑥	⑦	⑧	⑨
キ	⊖	⓪	①	②	③	④	⑤	⑥	⑦	⑧	⑨
ク	⊖	⓪	①	②	③	④	⑤	⑥	⑦	⑧	⑨
ケ	⊖	⓪	①	②	③	④	⑤	⑥	⑦	⑧	⑨
コ	⊖	⓪	①	②	③	④	⑤	⑥	⑦	⑧	⑨
サ	⊖	⓪	①	②	③	④	⑤	⑥	⑦	⑧	⑨
シ	⊖	⓪	①	②	③	④	⑤	⑥	⑦	⑧	⑨
ス	⊖	⓪	①	②	③	④	⑤	⑥	⑦	⑧	⑨
セ	⊖	⓪	①	②	③	④	⑤	⑥	⑦	⑧	⑨
ソ	⊖	⓪	①	②	③	④	⑤	⑥	⑦	⑧	⑨
タ	⊖	⓪	①	②	③	④	⑤	⑥	⑦	⑧	⑨
チ	⊖	⓪	①	②	③	④	⑤	⑥	⑦	⑧	⑨
ツ	⊖	⓪	①	②	③	④	⑤	⑥	⑦	⑧	⑨
テ	⊖	⓪	①	②	③	④	⑤	⑥	⑦	⑧	⑨
ト	⊖	⓪	①	②	③	④	⑤	⑥	⑦	⑧	⑨
ナ	⊖	⓪	①	②	③	④	⑤	⑥	⑦	⑧	⑨
ニ	⊖	⓪	①	②	③	④	⑤	⑥	⑦	⑧	⑨
ヌ	⊖	⓪	①	②	③	④	⑤	⑥	⑦	⑧	⑨

3

	解				答					欄	
	−	0	1	2	3	4	5	6	7	8	9
ア	⊖	⓪	①	②	③	④	⑤	⑥	⑦	⑧	⑨
イ	⊖	⓪	①	②	③	④	⑤	⑥	⑦	⑧	⑨
ウ	⊖	⓪	①	②	③	④	⑤	⑥	⑦	⑧	⑨
エ	⊖	⓪	①	②	③	④	⑤	⑥	⑦	⑧	⑨
オ	⊖	⓪	①	②	③	④	⑤	⑥	⑦	⑧	⑨
カ	⊖	⓪	①	②	③	④	⑤	⑥	⑦	⑧	⑨
キ	⊖	⓪	①	②	③	④	⑤	⑥	⑦	⑧	⑨
ク	⊖	⓪	①	②	③	④	⑤	⑥	⑦	⑧	⑨
ケ	⊖	⓪	①	②	③	④	⑤	⑥	⑦	⑧	⑨
コ	⊖	⓪	①	②	③	④	⑤	⑥	⑦	⑧	⑨
サ	⊖	⓪	①	②	③	④	⑤	⑥	⑦	⑧	⑨
シ	⊖	⓪	①	②	③	④	⑤	⑥	⑦	⑧	⑨
ス	⊖	⓪	①	②	③	④	⑤	⑥	⑦	⑧	⑨
セ	⊖	⓪	①	②	③	④	⑤	⑥	⑦	⑧	⑨
ソ	⊖	⓪	①	②	③	④	⑤	⑥	⑦	⑧	⑨
タ	⊖	⓪	①	②	③	④	⑤	⑥	⑦	⑧	⑨
チ	⊖	⓪	①	②	③	④	⑤	⑥	⑦	⑧	⑨
ツ	⊖	⓪	①	②	③	④	⑤	⑥	⑦	⑧	⑨
テ	⊖	⓪	①	②	③	④	⑤	⑥	⑦	⑧	⑨
ト	⊖	⓪	①	②	③	④	⑤	⑥	⑦	⑧	⑨
ナ	⊖	⓪	①	②	③	④	⑤	⑥	⑦	⑧	⑨
ニ	⊖	⓪	①	②	③	④	⑤	⑥	⑦	⑧	⑨
ヌ	⊖	⓪	①	②	③	④	⑤	⑥	⑦	⑧	⑨

2023年度　叡明高等学校　推薦1回目

数学解答用紙　No. 2

6

	解	答									欄
	－	0	1	2	3	4	5	6	7	8	9
ア	⊖	⓪	①	②	③	④	⑤	⑥	⑦	⑧	⑨
イ	⊖	⓪	①	②	③	④	⑤	⑥	⑦	⑧	⑨
ウ	⊖	⓪	①	②	③	④	⑤	⑥	⑦	⑧	⑨
エ	⊖	⓪	①	②	③	④	⑤	⑥	⑦	⑧	⑨
オ	⊖	⓪	①	②	③	④	⑤	⑥	⑦	⑧	⑨
カ	⊖	⓪	①	②	③	④	⑤	⑥	⑦	⑧	⑨
キ	⊖	⓪	①	②	③	④	⑤	⑥	⑦	⑧	⑨
ク	⊖	⓪	①	②	③	④	⑤	⑥	⑦	⑧	⑨
ケ	⊖	⓪	①	②	③	④	⑤	⑥	⑦	⑧	⑨
コ	⊖	⓪	①	②	③	④	⑤	⑥	⑦	⑧	⑨
サ	⊖	⓪	①	②	③	④	⑤	⑥	⑦	⑧	⑨
シ	⊖	⓪	①	②	③	④	⑤	⑥	⑦	⑧	⑨
ス	⊖	⓪	①	②	③	④	⑤	⑥	⑦	⑧	⑨
セ	⊖	⓪	①	②	③	④	⑤	⑥	⑦	⑧	⑨
ソ	⊖	⓪	①	②	③	④	⑤	⑥	⑦	⑧	⑨
タ	⊖	⓪	①	②	③	④	⑤	⑥	⑦	⑧	⑨
チ	⊖	⓪	①	②	③	④	⑤	⑥	⑦	⑧	⑨
ツ	⊖	⓪	①	②	③	④	⑤	⑥	⑦	⑧	⑨
テ	⊖	⓪	①	②	③	④	⑤	⑥	⑦	⑧	⑨
ト	⊖	⓪	①	②	③	④	⑤	⑥	⑦	⑧	⑨
ナ	⊖	⓪	①	②	③	④	⑤	⑥	⑦	⑧	⑨
ニ	⊖	⓪	①	②	③	④	⑤	⑥	⑦	⑧	⑨
ヌ	⊖	⓪	①	②	③	④	⑤	⑥	⑦	⑧	⑨

5

	解	答									欄
	－	0	1	2	3	4	5	6	7	8	9
ア	⊖	⓪	①	②	③	④	⑤	⑥	⑦	⑧	⑨
イ	⊖	⓪	①	②	③	④	⑤	⑥	⑦	⑧	⑨
ウ	⊖	⓪	①	②	③	④	⑤	⑥	⑦	⑧	⑨
エ	⊖	⓪	①	②	③	④	⑤	⑥	⑦	⑧	⑨
オ	⊖	⓪	①	②	③	④	⑤	⑥	⑦	⑧	⑨
カ	⊖	⓪	①	②	③	④	⑤	⑥	⑦	⑧	⑨
キ	⊖	⓪	①	②	③	④	⑤	⑥	⑦	⑧	⑨
ク	⊖	⓪	①	②	③	④	⑤	⑥	⑦	⑧	⑨
ケ	⊖	⓪	①	②	③	④	⑤	⑥	⑦	⑧	⑨
コ	⊖	⓪	①	②	③	④	⑤	⑥	⑦	⑧	⑨
サ	⊖	⓪	①	②	③	④	⑤	⑥	⑦	⑧	⑨
シ	⊖	⓪	①	②	③	④	⑤	⑥	⑦	⑧	⑨
ス	⊖	⓪	①	②	③	④	⑤	⑥	⑦	⑧	⑨
セ	⊖	⓪	①	②	③	④	⑤	⑥	⑦	⑧	⑨
ソ	⊖	⓪	①	②	③	④	⑤	⑥	⑦	⑧	⑨
タ	⊖	⓪	①	②	③	④	⑤	⑥	⑦	⑧	⑨
チ	⊖	⓪	①	②	③	④	⑤	⑥	⑦	⑧	⑨
ツ	⊖	⓪	①	②	③	④	⑤	⑥	⑦	⑧	⑨
テ	⊖	⓪	①	②	③	④	⑤	⑥	⑦	⑧	⑨
ト	⊖	⓪	①	②	③	④	⑤	⑥	⑦	⑧	⑨
ナ	⊖	⓪	①	②	③	④	⑤	⑥	⑦	⑧	⑨
ニ	⊖	⓪	①	②	③	④	⑤	⑥	⑦	⑧	⑨
ヌ	⊖	⓪	①	②	③	④	⑤	⑥	⑦	⑧	⑨

4

	解	答									欄
	－	0	1	2	3	4	5	6	7	8	9
ア	⊖	⓪	①	②	③	④	⑤	⑥	⑦	⑧	⑨
イ	⊖	⓪	①	②	③	④	⑤	⑥	⑦	⑧	⑨
ウ	⊖	⓪	①	②	③	④	⑤	⑥	⑦	⑧	⑨
エ	⊖	⓪	①	②	③	④	⑤	⑥	⑦	⑧	⑨
オ	⊖	⓪	①	②	③	④	⑤	⑥	⑦	⑧	⑨
カ	⊖	⓪	①	②	③	④	⑤	⑥	⑦	⑧	⑨
キ	⊖	⓪	①	②	③	④	⑤	⑥	⑦	⑧	⑨
ク	⊖	⓪	①	②	③	④	⑤	⑥	⑦	⑧	⑨
ケ	⊖	⓪	①	②	③	④	⑤	⑥	⑦	⑧	⑨
コ	⊖	⓪	①	②	③	④	⑤	⑥	⑦	⑧	⑨
サ	⊖	⓪	①	②	③	④	⑤	⑥	⑦	⑧	⑨
シ	⊖	⓪	①	②	③	④	⑤	⑥	⑦	⑧	⑨
ス	⊖	⓪	①	②	③	④	⑤	⑥	⑦	⑧	⑨
セ	⊖	⓪	①	②	③	④	⑤	⑥	⑦	⑧	⑨
ソ	⊖	⓪	①	②	③	④	⑤	⑥	⑦	⑧	⑨
タ	⊖	⓪	①	②	③	④	⑤	⑥	⑦	⑧	⑨
チ	⊖	⓪	①	②	③	④	⑤	⑥	⑦	⑧	⑨
ツ	⊖	⓪	①	②	③	④	⑤	⑥	⑦	⑧	⑨
テ	⊖	⓪	①	②	③	④	⑤	⑥	⑦	⑧	⑨
ト	⊖	⓪	①	②	③	④	⑤	⑥	⑦	⑧	⑨
ナ	⊖	⓪	①	②	③	④	⑤	⑥	⑦	⑧	⑨
ニ	⊖	⓪	①	②	③	④	⑤	⑥	⑦	⑧	⑨
ヌ	⊖	⓪	①	②	③	④	⑤	⑥	⑦	⑧	⑨

（注）この解答用紙は実物を縮小してあります。Ｂ４用紙に128％拡大コピーすると、ほぼ実物大で使用できます。（タイトルと配点表は含みません）

推定配点	
1、2　各４点×10 3～5　各５点×12〔4は各５点×５、5は各５点×３〕	
100点	計

二〇二三年度　　叡明高等学校　推薦一回目

国語解答用紙

評点	／100

氏名	

立　　　　中学校

1. 記入欄・マーク欄以外には記入しないでください。
2. 鉛筆で、しっかり濃くマークしてください。
3. 間違った場合には、消しゴムで、きれいに消してください。

マーク例

良い例	●	悪い例	✓ ◉ ◐

受験番号					
⓪	⓪	⓪	⓪	⓪	⓪
①	①	①	①	①	①
②	②	②	②	②	②
③	③	③	③	③	③
④	④	④	④	④	④
⑤	⑤	⑤	⑤	⑤	⑤
⑥	⑥	⑥	⑥	⑥	⑥
⑦	⑦	⑦	⑦	⑦	⑦
⑧	⑧	⑧	⑧	⑧	⑧
⑨	⑨	⑨	⑨	⑨	⑨

問	解答欄			
1	①	②	③	④
2	①	②	③	④
3	①	②	③	④
4	①	②	③	④
5	①	②	③	④
6	①	②	③	④
7	①	②	③	④
8	①	②	③	④
9	①	②	③	④
10	①	②	③	④
11	①	②	③	④
12	①	②	③	④
13	①	②	③	④
14	①	②	③	④
15	①	②	③	④
16	①	②	③	④
17	①	②	③	④
18	①	②	③	④
19	①	②	③	④
20	①	②	③	④
21	①	②	③	④
22	①	②	③	④
23	①	②	③	④
24	①	②	③	④
25	①	②	③	④

問	解答欄			
26	①	②	③	④
27	①	②	③	④
28	①	②	③	④
29	①	②	③	④
30	①	②	③	④
31	①	②	③	④
32	①	②	③	④
33	①	②	③	④
34	①	②	③	④
35	①	②	③	④
36	①	②	③	④
37	①	②	③	④
38	①	②	③	④
39	①	②	③	④
40	①	②	③	④
41	①	②	③	④
42	①	②	③	④
43	①	②	③	④
44	①	②	③	④
45	①	②	③	④
46	①	②	③	④
47	①	②	③	④
48	①	②	③	④
49	①	②	③	④
50	①	②	③	④

（注）この解答用紙は実物を縮小してあります。B4用紙に143%拡大コピーすると、ほぼ実物大で使用できます。（タイトルと配点表は含みません）

推定配点		計
	一　問１～問４　各２点×４　問５～問10　各５点×６ 二　問11～問14　各２点×４　問15～問20　各５点×６ 三　各２点×12	100点

２０２３年度　叡明高等学校　推薦２回目

英語解答用紙

評点	／100

氏名	

立	中学校

1. 記入欄・マーク欄以外には記入しないでください。
2. 鉛筆で、しっかり濃くマークしてください。
3. 間違った場合には、消しゴムで、きれいに消してください。

マーク例

良い例	●	悪い例	✓ ⊙ ◐

受験番号					
⓪	⓪	⓪	⓪	⓪	⓪
①	①	①	①	①	①
②	②	②	②	②	②
③	③	③	③	③	③
④	④	④	④	④	④
⑤	⑤	⑤	⑤	⑤	⑤
⑥	⑥	⑥	⑥	⑥	⑥
⑦	⑦	⑦	⑦	⑦	⑦
⑧	⑧	⑧	⑧	⑧	⑧
⑨	⑨	⑨	⑨	⑨	⑨

問	解答欄			
1	①	②	③	④
2	①	②	③	④
3	①	②	③	④
4	①	②	③	④
5	①	②	③	④
6	①	②	③	④
7	①	②	③	④
8	①	②	③	④
9	①	②	③	④
10	①	②	③	④
11	①	②	③	④
12	①	②	③	④
13	①	②	③	④
14	①	②	③	④
15	①	②	③	④
16	①	②	③	④
17	①	②	③	④
18	①	②	③	④
19	①	②	③	④
20	①	②	③	④
21	①	②	③	④
22	①	②	③	④
23	①	②	③	④
24	①	②	③	④
25	①	②	③	④

問	解答欄			
26	①	②	③	④
27	①	②	③	④
28	①	②	③	④
29	①	②	③	④
30	①	②	③	④
31	①	②	③	④
32	①	②	③	④
33	①	②	③	④
34	①	②	③	④
35	①	②	③	④
36	①	②	③	④
37	①	②	③	④
38	①	②	③	④
39	①	②	③	④
40	①	②	③	④
41	①	②	③	④
42	①	②	③	④
43	①	②	③	④
44	①	②	③	④
45	①	②	③	④
46	①	②	③	④
47	①	②	③	④
48	①	②	③	④
49	①	②	③	④
50	①	②	③	④

（注）この解答用紙は実物を縮小してあります。B4用紙に143％拡大コピーすると、ほぼ実物大で使用できます。（タイトルと配点表は含みません）

推定配点		計
	1～3　各２点×20　4　各３点×３ 5　問24，問25　各３点×２　問26　４点 問27～問29　各３点×３　問30　４点 6　各４点×７	100点

2023年度　叡明高等学校　推薦2回目

数学解答用紙　No. 1

評点　/100

立	中学校
氏名	

受験番号					
⓪	⓪	⓪	⓪	⓪	⓪
①	①	①	①	①	①
②	②	②	②	②	②
③	③	③	③	③	③
④	④	④	④	④	④
⑤	⑤	⑤	⑤	⑤	⑤
⑥	⑥	⑥	⑥	⑥	⑥
⑦	⑦	⑦	⑦	⑦	⑦
⑧	⑧	⑧	⑧	⑧	⑧
⑨	⑨	⑨	⑨	⑨	⑨

マーク例

良い例	悪い例
●	⊙ ⊗ ◓

鉛筆で、しっかり濃くマークしてください。

1

解答欄	−	0	1	2	3	4	5	6	7	8	9
ア	⊖	⓪	①	②	③	④	⑤	⑥	⑦	⑧	⑨
イ	⊖	⓪	①	②	③	④	⑤	⑥	⑦	⑧	⑨
ウ	⊖	⓪	①	②	③	④	⑤	⑥	⑦	⑧	⑨
エ	⊖	⓪	①	②	③	④	⑤	⑥	⑦	⑧	⑨
オ	⊖	⓪	①	②	③	④	⑤	⑥	⑦	⑧	⑨
カ	⊖	⓪	①	②	③	④	⑤	⑥	⑦	⑧	⑨
キ	⊖	⓪	①	②	③	④	⑤	⑥	⑦	⑧	⑨
ク	⊖	⓪	①	②	③	④	⑤	⑥	⑦	⑧	⑨
ケ	⊖	⓪	①	②	③	④	⑤	⑥	⑦	⑧	⑨
コ	⊖	⓪	①	②	③	④	⑤	⑥	⑦	⑧	⑨
サ	⊖	⓪	①	②	③	④	⑤	⑥	⑦	⑧	⑨
シ	⊖	⓪	①	②	③	④	⑤	⑥	⑦	⑧	⑨
ス	⊖	⓪	①	②	③	④	⑤	⑥	⑦	⑧	⑨
セ	⊖	⓪	①	②	③	④	⑤	⑥	⑦	⑧	⑨
ソ	⊖	⓪	①	②	③	④	⑤	⑥	⑦	⑧	⑨
タ	⊖	⓪	①	②	③	④	⑤	⑥	⑦	⑧	⑨
チ	⊖	⓪	①	②	③	④	⑤	⑥	⑦	⑧	⑨
ツ	⊖	⓪	①	②	③	④	⑤	⑥	⑦	⑧	⑨
テ	⊖	⓪	①	②	③	④	⑤	⑥	⑦	⑧	⑨
ト	⊖	⓪	①	②	③	④	⑤	⑥	⑦	⑧	⑨
ナ	⊖	⓪	①	②	③	④	⑤	⑥	⑦	⑧	⑨
ニ	⊖	⓪	①	②	③	④	⑤	⑥	⑦	⑧	⑨
ヌ	⊖	⓪	①	②	③	④	⑤	⑥	⑦	⑧	⑨

2

解答欄	−	0	1	2	3	4	5	6	7	8	9
ア	⊖	⓪	①	②	③	④	⑤	⑥	⑦	⑧	⑨
イ	⊖	⓪	①	②	③	④	⑤	⑥	⑦	⑧	⑨
ウ	⊖	⓪	①	②	③	④	⑤	⑥	⑦	⑧	⑨
エ	⊖	⓪	①	②	③	④	⑤	⑥	⑦	⑧	⑨
オ	⊖	⓪	①	②	③	④	⑤	⑥	⑦	⑧	⑨
カ	⊖	⓪	①	②	③	④	⑤	⑥	⑦	⑧	⑨
キ	⊖	⓪	①	②	③	④	⑤	⑥	⑦	⑧	⑨
ク	⊖	⓪	①	②	③	④	⑤	⑥	⑦	⑧	⑨
ケ	⊖	⓪	①	②	③	④	⑤	⑥	⑦	⑧	⑨
コ	⊖	⓪	①	②	③	④	⑤	⑥	⑦	⑧	⑨
サ	⊖	⓪	①	②	③	④	⑤	⑥	⑦	⑧	⑨
シ	⊖	⓪	①	②	③	④	⑤	⑥	⑦	⑧	⑨
ス	⊖	⓪	①	②	③	④	⑤	⑥	⑦	⑧	⑨
セ	⊖	⓪	①	②	③	④	⑤	⑥	⑦	⑧	⑨
ソ	⊖	⓪	①	②	③	④	⑤	⑥	⑦	⑧	⑨
タ	⊖	⓪	①	②	③	④	⑤	⑥	⑦	⑧	⑨
チ	⊖	⓪	①	②	③	④	⑤	⑥	⑦	⑧	⑨
ツ	⊖	⓪	①	②	③	④	⑤	⑥	⑦	⑧	⑨
テ	⊖	⓪	①	②	③	④	⑤	⑥	⑦	⑧	⑨
ト	⊖	⓪	①	②	③	④	⑤	⑥	⑦	⑧	⑨
ナ	⊖	⓪	①	②	③	④	⑤	⑥	⑦	⑧	⑨
ニ	⊖	⓪	①	②	③	④	⑤	⑥	⑦	⑧	⑨
ヌ	⊖	⓪	①	②	③	④	⑤	⑥	⑦	⑧	⑨

3

解答欄	−	0	1	2	3	4	5	6	7	8	9
ア	⊖	⓪	①	②	③	④	⑤	⑥	⑦	⑧	⑨
イ	⊖	⓪	①	②	③	④	⑤	⑥	⑦	⑧	⑨
ウ	⊖	⓪	①	②	③	④	⑤	⑥	⑦	⑧	⑨
エ	⊖	⓪	①	②	③	④	⑤	⑥	⑦	⑧	⑨
オ	⊖	⓪	①	②	③	④	⑤	⑥	⑦	⑧	⑨
カ	⊖	⓪	①	②	③	④	⑤	⑥	⑦	⑧	⑨
キ	⊖	⓪	①	②	③	④	⑤	⑥	⑦	⑧	⑨
ク	⊖	⓪	①	②	③	④	⑤	⑥	⑦	⑧	⑨
ケ	⊖	⓪	①	②	③	④	⑤	⑥	⑦	⑧	⑨
コ	⊖	⓪	①	②	③	④	⑤	⑥	⑦	⑧	⑨
サ	⊖	⓪	①	②	③	④	⑤	⑥	⑦	⑧	⑨
シ	⊖	⓪	①	②	③	④	⑤	⑥	⑦	⑧	⑨
ス	⊖	⓪	①	②	③	④	⑤	⑥	⑦	⑧	⑨
セ	⊖	⓪	①	②	③	④	⑤	⑥	⑦	⑧	⑨
ソ	⊖	⓪	①	②	③	④	⑤	⑥	⑦	⑧	⑨
タ	⊖	⓪	①	②	③	④	⑤	⑥	⑦	⑧	⑨
チ	⊖	⓪	①	②	③	④	⑤	⑥	⑦	⑧	⑨
ツ	⊖	⓪	①	②	③	④	⑤	⑥	⑦	⑧	⑨
テ	⊖	⓪	①	②	③	④	⑤	⑥	⑦	⑧	⑨
ト	⊖	⓪	①	②	③	④	⑤	⑥	⑦	⑧	⑨
ナ	⊖	⓪	①	②	③	④	⑤	⑥	⑦	⑧	⑨
ニ	⊖	⓪	①	②	③	④	⑤	⑥	⑦	⑧	⑨
ヌ	⊖	⓪	①	②	③	④	⑤	⑥	⑦	⑧	⑨

2023年度　叡明高等学校　推薦2回目

数学解答用紙　No. 2

4

	解				答					欄
	−	0	1	2	3	4	5	6	7	8	9
ア	⊖	⓪	①	②	③	④	⑤	⑥	⑦	⑧	⑨
イ	⊖	⓪	①	②	③	④	⑤	⑥	⑦	⑧	⑨
ウ	⊖	⓪	①	②	③	④	⑤	⑥	⑦	⑧	⑨
エ	⊖	⓪	①	②	③	④	⑤	⑥	⑦	⑧	⑨
オ	⊖	⓪	①	②	③	④	⑤	⑥	⑦	⑧	⑨
カ	⊖	⓪	①	②	③	④	⑤	⑥	⑦	⑧	⑨
キ	⊖	⓪	①	②	③	④	⑤	⑥	⑦	⑧	⑨
ク	⊖	⓪	①	②	③	④	⑤	⑥	⑦	⑧	⑨
ケ	⊖	⓪	①	②	③	④	⑤	⑥	⑦	⑧	⑨
コ	⊖	⓪	①	②	③	④	⑤	⑥	⑦	⑧	⑨
サ	⊖	⓪	①	②	③	④	⑤	⑥	⑦	⑧	⑨
シ	⊖	⓪	①	②	③	④	⑤	⑥	⑦	⑧	⑨
ス	⊖	⓪	①	②	③	④	⑤	⑥	⑦	⑧	⑨
セ	⊖	⓪	①	②	③	④	⑤	⑥	⑦	⑧	⑨
ソ	⊖	⓪	①	②	③	④	⑤	⑥	⑦	⑧	⑨
タ	⊖	⓪	①	②	③	④	⑤	⑥	⑦	⑧	⑨
チ	⊖	⓪	①	②	③	④	⑤	⑥	⑦	⑧	⑨
ツ	⊖	⓪	①	②	③	④	⑤	⑥	⑦	⑧	⑨
テ	⊖	⓪	①	②	③	④	⑤	⑥	⑦	⑧	⑨
ト	⊖	⓪	①	②	③	④	⑤	⑥	⑦	⑧	⑨
ナ	⊖	⓪	①	②	③	④	⑤	⑥	⑦	⑧	⑨
ニ	⊖	⓪	①	②	③	④	⑤	⑥	⑦	⑧	⑨
ヌ	⊖	⓪	①	②	③	④	⑤	⑥	⑦	⑧	⑨

5

	解				答					欄
	−	0	1	2	3	4	5	6	7	8	9
ア	⊖	⓪	①	②	③	④	⑤	⑥	⑦	⑧	⑨
イ	⊖	⓪	①	②	③	④	⑤	⑥	⑦	⑧	⑨
ウ	⊖	⓪	①	②	③	④	⑤	⑥	⑦	⑧	⑨
エ	⊖	⓪	①	②	③	④	⑤	⑥	⑦	⑧	⑨
オ	⊖	⓪	①	②	③	④	⑤	⑥	⑦	⑧	⑨
カ	⊖	⓪	①	②	③	④	⑤	⑥	⑦	⑧	⑨
キ	⊖	⓪	①	②	③	④	⑤	⑥	⑦	⑧	⑨
ク	⊖	⓪	①	②	③	④	⑤	⑥	⑦	⑧	⑨
ケ	⊖	⓪	①	②	③	④	⑤	⑥	⑦	⑧	⑨
コ	⊖	⓪	①	②	③	④	⑤	⑥	⑦	⑧	⑨
サ	⊖	⓪	①	②	③	④	⑤	⑥	⑦	⑧	⑨
シ	⊖	⓪	①	②	③	④	⑤	⑥	⑦	⑧	⑨
ス	⊖	⓪	①	②	③	④	⑤	⑥	⑦	⑧	⑨
セ	⊖	⓪	①	②	③	④	⑤	⑥	⑦	⑧	⑨
ソ	⊖	⓪	①	②	③	④	⑤	⑥	⑦	⑧	⑨
タ	⊖	⓪	①	②	③	④	⑤	⑥	⑦	⑧	⑨
チ	⊖	⓪	①	②	③	④	⑤	⑥	⑦	⑧	⑨
ツ	⊖	⓪	①	②	③	④	⑤	⑥	⑦	⑧	⑨
テ	⊖	⓪	①	②	③	④	⑤	⑥	⑦	⑧	⑨
ト	⊖	⓪	①	②	③	④	⑤	⑥	⑦	⑧	⑨
ナ	⊖	⓪	①	②	③	④	⑤	⑥	⑦	⑧	⑨
ニ	⊖	⓪	①	②	③	④	⑤	⑥	⑦	⑧	⑨
ヌ	⊖	⓪	①	②	③	④	⑤	⑥	⑦	⑧	⑨

6

	解				答					欄
	−	0	1	2	3	4	5	6	7	8	9
ア	⊖	⓪	①	②	③	④	⑤	⑥	⑦	⑧	⑨
イ	⊖	⓪	①	②	③	④	⑤	⑥	⑦	⑧	⑨
ウ	⊖	⓪	①	②	③	④	⑤	⑥	⑦	⑧	⑨
エ	⊖	⓪	①	②	③	④	⑤	⑥	⑦	⑧	⑨
オ	⊖	⓪	①	②	③	④	⑤	⑥	⑦	⑧	⑨
カ	⊖	⓪	①	②	③	④	⑤	⑥	⑦	⑧	⑨
キ	⊖	⓪	①	②	③	④	⑤	⑥	⑦	⑧	⑨
ク	⊖	⓪	①	②	③	④	⑤	⑥	⑦	⑧	⑨
ケ	⊖	⓪	①	②	③	④	⑤	⑥	⑦	⑧	⑨
コ	⊖	⓪	①	②	③	④	⑤	⑥	⑦	⑧	⑨
サ	⊖	⓪	①	②	③	④	⑤	⑥	⑦	⑧	⑨
シ	⊖	⓪	①	②	③	④	⑤	⑥	⑦	⑧	⑨
ス	⊖	⓪	①	②	③	④	⑤	⑥	⑦	⑧	⑨
セ	⊖	⓪	①	②	③	④	⑤	⑥	⑦	⑧	⑨
ソ	⊖	⓪	①	②	③	④	⑤	⑥	⑦	⑧	⑨
タ	⊖	⓪	①	②	③	④	⑤	⑥	⑦	⑧	⑨
チ	⊖	⓪	①	②	③	④	⑤	⑥	⑦	⑧	⑨
ツ	⊖	⓪	①	②	③	④	⑤	⑥	⑦	⑧	⑨
テ	⊖	⓪	①	②	③	④	⑤	⑥	⑦	⑧	⑨
ト	⊖	⓪	①	②	③	④	⑤	⑥	⑦	⑧	⑨
ナ	⊖	⓪	①	②	③	④	⑤	⑥	⑦	⑧	⑨
ニ	⊖	⓪	①	②	③	④	⑤	⑥	⑦	⑧	⑨
ヌ	⊖	⓪	①	②	③	④	⑤	⑥	⑦	⑧	⑨

（注）この解答用紙は実物を縮小してあります。Ｂ４用紙に128％拡大コピーすると、ほぼ実物大で使用できます。（タイトルと配点表は含みません）

推定配点	
1、2　各4点×10 3～5　各5点×12〔4は各5点×5〕	
100点	計

二〇二三年度　　叡明高等学校　推薦２回目

国語解答用紙

評点	／100

氏名	

立	中学校

受験番号					
⓪	⓪	⓪	⓪	⓪	⓪
①	①	①	①	①	①
②	②	②	②	②	②
③	③	③	③	③	③
④	④	④	④	④	④
⑤	⑤	⑤	⑤	⑤	⑤
⑥	⑥	⑥	⑥	⑥	⑥
⑦	⑦	⑦	⑦	⑦	⑦
⑧	⑧	⑧	⑧	⑧	⑧
⑨	⑨	⑨	⑨	⑨	⑨

1. 記入欄・マーク欄以外には記入しないでください。
2. 鉛筆で、しっかり濃くマークしてください。
3. 間違った場合には、消しゴムで、きれいに消してください。

マーク例

良い例	●	悪い例	✓ ⦿ ◐

問	解答欄			
1	①	②	③	④
2	①	②	③	④
3	①	②	③	④
4	①	②	③	④
5	①	②	③	④
6	①	②	③	④
7	①	②	③	④
8	①	②	③	④
9	①	②	③	④
10	①	②	③	④
11	①	②	③	④
12	①	②	③	④
13	①	②	③	④
14	①	②	③	④
15	①	②	③	④
16	①	②	③	④
17	①	②	③	④
18	①	②	③	④
19	①	②	③	④
20	①	②	③	④
21	①	②	③	④
22	①	②	③	④
23	①	②	③	④
24	①	②	③	④
25	①	②	③	④

問	解答欄			
26	①	②	③	④
27	①	②	③	④
28	①	②	③	④
29	①	②	③	④
30	①	②	③	④
31	①	②	③	④
32	①	②	③	④
33	①	②	③	④
34	①	②	③	④
35	①	②	③	④
36	①	②	③	④
37	①	②	③	④
38	①	②	③	④
39	①	②	③	④
40	①	②	③	④
41	①	②	③	④
42	①	②	③	④
43	①	②	③	④
44	①	②	③	④
45	①	②	③	④
46	①	②	③	④
47	①	②	③	④
48	①	②	③	④
49	①	②	③	④
50	①	②	③	④

（注）この解答用紙は実物を縮小してあります。Ｂ４用紙に143％拡大コピーすると、ほぼ実物大で使用できます。（タイトルと配点表は含みません）

推定配点		計
	一 問１～問４　各２点×４　問５～問７　各５点×３ 問８　２点　問９，問10　各５点×２ 二 問11～問13　各２点×３　問14～問20　各５点×７ 三 各２点×12	100点

2023年度　叡明高等学校　推薦3回目

英語解答用紙

評点	／100

氏名	

立	中学校

1. 記入欄・マーク欄以外には記入しないでください。
2. 鉛筆で、しっかり濃くマークしてください。
3. 間違った場合には、消しゴムで、きれいに消してください。

マーク例

良い例	⬮	悪い例	✓ ⦿ ◐

受験番号					
⓪	⓪	⓪	⓪	⓪	⓪
①	①	①	①	①	①
②	②	②	②	②	②
③	③	③	③	③	③
④	④	④	④	④	④
⑤	⑤	⑤	⑤	⑤	⑤
⑥	⑥	⑥	⑥	⑥	⑥
⑦	⑦	⑦	⑦	⑦	⑦
⑧	⑧	⑧	⑧	⑧	⑧
⑨	⑨	⑨	⑨	⑨	⑨

問	解答欄			
1	①	②	③	④
2	①	②	③	④
3	①	②	③	④
4	①	②	③	④
5	①	②	③	④
6	①	②	③	④
7	①	②	③	④
8	①	②	③	④
9	①	②	③	④
10	①	②	③	④
11	①	②	③	④
12	①	②	③	④
13	①	②	③	④
14	①	②	③	④
15	①	②	③	④
16	①	②	③	④
17	①	②	③	④
18	①	②	③	④
19	①	②	③	④
20	①	②	③	④
21	①	②	③	④
22	①	②	③	④
23	①	②	③	④
24	①	②	③	④
25	①	②	③	④

問	解答欄			
26	①	②	③	④
27	①	②	③	④
28	①	②	③	④
29	①	②	③	④
30	①	②	③	④
31	①	②	③	④
32	①	②	③	④
33	①	②	③	④
34	①	②	③	④
35	①	②	③	④
36	①	②	③	④
37	①	②	③	④
38	①	②	③	④
39	①	②	③	④
40	①	②	③	④
41	①	②	③	④
42	①	②	③	④
43	①	②	③	④
44	①	②	③	④
45	①	②	③	④
46	①	②	③	④
47	①	②	③	④
48	①	②	③	④
49	①	②	③	④
50	①	②	③	④

（注）この解答用紙は実物を縮小してあります。B4用紙に143%拡大コピーすると、ほぼ実物大で使用できます。（タイトルと配点表は含みません）

推定配点		計
	1～3　各2点×20　4　各3点×3 5　問24　3点　問25　4点　問26～問29　各3点×4　問30　4点 6　各4点×7	100点

２０２３年度　叡明高等学校　推薦３回目

数学解答用紙　No. 1

評点
/100

立	中学校
氏名	

受験番号					
⓪	⓪	⓪	⓪	⓪	⓪
①	①	①	①	①	①
②	②	②	②	②	②
③	③	③	③	③	③
④	④	④	④	④	④
⑤	⑤	⑤	⑤	⑤	⑤
⑥	⑥	⑥	⑥	⑥	⑥
⑦	⑦	⑦	⑦	⑦	⑦
⑧	⑧	⑧	⑧	⑧	⑧
⑨	⑨	⑨	⑨	⑨	⑨

マーク例

良い例	悪い例
●	⊙ ⊗ ◓

鉛筆で、しっかり濃くマークしてください。

1	解答欄										
	−	0	1	2	3	4	5	6	7	8	9
ア	⊖	⓪	①	②	③	④	⑤	⑥	⑦	⑧	⑨
イ	⊖	⓪	①	②	③	④	⑤	⑥	⑦	⑧	⑨
ウ	⊖	⓪	①	②	③	④	⑤	⑥	⑦	⑧	⑨
エ	⊖	⓪	①	②	③	④	⑤	⑥	⑦	⑧	⑨
オ	⊖	⓪	①	②	③	④	⑤	⑥	⑦	⑧	⑨
カ	⊖	⓪	①	②	③	④	⑤	⑥	⑦	⑧	⑨
キ	⊖	⓪	①	②	③	④	⑤	⑥	⑦	⑧	⑨
ク	⊖	⓪	①	②	③	④	⑤	⑥	⑦	⑧	⑨
ケ	⊖	⓪	①	②	③	④	⑤	⑥	⑦	⑧	⑨
コ	⊖	⓪	①	②	③	④	⑤	⑥	⑦	⑧	⑨
サ	⊖	⓪	①	②	③	④	⑤	⑥	⑦	⑧	⑨
シ	⊖	⓪	①	②	③	④	⑤	⑥	⑦	⑧	⑨
ス	⊖	⓪	①	②	③	④	⑤	⑥	⑦	⑧	⑨
セ	⊖	⓪	①	②	③	④	⑤	⑥	⑦	⑧	⑨
ソ	⊖	⓪	①	②	③	④	⑤	⑥	⑦	⑧	⑨
タ	⊖	⓪	①	②	③	④	⑤	⑥	⑦	⑧	⑨
チ	⊖	⓪	①	②	③	④	⑤	⑥	⑦	⑧	⑨
ツ	⊖	⓪	①	②	③	④	⑤	⑥	⑦	⑧	⑨
テ	⊖	⓪	①	②	③	④	⑤	⑥	⑦	⑧	⑨
ト	⊖	⓪	①	②	③	④	⑤	⑥	⑦	⑧	⑨
ナ	⊖	⓪	①	②	③	④	⑤	⑥	⑦	⑧	⑨
ニ	⊖	⓪	①	②	③	④	⑤	⑥	⑦	⑧	⑨
ヌ	⊖	⓪	①	②	③	④	⑤	⑥	⑦	⑧	⑨

2	解答欄										
	−	0	1	2	3	4	5	6	7	8	9
ア	⊖	⓪	①	②	③	④	⑤	⑥	⑦	⑧	⑨
イ	⊖	⓪	①	②	③	④	⑤	⑥	⑦	⑧	⑨
ウ	⊖	⓪	①	②	③	④	⑤	⑥	⑦	⑧	⑨
エ	⊖	⓪	①	②	③	④	⑤	⑥	⑦	⑧	⑨
オ	⊖	⓪	①	②	③	④	⑤	⑥	⑦	⑧	⑨
カ	⊖	⓪	①	②	③	④	⑤	⑥	⑦	⑧	⑨
キ	⊖	⓪	①	②	③	④	⑤	⑥	⑦	⑧	⑨
ク	⊖	⓪	①	②	③	④	⑤	⑥	⑦	⑧	⑨
ケ	⊖	⓪	①	②	③	④	⑤	⑥	⑦	⑧	⑨
コ	⊖	⓪	①	②	③	④	⑤	⑥	⑦	⑧	⑨
サ	⊖	⓪	①	②	③	④	⑤	⑥	⑦	⑧	⑨
シ	⊖	⓪	①	②	③	④	⑤	⑥	⑦	⑧	⑨
ス	⊖	⓪	①	②	③	④	⑤	⑥	⑦	⑧	⑨
セ	⊖	⓪	①	②	③	④	⑤	⑥	⑦	⑧	⑨
ソ	⊖	⓪	①	②	③	④	⑤	⑥	⑦	⑧	⑨
タ	⊖	⓪	①	②	③	④	⑤	⑥	⑦	⑧	⑨
チ	⊖	⓪	①	②	③	④	⑤	⑥	⑦	⑧	⑨
ツ	⊖	⓪	①	②	③	④	⑤	⑥	⑦	⑧	⑨
テ	⊖	⓪	①	②	③	④	⑤	⑥	⑦	⑧	⑨
ト	⊖	⓪	①	②	③	④	⑤	⑥	⑦	⑧	⑨
ナ	⊖	⓪	①	②	③	④	⑤	⑥	⑦	⑧	⑨
ニ	⊖	⓪	①	②	③	④	⑤	⑥	⑦	⑧	⑨
ヌ	⊖	⓪	①	②	③	④	⑤	⑥	⑦	⑧	⑨

3	解答欄										
	−	0	1	2	3	4	5	6	7	8	9
ア	⊖	⓪	①	②	③	④	⑤	⑥	⑦	⑧	⑨
イ	⊖	⓪	①	②	③	④	⑤	⑥	⑦	⑧	⑨
ウ	⊖	⓪	①	②	③	④	⑤	⑥	⑦	⑧	⑨
エ	⊖	⓪	①	②	③	④	⑤	⑥	⑦	⑧	⑨
オ	⊖	⓪	①	②	③	④	⑤	⑥	⑦	⑧	⑨
カ	⊖	⓪	①	②	③	④	⑤	⑥	⑦	⑧	⑨
キ	⊖	⓪	①	②	③	④	⑤	⑥	⑦	⑧	⑨
ク	⊖	⓪	①	②	③	④	⑤	⑥	⑦	⑧	⑨
ケ	⊖	⓪	①	②	③	④	⑤	⑥	⑦	⑧	⑨
コ	⊖	⓪	①	②	③	④	⑤	⑥	⑦	⑧	⑨
サ	⊖	⓪	①	②	③	④	⑤	⑥	⑦	⑧	⑨
シ	⊖	⓪	①	②	③	④	⑤	⑥	⑦	⑧	⑨
ス	⊖	⓪	①	②	③	④	⑤	⑥	⑦	⑧	⑨
セ	⊖	⓪	①	②	③	④	⑤	⑥	⑦	⑧	⑨
ソ	⊖	⓪	①	②	③	④	⑤	⑥	⑦	⑧	⑨
タ	⊖	⓪	①	②	③	④	⑤	⑥	⑦	⑧	⑨
チ	⊖	⓪	①	②	③	④	⑤	⑥	⑦	⑧	⑨
ツ	⊖	⓪	①	②	③	④	⑤	⑥	⑦	⑧	⑨
テ	⊖	⓪	①	②	③	④	⑤	⑥	⑦	⑧	⑨
ト	⊖	⓪	①	②	③	④	⑤	⑥	⑦	⑧	⑨
ナ	⊖	⓪	①	②	③	④	⑤	⑥	⑦	⑧	⑨
ニ	⊖	⓪	①	②	③	④	⑤	⑥	⑦	⑧	⑨
ヌ	⊖	⓪	①	②	③	④	⑤	⑥	⑦	⑧	⑨

２０２３年度　叡明高等学校　推薦３回目

数学解答用紙　No. 2

4

	解			答					欄		
	−	0	1	2	3	4	5	6	7	8	9
ア	⊖	⓪	①	②	③	④	⑤	⑥	⑦	⑧	⑨
イ	⊖	⓪	①	②	③	④	⑤	⑥	⑦	⑧	⑨
ウ	⊖	⓪	①	②	③	④	⑤	⑥	⑦	⑧	⑨
エ	⊖	⓪	①	②	③	④	⑤	⑥	⑦	⑧	⑨
オ	⊖	⓪	①	②	③	④	⑤	⑥	⑦	⑧	⑨
カ	⊖	⓪	①	②	③	④	⑤	⑥	⑦	⑧	⑨
キ	⊖	⓪	①	②	③	④	⑤	⑥	⑦	⑧	⑨
ク	⊖	⓪	①	②	③	④	⑤	⑥	⑦	⑧	⑨
ケ	⊖	⓪	①	②	③	④	⑤	⑥	⑦	⑧	⑨
コ	⊖	⓪	①	②	③	④	⑤	⑥	⑦	⑧	⑨
サ	⊖	⓪	①	②	③	④	⑤	⑥	⑦	⑧	⑨
シ	⊖	⓪	①	②	③	④	⑤	⑥	⑦	⑧	⑨
ス	⊖	⓪	①	②	③	④	⑤	⑥	⑦	⑧	⑨
セ	⊖	⓪	①	②	③	④	⑤	⑥	⑦	⑧	⑨
ソ	⊖	⓪	①	②	③	④	⑤	⑥	⑦	⑧	⑨
タ	⊖	⓪	①	②	③	④	⑤	⑥	⑦	⑧	⑨
チ	⊖	⓪	①	②	③	④	⑤	⑥	⑦	⑧	⑨
ツ	⊖	⓪	①	②	③	④	⑤	⑥	⑦	⑧	⑨
テ	⊖	⓪	①	②	③	④	⑤	⑥	⑦	⑧	⑨
ト	⊖	⓪	①	②	③	④	⑤	⑥	⑦	⑧	⑨
ナ	⊖	⓪	①	②	③	④	⑤	⑥	⑦	⑧	⑨
ニ	⊖	⓪	①	②	③	④	⑤	⑥	⑦	⑧	⑨
ヌ	⊖	⓪	①	②	③	④	⑤	⑥	⑦	⑧	⑨

5

	解			答					欄		
	−	0	1	2	3	4	5	6	7	8	9
ア	⊖	⓪	①	②	③	④	⑤	⑥	⑦	⑧	⑨
イ	⊖	⓪	①	②	③	④	⑤	⑥	⑦	⑧	⑨
ウ	⊖	⓪	①	②	③	④	⑤	⑥	⑦	⑧	⑨
エ	⊖	⓪	①	②	③	④	⑤	⑥	⑦	⑧	⑨
オ	⊖	⓪	①	②	③	④	⑤	⑥	⑦	⑧	⑨
カ	⊖	⓪	①	②	③	④	⑤	⑥	⑦	⑧	⑨
キ	⊖	⓪	①	②	③	④	⑤	⑥	⑦	⑧	⑨
ク	⊖	⓪	①	②	③	④	⑤	⑥	⑦	⑧	⑨
ケ	⊖	⓪	①	②	③	④	⑤	⑥	⑦	⑧	⑨
コ	⊖	⓪	①	②	③	④	⑤	⑥	⑦	⑧	⑨
サ	⊖	⓪	①	②	③	④	⑤	⑥	⑦	⑧	⑨
シ	⊖	⓪	①	②	③	④	⑤	⑥	⑦	⑧	⑨
ス	⊖	⓪	①	②	③	④	⑤	⑥	⑦	⑧	⑨
セ	⊖	⓪	①	②	③	④	⑤	⑥	⑦	⑧	⑨
ソ	⊖	⓪	①	②	③	④	⑤	⑥	⑦	⑧	⑨
タ	⊖	⓪	①	②	③	④	⑤	⑥	⑦	⑧	⑨
チ	⊖	⓪	①	②	③	④	⑤	⑥	⑦	⑧	⑨
ツ	⊖	⓪	①	②	③	④	⑤	⑥	⑦	⑧	⑨
テ	⊖	⓪	①	②	③	④	⑤	⑥	⑦	⑧	⑨
ト	⊖	⓪	①	②	③	④	⑤	⑥	⑦	⑧	⑨
ナ	⊖	⓪	①	②	③	④	⑤	⑥	⑦	⑧	⑨
ニ	⊖	⓪	①	②	③	④	⑤	⑥	⑦	⑧	⑨
ヌ	⊖	⓪	①	②	③	④	⑤	⑥	⑦	⑧	⑨

6

	解			答					欄		
	−	0	1	2	3	4	5	6	7	8	9
ア	⊖	⓪	①	②	③	④	⑤	⑥	⑦	⑧	⑨
イ	⊖	⓪	①	②	③	④	⑤	⑥	⑦	⑧	⑨
ウ	⊖	⓪	①	②	③	④	⑤	⑥	⑦	⑧	⑨
エ	⊖	⓪	①	②	③	④	⑤	⑥	⑦	⑧	⑨
オ	⊖	⓪	①	②	③	④	⑤	⑥	⑦	⑧	⑨
カ	⊖	⓪	①	②	③	④	⑤	⑥	⑦	⑧	⑨
キ	⊖	⓪	①	②	③	④	⑤	⑥	⑦	⑧	⑨
ク	⊖	⓪	①	②	③	④	⑤	⑥	⑦	⑧	⑨
ケ	⊖	⓪	①	②	③	④	⑤	⑥	⑦	⑧	⑨
コ	⊖	⓪	①	②	③	④	⑤	⑥	⑦	⑧	⑨
サ	⊖	⓪	①	②	③	④	⑤	⑥	⑦	⑧	⑨
シ	⊖	⓪	①	②	③	④	⑤	⑥	⑦	⑧	⑨
ス	⊖	⓪	①	②	③	④	⑤	⑥	⑦	⑧	⑨
セ	⊖	⓪	①	②	③	④	⑤	⑥	⑦	⑧	⑨
ソ	⊖	⓪	①	②	③	④	⑤	⑥	⑦	⑧	⑨
タ	⊖	⓪	①	②	③	④	⑤	⑥	⑦	⑧	⑨
チ	⊖	⓪	①	②	③	④	⑤	⑥	⑦	⑧	⑨
ツ	⊖	⓪	①	②	③	④	⑤	⑥	⑦	⑧	⑨
テ	⊖	⓪	①	②	③	④	⑤	⑥	⑦	⑧	⑨
ト	⊖	⓪	①	②	③	④	⑤	⑥	⑦	⑧	⑨
ナ	⊖	⓪	①	②	③	④	⑤	⑥	⑦	⑧	⑨
ニ	⊖	⓪	①	②	③	④	⑤	⑥	⑦	⑧	⑨
ヌ	⊖	⓪	①	②	③	④	⑤	⑥	⑦	⑧	⑨

（注）この解答用紙は実物を縮小してあります。Ｂ４用紙に128%拡大コピーすると、ほぼ実物大で使用できます。（タイトルと配点表は含みません）

推定配点	
1、2　各4点×10 3〜5　各5点×12〔4は各5点×5、5は各5点×3〕	
100点	計

二〇二三年度　叡明高等学校　推薦三回目

国語解答用紙

評点	／100

氏名	

立	中学校

受験番号					
⓪	⓪	⓪	⓪	⓪	⓪
①	①	①	①	①	①
②	②	②	②	②	②
③	③	③	③	③	③
④	④	④	④	④	④
⑤	⑤	⑤	⑤	⑤	⑤
⑥	⑥	⑥	⑥	⑥	⑥
⑦	⑦	⑦	⑦	⑦	⑦
⑧	⑧	⑧	⑧	⑧	⑧
⑨	⑨	⑨	⑨	⑨	⑨

1. 記入欄・マーク欄以外には記入しないでください。
2. 鉛筆で、しっかり濃くマークしてください。
3. 間違った場合には、消しゴムで、きれいに消してください。

マーク例

良い例	●	悪い例	✓ ⊙ ◐

問	解答欄			
1	①	②	③	④
2	①	②	③	④
3	①	②	③	④
4	①	②	③	④
5	①	②	③	④
6	①	②	③	④
7	①	②	③	④
8	①	②	③	④
9	①	②	③	④
10	①	②	③	④
11	①	②	③	④
12	①	②	③	④
13	①	②	③	④
14	①	②	③	④
15	①	②	③	④
16	①	②	③	④
17	①	②	③	④
18	①	②	③	④
19	①	②	③	④
20	①	②	③	④
21	①	②	③	④
22	①	②	③	④
23	①	②	③	④
24	①	②	③	④
25	①	②	③	④

問	解答欄			
26	①	②	③	④
27	①	②	③	④
28	①	②	③	④
29	①	②	③	④
30	①	②	③	④
31	①	②	③	④
32	①	②	③	④
33	①	②	③	④
34	①	②	③	④
35	①	②	③	④
36	①	②	③	④
37	①	②	③	④
38	①	②	③	④
39	①	②	③	④
40	①	②	③	④
41	①	②	③	④
42	①	②	③	④
43	①	②	③	④
44	①	②	③	④
45	①	②	③	④
46	①	②	③	④
47	①	②	③	④
48	①	②	③	④
49	①	②	③	④
50	①	②	③	④

（注）この解答用紙は実物を縮小してあります。B4用紙に143%拡大コピーすると、ほぼ実物大で使用できます。（タイトルと配点表は含みません）

推定配点		計
	一　問1～問3　各2点×3　問4～問7　各5点×4 問8　2点　問9，問10　各5点×2 二　問11～問13　各2点×3　問14　5点　問15　2点 問16～問20　各5点×5 三　各2点×12	100点

２０２２年度　叡明高等学校　推薦１回目

英語解答用紙

評点	／100

氏 名	

立	中学校

1. 記入欄・マーク欄以外には記入しないでください。
2. 鉛筆で、しっかり濃くマークしてください。
3. 間違った場合には、消しゴムで、きれいに消してください。

マーク例

良い例	●	悪い例	✓ ⊙ ◐

受験番号					
⓪	⓪	⓪	⓪	⓪	⓪
①	①	①	①	①	①
②	②	②	②	②	②
③	③	③	③	③	③
④	④	④	④	④	④
⑤	⑤	⑤	⑤	⑤	⑤
⑥	⑥	⑥	⑥	⑥	⑥
⑦	⑦	⑦	⑦	⑦	⑦
⑧	⑧	⑧	⑧	⑧	⑧
⑨	⑨	⑨	⑨	⑨	⑨

問	解答欄			
1	①	②	③	④
2	①	②	③	④
3	①	②	③	④
4	①	②	③	④
5	①	②	③	④
6	①	②	③	④
7	①	②	③	④
8	①	②	③	④
9	①	②	③	④
10	①	②	③	④
11	①	②	③	④
12	①	②	③	④
13	①	②	③	④
14	①	②	③	④
15	①	②	③	④
16	①	②	③	④
17	①	②	③	④
18	①	②	③	④
19	①	②	③	④
20	①	②	③	④
21	①	②	③	④
22	①	②	③	④
23	①	②	③	④
24	①	②	③	④
25	①	②	③	④

問	解答欄			
26	①	②	③	④
27	①	②	③	④
28	①	②	③	④
29	①	②	③	④
30	①	②	③	④
31	①	②	③	④
32	①	②	③	④
33	①	②	③	④
34	①	②	③	④
35	①	②	③	④
36	①	②	③	④
37	①	②	③	④
38	①	②	③	④
39	①	②	③	④
40	①	②	③	④
41	①	②	③	④
42	①	②	③	④
43	①	②	③	④
44	①	②	③	④
45	①	②	③	④
46	①	②	③	④
47	①	②	③	④
48	①	②	③	④
49	①	②	③	④
50	①	②	③	④

（注）この解答用紙は実物を縮小してあります。B４用紙に143％拡大コピーすると、ほぼ実物大で使用できます。（タイトルと配点表は含みません）

推定配点		計
	1～3　各２点×20　4　各３点×３ 5　問24～問28　各３点×５　問29，問30　各４点×２ 6　各４点×７	100点

２０２２年度　叡明高等学校　推薦１回目

数学解答用紙　No.１

評点
/100

立	中学校
氏名	

受験番号					
0	0	0	0	0	0
1	1	1	1	1	1
2	2	2	2	2	2
3	3	3	3	3	3
4	4	4	4	4	4
5	5	5	5	5	5
6	6	6	6	6	6
7	7	7	7	7	7
8	8	8	8	8	8
9	9	9	9	9	9

マーク例

良い例	悪い例
●	⊙ ⊗ ◓

鉛筆で、しっかり濃くマークしてください。

1	解				答						欄
	−	0	1	2	3	4	5	6	7	8	9
ア	−	0	1	2	3	4	5	6	7	8	9
イ	−	0	1	2	3	4	5	6	7	8	9
ウ	−	0	1	2	3	4	5	6	7	8	9
エ	−	0	1	2	3	4	5	6	7	8	9
オ	−	0	1	2	3	4	5	6	7	8	9
カ	−	0	1	2	3	4	5	6	7	8	9
キ	−	0	1	2	3	4	5	6	7	8	9
ク	−	0	1	2	3	4	5	6	7	8	9
ケ	−	0	1	2	3	4	5	6	7	8	9
コ	−	0	1	2	3	4	5	6	7	8	9
サ	−	0	1	2	3	4	5	6	7	8	9
シ	−	0	1	2	3	4	5	6	7	8	9
ス	−	0	1	2	3	4	5	6	7	8	9
セ	−	0	1	2	3	4	5	6	7	8	9
ソ	−	0	1	2	3	4	5	6	7	8	9
タ	−	0	1	2	3	4	5	6	7	8	9
チ	−	0	1	2	3	4	5	6	7	8	9
ツ	−	0	1	2	3	4	5	6	7	8	9
テ	−	0	1	2	3	4	5	6	7	8	9
ト	−	0	1	2	3	4	5	6	7	8	9
ナ	−	0	1	2	3	4	5	6	7	8	9
ニ	−	0	1	2	3	4	5	6	7	8	9
ヌ	−	0	1	2	3	4	5	6	7	8	9

2	解				答						欄
	−	0	1	2	3	4	5	6	7	8	9
ア	−	0	1	2	3	4	5	6	7	8	9
イ	−	0	1	2	3	4	5	6	7	8	9
ウ	−	0	1	2	3	4	5	6	7	8	9
エ	−	0	1	2	3	4	5	6	7	8	9
オ	−	0	1	2	3	4	5	6	7	8	9
カ	−	0	1	2	3	4	5	6	7	8	9
キ	−	0	1	2	3	4	5	6	7	8	9
ク	−	0	1	2	3	4	5	6	7	8	9
ケ	−	0	1	2	3	4	5	6	7	8	9
コ	−	0	1	2	3	4	5	6	7	8	9
サ	−	0	1	2	3	4	5	6	7	8	9
シ	−	0	1	2	3	4	5	6	7	8	9
ス	−	0	1	2	3	4	5	6	7	8	9
セ	−	0	1	2	3	4	5	6	7	8	9
ソ	−	0	1	2	3	4	5	6	7	8	9
タ	−	0	1	2	3	4	5	6	7	8	9
チ	−	0	1	2	3	4	5	6	7	8	9
ツ	−	0	1	2	3	4	5	6	7	8	9
テ	−	0	1	2	3	4	5	6	7	8	9
ト	−	0	1	2	3	4	5	6	7	8	9
ナ	−	0	1	2	3	4	5	6	7	8	9
ニ	−	0	1	2	3	4	5	6	7	8	9
ヌ	−	0	1	2	3	4	5	6	7	8	9

3	解				答						欄
	−	0	1	2	3	4	5	6	7	8	9
ア	−	0	1	2	3	4	5	6	7	8	9
イ	−	0	1	2	3	4	5	6	7	8	9
ウ	−	0	1	2	3	4	5	6	7	8	9
エ	−	0	1	2	3	4	5	6	7	8	9
オ	−	0	1	2	3	4	5	6	7	8	9
カ	−	0	1	2	3	4	5	6	7	8	9
キ	−	0	1	2	3	4	5	6	7	8	9
ク	−	0	1	2	3	4	5	6	7	8	9
ケ	−	0	1	2	3	4	5	6	7	8	9
コ	−	0	1	2	3	4	5	6	7	8	9
サ	−	0	1	2	3	4	5	6	7	8	9
シ	−	0	1	2	3	4	5	6	7	8	9
ス	−	0	1	2	3	4	5	6	7	8	9
セ	−	0	1	2	3	4	5	6	7	8	9
ソ	−	0	1	2	3	4	5	6	7	8	9
タ	−	0	1	2	3	4	5	6	7	8	9
チ	−	0	1	2	3	4	5	6	7	8	9
ツ	−	0	1	2	3	4	5	6	7	8	9
テ	−	0	1	2	3	4	5	6	7	8	9
ト	−	0	1	2	3	4	5	6	7	8	9
ナ	−	0	1	2	3	4	5	6	7	8	9
ニ	−	0	1	2	3	4	5	6	7	8	9
ヌ	−	0	1	2	3	4	5	6	7	8	9

２０２２年度　叡明高等学校　推薦１回目

数学解答用納　No. 2

6	−	0	1	2	3	4	5	6	7	8	9
ア	⊖	⓪	①	②	③	④	⑤	⑥	⑦	⑧	⑨
イ	⊖	⓪	①	②	③	④	⑤	⑥	⑦	⑧	⑨
ウ	⊖	⓪	①	②	③	④	⑤	⑥	⑦	⑧	⑨
エ	⊖	⓪	①	②	③	④	⑤	⑥	⑦	⑧	⑨
オ	⊖	⓪	①	②	③	④	⑤	⑥	⑦	⑧	⑨
カ	⊖	⓪	①	②	③	④	⑤	⑥	⑦	⑧	⑨
キ	⊖	⓪	①	②	③	④	⑤	⑥	⑦	⑧	⑨
ク	⊖	⓪	①	②	③	④	⑤	⑥	⑦	⑧	⑨
ケ	⊖	⓪	①	②	③	④	⑤	⑥	⑦	⑧	⑨
コ	⊖	⓪	①	②	③	④	⑤	⑥	⑦	⑧	⑨
サ	⊖	⓪	①	②	③	④	⑤	⑥	⑦	⑧	⑨
シ	⊖	⓪	①	②	③	④	⑤	⑥	⑦	⑧	⑨
ス	⊖	⓪	①	②	③	④	⑤	⑥	⑦	⑧	⑨
セ	⊖	⓪	①	②	③	④	⑤	⑥	⑦	⑧	⑨
ソ	⊖	⓪	①	②	③	④	⑤	⑥	⑦	⑧	⑨
タ	⊖	⓪	①	②	③	④	⑤	⑥	⑦	⑧	⑨
チ	⊖	⓪	①	②	③	④	⑤	⑥	⑦	⑧	⑨
ツ	⊖	⓪	①	②	③	④	⑤	⑥	⑦	⑧	⑨
テ	⊖	⓪	①	②	③	④	⑤	⑥	⑦	⑧	⑨
ト	⊖	⓪	①	②	③	④	⑤	⑥	⑦	⑧	⑨
ナ	⊖	⓪	①	②	③	④	⑤	⑥	⑦	⑧	⑨
ニ	⊖	⓪	①	②	③	④	⑤	⑥	⑦	⑧	⑨
ヌ	⊖	⓪	①	②	③	④	⑤	⑥	⑦	⑧	⑨

5	−	0	1	2	3	4	5	6	7	8	9
ア	⊖	⓪	①	②	③	④	⑤	⑥	⑦	⑧	⑨
イ	⊖	⓪	①	②	③	④	⑤	⑥	⑦	⑧	⑨
ウ	⊖	⓪	①	②	③	④	⑤	⑥	⑦	⑧	⑨
エ	⊖	⓪	①	②	③	④	⑤	⑥	⑦	⑧	⑨
オ	⊖	⓪	①	②	③	④	⑤	⑥	⑦	⑧	⑨
カ	⊖	⓪	①	②	③	④	⑤	⑥	⑦	⑧	⑨
キ	⊖	⓪	①	②	③	④	⑤	⑥	⑦	⑧	⑨
ク	⊖	⓪	①	②	③	④	⑤	⑥	⑦	⑧	⑨
ケ	⊖	⓪	①	②	③	④	⑤	⑥	⑦	⑧	⑨
コ	⊖	⓪	①	②	③	④	⑤	⑥	⑦	⑧	⑨
サ	⊖	⓪	①	②	③	④	⑤	⑥	⑦	⑧	⑨
シ	⊖	⓪	①	②	③	④	⑤	⑥	⑦	⑧	⑨
ス	⊖	⓪	①	②	③	④	⑤	⑥	⑦	⑧	⑨
セ	⊖	⓪	①	②	③	④	⑤	⑥	⑦	⑧	⑨
ソ	⊖	⓪	①	②	③	④	⑤	⑥	⑦	⑧	⑨
タ	⊖	⓪	①	②	③	④	⑤	⑥	⑦	⑧	⑨
チ	⊖	⓪	①	②	③	④	⑤	⑥	⑦	⑧	⑨
ツ	⊖	⓪	①	②	③	④	⑤	⑥	⑦	⑧	⑨
テ	⊖	⓪	①	②	③	④	⑤	⑥	⑦	⑧	⑨
ト	⊖	⓪	①	②	③	④	⑤	⑥	⑦	⑧	⑨
ナ	⊖	⓪	①	②	③	④	⑤	⑥	⑦	⑧	⑨
ニ	⊖	⓪	①	②	③	④	⑤	⑥	⑦	⑧	⑨
ヌ	⊖	⓪	①	②	③	④	⑤	⑥	⑦	⑧	⑨

4	−	0	1	2	3	4	5	6	7	8	9
ア	⊖	⓪	①	②	③	④	⑤	⑥	⑦	⑧	⑨
イ	⊖	⓪	①	②	③	④	⑤	⑥	⑦	⑧	⑨
ウ	⊖	⓪	①	②	③	④	⑤	⑥	⑦	⑧	⑨
エ	⊖	⓪	①	②	③	④	⑤	⑥	⑦	⑧	⑨
オ	⊖	⓪	①	②	③	④	⑤	⑥	⑦	⑧	⑨
カ	⊖	⓪	①	②	③	④	⑤	⑥	⑦	⑧	⑨
キ	⊖	⓪	①	②	③	④	⑤	⑥	⑦	⑧	⑨
ク	⊖	⓪	①	②	③	④	⑤	⑥	⑦	⑧	⑨
ケ	⊖	⓪	①	②	③	④	⑤	⑥	⑦	⑧	⑨
コ	⊖	⓪	①	②	③	④	⑤	⑥	⑦	⑧	⑨
サ	⊖	⓪	①	②	③	④	⑤	⑥	⑦	⑧	⑨
シ	⊖	⓪	①	②	③	④	⑤	⑥	⑦	⑧	⑨
ス	⊖	⓪	①	②	③	④	⑤	⑥	⑦	⑧	⑨
セ	⊖	⓪	①	②	③	④	⑤	⑥	⑦	⑧	⑨
ソ	⊖	⓪	①	②	③	④	⑤	⑥	⑦	⑧	⑨
タ	⊖	⓪	①	②	③	④	⑤	⑥	⑦	⑧	⑨
チ	⊖	⓪	①	②	③	④	⑤	⑥	⑦	⑧	⑨
ツ	⊖	⓪	①	②	③	④	⑤	⑥	⑦	⑧	⑨
テ	⊖	⓪	①	②	③	④	⑤	⑥	⑦	⑧	⑨
ト	⊖	⓪	①	②	③	④	⑤	⑥	⑦	⑧	⑨
ナ	⊖	⓪	①	②	③	④	⑤	⑥	⑦	⑧	⑨
ニ	⊖	⓪	①	②	③	④	⑤	⑥	⑦	⑧	⑨
ヌ	⊖	⓪	①	②	③	④	⑤	⑥	⑦	⑧	⑨

（注）この解答用紙は実物を縮小してあります。Ｂ４用紙に128％拡大コピーすると、ほぼ実物大で使用できます。（タイトルと配点表は含みません）

推定配点

1、2　各４点×10

3～5　各５点×12〔3(1)は各５点×２、4は各５点×５〕

計
100点

二〇二二年度　叡明高等学校　推薦一回目

国語解答用紙

評点	／100

氏名	

立	中学校

1. 記入欄・マーク欄以外には記入しないでください。
2. 鉛筆で、しっかり濃くマークしてください。
3. 間違った場合には、消しゴムで、きれいに消してください。

マーク例

良い例	●	悪い例	✓ ◉ ◐

受験番号					
⓪	⓪	⓪	⓪	⓪	⓪
①	①	①	①	①	①
②	②	②	②	②	②
③	③	③	③	③	③
④	④	④	④	④	④
⑤	⑤	⑤	⑤	⑤	⑤
⑥	⑥	⑥	⑥	⑥	⑥
⑦	⑦	⑦	⑦	⑦	⑦
⑧	⑧	⑧	⑧	⑧	⑧
⑨	⑨	⑨	⑨	⑨	⑨

問	解答欄			
1	①	②	③	④
2	①	②	③	④
3	①	②	③	④
4	①	②	③	④
5	①	②	③	④
6	①	②	③	④
7	①	②	③	④
8	①	②	③	④
9	①	②	③	④
10	①	②	③	④
11	①	②	③	④
12	①	②	③	④
13	①	②	③	④
14	①	②	③	④
15	①	②	③	④
16	①	②	③	④
17	①	②	③	④
18	①	②	③	④
19	①	②	③	④
20	①	②	③	④
21	①	②	③	④
22	①	②	③	④
23	①	②	③	④
24	①	②	③	④
25	①	②	③	④

問	解答欄			
26	①	②	③	④
27	①	②	③	④
28	①	②	③	④
29	①	②	③	④
30	①	②	③	④
31	①	②	③	④
32	①	②	③	④
33	①	②	③	④
34	①	②	③	④
35	①	②	③	④
36	①	②	③	④
37	①	②	③	④
38	①	②	③	④
39	①	②	③	④
40	①	②	③	④
41	①	②	③	④
42	①	②	③	④
43	①	②	③	④
44	①	②	③	④
45	①	②	③	④
46	①	②	③	④
47	①	②	③	④
48	①	②	③	④
49	①	②	③	④
50	①	②	③	④

（注）この解答用紙は実物を縮小してあります。B4用紙に143％拡大コピーすると、ほぼ実物大で使用できます。（タイトルと配点表は含みません）

推定配点		計
	一　問１～問３　各２点×３　問４　４点　問５　５点　問６，問７　各４点×２　問８～問10　各５点×３ 二　問11～問13　各２点×３　問14～問16　各４点×３　問17～問20　各５点×４ 三　各２点×12	100点

２０２２年度　叡明高等学校　推薦２回目

英語解答用紙

評点	／100

氏名	

立	中学校

1. 記入欄・マーク欄以外には記入しないでください。
2. 鉛筆で、しっかり濃くマークしてください。
3. 間違った場合には、消しゴムで、きれいに消してください。

マーク例

良い例	●	悪い例	✓ ⊙ ◐

受験番号					
⓪	⓪	⓪	⓪	⓪	⓪
①	①	①	①	①	①
②	②	②	②	②	②
③	③	③	③	③	③
④	④	④	④	④	④
⑤	⑤	⑤	⑤	⑤	⑤
⑥	⑥	⑥	⑥	⑥	⑥
⑦	⑦	⑦	⑦	⑦	⑦
⑧	⑧	⑧	⑧	⑧	⑧
⑨	⑨	⑨	⑨	⑨	⑨

問	解答欄			
1	①	②	③	④
2	①	②	③	④
3	①	②	③	④
4	①	②	③	④
5	①	②	③	④
6	①	②	③	④
7	①	②	③	④
8	①	②	③	④
9	①	②	③	④
10	①	②	③	④
11	①	②	③	④
12	①	②	③	④
13	①	②	③	④
14	①	②	③	④
15	①	②	③	④
16	①	②	③	④
17	①	②	③	④
18	①	②	③	④
19	①	②	③	④
20	①	②	③	④
21	①	②	③	④
22	①	②	③	④
23	①	②	③	④
24	①	②	③	④
25	①	②	③	④

問	解答欄			
26	①	②	③	④
27	①	②	③	④
28	①	②	③	④
29	①	②	③	④
30	①	②	③	④
31	①	②	③	④
32	①	②	③	④
33	①	②	③	④
34	①	②	③	④
35	①	②	③	④
36	①	②	③	④
37	①	②	③	④
38	①	②	③	④
39	①	②	③	④
40	①	②	③	④
41	①	②	③	④
42	①	②	③	④
43	①	②	③	④
44	①	②	③	④
45	①	②	③	④
46	①	②	③	④
47	①	②	③	④
48	①	②	③	④
49	①	②	③	④
50	①	②	③	④

（注）この解答用紙は実物を縮小してあります。Ｂ４用紙に143％拡大コピーすると、ほぼ実物大で使用できます。（タイトルと配点表は含みません）

推定配点		計
	1～3　各２点×20　　4　各３点×３ 5　問24～問28　各３点×５　問29，問30　各４点×２ 6　各４点×７	100点

２０２２年度　叡明高等学校　推薦２回目

数学解答用紙　No. 1

評点
/100

立	中学校
氏名	

受験番号					
0	0	0	0	0	0
1	1	1	1	1	1
2	2	2	2	2	2
3	3	3	3	3	3
4	4	4	4	4	4
5	5	5	5	5	5
6	6	6	6	6	6
7	7	7	7	7	7
8	8	8	8	8	8
9	9	9	9	9	9

マーク例

良い例	悪い例

鉛筆で、しっかり濃くマークしてください。

1	解答欄										
	−	0	1	2	3	4	5	6	7	8	9
ア	−	0	1	2	3	4	5	6	7	8	9
イ	−	0	1	2	3	4	5	6	7	8	9
ウ	−	0	1	2	3	4	5	6	7	8	9
エ	−	0	1	2	3	4	5	6	7	8	9
オ	−	0	1	2	3	4	5	6	7	8	9
カ	−	0	1	2	3	4	5	6	7	8	9
キ	−	0	1	2	3	4	5	6	7	8	9
ク	−	0	1	2	3	4	5	6	7	8	9
ケ	−	0	1	2	3	4	5	6	7	8	9
コ	−	0	1	2	3	4	5	6	7	8	9
サ	−	0	1	2	3	4	5	6	7	8	9
シ	−	0	1	2	3	4	5	6	7	8	9
ス	−	0	1	2	3	4	5	6	7	8	9
セ	−	0	1	2	3	4	5	6	7	8	9
ソ	−	0	1	2	3	4	5	6	7	8	9
タ	−	0	1	2	3	4	5	6	7	8	9
チ	−	0	1	2	3	4	5	6	7	8	9
ツ	−	0	1	2	3	4	5	6	7	8	9
テ	−	0	1	2	3	4	5	6	7	8	9
ト	−	0	1	2	3	4	5	6	7	8	9
ナ	−	0	1	2	3	4	5	6	7	8	9
ニ	−	0	1	2	3	4	5	6	7	8	9
ヌ	−	0	1	2	3	4	5	6	7	8	9

2	解答欄										
	−	0	1	2	3	4	5	6	7	8	9
ア	−	0	1	2	3	4	5	6	7	8	9
イ	−	0	1	2	3	4	5	6	7	8	9
ウ	−	0	1	2	3	4	5	6	7	8	9
エ	−	0	1	2	3	4	5	6	7	8	9
オ	−	0	1	2	3	4	5	6	7	8	9
カ	−	0	1	2	3	4	5	6	7	8	9
キ	−	0	1	2	3	4	5	6	7	8	9
ク	−	0	1	2	3	4	5	6	7	8	9
ケ	−	0	1	2	3	4	5	6	7	8	9
コ	−	0	1	2	3	4	5	6	7	8	9
サ	−	0	1	2	3	4	5	6	7	8	9
シ	−	0	1	2	3	4	5	6	7	8	9
ス	−	0	1	2	3	4	5	6	7	8	9
セ	−	0	1	2	3	4	5	6	7	8	9
ソ	−	0	1	2	3	4	5	6	7	8	9
タ	−	0	1	2	3	4	5	6	7	8	9
チ	−	0	1	2	3	4	5	6	7	8	9
ツ	−	0	1	2	3	4	5	6	7	8	9
テ	−	0	1	2	3	4	5	6	7	8	9
ト	−	0	1	2	3	4	5	6	7	8	9
ナ	−	0	1	2	3	4	5	6	7	8	9
ニ	−	0	1	2	3	4	5	6	7	8	9
ヌ	−	0	1	2	3	4	5	6	7	8	9

3	解答欄										
	−	0	1	2	3	4	5	6	7	8	9
ア	−	0	1	2	3	4	5	6	7	8	9
イ	−	0	1	2	3	4	5	6	7	8	9
ウ	−	0	1	2	3	4	5	6	7	8	9
エ	−	0	1	2	3	4	5	6	7	8	9
オ	−	0	1	2	3	4	5	6	7	8	9
カ	−	0	1	2	3	4	5	6	7	8	9
キ	−	0	1	2	3	4	5	6	7	8	9
ク	−	0	1	2	3	4	5	6	7	8	9
ケ	−	0	1	2	3	4	5	6	7	8	9
コ	−	0	1	2	3	4	5	6	7	8	9
サ	−	0	1	2	3	4	5	6	7	8	9
シ	−	0	1	2	3	4	5	6	7	8	9
ス	−	0	1	2	3	4	5	6	7	8	9
セ	−	0	1	2	3	4	5	6	7	8	9
ソ	−	0	1	2	3	4	5	6	7	8	9
タ	−	0	1	2	3	4	5	6	7	8	9
チ	−	0	1	2	3	4	5	6	7	8	9
ツ	−	0	1	2	3	4	5	6	7	8	9
テ	−	0	1	2	3	4	5	6	7	8	9
ト	−	0	1	2	3	4	5	6	7	8	9
ナ	−	0	1	2	3	4	5	6	7	8	9
ニ	−	0	1	2	3	4	5	6	7	8	9
ヌ	−	0	1	2	3	4	5	6	7	8	9

２０２２年度　叡明高等学校　推薦２回目

数学解答用紙　No.２

4	解			答						欄
	−	0	1	2	3	4	5	6	7	8	9
ア	⊖	⓪	①	②	③	④	⑤	⑥	⑦	⑧	⑨
イ	⊖	⓪	①	②	③	④	⑤	⑥	⑦	⑧	⑨
ウ	⊖	⓪	①	②	③	④	⑤	⑥	⑦	⑧	⑨
エ	⊖	⓪	①	②	③	④	⑤	⑥	⑦	⑧	⑨
オ	⊖	⓪	①	②	③	④	⑤	⑥	⑦	⑧	⑨
カ	⊖	⓪	①	②	③	④	⑤	⑥	⑦	⑧	⑨
キ	⊖	⓪	①	②	③	④	⑤	⑥	⑦	⑧	⑨
ク	⊖	⓪	①	②	③	④	⑤	⑥	⑦	⑧	⑨
ケ	⊖	⓪	①	②	③	④	⑤	⑥	⑦	⑧	⑨
コ	⊖	⓪	①	②	③	④	⑤	⑥	⑦	⑧	⑨
サ	⊖	⓪	①	②	③	④	⑤	⑥	⑦	⑧	⑨
シ	⊖	⓪	①	②	③	④	⑤	⑥	⑦	⑧	⑨
ス	⊖	⓪	①	②	③	④	⑤	⑥	⑦	⑧	⑨
セ	⊖	⓪	①	②	③	④	⑤	⑥	⑦	⑧	⑨
ソ	⊖	⓪	①	②	③	④	⑤	⑥	⑦	⑧	⑨
タ	⊖	⓪	①	②	③	④	⑤	⑥	⑦	⑧	⑨
チ	⊖	⓪	①	②	③	④	⑤	⑥	⑦	⑧	⑨
ツ	⊖	⓪	①	②	③	④	⑤	⑥	⑦	⑧	⑨
テ	⊖	⓪	①	②	③	④	⑤	⑥	⑦	⑧	⑨
ト	⊖	⓪	①	②	③	④	⑤	⑥	⑦	⑧	⑨
ナ	⊖	⓪	①	②	③	④	⑤	⑥	⑦	⑧	⑨
ニ	⊖	⓪	①	②	③	④	⑤	⑥	⑦	⑧	⑨
ヌ	⊖	⓪	①	②	③	④	⑤	⑥	⑦	⑧	⑨

5	解			答						欄
	−	0	1	2	3	4	5	6	7	8	9
ア	⊖	⓪	①	②	③	④	⑤	⑥	⑦	⑧	⑨
イ	⊖	⓪	①	②	③	④	⑤	⑥	⑦	⑧	⑨
ウ	⊖	⓪	①	②	③	④	⑤	⑥	⑦	⑧	⑨
エ	⊖	⓪	①	②	③	④	⑤	⑥	⑦	⑧	⑨
オ	⊖	⓪	①	②	③	④	⑤	⑥	⑦	⑧	⑨
カ	⊖	⓪	①	②	③	④	⑤	⑥	⑦	⑧	⑨
キ	⊖	⓪	①	②	③	④	⑤	⑥	⑦	⑧	⑨
ク	⊖	⓪	①	②	③	④	⑤	⑥	⑦	⑧	⑨
ケ	⊖	⓪	①	②	③	④	⑤	⑥	⑦	⑧	⑨
コ	⊖	⓪	①	②	③	④	⑤	⑥	⑦	⑧	⑨
サ	⊖	⓪	①	②	③	④	⑤	⑥	⑦	⑧	⑨
シ	⊖	⓪	①	②	③	④	⑤	⑥	⑦	⑧	⑨
ス	⊖	⓪	①	②	③	④	⑤	⑥	⑦	⑧	⑨
セ	⊖	⓪	①	②	③	④	⑤	⑥	⑦	⑧	⑨
ソ	⊖	⓪	①	②	③	④	⑤	⑥	⑦	⑧	⑨
タ	⊖	⓪	①	②	③	④	⑤	⑥	⑦	⑧	⑨
チ	⊖	⓪	①	②	③	④	⑤	⑥	⑦	⑧	⑨
ツ	⊖	⓪	①	②	③	④	⑤	⑥	⑦	⑧	⑨
テ	⊖	⓪	①	②	③	④	⑤	⑥	⑦	⑧	⑨
ト	⊖	⓪	①	②	③	④	⑤	⑥	⑦	⑧	⑨
ナ	⊖	⓪	①	②	③	④	⑤	⑥	⑦	⑧	⑨
ニ	⊖	⓪	①	②	③	④	⑤	⑥	⑦	⑧	⑨
ヌ	⊖	⓪	①	②	③	④	⑤	⑥	⑦	⑧	⑨

6	解			答						欄
	−	0	1	2	3	4	5	6	7	8	9
ア	⊖	⓪	①	②	③	④	⑤	⑥	⑦	⑧	⑨
イ	⊖	⓪	①	②	③	④	⑤	⑥	⑦	⑧	⑨
ウ	⊖	⓪	①	②	③	④	⑤	⑥	⑦	⑧	⑨
エ	⊖	⓪	①	②	③	④	⑤	⑥	⑦	⑧	⑨
オ	⊖	⓪	①	②	③	④	⑤	⑥	⑦	⑧	⑨
カ	⊖	⓪	①	②	③	④	⑤	⑥	⑦	⑧	⑨
キ	⊖	⓪	①	②	③	④	⑤	⑥	⑦	⑧	⑨
ク	⊖	⓪	①	②	③	④	⑤	⑥	⑦	⑧	⑨
ケ	⊖	⓪	①	②	③	④	⑤	⑥	⑦	⑧	⑨
コ	⊖	⓪	①	②	③	④	⑤	⑥	⑦	⑧	⑨
サ	⊖	⓪	①	②	③	④	⑤	⑥	⑦	⑧	⑨
シ	⊖	⓪	①	②	③	④	⑤	⑥	⑦	⑧	⑨
ス	⊖	⓪	①	②	③	④	⑤	⑥	⑦	⑧	⑨
セ	⊖	⓪	①	②	③	④	⑤	⑥	⑦	⑧	⑨
ソ	⊖	⓪	①	②	③	④	⑤	⑥	⑦	⑧	⑨
タ	⊖	⓪	①	②	③	④	⑤	⑥	⑦	⑧	⑨
チ	⊖	⓪	①	②	③	④	⑤	⑥	⑦	⑧	⑨
ツ	⊖	⓪	①	②	③	④	⑤	⑥	⑦	⑧	⑨
テ	⊖	⓪	①	②	③	④	⑤	⑥	⑦	⑧	⑨
ト	⊖	⓪	①	②	③	④	⑤	⑥	⑦	⑧	⑨
ナ	⊖	⓪	①	②	③	④	⑤	⑥	⑦	⑧	⑨
ニ	⊖	⓪	①	②	③	④	⑤	⑥	⑦	⑧	⑨
ヌ	⊖	⓪	①	②	③	④	⑤	⑥	⑦	⑧	⑨

（注）この解答用紙は実物を縮小してあります。Ｂ４用紙に128%拡大コピーすると、ほぼ実物大で使用できます。（タイトルと配点表は含みません）

推定配点	
1、2 各4点×10 3〜5 各5点×12〔4は各5点×5〕	
100点	計

二〇二二年度　叡明高等学校　推薦２回目

国語解答用紙

評点	／100

氏名	

	立	中学校

1. 記入欄・マーク欄以外には記入しないでください。
2. 鉛筆で、しっかり濃くマークしてください。
3. 間違った場合には、消しゴムで、きれいに消してください。

マーク例

良い例	●	悪い例	✓ ⦿ ◐

受験番号					
⓪	⓪	⓪	⓪	⓪	⓪
①	①	①	①	①	①
②	②	②	②	②	②
③	③	③	③	③	③
④	④	④	④	④	④
⑤	⑤	⑤	⑤	⑤	⑤
⑥	⑥	⑥	⑥	⑥	⑥
⑦	⑦	⑦	⑦	⑦	⑦
⑧	⑧	⑧	⑧	⑧	⑧
⑨	⑨	⑨	⑨	⑨	⑨

問	解答欄			
1	①	②	③	④
2	①	②	③	④
3	①	②	③	④
4	①	②	③	④
5	①	②	③	④
6	①	②	③	④
7	①	②	③	④
8	①	②	③	④
9	①	②	③	④
10	①	②	③	④
11	①	②	③	④
12	①	②	③	④
13	①	②	③	④
14	①	②	③	④
15	①	②	③	④
16	①	②	③	④
17	①	②	③	④
18	①	②	③	④
19	①	②	③	④
20	①	②	③	④
21	①	②	③	④
22	①	②	③	④
23	①	②	③	④
24	①	②	③	④
25	①	②	③	④

問	解答欄			
26	①	②	③	④
27	①	②	③	④
28	①	②	③	④
29	①	②	③	④
30	①	②	③	④
31	①	②	③	④
32	①	②	③	④
33	①	②	③	④
34	①	②	③	④
35	①	②	③	④
36	①	②	③	④
37	①	②	③	④
38	①	②	③	④
39	①	②	③	④
40	①	②	③	④
41	①	②	③	④
42	①	②	③	④
43	①	②	③	④
44	①	②	③	④
45	①	②	③	④
46	①	②	③	④
47	①	②	③	④
48	①	②	③	④
49	①	②	③	④
50	①	②	③	④

（注）この解答用紙は実物を縮小してあります。B４用紙に143％拡大コピーすると、ほぼ実物大で使用できます。（タイトルと配点表は含みません）

推定配点		計
	一　問１～問３　各２点×３　問４　４点　問５～問10　各５点×６ 二　問11～問13　各２点×３　問14，問15　各４点×２ 問16～問18　各５点×３　問19　２点　問20　５点 三　各２点×12	100点

２０２２年度　叡明高等学校　推薦３回目

英語解答用紙

評点	／100

氏名	

立	中学校

1. 記入欄・マーク欄以外には記入しないでください。
2. 鉛筆で、しっかり濃くマークしてください。
3. 間違った場合には、消しゴムで、きれいに消してください。

マーク例

良い例	●	悪い例	✓ ⊙ ◐

受験番号					
⓪	⓪	⓪	⓪	⓪	⓪
①	①	①	①	①	①
②	②	②	②	②	②
③	③	③	③	③	③
④	④	④	④	④	④
⑤	⑤	⑤	⑤	⑤	⑤
⑥	⑥	⑥	⑥	⑥	⑥
⑦	⑦	⑦	⑦	⑦	⑦
⑧	⑧	⑧	⑧	⑧	⑧
⑨	⑨	⑨	⑨	⑨	⑨

問	解答欄			
1	①	②	③	④
2	①	②	③	④
3	①	②	③	④
4	①	②	③	④
5	①	②	③	④
6	①	②	③	④
7	①	②	③	④
8	①	②	③	④
9	①	②	③	④
10	①	②	③	④
11	①	②	③	④
12	①	②	③	④
13	①	②	③	④
14	①	②	③	④
15	①	②	③	④
16	①	②	③	④
17	①	②	③	④
18	①	②	③	④
19	①	②	③	④
20	①	②	③	④
21	①	②	③	④
22	①	②	③	④
23	①	②	③	④
24	①	②	③	④
25	①	②	③	④

問	解答欄			
26	①	②	③	④
27	①	②	③	④
28	①	②	③	④
29	①	②	③	④
30	①	②	③	④
31	①	②	③	④
32	①	②	③	④
33	①	②	③	④
34	①	②	③	④
35	①	②	③	④
36	①	②	③	④
37	①	②	③	④
38	①	②	③	④
39	①	②	③	④
40	①	②	③	④
41	①	②	③	④
42	①	②	③	④
43	①	②	③	④
44	①	②	③	④
45	①	②	③	④
46	①	②	③	④
47	①	②	③	④
48	①	②	③	④
49	①	②	③	④
50	①	②	③	④

（注）この解答用紙は実物を縮小してあります。Ｂ４用紙に143％拡大コピーすると、ほぼ実物大で使用できます。（タイトルと配点表は含みません）

推定配点		計
	1～3　各２点×20　　4　各３点×３ 5　問24～問26　各３点×３　問27　４点 問28，問29　各３点×２　問30　４点 6　各４点×７	100点

2022年度 叡明高等学校 推薦3回目

数学解答用紙 No.1

立	中学校
氏名	

受験番号

0	0	0	0	0	0
1	1	1	1	1	1
2	2	2	2	2	2
3	3	3	3	3	3
4	4	4	4	4	4
5	5	5	5	5	5
6	6	6	6	6	6
7	7	7	7	7	7
8	8	8	8	8	8
9	9	9	9	9	9

マーク例

良い例	悪い例
●	⊙ ⊗ ◓

鉛筆で、しっかり濃くマークしてください。

1

解答欄											
	−	0	1	2	3	4	5	6	7	8	9
ア	−	0	1	2	3	4	5	6	7	8	9
イ	−	0	1	2	3	4	5	6	7	8	9
ウ	−	0	1	2	3	4	5	6	7	8	9
エ	−	0	1	2	3	4	5	6	7	8	9
オ	−	0	1	2	3	4	5	6	7	8	9
カ	−	0	1	2	3	4	5	6	7	8	9
キ	−	0	1	2	3	4	5	6	7	8	9
ク	−	0	1	2	3	4	5	6	7	8	9
ケ	−	0	1	2	3	4	5	6	7	8	9
コ	−	0	1	2	3	4	5	6	7	8	9
サ	−	0	1	2	3	4	5	6	7	8	9
シ	−	0	1	2	3	4	5	6	7	8	9
ス	−	0	1	2	3	4	5	6	7	8	9
セ	−	0	1	2	3	4	5	6	7	8	9
ソ	−	0	1	2	3	4	5	6	7	8	9
タ	−	0	1	2	3	4	5	6	7	8	9
チ	−	0	1	2	3	4	5	6	7	8	9
ツ	−	0	1	2	3	4	5	6	7	8	9
テ	−	0	1	2	3	4	5	6	7	8	9
ト	−	0	1	2	3	4	5	6	7	8	9
ナ	−	0	1	2	3	4	5	6	7	8	9
ニ	−	0	1	2	3	4	5	6	7	8	9
ヌ	−	0	1	2	3	4	5	6	7	8	9

2

解答欄											
	−	0	1	2	3	4	5	6	7	8	9
ア	−	0	1	2	3	4	5	6	7	8	9
イ	−	0	1	2	3	4	5	6	7	8	9
ウ	−	0	1	2	3	4	5	6	7	8	9
エ	−	0	1	2	3	4	5	6	7	8	9
オ	−	0	1	2	3	4	5	6	7	8	9
カ	−	0	1	2	3	4	5	6	7	8	9
キ	−	0	1	2	3	4	5	6	7	8	9
ク	−	0	1	2	3	4	5	6	7	8	9
ケ	−	0	1	2	3	4	5	6	7	8	9
コ	−	0	1	2	3	4	5	6	7	8	9
サ	−	0	1	2	3	4	5	6	7	8	9
シ	−	0	1	2	3	4	5	6	7	8	9
ス	−	0	1	2	3	4	5	6	7	8	9
セ	−	0	1	2	3	4	5	6	7	8	9
ソ	−	0	1	2	3	4	5	6	7	8	9
タ	−	0	1	2	3	4	5	6	7	8	9
チ	−	0	1	2	3	4	5	6	7	8	9
ツ	−	0	1	2	3	4	5	6	7	8	9
テ	−	0	1	2	3	4	5	6	7	8	9
ト	−	0	1	2	3	4	5	6	7	8	9
ナ	−	0	1	2	3	4	5	6	7	8	9
ニ	−	0	1	2	3	4	5	6	7	8	9
ヌ	−	0	1	2	3	4	5	6	7	8	9

3

解答欄											
	−	0	1	2	3	4	5	6	7	8	9
ア	−	0	1	2	3	4	5	6	7	8	9
イ	−	0	1	2	3	4	5	6	7	8	9
ウ	−	0	1	2	3	4	5	6	7	8	9
エ	−	0	1	2	3	4	5	6	7	8	9
オ	−	0	1	2	3	4	5	6	7	8	9
カ	−	0	1	2	3	4	5	6	7	8	9
キ	−	0	1	2	3	4	5	6	7	8	9
ク	−	0	1	2	3	4	5	6	7	8	9
ケ	−	0	1	2	3	4	5	6	7	8	9
コ	−	0	1	2	3	4	5	6	7	8	9
サ	−	0	1	2	3	4	5	6	7	8	9
シ	−	0	1	2	3	4	5	6	7	8	9
ス	−	0	1	2	3	4	5	6	7	8	9
セ	−	0	1	2	3	4	5	6	7	8	9
ソ	−	0	1	2	3	4	5	6	7	8	9
タ	−	0	1	2	3	4	5	6	7	8	9
チ	−	0	1	2	3	4	5	6	7	8	9
ツ	−	0	1	2	3	4	5	6	7	8	9
テ	−	0	1	2	3	4	5	6	7	8	9
ト	−	0	1	2	3	4	5	6	7	8	9
ナ	−	0	1	2	3	4	5	6	7	8	9
ニ	−	0	1	2	3	4	5	6	7	8	9
ヌ	−	0	1	2	3	4	5	6	7	8	9

評点 /100

2022年度 叡明高等学校 推薦3回目

数学解答用紙 No.2

4

解答欄											
	−	0	1	2	3	4	5	6	7	8	9
ア	−	0	1	2	3	4	5	6	7	8	9
イ	−	0	1	2	3	4	5	6	7	8	9
ウ	−	0	1	2	3	4	5	6	7	8	9
エ	−	0	1	2	3	4	5	6	7	8	9
オ	−	0	1	2	3	4	5	6	7	8	9
カ	−	0	1	2	3	4	5	6	7	8	9
キ	−	0	1	2	3	4	5	6	7	8	9
ク	−	0	1	2	3	4	5	6	7	8	9
ケ	−	0	1	2	3	4	5	6	7	8	9
コ	−	0	1	2	3	4	5	6	7	8	9
サ	−	0	1	2	3	4	5	6	7	8	9
シ	−	0	1	2	3	4	5	6	7	8	9
ス	−	0	1	2	3	4	5	6	7	8	9
セ	−	0	1	2	3	4	5	6	7	8	9
ソ	−	0	1	2	3	4	5	6	7	8	9
タ	−	0	1	2	3	4	5	6	7	8	9
チ	−	0	1	2	3	4	5	6	7	8	9
ツ	−	0	1	2	3	4	5	6	7	8	9
テ	−	0	1	2	3	4	5	6	7	8	9
ト	−	0	1	2	3	4	5	6	7	8	9
ナ	−	0	1	2	3	4	5	6	7	8	9
ニ	−	0	1	2	3	4	5	6	7	8	9
ヌ	−	0	1	2	3	4	5	6	7	8	9

5

解答欄											
	−	0	1	2	3	4	5	6	7	8	9
ア	−	0	1	2	3	4	5	6	7	8	9
イ	−	0	1	2	3	4	5	6	7	8	9
ウ	−	0	1	2	3	4	5	6	7	8	9
エ	−	0	1	2	3	4	5	6	7	8	9
オ	−	0	1	2	3	4	5	6	7	8	9
カ	−	0	1	2	3	4	5	6	7	8	9
キ	−	0	1	2	3	4	5	6	7	8	9
ク	−	0	1	2	3	4	5	6	7	8	9
ケ	−	0	1	2	3	4	5	6	7	8	9
コ	−	0	1	2	3	4	5	6	7	8	9
サ	−	0	1	2	3	4	5	6	7	8	9
シ	−	0	1	2	3	4	5	6	7	8	9
ス	−	0	1	2	3	4	5	6	7	8	9
セ	−	0	1	2	3	4	5	6	7	8	9
ソ	−	0	1	2	3	4	5	6	7	8	9
タ	−	0	1	2	3	4	5	6	7	8	9
チ	−	0	1	2	3	4	5	6	7	8	9
ツ	−	0	1	2	3	4	5	6	7	8	9
テ	−	0	1	2	3	4	5	6	7	8	9
ト	−	0	1	2	3	4	5	6	7	8	9
ナ	−	0	1	2	3	4	5	6	7	8	9
ニ	−	0	1	2	3	4	5	6	7	8	9
ヌ	−	0	1	2	3	4	5	6	7	8	9

6

解答欄											
	−	0	1	2	3	4	5	6	7	8	9
ア	−	0	1	2	3	4	5	6	7	8	9
イ	−	0	1	2	3	4	5	6	7	8	9
ウ	−	0	1	2	3	4	5	6	7	8	9
エ	−	0	1	2	3	4	5	6	7	8	9
オ	−	0	1	2	3	4	5	6	7	8	9
カ	−	0	1	2	3	4	5	6	7	8	9
キ	−	0	1	2	3	4	5	6	7	8	9
ク	−	0	1	2	3	4	5	6	7	8	9
ケ	−	0	1	2	3	4	5	6	7	8	9
コ	−	0	1	2	3	4	5	6	7	8	9
サ	−	0	1	2	3	4	5	6	7	8	9
シ	−	0	1	2	3	4	5	6	7	8	9
ス	−	0	1	2	3	4	5	6	7	8	9
セ	−	0	1	2	3	4	5	6	7	8	9
ソ	−	0	1	2	3	4	5	6	7	8	9
タ	−	0	1	2	3	4	5	6	7	8	9
チ	−	0	1	2	3	4	5	6	7	8	9
ツ	−	0	1	2	3	4	5	6	7	8	9
テ	−	0	1	2	3	4	5	6	7	8	9
ト	−	0	1	2	3	4	5	6	7	8	9
ナ	−	0	1	2	3	4	5	6	7	8	9
ニ	−	0	1	2	3	4	5	6	7	8	9
ヌ	−	0	1	2	3	4	5	6	7	8	9

推定配点	
1、2 各4点×10 3～5 各5点×12〔3(1)は完答、4は各5点×5〕	
100点	計

二〇二二年度　叡明高等学校　推薦三回目

国語解答用紙

評点	／100

氏名	

立	中学校

1. 記入欄・マーク欄以外には記入しないでください。
2. 鉛筆で、しっかり濃くマークしてください。
3. 間違った場合には、消しゴムで、きれいに消してください。

マーク例

良い例	●	悪い例	✓ ⊙ ◐

受験番号					
⓪	⓪	⓪	⓪	⓪	⓪
①	①	①	①	①	①
②	②	②	②	②	②
③	③	③	③	③	③
④	④	④	④	④	④
⑤	⑤	⑤	⑤	⑤	⑤
⑥	⑥	⑥	⑥	⑥	⑥
⑦	⑦	⑦	⑦	⑦	⑦
⑧	⑧	⑧	⑧	⑧	⑧
⑨	⑨	⑨	⑨	⑨	⑨

問	解答欄			
1	①	②	③	④
2	①	②	③	④
3	①	②	③	④
4	①	②	③	④
5	①	②	③	④
6	①	②	③	④
7	①	②	③	④
8	①	②	③	④
9	①	②	③	④
10	①	②	③	④
11	①	②	③	④
12	①	②	③	④
13	①	②	③	④
14	①	②	③	④
15	①	②	③	④
16	①	②	③	④
17	①	②	③	④
18	①	②	③	④
19	①	②	③	④
20	①	②	③	④
21	①	②	③	④
22	①	②	③	④
23	①	②	③	④
24	①	②	③	④
25	①	②	③	④

問	解答欄			
26	①	②	③	④
27	①	②	③	④
28	①	②	③	④
29	①	②	③	④
30	①	②	③	④
31	①	②	③	④
32	①	②	③	④
33	①	②	③	④
34	①	②	③	④
35	①	②	③	④
36	①	②	③	④
37	①	②	③	④
38	①	②	③	④
39	①	②	③	④
40	①	②	③	④
41	①	②	③	④
42	①	②	③	④
43	①	②	③	④
44	①	②	③	④
45	①	②	③	④
46	①	②	③	④
47	①	②	③	④
48	①	②	③	④
49	①	②	③	④
50	①	②	③	④

（注）この解答用紙は実物を縮小してあります。B４用紙に143％拡大コピーすると、ほぼ実物大で使用できます。（タイトルと配点表は含みません）

推定配点		計
	一　問１～問３　各２点×３　問４，問５　各４点×２ 問６，問７　各５点×２　問８　２点　問９，問10　各５点×２ 二　問11～問13　各２点×３　問14，問15　各５点×２　問16　４点 問17～問20　各５点×４ 三　各２点×12	100点

高校後見返し